MW00681101

Die Welt
als
Wille und Vorstellung II

Arthur Schopenhauer

Die Welt
als
Wille und Vorstellung II

Zweiter Band

Zweiter Teilband

Könemann

©1997 Könemann Verlagsgesellschaft mbH
Bonner Str. 126, D-50968 Köln

Herausgegeben von Rolf Toman
Herstellungsleiter: Detlev Schaper
Covergestaltung: Peter Feierabend
Satz: HEVO GmbH, Dortmund
Printed in Hungary
ISBN 3-89508-267-8

Ergänzungen
zum
dritten Buch.

Et is similis est quod ab omni
separatus spectaculum videt.
Oupnekhat, Vol I, p. 304.

Zum dritten Buch.

Kapitel 29[*].
Von der Erkenntniß der Ideen.

Der Intellekt, welcher bis hieher nur in seinem ursprünglichen
und natürlichen Zustande der Dienstbarkeit unter dem Willen
betrachtet worden war, tritt im dritten Buche auf in seiner Befreiung von jener Dienstbarkeit; wobei jedoch sogleich zu bemerken ist, daß es sich hier nicht um eine dauernde Freilas-
sung, sondern bloß um eine kurze Feierstunde, eine ausnahmsweise, ja eigentlich nur momentane Losmachung vom Dienste
des Willens handelt. – Da dieser Gegenstand im ersten Bande
ausführlich genug behandelt ist, habe ich hier nur wenige ergän-
zende Betrachtungen nachzuholen.

Wie also daselbst, §. 33, ausgeführt worden, erkennt der im
Dienste des Willens, also in seiner natürlichen Funktion thätige
Intellekt eigentlich bloße B e z i e h u n g e n der Dinge: zunächst nämlich ihre Beziehungen auf den Willen, dem er angehört, selbst, wodurch sie zu Motiven desselben werden; dann
aber auch, eben zum Behuf der Vollständigkeit dieser Erkenntniß, die Beziehungen der Dinge zu einander. Diese letztere Erkenntniß tritt in einiger Ausdehnung und Bedeutsamkeit erst
beim menschlichen Intellekt ein; beim thierischen hingegen,
selbst wo er schon beträchtlich entwickelt ist, nur innerhalb
sehr enger Gränzen. Offenbar geschieht die Auffassung der Beziehungen, welche die Dinge zu e i n a n d e r haben, nur noch
m i t t e l b a r im Dienste des Willens. Sie macht daher den
Uebergang zu dem von diesem ganz unabhängigen, rein objektiven Erkennen: sie ist die wissenschaftliche, dieses die künstle-
rische. Wenn nämlich von einem Objekte viele und mannigfalti-

---

Dieses Kapitel bezieht sich auf §§. 30–32 des ersten Bandes.

ge Beziehungen unmittelbar aufgefaßt werden; so tritt aus diesen, immer deutlicher, das selbsteigene Wesen desselben hervor
und baut sich so aus lauter Relationen allmälig auf; wiewohl es
selbst von diesen ganz verschieden ist. Bei dieser Auffassungs-
weise wird zugleich die Dienstbarkeit des Intellekts unter dem
Willen immer mittelbarer und geringer. Hat der Intellekt Kraft
genug, das Uebergewicht zu erlangen und die Beziehungen der
Dinge auf den Willen ganz fahren zu lassen, um statt ihrer das
durch alle Relationen hindurch sich aussprechende, rein objektive Wesen einer Erscheinung aufzufassen; so verläßt er, mit dem
Dienste des Willens zugleich, auch die Auffassung bloßer Relationen und damit eigentlich auch die des einzelnen Dinges als
eines solchen. Er schwebt alsdann frei, keinem Willen mehr an-
gehörig: im einzelnen Dinge erkennt er bloß das W e s e n t l i c h e
und daher die ganze G a t t u n g desselben, folglich hat er zu
seinem Objekte jetzt die I d e e n, in meinem, mit dem ursprünglichen, Platonischen, übereinstimmenden Sinne dieses so
gröblich mißbrauchten Wortes; also die beharrenden, unwandelbaren, von der zeitlichen Existenz der Einzelwesen unabhängigen G e s t a l t e n, die *species rerum*, als welche eigentlich das
rein Objektive der Erscheinungen ausmachen. Eine so aufgefaß-
te I d e e ist nun zwar noch nicht das Wesen des Dinges an sich
selbst, eben weil sie aus der Erkenntniß bloßer Relationen hervorgegangen ist; jedoch ist sie, als das Resultat der Summe aller
Relationen, der eigentliche C h a r a k t e r des Dinges, und dadurch der vollständige Ausdruck des sich der Anschauung als
Objekt darstellenden Wesens, aufgefaßt nicht in Beziehung auf
einen individuellen Willen, sondern wie es aus sich selbst sich
ausspricht, wodurch es eben seine sämmtlichen Relationen bestimmt, welche allein bis dahin erkannt wurden. Die Idee ist
der Wurzelpunkt aller dieser Relationen und dadurch die vollständige und vollkommene E r s c h e i n u n g, oder, wie ich es
im Texte ausgedrückt habe, die adäquate Objektität des Willens
auf dieser Stufe seiner Erscheinung. Sogar Form und Farbe,

welche, in der anschauenden Auffassung der Idee, das Unmittelbare sind, gehören im Grunde nicht dieser an, sondern sind nur das Medium ihres Ausdrucks; da ihr, genau genommen, der Raum so fremd ist, wie die Zeit. In diesem Sinne sagte
5 schon der Neuplatoniker Olympiodoros in seinem Kommentar zu Platons Alkibiades (Kreuzers Ausgabe des Proklos und Olympiodoros, Bd. 2, S. 82): το ειδος μεταδεδωκε μεν της μορφης τη ὑλη᾽ αμερες δε ον μετελαβεν εξ αυτης του διαστατου: d. h. die Idee, an sich unausgedehnt, ertheilte zwar
10 der Materie die Gestalt, nahm aber erst von ihr die Ausdehnung an. – Also, wie gesagt, die Ideen offenbaren noch nicht das Wesen an sich, sondern nur den objektiven Charakter der Dinge, also immer nur noch die Erscheinung: und selbst diesen Charakter würden wir nicht verstehen, wenn uns nicht das in-
15 nere Wesen der Dinge, wenigstens undeutlich und im Gefühl, anderweitig bekannt wäre. Dieses Wesen selbst nämlich kann nicht aus den Ideen und überhaupt nicht durch irgend eine bloß o b j e k t i v e Erkenntniß verstanden werden; daher es ewig ein Geheimniß bleiben würde, wenn wir nicht von einer
20 ganz andern Seite den Zugang dazu hätten. Nur sofern jedes Erkennende zugleich Individuum, und dadurch Theil der Natur ist, steht ihm der Zugang zum Innern der Natur offen, in seinem eigenen Selbstbewußtseyn, als wo dasselbe sich am unmittelbarsten und alsdann, wie wir gefunden haben, als W i l l e
25 kund giebt.

Was nun, als bloß objektives Bild, bloße Gestalt, betrachtet und dadurch aus der Zeit, wie aus allen Relationen, herausgehoben, die Platonische I d e e ist, das ist, empirisch genommen und in der Zeit, die S p e c i e s, oder A r t: diese ist also das
30 empirische Korrelat der Idee. Die Idee ist eigentlich ewig, die Art aber von unendlicher Dauer; wenn gleich die Erscheinung derselben auf einem Planeten erlöschen kann. Auch die Benennungen Beider gehen in einander über: ιδεα, ειδος, *species*, Art. Die Idee ist *species*, aber nicht *genus*: darum sind die *species* das

Werk der Natur, die *genera* das Werk des Menschen: sie sind
nämlich bloße Begriffe. Es giebt *species naturales*, aber *genera logica* allein. Von Artefakten giebt es keine Ideen, sondern bloße
Begriffe, also *genera logica*, und deren Unterarten sind *species lo-
gicae.* Zu dem in dieser Hinsicht, Bd. 1, §. 41, Gesagten, will 5
ich noch hinzufügen, daß auch A r i s t o t e l e s (*Metaph., I, 9 &
XIII, 5*) aussagt, die Platoniker hätten von Artefakten keine Ide-
en gelten lassen, οἶον οικια, και δακτυλιος, ὦν ου φασιν ειναι
ειδη (*ut domus et annulus, quorum ideas dari negant*). Womit zu
vergleichen der Scholiast, S. 562, 63 der Berliner Quart-Ausga- 10
be. – Ferner sagt A r i s t o t e l e s , *Metaph., XI, 3*: αλλ' ειπερ
(*supple* ειδη εστι) επι των φυσει (εστι)· διο δη ου κακως ὁ
Πλατων εφη, ὁτι ειδη εστι ὁποσα φυσει (*si quidem ideae sunt,
in iis sunt, quae natura fiunt: propter quod non male Plato dixit,
quod species eorum sunt, quae natura sunt*): wozu der Scholiast S. 15
800 bemerkt: και τουτο αρεσκει και αυτοις τοις τας ιδεας
θεμενοις· των γαρ ὑπο τεχνης γιγομενων ιδεας ειναι ουκ
ελεγον, αλλα των ὑπο φυσεως (*hoc etiam ipsis ideas statuentibus
placet: non enim arte factorum ideas dari ajebant, sed natura pro-
creatorum*). Uebrigens ist die Lehre von den Ideen ursprünglich 20
vom Pythagoras ausgegangen; wenn wir nämlich der Angabe
Plutarchs im Buche *de placitis philosophorum, L. I, c. 3*, nicht
mißtrauen wollen.

Das Individuum wurzelt in der Gattung, und die Zeit in der
Ewigkeit: und wie jegliches Individuum dies nur dadurch ist, 25
daß es das Wesen seiner Gattung an sich hat; so hat es auch
nur dadurch zeitliche Dauer, daß es zugleich in der Ewigkeit
ist. Dem Leben der Gattung ist im folgenden Buche ein eigenes
Kapitel gewidmet.

Den U n t e r s c h i e d zwischen der Idee und dem Begriff 30
habe ich §. 49 des ersten Bandes genugsam hervorgehoben.
Ihre A e h n l i c h k e i t hingegen beruht auf Folgendem. Die
ursprüngliche und wesentliche Einheit einer Idee wird, durch
die sinnlich und cerebral bedingte Anschauung des erkennen-

den Individuums, in die Vielheit der einzelnen Dinge zersplit-
tert. Dann aber wird, durch die Reflexion der Vernunft, jene
Einheit wieder hergestellt, jedoch nur *in abstracto*, als Begriff,
universale, welcher zwar an U m f a n g der Idee gleichkommt,
5 jedoch eine ganz andere F o r m angenommen, dadurch aber
die Anschaulichkeit, und mit ihr die durchgängige Bestimmtheit, eingebüßt hat. In diesem Sinne (jedoch in keinem andern)
könnte man, in der Sprache der Scholastiker, die Ideen als *universalia ante rem*, die Begriffe als *universalia post rem* bezeich-
10 nen: zwischen Beiden stehen die einzelnen Dinge, deren Erkenntniß auch das Thier hat. – Gewiß ist der Realismus der
Scholastiker entstanden aus der Verwechselung der Platonischen
Ideen, als welchen, da sie zugleich die Gattungen sind, allerdings ein objektives, reales Seyn beigelegt werden kann, mit
15 den bloßen Begriffen, welchen nun die Realisten ein solches beilegen wollten und dadurch die siegreiche Opposition des No-
minalismus hervorriefen.

Kapitel 30[*].
Vom reinen Subjekt des Erkennens.

20 Zur Auffassung einer Idee, zum Eintritt derselben in unser Bewußtseyn, kommt es nur mittelst einer Veränderung in uns, die
man auch als einen Akt der Selbstverläugnung betrachten könnte; sofern sie darin besteht, daß die Erkenntniß sich ein Mal
vom eigenen Willen gänzlich abwendet, also das ihr anvertraute
25 theure Pfand jetzt gänzlich aus den Augen läßt und die Dinge
so betrachtet, als ob sie den Willen nie etwas angehen könnten.
Denn hiedurch allein wird die Erkenntniß zum reinen Spiegel
des objektiven Wesens der Dinge. Jedem ächten Kunstwerk
muß eine so bedingte Erkenntniß, als sein Ursprung, zum

---

[*]   Dieses Kapitel bezieht sich auf §§. 33, 34 des ersten Bandes.

Grunde liegen. Die zu derselben erforderte Veränderung im Subjekte kann, eben weil sie in der Elimination alles Wollens besteht, nicht vom Willen ausgehen, also kein Akt der Willkür seyn, d. h. nicht in unserm Belieben stehen. Vielmehr entspringt sie allein aus einem temporären Ueberwiegen des Intellekts über den Willen, oder, physiologisch betrachtet, aus einer starken Erregung der anschauenden Gehirnthätigkeit, ohne alle Erregung der Neigungen oder Affekte. Um dies etwas genauer zu erläutern, erinnere ich daran, daß unser Bewußtseyn zwei Seiten hat: theils nämlich ist es Bewußtseyn vom e i g e n e n S e l b s t, welches der W i l l e ist; theils Bewußtseyn von a n - d e r n D i n g e n, und als solches zunächst a n s c h a u e n d e Erkenntniß der Außenwelt, Auffassung der Objekte. Je mehr nun die eine Seite des gesammten Bewußtseyns hervortritt, desto mehr weicht die andere zurück. Demnach wird das Bewußtseyn a n d e r e r D i n g e, also die anschauende Erkenntniß, um so vollkommener, d. h. um so objektiver, je weniger wir uns dabei des eigenen Selbst bewußt sind. Hier findet wirklich ein Antagonismus Statt. Je mehr wir des Objekts uns bewußt sind, desto weniger des Subjekts: je mehr hingegen dieses das Bewußtseyn einnimmt, desto schwächer und unvollkommener ist unsere Anschauung der Außenwelt. Der zur reinen Objektivität der Anschauung erforderte Zustand hat theils bleibende Bedingungen in der Vollkommenheit des Gehirns und der seiner Thätigkeit günstigen physiologischen Beschaffenheit überhaupt, theils vorübergehende, sofern derselbe begünstigt wird durch Alles, was die Spannung und Empfänglichkeit des cerebralen Nervensystems, jedoch ohne Erregung irgend einer Leidenschaft, erhöht. Man denke hiebei nicht an geistige Getränke, oder Opium: vielmehr gehört dahin eine ruhig durchschlafene Nacht, ein kaltes Bad und Alles was, durch Beruhigung des Blutumlaufs und der Leidenschaftlichkeit, der Gehirnthätigkeit ein unerzwungenes Uebergewicht verschafft. Diese naturgemäßen Beförderungsmittel der cerebralen Nerventhätig-

keit sind es vorzüglich, welche, freilich um so besser, je entwickelter und energischer überhaupt das Gehirn ist, bewirken,
daß immer mehr das Objekt sich vom Subjekt ablöst, und endlich jenen Zustand der reinen Objektivität der Anschauung her-
5 beiführen, welcher von selbst den Willen aus dem Bewußtseyn
eliminirt und in welchem alle Dinge mit erhöhter Klarheit und
Deutlichkeit vor uns stehen; so daß wir beinah bloß v o n   i h -
n e n wissen, und fast gar nicht v o n   u n s ; also unser ganzes
Bewußtseyn fast nichts weiter ist, als das Medium, dadurch das
10 angeschaute Objekt in die Welt als Vorstellung eintritt. Zum reinen willenlosen Erkennen kommt es also, indem das Bewußtseyn anderer Dinge sich so hoch potenzirt, daß das Bewußtseyn vom eigenen Selbst verschwindet. Denn nur dann faßt
man die Welt rein objektiv auf, wann man nicht mehr weiß,
15 daß man dazu gehört; und alle Dinge stellen sich um so schöner dar, je mehr man sich bloß ihrer und je weniger man sich
seiner selbst bewußt ist. – Da nun alles Leiden aus dem Willen,
der das eigentliche Selbst ausmacht, hervorgeht; so ist, mit dem
Zurücktreten dieser Seite des Bewußtseyns, zugleich alle Mög-
20 lichkeit des Leidens aufgehoben, wodurch der Zustand der reinen Objektivität der Anschauung ein durchaus beglückender
wird; daher ich in ihm den einen der zwei Bestandtheile des
ästhetischen Genusses nachgewiesen habe. Sobald hingegen das
Bewußtseyn des eigenen Selbst, also die Subjektivität, d. i. der
25 Wille, wieder das Uebergewicht erhält, tritt auch ein demselben
angemessener Grad von Unbehagen oder Unruhe ein: von
Unbehagen, sofern die Leiblichkeit (der Organismus, welcher
an sich Wille ist) wieder fühlbar wird; von Unruhe, sofern der
Wille, auf geistigem Wege, durch Wünsche, Affekte, Leiden-
30 schaften, Sorgen, das Bewußtseyn wieder erfüllt. Denn überall
ist der Wille, als das Princip der Subjektivität, der Gegensatz, ja,
Antagonist der Erkenntniß. Die größte Koncentration der Subjektivität besteht im eigentlichen W i l l e n s a k t , in welchem
wir daher das deutlichste Bewußtseyn unsers Selbst haben. Alle

andern Erregungen des Willens sind nur Vorbereitungen zu
ihm: er selbst ist für die Subjektivität Das, was für den elektrischen Apparat das Ueberspringen des Funkens ist. – Jede leibli-
che Empfindung ist schon an sich Erregung des Willens und
zwar öfterer der *noluntas*, als der *voluntas*. Die Erregung dessel- 5
ben auf geistigem Wege ist die, welche mittelst der Motive geschieht: hier wird also durch die Objektivität selbst die Subjektivität erweckt und ins Spiel gesetzt. Dies tritt ein, sobald irgend
ein Objekt nicht mehr rein objektiv, also antheilslos, aufgefaßt
wird, sondern, mittelbar oder unmittelbar, Wunsch oder Abnei- 10
gung erregt, sei es auch nur mittelst einer Erinnerung: denn alsdann wirkt es schon als Motiv, im weitesten Sinne dieses
Worts.

Ich bemerke hiebei, daß das abstrakte Denken und das Lesen, welche an Worte geknüpft sind, zwar im weitern Sinne 15
auch zum Bewußtseyn a n d e r e r D i n g e , also zur objektiven Beschäftigung des Geistes, gehören; jedoch nur mittelbar,
nämlich mittelst der Begriffe: diese selbst aber sind das künstliche Produkt der Vernunft und schon daher ein Werk der Absichtlichkeit. Auch ist bei aller abstrakten Geistesbeschäftigung 20
der Wille der Lenker, als welcher ihr, seinen Absichten gemäß,
die Richtung ertheilt und auch die Aufmerksamkeit zusammenhält; daher dieselbe auch stets mit einiger Anstrengung verknüpft ist: diese aber setzt Thätigkeit des Willens voraus. Bei
dieser Art der Geistesthätigkeit hat also nicht die vollkommene 25
Objektivität des Bewußtseyns Statt, wie sie, als Bedingung, die
ästhetische Auffassung, d. i. die Erkenntniß der Ideen, begleitet.

Dem Obigen zufolge ist die reine Objektivität der Anschauung, vermöge welcher nicht mehr das einzelne Ding als solches, sondern die Idee seiner Gattung erkannt wird, dadurch 30
bedingt, daß man nicht mehr seiner selbst, sondern allein der
angeschauten Gegenstände sich bewußt ist, das eigene Bewußtseyn also bloß als der Träger der objektiven Existenz jener Gegenstände übrig geblieben ist. Was diesen Zustand erschwert

und daher selten macht, ist, daß darin gleichsam das Accidenz (der Intellekt) die Substanz (den Willen) bemeistert und aufhebt, wenn gleich nur auf eine kurze Weile. Hier liegt auch die Analogie und sogar Verwandschaft desselben mit der am Ende des folgenden Buches dargestellten Verneinung des Willens. – Obgleich nämlich die Erkenntniß, wie im vorigen Buche nachgewiesen, aus dem Willen entsprossen ist und in der Erscheinung desselben, dem Organismus, wurzelt; so wird sie doch gerade durch ihn verunreinigt, wie die Flamme durch ihr Brennmaterial und seinen Rauch. Hierauf beruht es, daß wir das rein objektive Wesen der Dinge, die in ihnen hervortretenden I d e e n nur dann auffassen können, wann wir kein Interesse an ihnen selbst haben, indem sie in keiner Beziehung zu unserm Willen stehen. Hieraus nun wieder entspringt es, daß die Ideen der Wesen uns leichter aus dem Kunstwerk, als aus der Wirklichkeit ansprechen. Denn was wir nur im Bilde, oder in der Dichtung erblicken, steht außer aller Möglichkeit irgend einer Beziehung zu unserm Willen; da es schon an sich selbst bloß für die E r k e n n t n i ß da ist und sich unmittelbar allein an diese wendet. Hingegen setzt das Auffassen der Ideen aus der W i r k l i c h k e i t gewissermaßen ein Abstrahiren vom eigenen Willen, ein Erheben über sein Interesse, voraus, welches eine besondere Schwungkraft des Intellekts erfordert. Diese ist im höhern Grade und auf einige Dauer nur dem Genie eigen, als welches eben darin besteht, daß ein größeres Maaß von Erkenntnißkraft da ist, als der Dienst eines individuellen Willens erfordert, welcher Ueberschuß frei wird und nun ohne Bezug auf den Willen die Welt auffaßt. Daß also das K u n s t w e r k die Auffassung der Ideen, in welcher der ästhetische Genuß besteht, so sehr erleichtert, beruht nicht bloß darauf, daß die Kunst, durch Hervorhebung des Wesentlichen und Aussonderung des Unwesentlichen, die Dinge deutlicher und charakteristischer darstellt, sondern eben so sehr darauf, daß das zur rein objektiven Auffassung des Wesens der Dinge erforderte gänzliche Schweigen des Willens am sichersten dadurch erreicht wird, daß das angeschaute Objekt selbst gar nicht im Gebiete der Dinge liegt, welche einer Beziehung zum Willen fähig sind, indem es kein Wirkliches, sondern ein bloßes Bild ist. Dies nun gilt nicht allein von den Werken der bildenden Kunst, sondern ebenso von der Poesie: auch ihre Wirkung ist bedingt durch die antheilslose, willenslose, und dadurch rein objektive Auffassung. Diese ist es gerade, welche einen angeschauten Gegenstand m a l e r i s c h, einen Vorgang des wirklichen Lebens p o e - t i s c h erscheinen läßt; indem nur sie über die Gegenstände der Wirklichkeit jenen zauberischen Schimmer verbreitet, welchen man bei sinnlich angeschauten Objekten das Malerische, bei den nur in der Phantasie geschauten das Poetische nennt. Wenn die Dichter den heitern Morgen, den schönen Abend, die stille Mondnacht u. dgl. m. besingen; so ist, ihnen unbewußt, der eigentliche Gegenstand ihrer Verherrlichung das reine Subjekt des Erkennens, welches durch jene Naturschönheiten hervorgerufen wird, und bei dessen Auftreten der Wille aus dem Bewußtseyn verschwindet, wodurch diejenige Ruhe des Herzens eintritt, welche außerdem auf der Welt nicht zu erlangen ist. Wie könnte sonst z. B. der Vers

> *Nox erat, et coelo fulgebat luna sereno,*
> *Inter minora sidera,*

so wohlthuend, ja, bezaubernd auf uns wirken? – Ferner daraus, daß auch die Neuheit und das völlige Fremdseyn der Gegenstände einer solchen antheilslosen, rein objektiven Auffassung derselben günstig ist, erklärt es sich, daß der Fremde, oder bloß Durchreisende, die Wirkung des Malerischen, oder Poetischen, von Gegenständen erhält, welche dieselbe auf den Einheimischen nicht hervorzubringen vermögen: so z. B. macht auf Jenen der Anblick einer ganz fremden Stadt oft einen sonderbar angenehmen Eindruck, den er keineswegs im Bewohner

derselben hervorbringt: denn er entspringt daraus, daß Jener außer aller Beziehung zu dieser Stadt und ihren Bewohnern stehend, sie rein objektiv anschaut. Hierauf beruht zum Theil der
Genuß des Reisens. Auch scheint hier der Grund zu liegen,
warum man die Wirkung erzählender oder dramatischer Werke
dadurch zu befördern sucht, daß man die Scene in ferne Zeiten
und Länder verlegt: in Deutschland nach Italien und Spanien;
in Italien nach Deutschland, Polen und sogar Holland. – Ist
nun die völlig objektive, von allem Wollen gereinigte, intuitive
Auffassung Bedingung des G e n u s s e s ästhetischer Gegenstände; so ist sie um so mehr die der H e r v o r b r i n g u n g
derselben. Jedes gute Gemälde, jedes ächte Gedicht, trägt das
Gepräge der beschriebenen Gemüthsverfassung. Denn nur was
aus der Anschauung, und zwar der rein objektiven, entsprungen, oder unmittelbar durch sie angeregt ist, enthält den lebendigen Keim, aus welchem ächte und originelle Leistungen erwachsen können: nicht nur in den bildenden Künsten, sondern
auch in der Poesie, ja, in der Philosophie. Das *punctum saliens*
jedes schönen Werkes, jedes großen oder tiefen Gedankens, ist
eine ganz objektive Anschauung. Eine solche aber ist durchaus
durch das völlige Schweigen des Willens bedingt, welches den
Menschen als reines Subjekt des Erkennens übrig läßt. Die Anlage zum Vorwalten dieses Zustandes ist eben das Genie.

Mit dem Verschwinden des Willens aus dem Bewußtseyn ist
eigentlich auch die Individualität, und mit dieser ihr Leiden und
ihre Noth, aufgehoben. Daher habe ich das dann übrig bleibende reine Subjekt des Erkennens beschrieben als das ewige Welt-
auge, welches, wenn auch mit sehr verschiedenen Graden der
Klarheit, aus allen lebenden Wesen sieht, unberührt vom Entstehen und Vergehen derselben, und so, als identisch mit sich, als
stets Eines und das Selbe, der Träger der Welt der beharrenden
Ideen, d. i. der adäquaten Objektität des Willens, ist; während
das individuelle und durch die aus dem Willen entspringende
Individualität in seinem Erkennen getrübte Subjekt, nur einzel-

ne Dinge zum Objekt hat und wie diese selbst vergänglich ist. – In dem hier bezeichneten Sinne kann man Jedem ein zwiefaches Daseyn beilegen. Als Wille, und daher als Individuum, ist er nur Eines und dieses Eine ausschließlich, welches ihm vollauf zu thun und zu leiden giebt. Als rein objektiv Vorstellendes ist er das reine Subjekt der Erkenntniß, in dessen Bewußtseyn allein die objektive Welt ihr Daseyn hat: als solches ist er a l l e D i n g e, sofern er sie anschaut, und in ihm ist ihr Daseyn ohne Last und Beschwerde. Es ist nämlich s e i n Daseyn, sofern es in s e i n e r Vorstellung existirt: aber da ist es ohne Wille. Sofern es hingegen Wille ist, ist es nicht in ihm. Wohl ist Jedem in dem Zustande, wo er alle Dinge ist; wehe da, wo er ausschließlich Eines ist. – Jeder Zustand, jeder Mensch, jede Scene des Lebens, braucht nur rein objektiv aufgefaßt und zum Gegenstand einer Schilderung, sei es mit dem Pinsel oder mit Worten, gemacht zu werden, um interessant, allerliebst, beneidenswerth zu erscheinen: – aber steckt man darin, ist man es selbst, – da (heißt es oft) mag es der Teufel aushalten. Daher sagt G o e t h e:

> Was im Leben uns verdrießt,
> Man im Bilde gern genießt.

In meinen Jünglingsjahren hatte ich eine Periode, wo ich beständig bemüht war, mich und mein Thun von außen zu sehen und mir zu schildern; – wahrscheinlich um es mir genießbar zu machen.

Da die hier durchgeführte Betrachtung vor mir nie zur Sprache gekommen ist, will ich einige psychologische Erläuterungen derselben hinzufügen.

Bei der unmittelbaren Anschauung der Welt und des Lebens betrachten wir, in der Regel, die Dinge bloß in ihren Relationen, folglich ihrem relativen, nicht ihrem absoluten Wesen und Daseyn nach. Wir werden z. B. Häuser, Schiffe, Maschinen

und dgl. ansehen mit dem Gedanken an ihren Zweck und an
ihre Angemessenheit zu demselben; Menschen mit dem Gedanken an ihre Beziehung zu uns, wenn sie eine solche haben;
nächstdem aber mit dem an ihre Beziehung zu einander, sei es
in ihrem gegenwärtigen Thun und Treiben, oder ihrem Stande
und Gewerbe nach, etwan ihre Tüchtigkeit dazu beurtheilend
u. s. w. Wir können eine solche Betrachtung der Relationen
mehr oder weniger weit verfolgen, bis zu den entferntesten
Gliedern ihrer Verkettung: die Betrachtung wird dadurch an
Genauigkeit und Ausdehnung gewinnen; aber ihrer Qualität
und Art nach bleibt sie die selbe. Es ist die Betrachtung der
Dinge in ihren Relationen, ja, m i t t e l s t dieser, also nach dem
Satz vom Grunde. Dieser Betrachtungsweise ist Jeder meistens
und in der Regel hingegeben: ich glaube sogar, daß die meisten
Menschen gar keiner anderen fähig sind. – Geschieht es nun
aber ausnahmsweise, daß wir eine momentane Erhöhung der
Intensität unserer intuitiven Intelligenz erfahren; so sehen wir
sogleich die Dinge mit ganz andern Augen, indem wir sie jetzt
nicht mehr ihren Relationen nach, sondern nach Dem, was sie
an und für sich selbst sind, auffassen und nun plötzlich, außer
ihrem relativen, auch ihr absolutes Daseyn wahrnehmen. Alsbald vertritt jedes Einzelne seine Gattung: demnach fassen wir
jetzt das Allgemeine der Wesen auf. Was wir nun dergestalt erkennen, sind die I d e e n der Dinge: aus diesen aber spricht
jetzt eine höhere Weisheit, als die, welche von bloßen Relationen weiß. Auch wir selbst sind dabei aus den Relationen her-
ausgetreten und dadurch das reine Subjekt des Erkennens geworden. – Was nun aber diesen Zustand ausnahmsweise herbeiführt, müssen innere physiologische Vergänge seyn, welche die
Thätigkeit des Gehirns reinigen und erhöhen, in dem Grade,
daß eine solche plötzliche Springfluth derselben entsteht. Von
außen ist derselbe dadurch bedingt, daß wir der zu betrachtenden Scene völlig fremd und von ihr abgesondert bleiben, und
schlechterdings nicht thätig darin verflochten sind.

Um einzusehen, daß eine rein objektive und daher richtige Auffassung der Dinge nur dann möglich ist, wann wir dieselben ohne allen persönlichen Antheil, also unter völligem Schweigen des Willens betrachten, vergegenwärtige man sich, wie sehr jeder Affekt, oder Leidenschaft, die Erkenntniß trübt und verfälscht, ja, jede Neigung oder Abneigung, nicht etwan bloß das Urtheil, nein, schon die ursprüngliche Anschauung der Dinge entstellt, färbt, verzerrt. Man erinnere sich, wie, wann wir durch einen glücklichen Erfolg erfreut sind, die ganze Welt sofort eine heitere Farbe und eine lachende Gestalt annimmt; hingegen düster und trübe aussieht, wann Kummer uns drückt; sodann, wie selbst ein lebloses Ding, welches jedoch das Werkzeug zu irgend einem von uns verabscheuten Vorgang werden soll, eine scheußliche Physiognomie zu haben scheint: z. B. das Schaffott, die Festung, auf welche wir gebracht werden, der Instrumentenkasten des Chirurgus, der Reisewagen der Geliebten u. s. w., ja, Zahlen, Buchstaben, Siegel, können uns furchtbar angrinzen und wie schreckliche Ungeheuer auf uns wirken. Hingegen sehen die Werkzeuge zur Erfüllung unserer Wünsche sogleich angenehm und lieblich aus, z. B. die bucklichte Alte mit dem Liebesbrief, der Jude mit den Louisd'ors, die Strickleiter zum entrinnen u. s. w. Wie nun hier, bei entschiedenem Abscheu oder Liebe, die Verfälschung der Vorstellung durch den Willen unverkennbar ist; so ist sie in minderm Grade vorhanden bei jedem Gegenstande, der nur irgend eine entfernte Beziehung auf unsern Willen, d. h. auf unsre Neigung oder Abneigung, hat. Nur wann der Wille, mit seinen Interessen, das Bewußtseyn geräumt hat und der Intellekt frei seinen eigenen Gesetzen folgt, und als reines Subjekt die objektive Welt abspiegelt, dabei aber doch, obwohl von keinem Wollen angespornt, aus eigenem Triebe in höchster Spannung und Thätigkeit ist, treten Farbe und Gestalt der Dinge in ihrer wahren und vollen Bedeutung hervor: aus einer solchen Auffassung allein also können ächte Kunstwerke hervorgehen, deren bleibender Werth

und stets erneuerter Beifall eben daraus entspringt, daß sie allein
das rein Objektive darstellen, als welches den verschiedenen
subjektiven und daher entstellten Anschauungen, als das ihnen
allen Gemeinsame und allein fest Stehende, zum Grunde liegt
5 und durchschimmert als das gemeinsame Thema aller jener
subjektiven Variationen. Denn gewiß stellt die vor unsern Augen ausgebreitete Natur sich in den verschiedenen Köpfen sehr
verschieden dar: und wie Jeder sie sieht, so allein kann er sie
wiedergeben, sei es durch den Pinsel, oder den Meissel, oder
10 Worte, oder Gebehrden auf der Bühne. Nur Objektivität befähigt zum Künstler: sie ist aber allein dadurch möglich, daß der
Intellekt, von seiner Wurzel, dem Willen, abgelöst, frei schwe-
bend, und doch höchst energisch thätig sei.

Dem Jüngling, dessen anschauender Intellekt noch mit fri-
15 scher Energie wirkt, stellt sich wohl oft die Natur mit vollkommener Objektivität und daher in voller Schönheit dar. Aber den
Genuß eines solchen Anblicks stört bisweilen die betrübende
Reflexion, daß die gegenwärtigen, sich so schön darstellenden
Gegenstände nicht auch in einer persönlichen Beziehung zu
20 ihm stehen, vermöge deren sie ihn interessiren und freuen
könnten: er erwartet nämlich sein Leben in Gestalt eines inter-
essanten Romans. »Hinter jenem vorspringenden Felsen müßte
die wohlberittene Schaar der Freunde meiner harren, – an jenem Wasserfall die Geliebte ruhen, – dieses schön beleuchtete
25 Gebäude ihre Wohnung und jenes umrankte Fenster das ihrige
seyn: – aber diese schöne Welt ist öde für mich!« u. s. w. Dergleichen melancholische Jünglingsschwärmereien verlangen eigentlich etwas sich geradezu Widersprechendes. Denn die
Schönheit, mit der jene Gegenstände sich darstellen, beruht ge-
30 rade auf der reinen Objektivität, d. i. Interessenlosigkeit, ihrer
Anschauung, und würde daher durch die Beziehung auf den eigenen Willen, welche der Jüngling schmerzlich vermißt, sofort
aufgehoben, mithin der ganze Zauber, der ihm jetzt einen,
wenn auch mit einer schmerzlichen Beimischung versetzten

Genuß gewährt, gar nicht vorhanden seyn. – Das Selbe gilt übrigens von jedem Alter und in jedem Verhältniß: die Schönheit
landschaftlicher Gegenstände, welche uns jetzt entzückt, würde,
wenn wir in persönlichen Beziehungen zu ihnen ständen, deren
wir uns stets bewußt bleiben, verschwunden seyn. Alles ist nur
so lange schön, als es uns nicht angeht. (Hier ist nicht die Rede
von verliebter Leidenschaft, sondern von ästhetischem Genuß.)
Das Leben ist n i e schön, sondern nur die Bilder des Lebens
sind es, nämlich im verklärenden Spiegel der Kunst oder der
Poesie; zumal in der Jugend, als wo wir es noch nicht kennen.
Mancher Jüngling würde große Beruhigung erhalten, wenn
man ihm zu dieser Einsicht verhelfen könnte.

Warum wirkt der Anblick des Vollmondes so wohlthätig, be-
ruhigend und erhebend? Weil der Mond ein Gegenstand der
Anschauung, aber nie des Wollens ist:

> »Die Sterne, die begehrt man nicht,
> Man freut sich ihrer Pracht.« – G.

Ferner ist er e r h a b e n , d. h. stimmt uns erhaben, weil er,
ohne alle Beziehung auf uns, dem irdischen Treiben ewig
fremd, dahinzieht, und Alles sieht, aber an nichts Antheil
nimmt. Bei seinem Anblick schwindet daher der Wille, mit seiner steten Noth, aus dem Bewußtseyn, und läßt es als ein rein
erkennendes zurück. Vielleicht mischt sich auch noch ein Gefühl bei, daß wir diesen Anblick mit Millionen theilen, deren
individuelle Verschiedenheit darin erlischt, so daß sie in diesem
Anschauen Eines sind; welches ebenfalls den Eindruck des Erhabenen erhöht. Dieser wird endlich auch dadurch befördert,
daß der Mond leuchtet, ohne zu wärmen; worin gewiß der
Grund liegt, daß man ihn keusch genannt und mit der Diana
identifizirt hat. – In Folge dieses ganzen wohlthätigen Ein-
druckes auf unser Gemüth wird der Mond allmälig der Freund
unsers Busens, was hingegen die Sonne nie wird, welcher, wie

einem überschwänglichen Wohlthäter, wir gar nicht ins Gesicht zu sehen vermögen.

Als Zusatz zu dem, §. 38 des ersten Bandes, über den ästhetischen Genuß, welchen das Licht, die Spiegelung und die Farben gewähren, Gesagten, finde hier noch folgende Bemerkung Raum. Die ganz unmittelbare, gedankenlose, aber auch namenlose Freude, welche der durch metallischen Glanz, noch mehr durch Transparenz verstärkte Eindruck der Farben in uns erregt, wie z. B. bei farbigen Fenstern, noch mehr mittelst der Wolken und ihres Reflexes, beim Sonnenuntergange, – beruht zuletzt darauf, daß hier auf die leichteste Weise, nämlich auf eine beinahe physisch nothwendige, unser ganzer Antheil für das Erkennen gewonnen wird, ohne irgend eine Erregung unsers Willens; wodurch wir in den Zustand des reinen Erkennens treten, wenn gleich dasselbe hier, in der Hauptsache, in einem bloßen Empfinden der Affektion der Retina besteht, welches jedoch, als an sich von Schmerz oder Wollust völlig frei, ohne alle direkte Erregung des Willens ist, also dem reinen Erkennen angehört.

Kapitel 31[*].
Vom Genie.

Die überwiegende Fähigkeit zu der in den beiden vorhergegangenen Kapiteln geschilderten Erkenntnißweise, aus welcher alle ächten Werke der Künste, der Poesie und selbst der Philosophie entspringen, ist es eigentlich, die man mit dem Namen des Genies bezeichnet. Da dieselbe demnach zu ihrem Gegenstande die Platonischen I d e e n hat, diese aber nicht *in abstracto*, sondern nur a n s c h a u l i c h aufgefaßt werden; so muß das Wesen des Genies in der Vollkommenheit und Energie der a n -

---

[*]   Dieses Kapitel bezieht sich auf §. 36. des ersten Bandes.

s c h a u e n d e n Erkenntniß liegen. Dem entsprechend hören
wir als Werke des Genies am entschiedensten solche bezeichnen, welche unmittelbar von der Anschauung ausgehen und an
die Anschauung sich wenden, also die der bildenden Künste,
und nächstdem die der Poesie, welche ihre Anschauungen 5
durch die Phantasie vermittelt. – Auch macht sich schon hier
die Verschiedenheit des Genies vom bloßen Talent bemerkbar,
als welches ein Vorzug ist, der mehr in der größern Gewand-
heit und Schärfe der diskursiven, als der intuitiven Erkenntniß
liegt. Der damit Begabte denkt rascher und richtiger als die 10
Uebrigen; das Genie hingegen schaut eine andere Welt an, als
sie Alle, wiewohl nur indem es in die auch ihnen vorliegende
tiefer hineinschaut, weil sie in seinem Kopfe sich objektiver,
mithin reiner und deutlicher darstellt.

Der Intellekt ist, seiner Bestimmung nach, bloß das Medium 15
der Motive: demzufolge faßt er ursprünglich an den Dingen
nichts weiter auf, als ihre Beziehungen zum Willen, die direkten, die indirekten, die möglichen. Bei den Thieren, wo es fast
ganz bei den direkten bleibt, ist eben darum die Sache am au-
genfälligsten: was auf ihren Willen keinen Bezug hat, ist für sie 20
nicht da. Deshalb sehen wir bisweilen mit Verwunderung, daß
selbst kluge Thiere etwas an sich Auffallendes gar nicht bemerken, z. B. über augenfällige Veränderungen an unserer Person
oder Umgebung kein Befremden äußern. Beim Normalmenschen kommen nun zwar die indirekten, ja die möglichen Be- 25
ziehungen zum Willen hinzu, deren Summe den Inbegriff der
nützlichen Kenntnisse ausmacht; aber in den B e z i e h u n g e n
bleibt auch hier die Erkenntniß stecken. Daher eben kommt es
im normalen Kopfe nicht zu einem ganz rein objektiven Bilde
der Dinge; weil seine Anschauungskraft, sobald sie nicht vom 30
Willen angespornt und in Bewegung gesetzt wird, sofort ermat-
tet und unthätig wird, indem sie nicht Energie genug hat, um
aus eigener Elasticität und z w e c k l o s die Welt rein objektiv
aufzufassen. Wo hingegen dies geschieht, wo die vorstellende

Kraft des Gehirns einen solchen Ueberschuß hat, daß ein reines, deutliches, objektives Bild der Außenwelt sich z w e c k l o s
darstellt, als welches für die Absichten des Willens unnütz, in
den höheren Graden sogar störend ist, und selbst ihnen schäd
5 lich werden kann; – da ist schon, wenigstens die Anlage zu jener Abnormität vorhanden, die der Name des G e n i e s bezeichnet, welcher andeutet, daß hier ein dem Willen, d. i. dem
eigentlichen Ich, Fremdes, gleichsam ein von Außen hinzukommender G e n i u s , thätig zu werden scheint. Aber ohne Bild
10 zu reden: das Genie besteht darin, daß die erkennende Fähigkeit bedeutend stärkere Entwickelung erhalten hat, als der
D i e n s t d e s W i l l e n s , zu welchem allein sie ursprünglich
entstanden ist, erfordert. Daher könnte, der Strenge nach, die
Physiologie einen solchen Ueberschuß der Gehirnthätigkeit und
15 mit ihr des Gehirns selbst, gewissermaaßen den *monstris per excessum* beizählen, welche sie bekanntlich den *monstris per defectum* und denen *per situm mutatum* nebenordnet. Das Genie besteht also in einem abnormen Uebermaaß des Intellekts, welches seine Benutzung nur dadurch finden kann, daß es auf das
20 Allgemeine des Daseyns verwendet wird; wodurch es alsdann
dem Dienste des ganzen Menschengeschlechts obliegt, wie der
normale Intellekt dem des Einzelnen. Um die Sache recht faßlich zu machen, könnte man sagen: wenn der Normalmensch
aus 2/3 Wille und 1/3 Intellekt besteht; so hat hingegen das Ge
25 nie 2/3 Intellekt und 1/3 Wille. Dies ließe sich dann noch
durch ein chemisches Gleichniß erläutern: die Basis und die
Säure eines Mittelsalzes unterscheiden sich dadurch, daß in jeder von Beiden das Radikal zum Oxygen das umgekehrte Verhältniß, von dem im andern, hat. Die Basis nämlich, oder das
30 Alkali, ist dies dadurch, daß in ihr das Radikal überwiegend ist
gegen das Oxygen, und die Säure ist dies dadurch, daß in ihr
das Oxygen das Ueberwiegende ist. Eben so nun verhalten
sich, in Hinsicht auf Willen und Intellekt, Normalmensch und
Genie. Daraus entspringt zwischen ihnen ein durchgreifender

Unterschied, der schon in ihrem ganzen Wesen, Thun und Treiben sichtbar ist, recht eigentlich aber in ihren Leistungen an den Tag tritt. Noch könnte man als Unterschied hinzufügen, daß, während jener totale Gegensatz zwischen den chemischen Stoffen die stärkste Wahlverwandschaft und Anziehung zu ein- ander begründet, beim Menschengeschlecht eher das Gegentheil sich einzufinden pflegt.

Die zunächst liegende Aeußerung, welche ein solcher Ueber- schuß der Erkenntnißkraft hervorruft, zeigt sich meistentheils in der ursprünglichsten und grundwesentlichsten, d. i. der a n - s c h a u e n d e n Erkenntniß, und veranlaßt die Wiederholung derselben in einem Bilde: so entsteht der Maler und der Bild- hauer. Bei diesen ist demnach der Weg zwischen der genialen Auffassung und der künstlerischen Produktion der kürzeste: da- her ist die Form, in welcher hier das Genie und seine Thätig- keit sich darstellt, die einfachste und seine Beschreibung am leichtesten. Dennoch ist eben hier die Quelle nachgewiesen, aus welcher alle ächten Produktionen, in jeder Kunst, auch in der Poesie, ja, in der Philosophie, ihren Ursprung nehmen; wie- wohl dabei der Hergang nicht so einfach ist.

Man erinnere sich hier des im ersten Buche erhaltenen Ergeb- nisses, daß alle Anschauung intellektual ist und nicht bloß sen- sual. Wenn man nun die hier gegebene Auseinandersetzung dazu bringt und zugleich auch billig berücksichtigt, daß die Phi- losophie des vorigen Jahrhunderts das anschauende Erkenntniß- vermögen mit dem Namen der »untern Seelenkräfte« bezeich- nete; so wird man, daß A d e l u n g , welcher die Sprache seiner Zeit reden mußte, das Genie in »eine merkliche Stärke der un- tern Seelenkräfte« setzte, doch nicht so grundabsurd, noch des bittern Hohnes würdig finden, womit J e a n P a u l , in seiner Vorschule der Aesthetik, es anführt. So große Vorzüge das eben erwähnte Werk dieses bewundrungswürdigen Mannes auch hat; so muß ich doch bemerken, daß überall, wo eine theoretische Erörterung und überhaupt Belehrung der Zweck ist, die beständig witzelnde und in lauter Gleichnissen einherschreitende Darstellung nicht die angemessene seyn kann.

Die A n s c h a u u n g nun aber ist es, welcher zunächst das eigentliche und wahre Wesen der Dinge, wenn auch noch bedingter Weise, sich aufschließt und offenbart. Alle Begriffe, alles Gedachte, sind ja nur Abstraktionen, mithin Theilvorstellungen aus jener, und bloß durch Wegdenken entstanden. Alle tiefe Erkenntniß, sogar die eigentliche Weisheit, wurzelt in der a n s c h a u l i c h e n Auffassung der Dinge; wie wir dies in den Ergänzungen zum ersten Buch ausführlich betrachtet haben. Eine a n s c h a u l i c h e Auffassung ist allemal der Zeugungsproceß gewesen, in welchem jedes ächte Kunstwerk, jeder unsterbliche Gedanke, den Lebensfunken erhielt. Alles Urdenken geschieht in Bildern. Aus B e g r i f f e n hingegen entspringen die Werke des bloßen Talents, die bloß vernünftigen Gedanken, die Nachahmungen und überhaupt alles auf das gegenwärtige Bedürfniß und die Zeitgenossenschaft allein Berechnete.

Wäre nun aber unsere Anschauung stets an die reale Gegenwart der Dinge gebunden; so würde ihr Stoff gänzlich unter der Herrschaft des Zufalls stehen, welcher die Dinge selten zur rechten Zeit herbeibringt, selten zweckmäßig ordnet und meistens sie in sehr mangelhaften Exemplaren uns vorführt. Deshalb bedarf es der P h a n t a s i e , um alle bedeutungsvollen Bilder des Lebens zu vervollständigen, zu ordnen, auszumalen, festzuhalten und beliebig zu wiederholen, je nachdem es die Zwecke einer tief eindringenden Erkenntniß und des bedeutungsvollen Werkes, dadurch sie mitgetheilt werden soll, erfordern. Hierauf beruht der hohe Werth der Phantasie, als welche ein dem Genie unentbehrliches Werkzeug ist. Denn nur vermöge derselben kann dieses, je nach den Erfordernissen des Zusammenhanges seines Bildens, Dichtens, oder Denkens, jeden Gegenstand oder Vorgang sich in einem lebhaften Bilde vergegenwärtigen und so stets frische Nahrung aus der Urquelle aller Erkenntniß, dem Anschaulichen, schöpfen. Der Phantasiebegabte vermag gleichsam Geister zu citiren, die ihm, zur rechten Zeit, die Wahrheiten offenbaren, welche die nackte Wirklichkeit der Dinge nur schwach, nur selten und dann meistens zur Unzeit darlegt. Zu ihm verhält sich daher der Phantasielose, wie zum freibeweglichen, ja geflügelten Thiere die an ihren Felsen gekittete Muschel, welche abwarten muß, was der Zufall ihr zuführt. Denn ein Solcher kennt keine andere, als die wirkliche Sinnesanschauung: bis sie kommt nagt er an Begriffen und Abstraktionen, welche doch nur Schaalen und Hülsen, nicht der Kern der Erkenntniß sind. Er wird nie etwas Großes leisten; es wäre denn im Rechnen und der Mathematik. – Die Werke der bildenden Künste und der Poesie, imgleichen die Leistungen der Mimik, können auch angesehen werden als Mittel, Denen, die keine Phantasie haben, diesen Mangel möglichst zu ersetzen, Denen aber, die damit begabt sind, den Gebrauch derselben zu erleichtern.

Obgleich demnach die eigenthümliche und wesentliche Erkenntnißweise des Genies die a n s c h a u e n d e ist; so machen den eigentlichen Gegenstand derselben doch keineswegs die einzelnen Dinge aus, sondern die in diesen sich aussprechenden Platonischen Ideen, wie deren Auffassung im 29. Kapitel analysirt worden. Im Einzelnen stets das Allgemeine zu sehen, ist gerade der Grundzug des Genies; während der Normalmensch im Einzelnen auch nur das Einzelne als solches erkennt, da es nur als solches der Wirklichkeit angehört, welche allein für ihn Interesse, d. h. Beziehungen zu seinem W i l l e n hat. Der Grad, in welchem Jeder im einzelnen Dinge nur dieses, oder aber schon ein mehr oder minder Allgemeines, bis zum Allgemeinsten der Gattung hinauf, nicht etwan denkt, sondern geradezu erblickt, ist der Maaßstab seiner Annäherung zum Genie. Diesem entsprechend ist auch nur das Wesen der Dinge überhaupt, das Allgemeine in ihnen, das Ganze, der eigentliche Gegenstand des Genies: die Untersuchung der einzelnen Phänomene ist das Feld der Talente, in den Realwissenschaften, deren

Gegenstand eigentlich immer nur die Beziehungen der Dinge zu einander sind.

Was im vorhergegangenen Kapitel ausführlich gezeigt worden, daß nämlich die Auffassung der I d e e n dadurch bedingt ist, daß das Erkennende das r e i n e S u b j e k t der Erkenntniß sei, d. h. daß der Wille gänzlich aus dem Bewußtseyn verschwinde, bleibt uns hier gegenwärtig. – Die Freude, welche wir an manchen, die Landschaft uns vor Augen bringenden Liedern G o e t h e ' s, oder an den Naturschilderungen J e a n P a u l 's haben, beruht darauf, daß wir dadurch der Objektivität jener Geister, d. h. der Reinheit theilhaft werden, mit welcher in ihnen die Welt als Vorstellung sich von der Welt als Wille gesondert und gleichsam ganz davon abgelöst hatte. – Daraus, daß die Erkenntnißweise des Genies wesentlich die von allem Wollen und seinen Beziehungen gereinigte ist, folgt auch, daß die Werke desselben nicht aus Absicht oder Willkür hervorgehen, sondern es dabei geleitet ist von einer instinktartigen Nothwendigkeit. – Was man das Regewerden des Genius, die Stunde der Weihe, den Augenblick der Begeisterung nennt, ist nichts Anderes, als das Freiwerden des Intellekts, wann dieser, seines Dienstes unter dem Willen einstweilen enthoben, jetzt nicht in Unthätigkeit oder Abspannung versinkt, sondern, auf eine kurze Weile, ganz allein, aus freien Stücken, thätig ist. Dann ist er von der größten Reinheit und wird zum klaren Spiegel der Welt: denn, von seinem Ursprung, dem Willen, völlig abgetrennt, ist er jetzt die in e i n e m Bewußtseyn koncentrirte Welt als Vorstellung selbst. In solchen Augenblicken wird gleichsam die Seele unsterblicher Werke erzeugt. Hingegen ist bei allem absichtlichen Nachdenken der Intellekt nicht frei, da ja der Wille ihn leitet und sein Thema ihm vorschreibt.

Der Stämpel der Gewöhnlichkeit, der Ausdruck von Vulgarität, welcher den allermeisten Gesichtern aufgedrückt ist, besteht eigentlich darin, daß die strenge Unterordnung ihres Erkennens unter ihr Wollen, die feste Kette, welche beide zusammenschließt, und die daraus folgende Unmöglichkeit, die Dinge anders als in Beziehung auf den Willen und seine Zwecke aufzufassen, darin sichtbar ist. Hingegen liegt der Ausdruck des Genies, welcher die augenfällige Familienähnlichkeit aller Hochbegabten ausmacht, darin, daß man das Losgesprochenseyn, die Manumission des Intellekts vom Dienste des Willens, das Vorherrschen des Erkennens über das Wollen, deutlich darauf liest: und weil alle Pein aus dem Wollen hervorgeht, das Erkennen hingegen an und für sich schmerzlos und heiter ist; so giebt dies ihren hohen Stirnen und ihrem klaren, schauenden Blick, als welche dem Dienste des Willens und seiner Noth nicht unterthan sind, jenen Anstrich großer, gleichsam überirdischer Heiterkeit, welcher zu Zeiten durchbricht und sehr wohl mit der Melancholie der übrigen Gesichtszüge, besonders des Mundes, zusammenbesteht, in dieser Verbindung aber treffend bezeichnet werden kann durch das Motto des J o r d a n u s B r u - n u s : *In tristitia hilaris, in hilaritate tristis.*

Der Wille, welcher die Wurzel des Intellekts ist, widersetzt sich jeder auf irgend etwas Anderes als seine Zwecke gerichteten Thätigkeit derselben. Daher ist der Intellekt einer rein objektiven und tiefen Auffassung der Außenwelt nur dann fähig, wann er sich von dieser seiner Wurzel wenigstens einstweilen abgelöst hat. So lange er derselben noch verbunden bleibt, ist er aus eigenen Mitteln gar keiner Thätigkeit fähig, sondern schläft in Dumpfheit, so oft der Wille (das Interesse) ihn nicht weckt und in Bewegung setzt. Geschieht dies jedoch, so ist er zwar sehr tauglich, dem Interesse des Willens gemäß, die Relationen der Dinge zu erkennen, wie dies der kluge Kopf thut, der immer auch ein aufgeweckter, d. h. vom Wollen lebhaft erregter Kopf seyn muß; aber er ist eben deshalb nicht fähig, das rein objektive Wesen der Dinge zu erfassen. Denn das Wollen und die Zwecke machen ihn so einseitig, daß er an den Dingen nur das sieht, was sich darauf bezieht, das Uebrige aber theils verschwindet, theils verfälscht ins Bewußtseyn tritt. So wird z. B.

ein in Angst und Eile Reisender den Rhein mit seinen Ufern
nur als einen Queerstrich, die Brücke darüber nur als einen diesen schneidenden Strich sehen. Im Kopfe des von seinen Zwek-
ken erfüllten Menschen sieht die Welt aus, wie eine schöne Ge-
5 gend auf einem Schlachtfeldplan aussieht. Freilich sind dies Extreme, der Deutlichkeit wegen genommen: allein auch jede nur
geringe Erregung des Willens wird eine geringe, jedoch stets jenen analoge Verfälschung der Erkenntniß zur Folge haben. In
ihrer wahren Farbe und Gestalt, in ihrer ganzen und richtigen
10 Bedeutung kann die Welt erst dann hervortreten, wann der Intellekt, des Wollens ledig, frei über den Objekten schwebt und
ohne vom Willen angetrieben zu seyn, dennoch energisch thätig ist. Allerdings ist dies der Natur und Bestimmung des Intellekts entgegen, also gewissermaßen widernatürlich, daher eben
15 überaus selten: aber gerade hierin liegt das Wesen des G e -
n i e s , als bei welchem allein jener Zustand in hohem Grade
und anhaltend Statt findet, während er bei den Uebrigen nur
annäherungs- und ausnahmsweise eintritt. – In dem hier dargelegten Sinne nehme ich es, wenn J e a n P a u l (»Vorschule
20 der Aesthetik«, §. 12) das Wesen des Genies in die B e s o n n e n -
h e i t setzt. Nämlich der Normalmensch ist in den Strudel und
Tumult des Lebens, dem er durch seinen Willen angehört, eingesenkt: sein Intellekt ist erfüllt von den Dingen und den Vorgängen des Lebens: aber diese Dinge und das Leben selbst, in
25 objektiver Bedeutung, wird er gar nicht gewahr; wie der Kaufmann auf der Amsterdammer Börse vollkommen vernimmt
was sein Nachbar sagt, aber das dem Rauschen des Meeres
ähnliche Gesumme der ganzen Börse, darüber der entfernte Beobachter erstaunt, gar nicht hört. Dem Genie hingegen, dessen
30 Intellekt vom Willen, also von der Person abgelöst ist, bedeckt
das diese Betreffende nicht die Welt und die Dinge selbst; sondern es wird ihrer deutlich inne, es nimmt sie, an und für sich
selbst, in objektiver Anschauung, wahr: in diesem Sinne ist es
b e s o n n e n .

Diese B e s o n n e n h e i t ist es, welche den Maler befähigt, die Natur, die er vor Augen hat, treu auf der Leinwand wieder-zugeben, und den Dichter, die anschauliche Gegenwart, mittelst abstrakter Begriffe, genau wieder hervorzurufen, indem er sie ausspricht und so zum deutlichen Bewußtseyn bringt; imglei-chen Alles, was die Uebrigen bloß fühlen, in Worten auszu-drücken. – Das Thier lebt ohne alle Besonnenheit. Bewußtseyn hat es, d. h. es erkennt sich und sein Wohl und Wehe, dazu auch die Gegenstände, welche solche veranlassen. Aber seine Erkenntniß bleibt stets subjektiv, wird nie objektiv: alles darin Vorkommende scheint sich ihm von selbst zu verstehen und kann ihm daher nie weder zum Vorwurf (Objekt der Darstel-lung), noch zum Problem (Objekt der Meditation) werden. Sein Bewußtseyn ist also ganz i m m a n e n t. Zwar nicht von gleicher, aber doch von verwandter Beschaffenheit ist das Be-wußtseyn des gemeinen Menschenschlages, indem auch seine Wahrnehmung der Dinge und der Welt überwiegend subjektiv und vorherrschend immanent bleibt. Es nimmt die Dinge in der Welt wahr, aber nicht die Welt; sein eigenes Thun und Lei-den, aber nicht sich. Wie nun, in unendlichen Abstufungen, die Deutlichkeit des Bewußtseyns sich steigert, tritt mehr und mehr die Besonnenheit ein, und dadurch kommt es allmälig dahin, daß bisweilen, wenn auch selten und dann wieder in höchst verschiedenen Graden der Deutlichkeit, es wie ein Blitz durch den Kopf fährt, mit »was ist das Alles?« oder auch mit »w i e ist es eigentlich beschaffen?« Die erstere Frage wird, wenn sie große Deutlichkeit und anhaltende Gegenwart erlangt, den Phi-losophen, und die andere, ebenso, den Künstler oder Dichter machen. Dieserhalb also hat der hohe Beruf dieser Beiden seine Wurzel in der Besonnenheit, die zunächst aus der Deutlichkeit entspringt, mit welcher sie der Welt und ihrer selbst inne wer-den und dadurch zur Besinnung darüber kommen. Der ganze Hergang aber entspringt daraus, daß der Intellekt, durch sein

512

Uebergewicht, sich vom Willen, dem er ursprünglich dienstbar ist, zu Zeiten losmacht.

Die hier dargelegten Betrachtungen über das Genie schließen sich ergänzend an die im 22. Kapitel enthaltene Darstellung des in der ganzen Reihe der Wesen wahrnehmbaren, i m m e r   w e i t e r n   A u s e i n a n d e r t r e t e n s   d e s   W i l l e n s u n d   d e s   I n t e l l e k t s. Dieses eben erreicht im Genie seinen höchsten Grad, als wo es bis zur völligen Ablösung des Intellekts von seiner Wurzel, dem Willen, geht, so daß der Intellekt hier völlig frei wird, wodurch allererst die W e l t   a l s V o r s t e l l u n g zur vollkommenen Objektivation gelangt. –

Jetzt noch einige die Individualität des Genies betreffende Bemerkungen. – Schon A r i s t o t e l e s hat, nach Cicero (*Tusc., I, 33*) bemerkt, *omnes ingeniosos melancholicos esse*; welches sich, ohne Zweifel, auf die Stelle in des Aristoteles Problemata, 30, 1, bezieht. Auch G o e t h e sagt:

> Meine Dichtergluth war sehr gering,
> So lang ich dem Guten entgegenging:
> Dagegen brannte sie lichterloh,
> Wann ich vor drohendem Uebel floh. –
> Zart Gedicht, wie Regenbogen,
> Wird nur auf dunkeln Grund gezogen:
> Darum behagt dem Dichtergenie
> Das Element der Melancholie.

Dies ist daraus zu erklären, daß, da der Wille seine ursprüngliche Herrschaft über den Intellekt stets wieder geltend macht, dieser, unter ungünstigen persönlichen Verhältnissen, sich leichter derselben entzieht; weil er von widerwärtigen Umständen sich gern abwendet, gewissermaaßen um sich zu zerstreuen, und nun mit desto größerer Energie sich auf die fremde Außenwelt richtet, also leichter rein objektiv wird. Günstige persönliche Verhältnisse wirken umgekehrt. Im Ganzen und Allgemei nen jedoch beruht die dem Genie beigegebene Melancholie darauf, daß der Wille zum Leben, von je hellerem Intellekt er sich beleuchtet findet, desto deutlicher das Elend seines Zustandes wahrnimmt. – Die so häufig bemerkte trübe Stimmung hochbegabter Geister hat ihr Sinnbild am M o n t b l a n c , dessen Gipfel meistens bewölkt ist: aber wann bisweilen, zumal früh Morgens, der Wolkenschleier reißt und nun der Berg vom Sonnenlichte roth, aus seiner Himmelshöhe über den Wolken, auf C h a m o u n i herabsieht; dann ist es ein Anblick, bei welchem Jedem das Herz im tiefsten Grunde aufgeht. So zeigt auch das meistens melancholische Genie zwischendurch die schon oben geschilderte, nur ihm mögliche, aus der vollkommensten Objektivität des Geistes entspringende, eigenthümliche Heiterkeit, die wie ein Lichtglanz auf seiner hohen Stirne schwebt: *in tristitia hilaris, in hilaritate tristis.* –

Alle Pfuscher sind es, im letzten Grunde, dadurch, daß ihr Intellekt, dem Willen noch zu fest verbunden, nur unter dessen Anspornung in Thätigkeit geräth, und daher eben ganz in dessen Dienste bleibt. Sie sind demzufolge keiner andern, als persönlicher Zwecke fähig. Diesen gemäß schaffen sie schlechte Gemälde, geistlose Gedichte, seichte, absurde, sehr oft auch unredliche Philosopheme, wann es nämlich gilt, durch fromme Unredlichkeit, sich hohen Vorgesetzten zu empfehlen. All ihr Thun und Denken ist also persönlich. Daher gelingt es ihnen höchstens, sich das Aeußere, Zufällige und Beliebige fremder, ächter Werke als Manier anzueignen, wo sie dann, statt des Kerns, die Schaale fassen, jedoch vermeinen, Alles erreicht, ja, jene übertroffen zu haben. Wird dennoch das Mißlingen offenbar; so hofft Mancher, es durch seinen guten Willen am Ende doch zu erreichen. Aber gerade dieser gute Wille macht es unmöglich; weil derselbe doch nur auf persönliche Zwecke hinausläuft: bei solchen aber kann es weder mit Kunst, noch Poesie, noch Philosophie je Ernst werden. Auf Jene paßt daher ganz eigentlich die Redensart: sie stehen sich selbst im Lichte.

Ihnen ahndet es nicht, daß allein der von der Herrschaft des Willens und allen seinen Projekten losgerissene und dadurch frei thätige Intellekt, weil nur er den wahren Ernst verleiht, zu ächten Produktionen befähigt: und das ist gut für sie; sonst
5 sprängen sie ins Wasser. – Der g u t e W i l l e ist in der M o r a l Alles; aber in der Kunst ist er nichts: da gilt, wie schon das Wort andeutet, allein das K ö n n e n . – Alles kommt zuletzt darauf an, wo der eigentliche E r n s t des Menschen liegt. Bei fast Allen liegt er ausschließlich im eigenen Wohl und dem der
10 Ihrigen; daher sie dies und nichts Anderes zu fördern im Stande sind; weil eben kein Vorsatz, keine willkürliche und absichtliche Anstrengung, den wahren, tiefen, eigentlichen Ernst verleiht, oder ersetzt, oder richtiger verlegt. Denn er bleibt stets da, wo die Natur ihn hingelegt hat: ohne ihn aber kann Alles
15 nur halb betrieben werden. Daher sorgen, aus dem selben Grunde, geniale Individuen oft schlecht für ihre eigene Wohlfahrt. Wie ein bleiernes Anhängsel einen Körper immer wieder in die Lage zurückbringt, die sein durch dasselbe determinirter Schwerpunkt erfordert; so zieht der wahre Ernst des Menschen
20 die Kraft und Aufmerksamkeit seines Intellekts immer dahin zurück, w o e r l i e g t : alles Andere treibt der Mensch o h n e w a h r e n E r n s t . Daher sind allein die höchst seltenen, abnormen Menschen, deren wahrer Ernst nicht im Persönlichen und Praktischen, sondern im Objektiven und Theoretischen
25 liegt, im Stande, das Wesentliche der Dinge und der Welt, also die höchsten Wahrheiten, aufzufassen und in irgend einer Art und Weise wiederzugeben. Denn ein solcher außerhalb des Individui, in das O b j e k t i v e fallender Ernst desselben ist etwas der menschlichen Natur Fremdes, etwas Unnatürliches, eigent-
30 lich Uebernatürliches: jedoch allein durch ihn ist ein Mensch g r o ß , und demgemäß wird alsdann sein Schaffen einem von ihm verschiedenen G e n i u s zugeschrieben, der ihn in Besitz nehme. Einem solchen Menschen ist sein Bilden, Dichten oder Denken Z w e c k , den Uebrigen ist es M i t t e l . Diese suchen

dabei i h r e S a c h e , und wissen, in der Regel, sie wohl zu
fördern, da sie sich den Zeitgenossen anschmiegen, bereit, den
Bedürfnissen und Launen derselben zu dienen: daher leben sie
meistens in glücklichen Umständen; Jener oft in sehr elenden.
Denn sein persönliches Wohl opfert er dem o b j e k t i v e n 5
Zweck: er kann eben nicht anders; weil dort sein Ernst liegt.
Sie halten es umgekehrt: darum sind sie k l e i n ; er aber ist
g r o ß . Demgemäß ist sein Werk für alle Zeiten, aber die Anerkennung desselben fängt meistens erst bei der Nachwelt an:
s i e leben und sterben mit ihrer Zeit. G r o ß überhaupt ist nur 10
Der, welcher bei seinem Wirken, dieses sei nun ein praktisches,
oder ein theoretisches, n i c h t s e i n e S a c h e s u c h t ; sondern allein einen o b j e k t i v e n Zweck verfolgt: er ist es aber
selbst dann noch, wann, im Praktischen, dieser Zweck ein miß-
verstandener, und sogar wenn er, in Folge davon, ein Verbre- 15
chen seyn sollte. Daß e r n i c h t s i c h u n d s e i n e S a c h e
s u c h t , dies macht ihn, unter allen Umständen, g r o ß .
K l e i n hingegen ist alles auf persönliche Zwecke gerichtete
Treiben; weil der dadurch in Thätigkeit Versetzte sich nur in
seiner eigenen, verschwindend kleinen Person erkennt und fin- 20
det. Hingegen wer g r o ß ist, erkennt sich in Allem und daher
im Ganzen: er lebt nicht, wie Jener, allein im Mikrokosmos,
sondern noch mehr im Makrokosmos. Darum eben ist das
Ganze ihm angelegen, und er sucht es zu erfassen, um es darzustellen, oder um es zu erklären, oder um praktisch darauf zu 25
wirken. Denn ihm ist es nicht fremd; er fühlt daß es ihn angeht. Wegen dieser Ausdehnung seiner Sphäre nennt man ihn
g r o ß . Demnach gebührt nur dem wahren Helden, in irgend
einem Sinn, und dem Genie jenes erhabene Prädikat: es besagt,
daß sie, der menschlichen Natur entgegen, nicht ihre eigene Sa- 30
che gesucht, nicht für sich, sondern für Alle gelebt haben. –
Wie nun offenbar die Allermeisten s t e t s klein seyn müssen
und n i e m a l s groß seyn können; so ist doch das Umgekehr-

te nicht möglich, daß nämlich Einer durchaus, d. h. stets und jeden Augenblick, groß sei:

> Denn aus Gemeinem ist der Mensch gemacht,
> Und die Gewohnheit nennt er seine Amme.

5 Jeder große Mann nämlich muß dennoch oft nur das Individuum seyn, nur s i c h im Auge haben, und das heißt k l e i n seyn. Hierauf beruht die sehr richtige Bemerkung, daß kein Held es vor seinem Kammerdiener bleibt; nicht aber darauf, daß der Kammerdiener den Helden nicht zu schätzen verstehe;
10 – welches Goethe, in den »Wahlverwandschaften« (Bd. 2, Kap. 5), als Einfall der Ottilie auftischt. –

Das Genie ist sein eigener Lohn: denn das Beste was Einer ist, muß er nothwendig für sich selbst seyn. »Wer m i t einem Talente, z u einem Talente geboren ist, findet in demselben sein
15 schönstes Daseyn«, sagt G o e t h e . Wenn wir zu einem großen Mann der Vorzeit hinaufblicken, denken wir nicht: »Wie glücklich ist er, von uns Allen noch jetzt bewundert zu werden«; sondern: »Wie glücklich muß er gewesen seyn im unmittelbaren Genuß eines Geistes, an dessen zurückgelassenen Spuren
20 Jahrhunderte sich erquicken.« Nicht im Ruhme, sondern in Dem, wodurch man ihn erlangt, liegt der Werth, und in der Zeugung unsterblicher Kinder der Genuß. Daher sind Die, welche die Nichtigkeit des Nachruhmes daraus zu beweisen suchen, daß wer ihn erlangt, nichts davon erfährt, dem Klügling
25 zu vergleichen, der einem Manne, welcher auf einen Haufen Austerschaalen im Hofe seines Nachbarn neidische Blicke würfe, sehr weise die gänzliche Unbrauchbarkeit derselben demonstriren wollte.

Der gegebenen Darstellung des Wesens des Genies zufolge ist
30 dasselbe in sofern naturwidrig, als es darin besteht, daß der Intellekt, dessen eigentliche Bestimmung der Dienst des Willens ist, sich von diesem Dienste emancipirt, um auf eigene Hand

thätig zu seyn. Demnach ist das Genie ein seiner Bestimmung untreu gewordener Intellekt. Hierauf beruhen die demselben beigegebenen N a c h t h e i l e , zu deren Betrachtung wir jetzt den Weg uns dadurch bahnen, daß wir das Genie mit dem weniger entschiedenen Ueberwiegen des Intellekts vergleichen.

Der Intellekt des Normalmenschen, streng an den Dienst seines Willens gebunden, mithin eigentlich bloß mit der Aufnahme der Motive beschäftigt, läßt sich ansehen als der Komplex von Drahtfäden, womit jede dieser Puppen auf dem Welttheater in Bewegung gesetzt wird. Hieraus entspringt der trockene, gesetzte Ernst der meisten Leute, der nur noch von dem der Thiere übertroffen wird, als welche niemals lachen. Dagegen könnte man das Genie, mit seinem entfesselten Intellekt, einem unter den großen Drahtpuppen des berühmten Mailändischen Puppentheaters mitspielenden, lebendigen Menschen vergleichen, der unter ihnen der Einzige wäre, welcher Alles wahrnähme und daher gern sich von der Bühne auf eine Weile losmachte, um aus den Logen das Schauspiel zu genießen: – das ist die geniale Besonnenheit. – Aber selbst der überaus verständige und vernünftige Mann, den man beinahe weise nennen könnte, ist vom Genie gar sehr und zwar dadurch verschieden, daß sein Intellekt eine p r a k t i s c h e Richtung behält, auf die Wahl der allerbesten Zwecke und Mittel bedacht ist, daher im Dienste des Willens bleibt und demnach recht eigentlich naturgemäß beschäftigt ist. Der feste, praktische Lebensernst, welchen die Römer als *gravitas* bezeichneten, setzt voraus, daß der Intellekt n i c h t den Dienst des Willens verlasse, um hinauszuschweifen zu Dem, was diesen nicht angeht: darum läßt er nicht jenes Auseinandertreten des Intellekts und des Willens zu, welches Bedingung des G e n i e s ist. Der kluge, ja der eminente Kopf, der zu großen Leistungen im Praktischen Geeignete, ist es gerade dadurch, daß die Objekte seinen Willen lebhaft erregen und zum rastlosen Nachforschen ihrer Verhältnisse und Beziehungen anspornen. Auch sein Intellekt ist also mit dem Willen fest

verwachsen. Vor dem genialen Kopf hingegen schwebt, in seiner objektiven Auffassung, die Erscheinung der Welt als ein ihm
Fremdes, ein Gegenstand der Kontemplation, der sein Wollen
aus dem Bewußtseyn verdrängt. Um diesen Punkt dreht sich
5 der Unterschied zwischen der Befähigung zu T h a t e n und
der zu W e r k e n. Die letztere verlangt Objektivität und Tiefe
der Erkenntniß, welche gänzliche Sonderung des Intellekts vom
Willen zur Voraussetzung hat: die erstere hingegen verlangt Anwendung der Erkenntniß, Geistesgegenwart und Entschlossen
10 heit, welche erfordert, daß der Intellekt unausgesetzt den
Dienst des Willens besorge. Wo das Band zwischen Intellekt
und Wille gelöst ist, wird der von seiner natürlichen Bestimmung abgewichene Intellekt den Dienst des Willens vernachlässigen: er wird z. B. selbst in der Noth des Augenblicks noch
15 seine Emancipation geltend machen und etwan die Umgebung,
von welcher dem Individuo gegenwärtige Gefahr droht, ihrem
malerischen Eindruck nach aufzufassen nicht umhin können.
Der Intellekt des vernünftigen und verständigen Mannes hingegen ist stets auf seinem Posten, ist auf die Umstände und deren
20 Erfordernisse gerichtet: ein solcher wird daher in allen Fällen
das der Sache Angemessene beschließen und ausführen, folglich
keineswegs in jene Excentricitäten, persönliche Fehltritte, ja,
Thorheiten verfallen, denen das Genie darum ausgesetzt ist,
daß sein Intellekt nicht ausschließlich der Führer und Wächter
25 seines Willens bleibt, sondern, bald mehr bald weniger, vom
rein Objektiven in Anspruch genommen wird. Den Gegensatz,
in welchem die beiden hier abstrakt dargestellten, gänzlich verschiedenen Arten der Befähigung zu einander stehen, hat G o e
t h e uns im Widerspiel des Tasso und Antonio veranschaulicht.
30 Die oft bemerkte Verwandschaft des Genies mit dem Wahnsinn
beruht eben hauptsächlich auf jener, dem Genie wesentlichen,
dennoch aber naturwidrigen Sonderung des Intellekts vom Willen. Diese aber selbst ist keineswegs Dem zuzuschreiben, daß
das Genie von geringerer Intensität des Willens begleitet sei; da

es vielmehr durch einen heftigen und leidenschaftlichen Charakter bedingt ist: sondern sie ist daraus zu erklären, daß der praktisch Ausgezeichnete, der Mann der Thaten, bloß das ganze und volle Maaß des für einen energischen Willen erforderten Intellekts hat, während den meisten Menschen sogar dieses abgeht; das Genie aber in einem völlig abnormen, wirklichen Uebermaaß von Intellekt besteht, dergleichen zum Dienste keines Willens erfordert ist. Dieserhalb eben sind die Männer der ächten Werke tausend Mal seltener, als die Männer der Thaten. Jenes abnorme Uebermaaß des Intellekts eben ist es, vermöge dessen dieser das entschiedene Uebergewicht erhält, sich vom Willen losmacht und nun, seines Ursprungs vergessend, aus eigener Kraft und Elasticität frei thätig ist; woraus die Schöpfungen des Genies hervorgehen.

Eben dieses nun ferner, daß das Genie im Wirken des freien, d. h. vom Dienste des Willens emancipirten Intellekts besteht, hat zur Folge, daß die Produktionen desselben keinen nützlichen Zwecken dienen. Es werde musicirt, oder philosophirt, gemalt, oder gedichtet; – ein Werk des Genies ist kein Ding zum Nutzen. Unnütz zu seyn, gehört zum Charakter der Werke des Genies: es ist ihr Adelsbrief. Alle übrigen Menschenwerke sind da zur Erhaltung, oder Erleichterung unserer Existenz; bloß die hier in Rede stehenden nicht: sie allein sind ihrer selbst wegen da, und sind, in diesem Sinn, als die Blüthe, oder der reine Ertrag des Daseyns anzusehen. Deshalb geht beim Genuß derselben uns das Herz auf: denn wir tauchen dabei aus dem schweren Erdenäther der Bedürftigkeit auf. – Diesem analog sehen wir, auch außerdem, das Schöne selten mit dem Nützlichen vereint. Die hohen und schönen Bäume tragen kein Obst: die Obstbäume sind kleine, häßliche Krüppel. Die gefüllte Gartenrose ist nicht fruchtbar, sondern die kleine, wilde, fast geruchlose ist es. Die schönsten Gebäude sind nicht die nützlichen: ein Tempel ist kein Wohnhaus. Ein Mensch von hohen, seltenen Geistesgaben, genöthigt einem bloß nützlichen Ge-

schäft, dem der Gewöhnlichste gewachsen wäre, obzuliegen, gleicht einer köstlichen, mit schönster Malerei geschmückten Vase, die als Kochtopf verbraucht wird; und die nützlichen Leute mit den Leuten von Genie vergleichen, ist wie Bausteine
5 mit Diamanten vergleichen.

Der bloß praktische Mensch also gebraucht seinen Intellekt zu Dem, wozu ihn die Natur bestimmte, nämlich zum Auffassen der Beziehungen der Dinge, theils zu einander, theils zum Willen des erkennenden Individuums. Das Genie hingegen ge-
10 braucht ihn, der Bestimmung desselben entgegen, zum Auffassen des objektiven Wesens der Dinge. Sein Kopf gehört daher nicht ihm, sondern der Welt an, zu deren Erleuchtung in irgend einem Sinne er beitragen wird. Hieraus müssen dem damit begünstigten Individuo vielfältige N a c h t h e i l e erwachsen.
15 Denn sein Intellekt wird überhaupt die Fehler zeigen, die bei jedem Werkzeug, welches zu dem, wozu es nicht gemacht ist, gebraucht wird, nicht auszubleiben pflegen. Zunächst wird er gleichsam der Diener zweier Herren seyn, indem er, bei jeder Gelegenheit, sich von dem seiner Bestimmung entsprechenden
20 Dienste losmacht, um seinen eigenen Zwecken nachzugehen, wodurch er den Willen oft sehr zur Unzeit im Stich läßt und hienach das so begabte Individuum für das Leben mehr oder weniger unbrauchbar wird, ja, in seinem Betragen bisweilen an den Wahnsinn erinnert. Sodann wird es, vermöge seiner gestei-
25 gerten Erkenntnißkraft, in den Dingen mehr das Allgemeine, als das Einzelne sehen; während der Dienst des Willens hauptsächlich die Erkenntniß des Einzelnen erfordert. Aber wann nun wieder gelegentlich jene ganze, abnorm erhöhte Erkenntnißkraft sich plötzlich, mit aller ihrer Energie, auf die Angele-
30 genheiten und Miseren des Willens richtet; so wird sie diese leicht zu lebhaft auffassen, Alles in zu grellen Farben, zu hellem Lichte, und ins Ungeheure vergrößert erblicken, wodurch das Individuum auf lauter Extreme verfällt. Dies noch näher zu erklären, diene Folgendes. Alle große theoretische Leistungen,

worin es auch sei, werden dadurch zu Stande gebracht, daß ihr
Urheber alle Kräfte seines Geistes auf Einen Punkt richtet, in
welchen er sie zusammenschießen läßt und koncentrirt, so
stark, fest und ausschließlich, daß die ganze übrige Welt ihm
jetzt verschwindet und sein Gegenstand ihm alle Realität ausfüllt. Eben diese große und gewaltsame Koncentration, die zu
den Privilegien des Genies gehört, tritt nun für dasselbe bisweilen auch bei den Gegenständen der Wirklichkeit und den Angelegenheiten des täglichen Lebens ein, welche alsdann, unter einen solchen Fokus gebracht, eine so monstrose Vergrößerung
erhalten, daß sie sich darstellen wie der im Sonnenmikroskop
die Statur des Elephanten annehmende Floh. Hieraus entsteht
es, daß hochbegabte Individuen bisweilen über Kleinigkeiten in
heftige Affekte der verschiedensten Art gerathen, die den Andern unbegreiflich sind, als welche sie in Trauer, Freude, Sorge,
Furcht, Zorn u. s. w. versetzt sehen, durch Dinge, bei welchen
ein Alltagsmensch ganz gelassen bliebe. Darum also fehlt dem
Genie die N ü c h t e r n h e i t , als welche gerade darin besteht,
daß man in den Dingen nichts weiter sieht, als was ihnen, besonders in Hinsicht auf unsere möglichen Zwecke, wirklich zukommt: daher kann kein nüchterner Mensch ein Genie seyn.
Zu den angegebenen Nachtheilen gesellt sich nun noch die
übergroße Sensibilität, welche ein abnorm erhöhtes Nerven-
und Cerebral-Leben mit sich bringt, und zwar im Verein mit
der das Genie ebenfalls bedingenden Heftigkeit und Leidenschaftlichkeit des Wollens, die sich physisch als Energie des
Herzschlages darstellt. Aus allem Diesen entspringt sehr leicht
jene Ueberspanntheit der Stimmung, jene Heftigkeit der Affekte, jener schnelle Wechsel der Laune, unter vorherrschender
Melancholie, die G o e t h e uns im Tasso vor Augen gebracht
hat. Welche Vernünftigkeit, ruhige Fassung, abgeschlossene
Uebersicht, völlige Sicherheit und Gleichmäßigkeit des Betra-
gens zeigt doch der wohlausgestattete Normalmensch, im Vergleich mit der bald träumerischen Versunkenheit, bald leiden-

schaftlichen Aufregung des Genialen, dessen innere Quaal der Mutterschooß unsterblicher Werke ist. – Zu diesem Allen kommt noch, daß das Genie wesentlich einsam lebt. Es ist zu selten, als daß es leicht auf seines Gleichen treffen könnte, und
5 zu verschieden von den Uebrigen, um ihr Geselle zu seyn. Bei ihnen ist das Wollen, bei ihm das Erkennen das Vorwaltende: daher sind ihre Freuden nicht seine, seine nicht ihre. Sie sind bloß moralische Wesen und haben bloß persönliche Verhältnisse: er ist zugleich ein reiner Intellekt, der als solcher der ganzen
10 Menschheit angehört. Der Gedankengang des von seinem mütterlichen Boden, dem Willen, abgelösten und nur periodisch zu ihm zurückkehrenden Intellekts wird sich von dem des normalen, auf seinem Stamme haftenden, bald durchweg unterscheiden. Daher, und wegen der Ungleichheit des Schritts, ist Jener
15 nicht zum gemeinschaftlichen Denken, d. h. zur Konversation mit den Andern geeignet: sie werden an ihm und seiner drückenden Ueberlegenheit so wenig Freude haben, wie er an ihnen. Sie werden daher sich behaglicher mit ihres Gleichen fühlen, und er wird die Unterhaltung mit seines Gleichen, ob-
20 schon sie in der Regel nur durch ihre nachgelassenen Werke möglich ist, vorziehen. Sehr richtig sagt daher C h a m f o r t : *Il y a peu de vices qui empêchent un homme d'avoir beaucoup d'amis, autant que peuvent le faire de trop grandes qualités.* Das glücklichste Loos, was dem Genie werden kann, ist Entbindung
25 vom Thun und Lassen, als welches nicht sein Element ist, und freie Muße zu seinem Schaffen. – Aus diesem Allen ergiebt sich, daß wenn gleich das Genie den damit Begabten in den Stunden, wo er, ihm hingegeben, ungehindert im Genuß desselben schwelgt, hoch beglücken mag; dasselbe dennoch keines-
30 wegs geeignet ist, ihm einen glücklichen Lebenslauf zu bereiten, vielmehr das Gegentheil. Dies bestätigt auch die in den Biographien niedergelegte Erfahrung. Dazu kommt noch ein Mißverhältniß nach außen, indem das Genie, in seinem Treiben und Leisten selbst, meistens mit seiner Zeit im Widerspruch und

Kampfe steht. Die bloßen Talentmänner kommen stets zu rechter Zeit: denn, wie sie vom Geiste ihrer Zeit angeregt und vom Bedürfniß derselben hervorgerufen werden; so sind sie auch gerade nur fähig diesem zu genügen. Sie greifen daher ein in den fortschreitenden Bildungsgang ihrer Zeitgenossen, oder in die schrittweise Förderung einer speciellen Wissenschaft: dafür wird ihnen Lohn und Beifall. Der nächsten Generation jedoch sind ihre Werke nicht mehr genießbar: sie müssen durch andere ersetzt werden, die dann auch nicht ausbleiben. Das Genie hingegen trifft in seine Zeit, wie ein Komet in die Planetenbahnen, deren wohlgeregelter und übersehbarer Ordnung sein völlig excentrischer Lauf fremd ist. Demnach kann es nicht eingreifen in den vorgefundenen, regelmäßigen Bildungsgang der Zeit, sondern wirft seine Werke weit hinaus in die vorliegende Bahn (wie der sich dem Tode weihende Imperator seinen Speer unter die Feinde), auf welcher die Zeit solche erst einzuholen hat. Sein Verhältniß zu den während dessen kulminirenden Talentmännern könnte es in den Worten des Evangelisten ausdrücken: Ο καιρος ὁ εμος ουπω παρεστιν· ὁ δε καιρος ὁ ὑμετερος παντοτε εστιν ἑτοιμος (Joh. 7, 6). – Das T a l e n t vermag zu leisten was die Leistungsfähigkeit, jedoch nicht die Apprehensionsfähigkeit der Uebrigen überschreitet: daher findet es sogleich seine Schätzer. Hingegen geht die Leistung des G e - n i e s nicht nur über die Leistungs-, sondern auch über die Apprehensionsfähigkeit der Andern hinaus: daher werden diese seiner nicht unmittelbar inne. Das Talent gleicht dem Schützen, der ein Ziel trifft, welches die Uebrigen nicht erreichen können; das Genie dem, der eines trifft, bis zu welchem sie nicht ein Mal zu sehen vermögen: daher sie nur mittelbar, also spät, Kunde davon erhalten, und sogar diese nur auf Treu und Glauben annehmen. Demgemäß sagt Goethe im Lehrbrief: »Die Nachahmung ist uns angeboren; das Nachzuahmende wird nicht leicht erkannt. Selten wird das Treffliche gefunden, seltner geschätzt.« Und C h a m f o r t sagt: *Il en est de la valeur des* *hommes comme de celle des diamans, qui, à une certaine mesure de grosseur, de pureté, de perfection, ont un prix fixe et marqué, mais qui, par-delà cette mesure, restent sans prix, et ne trouvent point d'acheteurs.* Auch schon B a k o v o n V e r u l a m hat es ausgesprochen: *Infimarum virtutum, apud vulgus, laus est, mediarum admiratio, supremarum sensus nullus (De augm. sc., L. VI, c. 3).* Ja, möchte vielleicht Einer entgegnen, *apud vulgus*! – Dem muß ich jedoch zu Hülfe kommen mit M a c h i a v e l l i 's Versicherung: *Nel mondo non è se non volgo*[*]; wie denn auch T h i l o (über den Ruhm) bemerkt, daß zum großen Haufen gewöhnlich Einer mehr gehört, als Jeder glaubt. – Eine Folge dieser späten Anerkennung der Werke des Genies ist, daß sie selten von ihren Zeitgenossen und demnach in der Frische des Kolorits, welche die Gleichzeitigkeit und Gegenwart verleiht, genossen werden, sondern, gleich den Feigen und Datteln, viel mehr im trockenen, als im frischen Zustande. –

Wenn wir nun endlich noch das Genie von der somatischen Seite betrachten; so finden wir es durch mehrere anatomische und physiologische Eigenschaften bedingt, welche einzeln selten vollkommen vorhanden, noch seltener vollständig beisammen, dennoch alle unerläßlich erfordert sind; so daß daraus erklärlich wird, warum das Genie nur als eine völlig vereinzelte, fast portentose Ausnahme vorkommt. Die Grundbedingung ist ein abnormes Ueberwiegen der Sensibilität über die Irritabilität und Reproduktionskraft, und zwar, was die Sache erschwert, auf einem männlichen Körper. (Weiber können bedeutendes Talent, aber kein Genie haben: denn sie bleiben stets subjektiv.) Imgleichen muß das Cerebralsystem vom Gangliensystem durch vollkommene Isolation rein geschieden seyn, so daß es mit diesem in vollkommenem Gegensatz stehe, wodurch das Gehirn sein Parasitenleben auf dem Organismus recht entschieden, abgesondert, kräftig und unabhängig führt. Freilich wird es dadurch

---

* Es giebt nichts Anderes auf der Welt, als Vulgus.

leicht feindlich auf den übrigen Organismus wirken und, durch
sein erhöhtes Leben und rastlose Thätigkeit, ihn frühzeitig auf-
reiben, wenn nicht auch er selbst von energischer Lebenskraft
und wohl konstituirt ist: auch dieses Letztere also gehört zu
den Bedingungen. Ja, sogar ein guter Magen gehört dazu, we- 5
gen des speciellen und engen Konsensus dieses Theiles mit dem
Gehirn. Hauptsächlich aber muß das Gehirn von ungewöhnli-
cher Entwickelung und Größe, besonders breit und hoch seyn:
hingegen wird die Tiefendimension zurückstehen, und das große Gehirn im Verhältniß gegen das kleine abnorm überwiegen. 10
Auf die Gestalt desselben im Ganzen und in den Theilen
kommt ohne Zweifel sehr viel an: allein dies genau zu bestimmen, reichen unsere Kenntnisse noch nicht aus; obwohl wir die
edle, hohe Intelligenz verkündende Form eines Schädels leicht
erkennen. Die Textur der Gehirnmasse muß von der äußersten 15
Feinheit und Vollendung seyn und aus der reinsten, ausgeschie-
densten, zartesten und erregbarsten Nervensubstanz bestehen:
gewiß hat auch das quantitative Verhältniß der weißen zur grau-
en Substanz entschiedenen Einfluß, den wir aber ebenfalls noch
nicht anzugeben vermögen. Inzwischen besagt der Obduktions- 20
bericht der Leiche B y r o n 's[*], daß bei ihm die weiße Substanz
in ungewöhnlich starkem Verhältniß zur grauen stand; desgleichen, daß sein Gehirn 6 Pfund gewogen hat. C u v i e r 's Gehirn hat 5 Pfund gewogen: das normale Gewicht ist 3 Pfund. –
Im Gegensatz des überwiegenden Gehirns müssen Rücken- 25
mark und Nerven ungewöhnlich dünn seyn. Ein schön gewölb-
ter, hoher und breiter Schädel, von dünner Knochenmasse,
muß das Gehirn schützen, ohne es irgend einzuengen. Diese
ganze Beschaffenheit des Gehirns und Nervensystems ist das
Erbtheil von der Mutter; worauf wir im folgenden Buche zu- 30
rückkommen werden. Dieselbe ist aber, um das Phänomen des
Genies hervorzubringen, durchaus unzureichend, wenn nicht,

---

[*]   In *Medwin's Conversations of L. Byron, p. 333.*

als Erbtheil vom Vater, ein lebhaftes, leidenschaftliches Temperament hinzukommt, sich somatisch darstellend als ungewöhnliche Energie des Herzens und folglich des Blutumlaufs, zumal
nach dem Kopfe hin. Denn hiedurch wird zunächst jene dem
5 Gehirn eigene Turgescenz vermehrt, vermöge deren es gegen
seine Wände drückt; daher es aus jeder durch Verletzung entstandenen Oeffnung in diesen hervorquillt: zweitens erhält
durch die gehörige Kraft des Herzens das Gehirn diejenige innere, von seiner beständigen Hebung und Senkung bei jedem
10 Athemzuge noch verschiedene Bewegung, welche in einer Er-
schütterung seiner ganzen Masse bei jedem Pulsschlage der vier
Cerebral-Arterien besteht und deren Energie seiner hier vermehrten Quantität entsprechen muß, wie denn diese Bewegung
überhaupt eine unerläßliche Bedingung seiner Thätigkeit ist.
15 Dieser ist eben daher auch eine kleine Statur und besonders ein
kurzer Hals günstig, weil, auf dem kürzern Wege, das Blut mit
mehr Energie zum Gehirn gelangt: deshalb sind die großen
Geister selten von großem Körper. Jedoch ist jene Kürze des
Weges nicht unerläßlich: z. B. G o e t h e war von mehr als
20 mittlerer Höhe. Wenn nun aber die ganze den Blutumlauf betreffende und daher vom Vater kommende Bedingung fehlt; so
wird die von der Mutter stammende günstige Beschaffenheit
des Gehirns höchstens ein Talent, einen feinen Verstand, den
das alsdann eintretende Phlegma unterstützt, hervorbringen:
25 aber ein phlegmatisches Genie ist unmöglich. Aus dieser vom
Vater kommenden Bedingung des Genies erklären sich viele der
oben geschilderten Temperamentsfehler desselben. Ist hingegen
diese Bedingung ohne die erstere, also bei gewöhnlich oder gar
schlecht konstituirtem Gehirn vorhanden; so giebt sie Lebhaf-
30 tigkeit ohne Geist, Hitze ohne Licht, liefert Tollköpfe, Menschen von unerträglicher Unruhe und Petulanz. Daß von zwei
Brüdern nur der eine Genie hat, und dann meistens der ältere,
wie es z. B. K a n t s Fall war, ist zunächst daraus erklärlich,
daß nur bei s e i n e r Zeugung der Vater im Alter der Kraft

und Leidenschaftlichkeit war; wiewohl auch die andere, von der Mutter stammende Bedingung durch ungünstige Umstände verkümmert werden kann.

Noch habe ich hier eine besondere Bemerkung hinzuzufügen über den k i n d l i c h e n Charakter des Genies, d. h. über eine gewisse Aehnlichkeit, welche zwischen dem Genie und dem Kindesalter Statt findet. – In der Kindheit nämlich ist, wie beim Genie, das Cerebral- und Nervensystem entschieden überwiegend: denn seine Entwickelung eilt der des übrigen Organismus weit voraus; so daß bereits mit dem siebenten Jahre das Gehirn seine volle Ausdehnung und Masse erlangt hat. Schon B i c h a t sagt daher: *Dans l'enfance le systême nerveux, comparé au musculaire, est proportionnellement plus considérable que dans tous les âges suivans, tandis que, par la suite, la pluspart des autres systêmes prédominent sur celui-ci. On sait que, pour bien voir les nerfs, on choisit toujours les enfans (De la vie et de la mort, Art. 8, §. 6).* Am spätesten hingegen fängt die Entwickelung des Genitalsystems an, und erst beim Eintritt des Mannesalters sind Irritabilität, Reproduktion und Genitalfunktion in voller Kraft, wo sie dann, in der Regel, das Uebergewicht über die Gehirnfunktion haben. Hieraus ist es erklärlich, daß die Kinder, im Allgemeinen, so klug, vernünftig, wißbegierig und gelehrig, ja, im Ganzen, zu aller theoretischen Beschäftigung aufgelegter und tauglicher, als die Erwachsenen, sind: sie haben nämlich in Folge jenes Entwickelungsganges mehr Intellekt als Willen, d. h. als Neigung, Begierde, Leidenschaft. Denn Intellekt und Gehirn sind Eins, und eben so ist das Genitalsystem Eins mit der heftigsten aller Begierden: daher ich dasselbe den Brennpunkt des Willens genannt habe. Eben weil die heillose Thätigkeit dieses Systems noch schlummert, während die des Gehirns schon volle Regsamkeit hat, ist die Kindheit die Zeit der Unschuld und des Glückes, das Paradies des Lebens, das verlorene Eden, auf welches wir, unsern ganzen übrigen Lebensweg hindurch, sehnsüchtig zurückblicken. Die Basis jenes

Glückes aber ist, daß in der Kindheit unser ganzes Daseyn viel
mehr im Erkennen, als im Wollen liegt; welcher Zustand zudem noch von außen durch die Neuheit aller Gegenstände unterstützt wird. Daher liegt die Welt, im Morgenglanze des Le-
5 bens, so frisch, so zauberisch schimmernd, so anziehend vor
uns. Die kleinen Begierden, schwankenden Neigungen und ge-
ringfügigen Sorgen der Kindheit sind gegen jenes Vorwalten
der erkennenden Thätigkeit nur ein schwaches Gegengewicht.
Der unschuldige und klare Blick der Kinder, an dem wir uns
10 erquicken, und der bisweilen, in einzelnen, den erhabenen,
kontemplativen Ausdruck, mit welchem R a p h a e l seine En-
gelsköpfe verherrlicht hat, erreicht, ist aus dem Gesagten erklärlich. Demnach entwickeln die Geisteskräfte sich viel früher,
als die Bedürfnisse, welchen zu dienen sie bestimmt sind: und
15 hierin verfährt die Natur, wie überall, sehr zweckmäßig. Denn
in dieser Zeit der vorwaltenden Intelligenz sammelt der
Mensch einen großen Vorrath von Erkenntnissen, für künftige,
ihm zur Zeit noch fremde Bedürfnisse. Daher ist sein Intellekt
jetzt unablässig thätig, faßt begierig alle Erscheinungen auf, brü-
20 tet darüber und speichert sie sorgfältig auf, für die kommende
Zeit, – der Biene gleich, die sehr viel mehr Honig sammelt, als
sie verzehren kann, im Vorgefühl künftiger Bedürfnisse. Gewiß
ist was der Mensch bis zum Eintritt der Pubertät an Einsicht
und Kenntniß erwirbt, im Ganzen genommen, mehr, als Alles
25 was er nachher lernt, würde er auch noch so gelehrt: denn es
ist die Grundlage aller menschlichen Erkenntnisse. – Bis zur
selben Zeit waltet im kindlichen Leibe die Plasticität vor, deren
Kräfte späterhin, nachdem sie ihr Werk vollendet hat, durch
eine Metastase, sich auf das Generationssystem werfen, wo-
30 durch mit der Pubertät der Geschlechtstrieb eintritt und jetzt
allmälig der Wille das Uebergewicht erhält. Dann folgt auf die
vorwaltend theoretische, lernbegierige Kindheit das unruhige,
bald stürmische, bald schwermüthige Jünglingsalter, welches
nachher in das heftige und ernste Mannesalter übergeht. Gera-

de weil im Kinde jener unheilschwangere Trieb fehlt, ist das Wollen desselben so gemäßigt und dem Erkennen untergeordnet, woraus jener Charakter von Unschuld, Intelligenz und Vernünftigkeit entsteht, welcher dem Kindesalter eigenthümlich ist. – Worauf nun die Aehnlichkeit des Kindesalters mit dem Genie beruhe, brauche ich kaum noch auszusprechen: im Ueberschuß der Erkenntnißkräfte über die Bedürfnisse des Willens, und im daraus entspringenden Vorwalten der bloß erkennenden Thätigkeit. Wirklich ist jedes Kind gewissermaaßen ein Genie, und jedes Genie gewissermaaßen ein Kind. Die Verwandschaft Beider zeigt sich zunächst in der Naivetät und erhabenen Einfalt, welche ein Grundzug des ächten Genies ist: sie tritt auch außerdem in manchen Zügen an den Tag; so daß eine gewisse Kindlichkeit allerdings zum Charakter des Genies gehört. In R i e m e r s Mittheilungen über Goethe wird (Bd. I, S. 184) erwähnt, daß Herder und Andere Goethen tadelnd nachsagten, er sei ewig ein großes Kind: gewiß haben sie es mit Recht gesagt, nur nicht mit Recht getadelt. Auch von M o - z a r t hat es geheißen, er sei zeitlebens ein Kind geblieben. (Nissens Biographie Mozarts: S. 2 und 529.) Schlichtegrolls Nekrolog (von 1791, Bd. II, S. 109) sagt von ihm: »Er wurde früh in seiner Kunst ein Mann; in allen übrigen Verhältnissen aber blieb er beständig ein Kind.« Jedes Genie ist schon darum ein großes Kind, weil es in die Welt hineinschaut als in ein Fremdes, ein Schauspiel, daher mit rein objektivem Interesse. Demgemäß hat es, so wenig wie das Kind, jene trockene Ernsthaftigkeit der Gewöhnlichen, als welche, keines andern als des subjektiven Interesses fähig, in den Dingen immer bloß Motive für ihr Thun sehen. Wer nicht zeitlebens gewissermaaßen ein großes Kind bleibt, sondern ein ernsthafter, nüchterner, durchweg gesetzter und vernünftiger Mann wird, kann ein sehr nützlicher und tüchtiger Bürger dieser Welt seyn; nur nimmermehr ein Genie. In der That ist das Genie es dadurch, daß jenes, dem Kindesalter natürliche, Ueberwiegen des sensi-

beln Systems und der erkennenden Thätigkeit sich bei ihm, ab-
normer Weise, das ganze Leben hindurch erhält, also hier ein
perennirendes wird. Eine Spur davon zieht sich freilich auch
bei manchen gewöhnlichen Menschen noch bis ins Jünglingsal-
5 ter hinüber; daher z. B. an manchen Studenten noch ein rein
geistiges Streben und eine geniale Excentricität unverkennbar
ist. Allein die Natur kehrt in ihr Gleis zurück: sie verpuppen
sich und erstehen, im Mannesalter, als eingefleischte Philister,
über die man erschrickt, wann man sie in spätern Jahren wie-
10 der antrifft. – Auf dem ganzen hier dargelegten Hergang beruht auch Goethe's schöne Bemerkung: »Kinder halten nicht
was sie versprechen; junge Leute sehr selten, und wenn sie
Wort halten, hält es ihnen die Welt nicht.« (Wahlverwandschaften, Th. I, Kap. 10.) Die Welt nämlich, welche die Kro-
15 nen, die sie für das Verdienst hoch emporhielt, nachher Denen
aufsetzt, welche Werkzeuge ihrer niedrigen Absichten werden,
oder aber sie zu betrügen verstehen. – Dem Gesagten gemäß
giebt es, wie eine bloße Jugendschönheit, die fast Jeder Ein Mal
besitzt (*beauté du diable*), auch eine bloße Jugend-Intellektuali-
20 tät, ein gewisses geistiges, zum Auffassen, Verstehen, Lernen
geneigtes und geeignetes Wesen, welches Jeder in der Kindheit,
Einige noch in der Jugend haben, das aber danach sich verliert,
eben wie jene Schönheit. Nur bei höchst Wenigen, den Auserwählten, dauert das Eine, wie das Andere, das ganze Leben
25 hindurch fort; so daß selbst im höhern Alter noch eine Spur
davon sichtbar bleibt: dies sind die wahrhaft schönen und die
wahrhaft genialen Menschen.

    Das hier in Erwägung genommene Ueberwiegen des cerebra-
len Nervensystems und der Intelligenz in der Kindheit, nebst
30 dem Zurücktreten derselben im reifen Alter, erhält eine wichtige Erläuterung und Bestätigung dadurch, daß bei dem Thierge-
schlechte, welches dem Menschen am nächsten stehet, den Affen, das selbe Verhältniß in auffallendem Grade Statt findet. Es
ist allmälig gewiß geworden, daß der so höchst intelligente

Orang-Utan ein junger Pongo ist, welcher, wann herangewach-
sen, die große Menschenähnlichkeit des Antlitzes und zugleich
die erstaunliche Intelligenz verliert, indem der untere, thierische
Theil des Gesichts sich vergrößert, die Stirn dadurch zurück-
tritt, große *cristae*, zur Muskelanlage, den Schädel thierisch ge- 5
stalten, die Thätigkeit des Nervensystems sinkt und an ihrer
Stelle eine außerordentliche Muskelkraft sich entwickelt, welche, als zu seiner Erhaltung ausreichend, die große Intelligenz
jetzt überflüssig macht. Besonders wichtig ist, was in dieser
Hinsicht F r i e d r i c h C u v i e r gesagt und F l o u r e n s er- 10
läutert hat in einer Recension der *Histoire naturelle* des Erstern,
welche sich im Septemberheft des *Journal des Savans* von 1839
befindet und auch, mit einigen Zusätzen, besonders abgedruckt
ist unter dem Titel: *Résumé analytique des observations de Fr.
Cuvier sur l'instinct et l'intelligence des animaux, p. Flourens. 1841.* 15
Daselbst, S. 50, heißt es: *»L'intelligence de l'orang-outang, cette
intelligence si développée, et développée de si bonne heure, décroit
avec l'âge. L'orang-outang, lorsqu'il est jeune, nous étonne par sa
pénétration, par sa ruse, par son adresse; l'orang-outang, devenu
adulte, n'est plus qu'un animal grossier, brutal, intraitable. Et il en* 20
*est de tous les singes comme de l'orang-outang. Dans tous, l'intelli-
gence décroit à mesure que les forces s'accroissent. L'animal qui a le
plus d'intelligence, n'a toute cette intelligence que dans le jeune
âge.«* – Ferner S. 87: *»Les singes de tous les genres offrent ce rap-
port inverse de l'âge et de l'intelligence. Ainsi, par exemple, l'Entel-* 25
*le (espèce de guenon du sousgenre des Semno-pithèques et l'un des
singes vénérés dans la religion des Brames) a, dans le jeune âge, le
front large, le museau peu saillant, le crâne élevé, arrondi, etc.
Avec l'âge le front disparait, recule, le museau proémine; et le moral ne change pas moins que le physique: l'apathie, la violence, le* 30
*besoin de solitude, remplacent la pénétration, la docilité, la confian-
ce. »Ces différences sont si grandes«, dit Mr. Fréd. Cuvier, »que dans
l'habitude où nous sommes de juger des actions des animaux par les
nôtres, nous prendrions le jeune animal pour un individu de l'âge,*

où toutes les qualités morales de l'espèce sont acquises, et l'Entelle adulte pour un individu qui n'aurait encore que ses forces physiques. Mais la nature n'en agit pas ainsi avec ces animaux, qui ne doivent pas sortir de la sphère étroite, qui leur est fixée, et à qui il suffit en
5 *quelque sorte de pouvoir veiller à leur conservation. Pour cela l'intelligence était nécessaire, quand la force n'existait pas, et qand celle-ci est acquise, toute autre puissance pord de son utilité.«* – Und S. 118: *»La conservation des espèces ne repose pas moins sur les qualités intellectuelles des animaux, que sur leurs qualités organi-*
10 *ques.«* Dieses Letztere bestätigt meinen Satz, daß der Intellekt, so gut wie Klauen und Zähne, nichts Anderes, als ein Werkzeug zum Dienste des Willens ist.

Kapitel 32[*].
Ueber den Wahnsinn.

15 Die eigentliche Gesundheit des Geistes besteht in der vollkommenen Rückerinnerung. Freilich ist diese nicht so zu verstehen, daß unser Gedächtniß Alles aufbewahrte. Denn unser zurückgelegter Lebensweg schrumpft in der Zeit zusammen, wie der des zurücksehenden Wanderers im Raum: bisweilen wird es
20 uns schwer, die einzelnen Jahre zu unterscheiden; die Tage sind meistens unkenntlich geworden. Eigentlich aber sollen nur die ganz gleichen und unzählige Mal wiederkehrenden Vorgänge, deren Bilder gleichsam einander decken, in der Erinnerung so zusammenlaufen, daß sie individuell unkenntlich werden: hin-
25 gegen muß jeder irgend eigenthümliche, oder bedeutsame Vorgang in der Erinnerung wieder aufzufinden seyn; wenn der Intellekt normal, kräftig und ganz gesund ist. – Als den z e r r i s - s e n e n Faden dieser, wenn auch in stets abnehmender Fülle und Deutlichkeit, doch gleichmäßig fortlaufenden Erinnerung

---

[*]   Dieses Kapitel bezieht sich auf die zweite Hälfte des §. 36 des ersten Bandes.

habe ich im Texte den Wahnsinn dargestellt. Zur Bestätigung hievon diene folgende Betrachtung.

Das Gedächtniß eines Gesunden gewährt über einen Vorgang, dessen Zeuge er gewesen, eine Gewißheit, welche als
eben so fest und sicher angesehen wird, wie seine gegenwärtige
Wahrnehmung einer Sache; daher derselbe, wenn von ihm be-
schworen, vor Gericht dadurch festgestellt wird. Hingegen wird
der bloße Verdacht des Wahnsinns die Aussage eines Zeugen
sofort entkräften. Hier also liegt das Kriterium zwischen Gei-
stesgesundheit und Verrücktheit. Sobald ich zweifle, ob ein
Vorgang, dessen ich mich erinnere, auch wirklich Statt gefunden, werfe ich auf mich selbst den Verdacht des Wahnsinns; es
sei denn, ich wäre ungewiß, ob es nicht ein bloßer Traum gewesen. Zweifelt ein Anderer an der Wirklichkeit eines von mir
als Augenzeugen erzählten Vorgangs, ohne meiner Redlichkeit
zu mißtrauen; so hält er mich für verrückt. Wer durch häufig
wiederholtes Erzählen eines ursprünglich von ihm erlogenen
Vorganges endlich dahin kommt, ihn selbst zu glauben, ist, in
diesem Einen Punkt, eigentlich schon verrückt. Man kann einem Verrückten witzige Einfälle, einzelne gescheute Gedanken,
selbst richtige Urtheile zutrauen: aber seinem Zeugniß über vergangene Begebenheiten wird man keine Gültigkeit beilegen. In
der Lalitavistara, bekanntlich der Lebensgeschichte des Buddha
Schakya-Muni, wird erzählt, daß, im Augenblicke seiner Geburt, auf der ganzen Welt alle Kranke gesund, alle Blinde se-
hend, alle Taube hörend wurden und alle Wahnsinnigen »ihr
Gedächtniß wiedererhielten«. Letzteres wird sogar an zwei Stellen erwähnt[*].

Meine eigene vieljährige Erfahrung hat mich auf die Vermuthung geführt, daß Wahnsinn verhältnißmäßig am häufigsten bei
Schauspielern eintritt. Welchen Mißbrauch treiben aber auch die-

---

[*] *Rgya Tcher Rol Pa, Hist. de Bouddha Chakya Mouni, trad. du Tibétain p. Foucaux,*
1848, p. 91 et 99.

se Leute mit ihrem Gedächtniß! Täglich haben sie eine neue
Rolle einzulernen, oder eine alte aufzufrischen: diese Rollen sind
aber sämmtlich ohne Zusammenhang, ja, im Widerspruch und
Kontrast mit einander, und jeden Abend ist der Schauspieler bemüht, sich selbst ganz zu vergessen, um ein völlig Anderer zu
seyn. Dergleichen bahnt geradezu den Weg zum Wahnsinn.

Die im Texte gegebene Darstellung der Entstehung des
Wahnsinns wird faßlicher werden, wenn man sich erinnert, wie
ungern wir an Dinge denken, welche unser Interesse, unsern
Stolz, oder unsere Wünsche stark verletzen, wie schwer wir uns
entschließen, Dergleichen dem eigenen Intellekt zu genauer und
ernster Untersuchung vorzulegen, wie leicht wir dagegen unbewußt davon wieder abspringen, oder abschleichen, wie hingegen angenehme Angelegenheiten ganz von selbst uns in den
Sinn kommen und, wenn verscheucht, uns stets wieder be-
schleichen, daher wir ihnen stundenlang nachhängen. In jenem
Widerstreben des Willens, das ihm Widrige in die Beleuchtung
des Intellekts kommen zu lassen, liegt die Stelle, an welcher der
Wahnsinn auf den Geist einbrechen kann. Jeder widrige neue
Vorfall nämlich muß vom Intellekt assimilirt werden, d. h. im
System der sich auf unsern Willen und sein Interesse beziehen-
den Wahrheiten eine Stelle erhalten, was immer Befriedigende-
res er auch zu verdrängen haben mag. Sobald dies geschehen
ist, schmerzt er schon viel weniger: aber diese Operation selbst
ist oft sehr schmerzlich, geht auch meistens nur langsam und
mit Widerstreben von Statten. Inzwischen kann nur sofern sie
jedesmal richtig vollzogen worden, die Gesundheit des Geistes
bestehen. Erreicht hingegen, in einem einzelnen Fall, das Widerstreben und Sträuben des Willens wider die Aufnahme einer
Erkenntniß den Grad, daß jene Operation nicht rein durchgeführt wird; werden demnach dem Intellekt gewisse Vorfälle
oder Umstände völlig unterschlagen, weil der Wille ihren Anblick nicht ertragen kann; wird alsdann, des nothwendigen Zusammenhangs wegen, die dadurch entstandene Lücke beliebig

ausgefüllt; – so ist der Wahnsinn da. Denn der Intellekt hat seine Natur aufgegeben, dem Willen zu gefallen: der Mensch bildet sich jetzt ein was nicht ist. Jedoch wird der so entstandene Wahnsinn jetzt der Lethe unerträglicher Leiden: er war das letzte Hülfsmittel der geängstigten Natur, d. i. des Willens.

Beiläufig sei hier ein beachtungswerther Beleg meiner Ansicht erwähnt. K a r l o G o z z i, im *Mostro turchino*, Akt 1, Scene 2, führt uns eine Person vor, welche einen Vergessenheit herbeiführenden Zaubertrank getrunken hat: diese stellt sich ganz wie eine Wahnsinnige dar.

Der obigen Darstellung zufolge kann man also den Ursprung des Wahnsinns ansehen als ein gewaltsames »Sich aus dem Sinn schlagen« irgend einer Sache, welches jedoch nur möglich ist mittelst des »Sich in den Kopf setzen« irgend einer andern. Seltener ist der umgekehrte Hergang, daß nämlich das »Sich in den Kopf setzen« das Erste und das »Sich aus dem Sinn schlagen« das Zweite ist. Er findet jedoch Statt in den Fällen, wo Einer den Anlaß, über welchen er verrückt geworden, beständig gegenwärtig behält und nicht davon los kommen kann: so z. B. bei manchem verliebten Wahnsinn, Erotomanie, wo dem Anlaß fortwährend nachgehangen wird; auch bei dem aus Schreck über einen plötzlichen, entsetzlichen Vorfall entstandenen Wahnsinn. Solche Kranke halten den gefaßten Gedanken gleichsam krampfhaft fest, so daß kein anderer, am wenigsten ein ihm entgegenstehender, aufkommen kann. Bei beiden Hergängen bleibt aber das Wesentliche des Wahnsinns das Selbe, nämlich die Unmöglichkeit einer gleichförmig zusammenhängenden Rückerinnerung, wie solche die Basis unserer gesunden, vernünftigen Besonnenheit ist. – Vielleicht könnte der hier dargestellte Gegensatz der Entstehungsweise, wenn mit Urtheil angewandt, einen scharfen und tiefen Eintheilungsgrund des eigentlichen Irrwahns abgeben.

Uebrigens habe ich nur den psychischen Ursprung des Wahnsinns in Betracht genommen, also den durch äußere, objektive Anlässe herbeigeführten. Oefter jedoch beruht er auf rein somatischen Ursachen, auf Mißbildungen, oder partiellen Desorganisationen des Gehirns, oder seiner Hüllen, auch auf dem Einfluß, welchen andere krankhaft affizirte Theile auf das Gehirn ausüben. Hauptsächlich bei letzterer Art des Wahnsinns mögen falsche Sinnesanschauungen, Hallucinationen, vorkommen. Jedoch werden beiderlei Ursachen des Wahnsinns meistens von einander participiren, zumal die psychische von der somatischen. Es ist damit wie mit dem Selbstmorde: selten mag dieser durch den äußern Anlaß allein herbeigeführt seyn, sondern ein gewisses körperliches Mißbehagen liegt ihm zum Grunde, und je nach dem Grade, den dieses erreicht, ist ein größerer oder kleinerer Anlaß von außen erforderlich; nur beim höchsten Grade desselben gar keiner. Daher ist kein Unglück so groß, daß es Jeden zum Selbstmord bewöge, und keines so klein, daß nicht schon ein ihm gleiches dahin geführt hätte. Ich habe die psychische Entstehung des Wahnsinns dargelegt, wie sie bei dem, wenigstens allem Anschein nach, Gesunden durch ein großes Unglück herbeigeführt wird. Bei dem somatisch bereits stark dazu Disponirten wird eine sehr geringe Widerwärtigkeit dazu hinreichend seyn: so z. B. erinnere ich mich eines Menschen im Irrenhause, welcher Soldat gewesen und wahnsinnig geworden war, weil sein Offizier ihn mit Er angeredet hatte. Bei entschiedener körperlicher Anlage, bedarf es, sobald diese zur Reife gekommen, gar keines Anlasses. Der aus bloß psychischen Ursachen entsprungene Wahnsinn kann vielleicht, durch die ihn erzeugende, gewaltsame Verkehrung des Gedankenlaufs, auch eine Art Lähmung oder sonstige Depravation irgend welcher Gehirntheile herbeiführen, welche, wenn nicht bald gehoben, bleibend wird; daher Wahnsinn nur im Anfang, nicht aber nach längerer Zeit heilbar ist.

Daß es eine *mania sine delirio*, Raserei ohne Verrücktheit, gebe, hatte P i n e l gelehrt, E s q u i r o l bestritten, und seitdem ist viel dafür und dawider gesagt worden. Die Frage ist nur em-

pirisch zu entscheiden. Wenn aber ein solcher Zustand wirklich
vorkommt; so ist er daraus zu erklären, daß hier der Wille sich
der Herrschaft und Leitung des Intellekts, und mithin der Motive, periodisch ganz entzieht, wodurch er dann als blinde, unge-
stüme, zerstörende Naturkraft auftritt, und demnach sich äu- 5
ßert als die Sucht, Alles, was ihm in den Weg kommt, zu vernichten. Der so losgelassene Wille gleicht dann dem Strome,
der den Damm durchbrochen, dem Rosse, das den Reiter abge-
worfen hat, der Uhr, aus welcher die hemmenden Schrauben
herausgenommen sind. Jedoch wird bloß die Vernunft, also die 10
r e f l e k t i v e Erkenntniß, von jener Suspension getroffen,
nicht auch die i n t u i t i v e ; da sonst der Wille ohne alle Leitung, folglich der Mensch unbeweglich bliebe. Vielmehr nimmt
der Rasende die Objekte wahr, da er auf sie losbricht; hat auch
Bewußtseyn seines gegenwärtigen Thuns und nachher Erinne- 15
rung desselben. Aber er ist ohne alle Reflexion, also ohne alle
Leitung durch Vernunft, folglich jeder Ueberlegung und Rücksicht auf das Abwesende, das Vergangene und Zukünftige ganz
unfähig. Wann der Anfall vorüber ist und die Vernunft die
Herrschaft wiedererlangt hat, ist ihre Funktion regelrecht, da 20
ihre eigene Thätigkeit hier nicht verrückt und verdorben ist,
sondern nur der Wille das Mittel gefunden hat, sich ihr auf eine
Weile ganz zu entziehen.

Kapitel 33.
V e r e i n z e l t e B e m e r k u n g e n ü b e r 25
N a t u r s c h ö n h e i t [*]

Den Anblick einer schönen Landschaft so überaus erfreulich zu
machen, trägt unter Anderm auch die durchgängige W a h r -
h e i t u n d K o n s e q u e n z der Natur bei. Diese befolgt hier
freilich nicht den logischen Leitfaden, im Zusammenhange der 30

---

[*]   Dieses Kapitel steht in Beziehung zu §. 38 des ersten Bandes..

Erkenntnißgründe, der Vordersätze und Nachsätze, Prämissen und Konklusionen; aber doch den ihm analogen des Kausalitätsgesetzes, im sichtlichen Zusammenhange der Ursachen und Wirkungen. Jede Modifikation, auch die leiseste, welche ein Ge-
5 genstand durch seine Stellung, Verkürzung, Verdeckung, Entfernung, Beleuchtung, Linear- und Luft-Perspektive u. s. w. erhält, wird durch seine Wirkung auf das Auge unfehlbar angegeben und genau in Rechnung gebracht: das Indische Sprichwort: »Jedes Reiskörnchen wirft seinen Schatten« findet hier Bewäh-
10 rung. Daher zeigt sich hier Alles so durchgängig folgerecht, genau regelrecht, zusammenhängend und skrupulos richtig: hier giebt es keine Winkelzüge. Wenn wir nun den Anblick einer schönen Aussicht bloß als G e h i r n p h ä n o m e n in Betracht nehmen; so ist er das einzige stets ganz regelrechte, tadellose
15 und vollkommene, unter den komplicirten Gehirnphänomenen; da alle übrigen, zumal unsere eigenen Gedankenoperationen, im Formalen oder Materialen, mit Mängeln oder Unrichtigkeiten, mehr oder weniger, behaftet sind. Aus diesem Vorzug des Anblicks der schönen Natur ist zunächst das Harmonische
20 und durchaus Befriedigende seines Eindrucks zu erklären, dann aber auch die günstige Wirkung, welche derselbe auf unser gesammtes Denken hat, als welches dadurch, in seinem formalen Theil, richtiger gestimmt und gewissermaaßen geläutert wird, indem jenes allein ganz tadellose Gehirnphänomen das Gehirn
25 überhaupt in eine völlig normale Aktion versetzt und nun das Denken im Konsequenten, Zusammenhangenden, Regelrechten und Harmonischen aller seiner Processe, jene Methode der Natur zu befolgen sucht, nachdem es durch sie in den rechten Schwung gebracht worden. Eine schöne Aussicht ist daher ein
30 Kathartikon des Geistes, wie die Musik, nach Aristoteles, des Gemüthes, und in ihrer Gegenwart wird man am richtigsten denken. –

Daß der sich plötzlich vor uns aufthuende Anblick der G e - b i r g e uns so leicht in eine ernste, auch wohl erhabene Stimmung versetzt, mag zum Theil darauf beruhen, daß die Form der Berge und der daraus entstehende Umriß des Gebirges die einzige stets b l e i b e n d e Linie der Landschaft ist, da die Berge allein dem Verfall trotzen, der alles Uebrige schnell hinwegrafft, zumal unsere eigene, ephemere Person. Nicht, daß beim Anblick des Gebirgs alles Dieses in unser deutliches Bewußtseyn träte, sondern ein dunkles Gefühl davon wird der Grundbaß unserer Stimmung. –

Ich möchte wissen, warum, während für die menschliche Gestalt und Antlitz die Beleuchtung von oben durchaus die vortheilhafteste und die von unten die ungünstigste ist, hinsichtlich der landschaftlichen Natur gerade das Umgekehrte gilt. –

Wie ästhetisch ist doch die Natur! Jedes ganz unangebaute und verwilderte, d. h. ihr selber frei überlassene Fleckchen, sei es auch klein, wenn nur die Tatze des Menschen davon bleibt, dekorirt sie alsbald auf die geschmackvollste Weise, bekleidet es mit Pflanzen, Blumen und Gesträuchen, deren ungezwungenes Wesen, natürliche Grazie und anmuthige Gruppirung davon zeugt, daß sie nicht unter der Zuchtruthe des großen Egoisten aufgewachsen sind, sondern hier die Natur frei gewaltet hat. Jedes vernachlässigte Plätzchen wird alsbald schön. Hierauf beruht das Princip der Englischen Gärten, welches ist, die Kunst möglichst zu verbergen, damit es aussehe, als habe hier die Natur frei gewaltet. Denn nur dann ist sie vollkommen schön, d. h. zeigt in größter Deutlichkeit die Objektivation des noch erkenntnißlosen Willens zum Leben, der sich hier in größter Naivetät entfaltet, weil die Gestalten nicht, wie in der Thierwelt, bestimmt sind durch außerhalb liegende Zwecke, sondern allein unmittelbar durch Boden, Klima und ein geheimnißvolles Drittes, vermöge dessen so viele Pflanzen, die ursprünglich dem selben Boden und Klima entsprossen sind, doch so verschiedene Gestalten und Charaktere zeigen.

Der mächtige Unterschied zwischen den Englischen, richtiger Chinesischen Gärten und den jetzt immer seltener werdenden,

jedoch noch in einigen Prachtexemplaren vorhandenen, alt-französischen, beruht im letzten Grunde darauf, daß jene im objektiven, diese im subjektiven Sinne angelegt sind. In jenen nämlich wird der Wille der Natur, wie er sich in Baum, Staude,
5 Berg und Gewässer objektivirt, zu möglichst reinem Ausdruck
dieser seiner Ideen, also seines eigenen Wesens, gebracht. In den
Französischen Gärten hingegen spiegelt sich nur der Wille des
Besitzers, welcher die Natur unterjocht hat, so daß sie, statt ihrer Ideen, die ihm entsprechenden, ihr aufgezwungenen For
10 men, als Abzeichen ihrer Sklaverei, trägt: geschorene Hecken,
in allerhand Gestalten geschnittene Bäume, gerade Alleen, Bogengänge u. s. w.

Kapitel 34[*].
Ueber das innere Wesen der Kunst.

15 Nicht bloß die Philosophie, sondern auch die schönen Künste
arbeiten im Grunde darauf hin, das Problem des Daseyns zu
lösen. Denn in jedem Geiste, der sich ein Mal der rein objektiven Betrachtung der Welt hingiebt, ist, wie versteckt und unbewußt es auch seyn mag, ein Streben rege geworden, das wahre
20 Wesen der Dinge, des Lebens, des Daseyns, zu erfassen. Denn
Dieses allein hat Interesse für den Intellekt als solchen, d. h. für
das von den Zwecken des Willens frei gewordene, also reine
Subjekt des Erkennens; wie für das als bloßes Individuum erkennende Subjekt die Zwecke des Willens allein Interesse ha
25 ben. – Dieserhalb ist das Ergebniß jeder rein objektiven, also
auch jeder künstlerischen Auffassung der Dinge ein Ausdruck
mehr vom Wesen des Lebens und Daseyns, eine Antwort mehr
auf die Frage: »Was ist das Leben?« – Diese Frage beantwortet
jedes ächte und gelungene Kunstwerk, auf seine Weise, völlig

---

[*] Dieses Kapitel steht in Beziehung zu §. 49 des ersten Bandes.

richtig. Allein die Künste reden sämmtlich nur die naive und kindliche Sprache der Anschauung, nicht die abstrakte und ernste der R e f l e x i o n : ihre Antwort ist daher ein flüchtiges Bild; nicht eine bleibende allgemeine Erkenntniß. Also für die A n s c h a u u n g beantwortet jedes Kunstwerk jene Frage, jedes Gemälde, jede Statue, jedes Gedicht, jede Scene auf der Bühne: auch die Musik beantwortet sie; und zwar tiefer als alle andern, indem sie, in einer ganz unmittelbar verständlichen Sprache, die jedoch in die der Vernunft nicht übersetzbar ist, das innerste Wesen alles Lebens und Daseyns ausspricht. Die übrigen Künste also halten sämmtlich dem Frager ein anschauliches Bild vor und sagen. »Siehe hier, das ist das Leben!« – Ihre Antwort, so richtig sie auch seyn mag, wird jedoch immer nur eine einstweilige, nicht eine gänzliche und finale Befriedigung gewähren. Denn sie geben immer nur ein Fragment, ein Beispiel statt der Regel, nicht das Ganze, als welches nur in der Allgemeinheit des B e g r i f f e s gegeben werden kann. Für diesen daher, also für die Reflexion und *in abstracto*, eine eben deshalb bleibende und auf immer genügende Beantwortung jener Frage zu geben, – ist die Aufgabe der Philosophie. Inzwischen sehen wir hier, worauf die Verwandschaft der Philosophie mit den schönen Künsten beruht, und können daraus abnehmen, inwiefern auch die Fähigkeit zu Beiden, wiewohl in ihrer Richtung und im Sekundären sehr verschieden, doch in der Wurzel die selbe ist.

Jedes Kunstwerk ist demgemäß eigentlich bemüht, uns das Leben und die Dinge so zu zeigen, wie sie in Wahrheit sind, aber, durch den Nebel objektiver und subjektiver Zufälligkeiten hindurch, nicht von Jedem unmittelbar erfaßt werden können. Diesen Nebel nimmt die Kunst hinweg.

Die Werke der Dichter, Bildner und darstellenden Künstler überhaupt enthalten anerkanntermaaßen einen Schatz tiefer Weisheit: eben weil aus ihnen die Weisheit der Natur der Dinge selbst redet, deren Aussagen sie bloß durch Verdeutlichung und

reinere Wiederholung verdolmetschen. Deshalb muß aber freilich auch Jeder, der das Gedicht liest, oder das Kunstwerk betrachtet, aus eigenen Mitteln beitragen, jene Weisheit zu Tage zu
fördern: folglich faßt er nur so viel davon, als seine Fähigkeit
und seine Bildung zuläßt; wie ins tiefe Meer jeder Schiffer sein
Senkblei so tief hinabläßt, als dessen Länge reicht. Vor ein Bild
hat Jeder sich hinzustellen, wie vor einen Fürsten, abwartend,
ob und was es zu ihm sprechen werde; und, wie jenen, auch
dieses nicht selbst anzureden: denn da würde er nur sich selbst
vernehmen. – Dem Allen zufolge ist in den Werken der darstellenden Künste zwar alle Weisheit enthalten, jedoch nur *virtuali-
ter* oder *implicite:* hingegen dieselbe *actualiter* und *explicite* zu
liefern ist die Philosophie bemüht, welche in diesem Sinne sich
zu jenen verhält, wie der Wein zu den Trauben. Was sie zu liefern verspricht, wäre gleichsam ein schon realisirter und baarer
Gewinn, ein fester und bleibender Besitz; während der aus den
Leistungen und Werken der Kunst hervorgehende nur ein stets
neu zu erzeugender ist. Dafür aber macht sie nicht bloß an
Den, der ihre Werke schaffen, sondern auch an Den, der sie genießen soll, abschreckende, schwer zu erfüllende Anforderungen. Daher bleibt ihr Publikum klein, während das der Künste
groß ist. –

Die oben zum Genuß eines Kunstwerks verlangte Mitwir-
kung des Beschauers beruht zum Theil darauf, daß jedes Kunstwerk nur durch das Medium der Phantasie wirken kann, daher
es diese anregen muß und sie nie aus dem Spiel gelassen werden und unthätig bleiben darf. Dies ist eine Bedingung der ästhetischen Wirkung und daher ein Grundgesetz aller schönen
Künste. Aus demselben aber folgt, daß, durch das Kunstwerk,
nicht Alles geradezu den Sinnen gegeben werden darf, vielmehr
nur so viel, als erfordert ist, die Phantasie auf den rechten Weg
zu leiten: ihr muß immer noch etwas und zwar das Letzte zu
thun übrig bleiben. Muß doch sogar der Schriftsteller stets dem
Leser noch etwas zu denken übrig lassen; da Voltaire sehr

richtig gesagt hat: *Le secret d'être ennuyeux, c'est de tout dire.* In
der Kunst aber ist überdies das Allerbeste zu geistig, um geradezu den Sinnen gegeben zu werden: es muß in der Phantasie des
Beschauers geboren, wiewohl durch das Kunstwerk erzeugt
werden. Hierauf beruht es, daß die Skizzen großer Meister oft
mehr wirken, als ihre ausgemalten Bilder; wozu freilich noch
der andere Vortheil beiträgt, daß sie, aus e i n e m Guß, im Augenblick der Konception vollendet sind; während das ausgeführte Gemälde, da die Begeisterung doch nicht bis zu seiner
Vollendung anhalten kann, nur unter fortgesetzter Bemühung,
mittelst kluger Ueberlegung und beharrlicher Absichtlichkeit zu
Stande kommt. – Aus dem in Rede stehenden ästhetischen
Grundgesetze wird ferner auch erklärlich, warum W a c h s f i -
g u r e n , obgleich gerade in ihnen die Nachahmung der Natur
den höchsten Grad erreichen kann, nie eine ästhetische Wirkung hervorbringen und daher nicht eigentliche Werke der
schönen Kunst sind. Denn sie lassen der Phantasie nichts zu
thun übrig. Die Skulptur nämlich giebt die bloße Form, ohne
die Farbe; die Malerei giebt die Farbe, aber den bloßen Schein
der Form: Beide also wenden sich an die Phantasie des Beschauers. Die Wachsfigur hingegen giebt Alles, Form und Farbe
zugleich; woraus der Schein der Wirklichkeit entsteht und die
Phantasie aus dem Spiele bleibt. – Dagegen wendet die P o e s i e
sich sogar allein an die Phantasie, welche sie mittelst bloßer
Worte in Thätigkeit versetzt. –

Ein willkürliches Spielen mit den Mitteln der Kunst, ohne eigentliche Kenntniß des Zweckes, ist, in jeder, der Grundcharakter der Pfuscherei. Ein solches zeigt sich in den nichts tragen-
den Stützen, den zwecklosen Voluten, Bauschungen und Vor-
sprüngen schlechter Architektur, in den nichtssagenden Läufen
und Figuren, nebst dem zwecklosen Lerm schlechter Musik, im
Klingklang der Reime sinnarmer Gedichte, u. s. w. –

In Folge der vorhergegangenen Kapitel und meiner ganzen
Ansicht von der Kunst, ist ihr Zweck die Erleichterung der Er-

kenntniß der I d e e n der Welt (im Platonischen Sinn, dem einzigen, den ich für das Wort I d e e anerkenne). Die I d e e n
aber sind wesentlich ein Anschauliches und daher, in seinen nähern Bestimmungen, Unerschöpfliches. Die Mittheilung eines
5 solchen kann daher nur auf dem Wege der Anschauung geschehen, welches der der Kunst ist. Wer also von der Auffassung
einer I d e e erfüllt ist, ist gerechtfertigt, wenn er die Kunst zum
Medium seiner Mittheilung wählt. – Der bloße B e g r i f f hingegen ist ein vollkommen Bestimmbares, daher zu Erschöpfen-
10 des, deutlich Gedachtes, welches sich, seinem ganzen Inhalt
nach, durch Worte, kalt und nüchtern mittheilen läßt. Ein Solches nun aber durch ein K u n s t w e r k mittheilen zu wollen,
ist ein sehr unnützer Umweg, ja, gehört zu dem eben gerügten
Spielen mit den Mitteln der Kunst, ohne Kenntniß des Zwecks.
15 Daher ist ein Kunstwerk, dessen Konception aus bloßen deutlichen Begriffen hervorgegangen, allemal ein unächtes. Wenn wir
nun, bei Betrachtung eines Werkes der bildenden Kunst, oder
beim Lesen einer Dichtung, oder beim Anhören einer Musik
(die etwas Bestimmtes zu schildern bezweckt), durch alle die
20 reichen Kunstmittel hindurch, den deutlichen, begränzten, kal-
ten, nüchternen Begriff durchschimmern und am Ende hervortreten sehen, welcher der Kern dieses Werkes war, dessen ganze
Konception mithin nur im deutlichen Denken desselben bestanden hat und demnach durch die Mittheilung desselben von
25 Grund aus erschöpft ist; so empfinden wir Ekel und Unwillen:
denn wir sehen uns getäuscht und um unsere Theilnahme und
Aufmerksamkeit betrogen. Ganz befriedigt durch den Eindruck
eines Kunstwerks sind wir nur dann, wann er etwas hinterläßt,
das wir, bei allem Nachdenken darüber, nicht bis zur Deutlich-
30 keit eines Begriffs herabziehen können. Das Merkmal jenes hy-
briden Ursprungs aus bloßen Begriffen ist, daß der Urheber eines Kunstwerks, ehe er an die Ausführung gieng, mit deutlichen Worten angeben konnte, was er darzustellen beabsichtigte:
denn da wäre durch diese Worte selbst sein ganzer Zweck zu

erreichen gewesen. Daher ist es ein so unwürdiges, wie albernes
Unternehmen, wenn man, wie heut zu Tage öfter versucht
worden, eine Dichtung Shakespeare's, oder Goethe's, zurück-
führen will auf eine abstrakte Wahrheit, deren Mittheilung ihr
Zweck gewesen wäre. Denken soll freilich der Künstler, bei der
Anordnung seines Werkes: aber nur d a s Gedachte, was g e -
s c h a u t wurde ehe es gedacht war, hat nachmals, bei der Mittheilung, anregende Kraft und wird dadurch unvergänglich. –
Hier wollen wir nun die Bemerkung nicht unterdrücken, daß
allerdings die Werke aus e i n e m Guß, wie die bereits erwähnte Skizze der Maler, welche in der Begeisterung der ersten Konception vollendet, und wie unbewußt hingezeichnet wird, desgleichen die Melodie, welche ohne alle Reflexion und völlig wie
durch Eingebung kommt, endlich auch das eigentlich lyrische
Gedicht, das bloße Lied, in welches die tief gefühlte Stimmung
der Gegenwart und der Eindruck der Umgebung sich mit Worten, deren Silbenmaaße und Reime von selbst eintreffen, wie
unwillkürlich ergießt, – daß, sage ich, diese Alle den großen
Vorzug haben, das lautere Werk der Begeisterung des Augenblicks, der Inspiration, der freien Regung des Genius zu seyn,
ohne alle Einmischung der Absichtlichkeit und Reflexion; daher
sie eben durch und durch erfreulich und genießbar sind, ohne
Schaale und Kern, und ihre Wirkung viel unfehlbarer ist, als die
der größten Kunstwerke, von langsamer und überlegter Ausführung. An allen diesen nämlich, also an den großen historischen Gemählden, an den langen Epopöen, den großen Opern
u. s. w. hat die Reflexion, die Absicht und durchdachte Wahl
bedeutenden Antheil: Verstand, Technik und Routine müssen
hier die Lücken ausfüllen, welche die geniale Konception und
Begeisterung gelassen hat, und allerlei nothwendiges Neben-
werk muß, als Cäment der eigentlich allein ächten Glanzpartien,
diese durchziehen. Hieraus ist es erklärlich, daß alle solche
Werke, die vollkommensten Meisterstücke der allergrößten
Meister (wie z. B. Hamlet, Faust, die Oper Don Juan) allein

ausgenommen, einiges Schaales und Langweiliges unvermeidlich beigemischt enthalten, welches ihren Genuß in etwas verkümmert. Belege hiezu sind die Messiade, die *Gerusalemme liberata*, sogar *Paradise lost* und die Aeneide: macht doch schon
5 Horaz die kühne Bemerkung: *Quandoque dormitat bonus Homerus*. Daß aber Dies sich so verhält ist eine Folge der Beschränkung menschlicher Kräfte überhaupt. –

Die Mutter der nützlichen Künste ist die Noth; die der schönen der Ueberfluß. Zum Vater haben jene den Verstand, diese
10 das Genie, welches selbst eine Art Ueberfluß ist, nämlich der der Erkenntnißkraft über das zum Dienste des Willens erforderliche Maaß.

Kapitel 35[*].
Zur Aesthetik der Architektur.

15 In Gemäßheit der im Texte gegebenen Ableitung des rein Aesthetischen der Baukunst aus den untersten Stufen der Objektivation des Willens, oder der Natur, deren Ideen sie zu deutlicher Anschaulichkeit bringen will, ist das einzige und beständige Thema derselben S t ü t z e u n d L a s t, und ihr Grundge-
20 setz, daß keine Last ohne genügende Stütze, und keine Stütze ohne angemessene Last, mithin das Verhältniß dieser Beiden gerade das passende sei. Die reinste Ausführung dieses Themas ist Säule und Gebälk: daher ist die Säulenordnung gleichsam der Generalbaß der ganzen Architektur geworden. In Säule und
25 Gebälk nämlich sind Stütze und Last v o l l k o m m e n g e - s o n d e r t ; wodurch die gegenseitige Wirkung Beider und ihr Verhältniß zu einander augenfällig wird. Denn freilich enthält selbst jede schlichte Mauer schon Stütze und Last: allein hier sind Beide noch in einander verschmolzen. Alles ist hier Stütze

---

[*]   Dieses Kapitel bezieht sich auf §. 43 des ersten Bandes.

und Alles Last: daher keine ästhetische Wirkung. Diese tritt
erst durch die S o n d e r u n g ein und fällt dem Grade derselben gemäß aus. Denn zwischen der Säulenreihe und der
schlichten Mauer sind viele Zwischenstufen. Schon auf der bloß
zu Fenstern und Thüren durchbrochenen Mauer eines Hauses 5
sucht man jene Sonderung wenigstens anzudeuten, durch flach
hervortretende Pilaster (Anten) mit Kapitellen, welche man
dem Gesimse unterschiebt, ja, im Nothfall, sie durch bloße Malerei darstellt, um doch irgendwie das Gebälk und eine Säulenordnung zu bezeichnen. Wirkliche Pfeiler, auch Konsolen und 10
Stützen mancherlei Art, realisiren schon mehr jene von der
Baukunst durchgängig angestrebte reine Sonderung der Stütze
und Last. In Hinsicht auf dieselbe steht der Säule mit dem Gebälke zunächst, aber als eigenthümliche, nicht diesen nachahmende Konstruktion, das Gewölbe mit dem Pfeiler. Die ästheti- 15
sche Wirkung Jener freilich erreichen Diese bei Weitem nicht;
weil hier Stütze und Last noch nicht r e i n g e s o n d e r t, sondern in einander übergehend verschmolzen sind. Im Gewölbe
selbst ist jeder Stein zugleich Last und Stütze, und sogar die
Pfeiler werden, zumal im Kreuzgewölbe, vom Druck entgegen- 20
gesetzter Bögen, wenigstens für den Augenschein, in ihrer Lage
erhalten; wie denn auch, eben dieses Seitendruckes wegen,
nicht nur Gewölbe, sondern selbst bloße Bögen nicht auf Säulen ruhen sollen, sondern den massiveren, viereckigen Pfeiler
verlangen. In der Säulenreihe allein ist die Sonderung vollstän- 25
dig, indem hier das Gebälk als reine Last, die Säule als reine
Stütze auftritt. Demnach ist das Verhältniß der Kolonade zur
schlichten Mauer dem zu vergleichen, welches zwischen einer
in regelmäßigen Intervallen aufsteigenden Tonleiter und einem
aus der selben Tiefe bis zur selben Höhe allmälig und ohne Ab- 30
stufungen hinaufgehenden Tone wäre, der ein bloßes Geheul
abgeben würde. Denn im Einen wie im Andern ist der Stoff
der selbe, und nur aus der r e i n e n S o n d e r u n g geht der
mächtige Unterschied hervor.

Der Last a n g e m e s s e n ist übrigens die Stütze nicht dann, wann sie solche zu tragen nur eben ausreicht; sondern wann sie dies so bequem und reichlich vermag, daß wir, beim ersten Anblick, darüber vollkommen beruhigt sind. Jedoch darf auch dieser Ueberschuß der Stütze einen gewissen Grad nicht übersteigen; da wir sonst Stütze ohne Last erblicken, welches dem ästhetischen Zweck entgegen ist. Zur Bestimmung jenes Grades haben die Alten, als Regulativ, die L i n i e   d e s   G l e i c h g e - w i c h t s ersonnen, welche man erhält, indem man die Verjüngung, welche die Dicke der Säule von unten nach oben hat, fortsetzt, bis sie in einen spitzen Winkel ausläuft, wodurch die Säule zum Kegel wird: jetzt wird jeder beliebige Queer-Durchschnitt den untern Theil so stark lassen, daß er den abgeschnittenen oberen zu tragen hinreicht. Gewöhnlich aber wird mit zwanzigfacher Festigkeit gebaut, d. h. man legt jeder Stütze nur 1/20 dessen auf, was sie höchstens tragen könnte. – Ein lukulentes Beispiel von Last ohne Stütze bieten die, an den Ecken mancher, im geschmackvollen Stil der »Jetztzeit« erbauten Häuser hinausgeschobenen Erker dem Auge dar. Man sieht nicht was sie trägt: sie scheinen zu schweben und beunruhigen das Gemüth.

Daß in Italien sogar die einfachsten und schmucklosesten Gebäude einen ästhetischen Eindruck machen, in Deutschland aber nicht, beruht hauptsächlich darauf, daß dort die Dächer sehr flach sind. Ein hohes Dach ist nämlich weder Stütze noch Last: denn seine beiden Hälften unterstützen sich gegenseitig, das Ganze aber hat kein seiner Ausdehnung entsprechendes Gewicht. Daher bietet es dem Auge eine ausgebreitete Masse dar, die dem ästhetischen Zwecke völlig fremd, bloß dem nützlichen dient, mithin jenen stört, dessen Thema immer nur Stütze und Last ist.

Die Form der Säule hat ihren Grund allein darin, daß sie die einfachste und zweckmäßigste Stütze liefert. In der gewundenen Säule tritt die Zweckwidrigkeit wie absichtlich trotzend und daher unverschämt auf: deswegen bricht der gute Geschmack, beim ersten Anblick, den Stab über sie. Der viereckige Pfeiler hat, da die Diagonale die Seiten übertrifft, ungleiche Dimensionen der Dicke, die durch keinen Zweck motivirt, sondern durch die zufällig leichtere Ausführbarkeit veranlaßt sind: darum eben gefällt er uns so sehr viel weniger, als die Säule. Schon der sechs- oder achteckige Pfeiler ist gefälliger; weil er sich der runden Säule mehr nähert: denn die Form dieser allein ist ausschließlich durch den Zweck bestimmt. Dies ist sie nun aber auch in allen ihren übrigen Proportionen: zunächst im Verhältniß ihrer Dicke zur Höhe, innerhalb der Gränzen, welche die Verschiedenheit der drei Säulenordnungen zuläßt. Sodann beruht ihre Verjüngung, vom ersten Drittel ihrer Höhe an, wie auch eine geringe Anschwellung an eben dieser Stelle (*entasis Vitr.*), darauf, daß der Druck der Last dort am stärksten ist: man glaubte bisher, daß diese Anschwellung nur der Jonischen und Korinthischen Säule eigen sei; allein neuere Messungen haben sie auch an der Dorischen, sogar in Pästum, nachgewiesen. Also Alles an der Säule, ihre durchweg bestimmte Form, das Verhältniß ihrer Höhe zur Dicke, Beider zu den Zwischenräumen der Säulen, und das der ganzen Reihe zum Gebälk und der darauf ruhenden Last, ist das genau berechnete Resultat aus dem Verhältniß der nothwendigen Stütze zur gegebenen Last. Weil diese gleichförmig vertheilt ist; so müssen es auch die Stützen seyn: deshalb sind Säulengruppen geschmacklos. Hingegen rückt, in den besten Dorischen Tempeln, die Ecksäule etwas näher an die nächste; weil das Zusammentreffen der Gebälke an der Ecke die Last vermehrt: hiedurch aber spricht sich deutlich das Princip der Architektur aus, daß die konstruktionellen Verhältnisse, d. h. die zwischen Stütze und Last, die wesentlichen sind, welchen die der Symmetrie, als untergeordnet, sogleich weichen müssen. Je nach der Schwere der ganzen Last überhaupt wird man die Dorische, oder die zwei leichteren Säulenordnungen wählen, da die erstere, nicht nur

durch die größere Dicke, sondern auch durch die ihr wesentliche, nähere Stellung der Säulen, auf schwerere Lasten berechnet ist, zu welchem Zwecke auch die beinahe rohe Einfachheit ihres Kapitells paßt. Die Kapitelle überhaupt haben den Zweck,
5 sichtbar zu machen, daß die Säulen das Gebälk tragen und nicht wie Zapfen hineingesteckt sind: zugleich vergrößern sie, mittelst ihres Abakus, die tragende Fläche. Weil nun also aus dem wohl verstandenen und konsequent durchgeführten Begriff der reichlich angemessenen Stütze zu einer gegebenen Last alle
10 Gesetze der Säulenordnung, mithin auch die Form und Proportion der Säule, in allen ihren Theilen und Dimensionen, bis ins Einzelne herab, folgt, also insofern *a priori* bestimmt ist; so erhellt die Verkehrtheit des so oft wiederholten Gedankens, daß Baumstämme oder gar (was leider selbst Vitruvius, IV, 1, vor-
15 trägt) die menschliche Gestalt das Vorbild der Säule gewesen sei. Dann wäre die Form derselben für die Architektur eine rein zufällige, von Außen aufgenommene: eine solche aber könnte uns nicht, sobald wir sie in ihrem gehörigen Ebenmaaß erblicken, so harmonisch und befriedigend ansprechen; noch
20 könnte andererseits jedes, selbst geringe Mißverhältniß derselben vom feinen und geübten Sinne sogleich unangenehm und störend, wie ein Miston in der Musik, empfunden werden. Dies ist vielmehr nur dadurch möglich, daß, nach gegebenem Zweck und Mittel, alles Uebrige im Wesentlichen *a priori* bestimmt ist,
25 wie in der Musik, nach gegebener Melodie und Grundton, im Wesentlichen die ganze Harmonie. Und wie die Musik, so ist auch die Architektur überhaupt keine nachahmende Kunst; – obwohl Beide oft fälschlich dafür gehalten worden sind.

Das ästhetische Wohlgefallen beruht, wie im Text ausführlich
30 dargethan, überall auf der Auffassung einer (Platonischen) Idee. Für die Architektur, allein als schöne Kunst betrachtet, sind die Ideen der untersten Naturstufen, also Schwere, Starrheit, Kohäsion, das eigentliche Thema; nicht aber, wie man bisher annahm, bloß die regelmäßige Form, Proportion und Symmetrie,

als welche ein rein Geometrisches, Eigenschaften des Raumes, nicht Ideen sind, und daher nicht das Thema einer schönen Kunst seyn können. Auch in der Architektur also sind sie nur sekundären Ursprungs und haben eine untergeordnete Bedeutung, welche ich sogleich hervorheben werde. Wären sie es allein, welche darzulegen die Architektur, als schöne Kunst, zur Aufgabe hätte; so müßte das Modell die gleiche Wirkung thun, wie das ausgeführte Werk. Dies aber ist ganz und gar nicht der Fall: vielmehr müssen die Werke der Architektur, um ästhetisch zu wirken, durchaus eine beträchtliche Größe haben; ja, sie können nie zu groß, aber leicht zu klein seyn. Sogar steht, *ceteris paribus*, die ästhetische Wirkung im geraden Verhältniß der Größe der Gebäude; weil nur große Massen die Wirksamkeit der Schwerkraft in hohem Grade augenfällig und eindringlich machen. Hiedurch bestätigt sich abermals meine Ansicht, daß das Streben und der Antagonismus jener Grundkräfte der Natur den eigentlichen ästhetischen Stoff der Baukunst ausmacht, welcher, seiner Natur nach, große Massen verlangt, um sichtbar, ja fühlbar zu werden. – Die Formen in der Architektur werden, wie oben an der Säule gezeigt worden, zunächst durch den unmittelbaren, konstruktionellen Zweck jedes Theiles bestimmt. Soweit nun aber derselbe irgend etwas unbestimmt läßt, tritt, da die Architektur ihr Daseyn zunächst in unserer räumlichen Anschauung hat, und demnach an unser Vermögen *a priori* zu dieser sich wendet, das Gesetz der vollkommensten Anschaulichkeit, mithin auch der leichtesten Faßlichkeit, ein. Diese aber entsteht allemal durch die größte Regelmäßigkeit der Formen und Rationalität ihrer Verhältnisse. Demgemäß wählt die schöne Architektur lauter regelmäßige Figuren, aus geraden Linien, oder gesetzmäßigen Kurven, imgleichen die aus solchen hervorgehenden Körper, wie Würfel, Parallelepipeden, Cylinder, Kugeln, Pyramiden und Kegel; als Oeffnungen aber bisweilen Cirkel, oder Ellipsen, in der Regel jedoch Quadrate und noch öfter Rektangel, letztere von durchaus rationalem und ganz

552

leicht faßlichem Verhältniß ihrer Seiten (nicht etwan wie 6:7,
sondern wie 1:2, 2:3), endlich auch Blenden oder Nischen, von
regelmäßiger und faßlicher Proportion. Aus dem selben Grunde
wird sie den Gebäuden selbst und ihren großen Abtheilungen
5 gern ein rationales und leicht faßliches Verhältniß der Höhe zur
Breite geben, z. B. die Höhe einer Fassade die Hälfte der Breite
seyn lassen, und die Säulen so stellen, daß je 3 oder 4 derselben
mit ihren Zwischenräumen eine Linie ausmessen, welche der
Höhe gleich ist, also ein Quadrat bilden. Das selbe Princip der
10 Anschaulichkeit und leichten Faßlichkeit verlangt auch leichte
Uebersehbarkeit: diese führt die Symmetrie herbei, welche
überdies nöthig ist, um das Werk als ein Ganzes abzustecken
und dessen wesentliche Begränzung von der zufälligen zu unterscheiden, wie man denn z. B. bisweilen nur an ihrem Leitfa-
15 den erkennt, ob man drei neben einander stehende Gebäude
oder nur e i n e s vor sich hat. Nur mittelst der Symmetrie also
kündigt sich das architektonische Werk sogleich als individuelle
Einheit und als Entwickelung eines Hauptgedankens an.

Wenn nun gleich, wie oben beiläufig gezeigt worden, die
20 Baukunst keineswegs die F o r m e n der Natur, wie Baumstämme, oder gar menschliche Gestalten, nachzuahmen hat; so soll
sie doch im G e i s t e der Natur schaffen, namentlich indem sie
das Gesetz *natura nihil agit frustra, nihilque supervacaneum, et
quod commodissimum in omnibus suis operationibus sequitur,* auch
25 zu dem ihrigen macht, demnach alles, selbst nur scheinbar,
Zwecklose vermeidet und ihre jedesmalige Absicht, sei diese
nun eine rein architektonische, d. h. konstruktionelle, oder aber
eine die Zwecke der Nützlichkeit betreffende, stets auf dem
kürzesten und natürlichsten Wege erreicht und so dieselbe,
30 durch das Werk selbst, offen darlegt. Dadurch erlangt sie eine
gewisse Grazie, der analog, welche bei lebenden Wesen in der
Leichtigkeit und der Angemessenheit jeder Bewegung und Stellung zur Absicht derselben besteht. Demgemäß sehen wir, im
guten antiken Baustil, jeglichen Theil, sei es nun Pfeiler, Säule,

Bogen, Gebälk, oder Thüre, Fenster, Treppe, Balkon, seinen Zweck auf die geradeste und einfachste Weise erreichen, ihn dabei unverhohlen und naiv an den Tag legend; eben wie die organische Natur es in ihren Werken auch thut. Der geschmacklose Baustil hingegen sucht bei Allem unnütze Umwege und gefällt sich in Willkürlichkeiten, geräth dadurch auf zwecklos gebrochene, heraus und hereinrückende Gebälke, gruppirte Säulen, zerstückelte Kornischen an Thürbögen und Giebeln, sinnlose Voluten, Schnörkel u. dergl.: er spielt, wie oben als Charakter der Pfuscherei angegeben, mit den Mitteln der Kunst, ohne die Zwecke derselben zu verstehen, wie Kinder mit dem Geräthe der Erwachsenen spielen. Dieser Art ist schon jede Unterbrechung einer geraden Linie, jede Aenderung im Schwunge einer Kurve, ohne augenfälligen Zweck. Jene naive Einfalt hingegen in der Darlegung und dem Erreichen des Zweckes, die dem Geiste entspricht, in welchem die Natur schafft und bildet, ist es eben auch, welche den antiken Thongefäßen eine solche Schönheit und Grazie der Form verleiht, daß wir stets von Neuem darüber erstaunen; weil sie so edel absticht gegen unsere modernen Gefäße im Originalgeschmack, als welche den Stämpel der Gemeinheit tragen, sie mögen nun aus Porzellan, oder grobem Töpferthon geformt seyn. Beim Anblick der Gefäße und Geräthe der Alten fühlen wir, daß wenn die Natur dergleichen Dinge hätte schaffen wollen, sie es in diesen Formen gethan haben würde. – Da wir also die Schönheit der Baukunst hauptsächlich aus der unverhohlenen Darlegung der Zwecke und dem Erreichen derselben auf dem kürzesten und natürlichsten Wege hervorgehen sehen; so geräth hier meine Theorie in geraden Widerspruch mit der Kantischen, als welche das Wesen alles Schönen in eine anscheinende Zweckmäßigkeit ohne Zweck setzt.

Das hier dargelegte alleinige Thema der Architektur, Stütze und Last, ist so sehr einfach, daß eben deshalb diese Kunst, soweit sie s c h ö n e Kunst ist (nicht aber sofern sie dem Nutzen

dient), schon seit der besten Griechischen Zeit, im Wesentlichen
vollendet und abgeschlossen, wenigstens keiner bedeutenden
Bereicherung mehr fähig ist. Hingegen kann der moderne Ar-
chitekt sich von den Regeln und Vorbildern der Alten nicht
merklich entfernen, ohne eben schon auf dem Wege der Ver-
schlechterung zu seyn. Ihm bleibt daher nichts übrig, als die
von den Alten überlieferte Kunst anzuwenden und ihre Regeln,
so weit es möglich ist, unter den Beschränkungen, welche das
Bedürfniß, das Klima, das Zeitalter, und sein Land ihm unabweisbar auflegen, durchzusetzen. Denn in dieser Kunst, wie
auch in der Skulptur, fällt das Streben nach dem Ideal mit der
Nachahmung der Alten zusammen.

Ich brauche wohl kaum zu erinnern, daß ich, bei allen diesen
architektonischen Betrachtungen, allein den antiken Baustil und
nicht den sogenannten Gothischen, welcher, Saracenischen Ursprungs, durch die Gothen in Spanien dem übrigen Europa zu-
geführt worden ist, im Auge gehabt habe. Vielleicht ist auch
diesem eine gewisse Schönheit, in seiner Art, nicht ganz abzusprechen: wenn er jedoch unternimmt, sich jenem als ebenbür-
tig gegenüberzustellen; so ist dies eine barbarische Vermessen-
heit, welche man durchaus nicht gelten lassen darf. Wie wohlthätig wirkt doch auf unsern Geist, nach dem Anschauen solcher Gothischer Herrlichkeiten, der Anblick eines regelrechten,
im antiken Stil aufgeführten Gebäudes! Wir fühlen sogleich,
daß dies das allein Rechte und Wahre ist. Könnte man einen
alten Griechen vor unsere berühmtesten Gothischen Kathedra-
len führen; was würde er wohl dazu sagen? – Βαρβαροι! – Unser Wohlgefallen an Gothischen Werken beruht ganz gewiß
größten Theils auf Gedankenassociationen und historischen Erinnerungen, also auf einem der Kunst fremden Gefühl. Alles
was ich vom eigentlich ästhetischen Zweck, vom Sinn und
Thema der Baukunst gesagt habe, verliert bei diesen Werken
seine Gültigkeit. Denn das frei liegende Gebälk ist verschwunden und mit ihm die Säule: Stütze und Last, geordnet und ver-

theilt, um den Kampf zwischen Starrheit und Schwere zu ver-
anschaulichen, sind hier nicht mehr das Thema. Auch ist jene
durchgängige, reine Rationalität, vermöge welcher Alles strenge
Rechenschaft zuläßt, ja, sie dem denkenden Beschauer schon
von selbst entgegenbringt, und welche zum Charakter des anti- 5
ken Baustils gehört, hier nicht mehr zu finden: wir werden bald
inne, daß hier, statt ihrer, eine von fremdartigen Begriffen geleitete Willkür gewaltet hat; daher Vieles uns unerklärt bleibt.
Denn nur der antike Baustil ist in rein o b j e k t i v e m Sinne
gedacht, der gothische mehr in subjektivem. – Wollen wir je- 10
doch, wie wir als den eigentlichen, ästhetischen Grundgedanken der antiken Baukunst die Entfaltung des Kampfes zwischen
Starrheit und Schwere erkannt haben, auch in der Gothischen
einen analogen Grundgedanken auffinden; so müßte es dieser
seyn, daß hier die gänzliche Ueberwältigung und Besiegung der 15
Schwere durch die Starrheit dargestellt werden soll. Denn demgemäß ist hier die Horizontallinie, welche die der Last ist, fast
ganz verschwunden, und das Wirken der Schwere tritt nur
noch indirekt, nämlich in Bogen und Gewölbe verlarvt, auf,
während die Vertikallinie, welche die der Stütze ist, allein 20
herrscht, und in unmäßig hohen Strebepfeilern, Thürmen,
Thürmchen und Spitzen ohne Zahl, welche unbelastet in die
Höhe gehen, das siegreiche Wirken der Starrheit versinnlicht.
Während in der antiken Baukunst das Streben und Drängen
von oben nach unten eben sowohl vertreten und dargelegt ist, 25
wie das von unten nach oben; so herrscht hier das letztere entschieden vor: wodurch auch jene oft bemerkte Analogie mit
dem Krystall entsteht, da dessen Anschießen ebenfalls mit
Ueberwältigung der Schwere geschieht. Wenn wir nun diesen
Sinn und Grundgedanken der Gothischen Baukunst unterlegen 30
und diese dadurch als gleichberechtigten Gegensatz der antiken
aufstellen wollten; so wäre dagegen zu erinnern, daß der
Kampf zwischen Starrheit und Schwere, welchen die antike
Baukunst so offen und naiv darlegt, ein wirklicher und wahrer,

in der Natur gegründeter ist; die gänzliche Ueberwindung der Schwere durch die Starrheit hingegen ein bloßer Schein bleibt, eine Fiktion, durch Täuschung beglaubigt. – Wie aus dem hier angegebenen Grundgedanken und den oben bemerkten Eigen-
5 thümlichkeiten der Gothischen Baukunst der mysteriöse und hyperphysische Charakter, welcher derselben zuerkannt wird, hervorgeht, wird Jeder sich leicht deutlich machen können. Hauptsächlich entsteht er, wie schon erwähnt, dadurch, daß hier das Willkürliche an die Stelle des rein Rationellen, sich als
10 durchgängige Angemessenheit des Mittels zum Zweck Kundgebenden, getreten ist. Das viele eigentlich Zwecklose und doch so sorgfältig Vollendete erregt die Voraussetzung unbekannter, unerforschlicher, geheimer Zwecke, d. i. das mysteriöse Ansehen. Hingegen ist die glänzende Seite der Gothischen Kirchen
15 die innere; weil hier die Wirkung des von schlanken, krystallinisch aufstrebenden Pfeilern getragenen, hoch hinaufgehobenen und, bei verschwundener Last, ewige Sicherheit verheißenden Kreuzgewölbes auf das Gemüth eindringt, die meisten der erwähnten Uebelstände aber draußen liegen. An antiken Gebäu-
20 den ist die Außenseite die vortheilhaftere; weil man dort Stütze und Last besser übersieht, im Innern hingegen die flache Decke stets etwas Niederdrückendes und Prosaisches behält. An den Tempeln der Alten war auch meistentheils, bei vielen und großen Außenwerken, das eigentliche Innere klein. Einen erhabe-
25 neren Anstrich erhielt es durch das Kugelgewölbe einer Kuppel, wie im Pantheon, von welcher daher auch die Italiäner, in diesem Stil bauend, den ausgedehntesten Gebrauch gemacht haben. Dazu stimmt, daß die Alten, als südliche Völker, mehr im Freien lebten, als die nordischen Nationen, welche die Gothi-
30 sche Baukunst vorgezogen haben. – Wer nun aber schlechterdings die Gothische Baukunst als eine wesentliche und berechtigte gelten lassen will, mag, wenn er zugleich Analogien liebt, sie den negativen Pol der Architektur, oder auch die Moll-Tonart derselben benennen. – Im Interesse des guten Geschmacks

muß ich wünschen, daß große Geldmittel dem objektiv, d. h. wirklich Guten und Rechten, dem an sich Schönen, zugewendet werden, nicht aber Dem, dessen Werth bloß auf Ideenassociationen beruht. Wenn ich nun sehe, wie dieses ungläubige Zeitalter die vom gläubigen Mittelalter unvollendet gelassenen Gothischen Kirchen so emsig ausbaut, kommt es mir vor, als wolle man das dahingeschiedene Christenthum einbalsamiren.

Kapitel 36*.
Vereinzelte Bemerkungen zur Aesthetik der bildenden Künste.

In der Skulptur sind Schönheit und Grazie die Hauptsache: in der Malerei aber erhalten Ausdruck, Leidenschaft, Charakter das Uebergewicht; daher von der Forderung der Schönheit eben so viel nachgelassen werden muß. Denn eine durchgängige Schönheit aller Gestalten, wie die Skulptur sie fordert, würde dem Charakteristischen Abbruch thun, auch durch die Monotonie ermüden. Demnach darf die Malerei auch häßliche Gesichter und abgezehrte Gestalten darstellen: die Skulptur hingegen verlangt Schönheit, wenn auch nicht stets vollkommene, durchaus aber Kraft und Fülle der Gestalten. Folglich ist ein magerer Christus am Kreuz, ein von Alter und Krankheit abgezehrter, sterbender heiliger Hieronymus, wie das Meisterstück Domenichino's ein für die Malerei passender Gegenstand: hingegen der durch Fasten auf Haut und Knochen reducirte Johannes der Täufer, in Marmor, von Donatello, auf der Gallerie zu Florenz, wirkt, trotz der meisterhaften Ausführung, widerlich. – Von diesem Gesichtspunkt aus scheint die Skulptur der Bejahung, die Malerei der Verneinung des Willens zum Leben angemessen, und hieraus ließe sich erklären, warum die Skulptur

---

* Dieses Kapitel bezieht sich auf §§. 44–50 des ersten Bandes.

die Kunst der Alten, die Malerei die der christlichen Zeiten gewesen ist. –

Bei der §. 45 des ersten Bandes gegebenen Auseinandersetzung, daß das Herausfinden, Erkennen und Feststellen des Typus der menschlichen Schönheit auf einer gewissen Anticipation derselben beruht und daher zum Theil *a priori* begründet ist, finde ich noch hervorzuheben, daß diese Anticipation dennoch der Erfahrung bedarf, um durch sie angeregt zu werden; analog dem Instinkt der Thiere, welcher, obwohl das Handeln *a priori* leitend, dennoch in den Einzelnheiten desselben der Bestimmung durch Motive bedarf. Die Erfahrung und Wirklichkeit nämlich hält dem Intellekt des Künstlers menschliche Gestalten vor, welche, im einen oder andern Theil, der Natur mehr oder minder gelungen sind, ihn gleichsam um sein Urtheil darüber befragend, und ruft so, nach Sokratischer Methode, aus jener dunkeln Anticipation die deutliche und bestimmte Erkenntniß des Ideals hervor. Dieserhalb leistete es den Griechischen Bildhauern allerdings großen Vorschub, daß Klima und Sitte des Landes ihnen den ganzen Tag Gelegenheit gaben, halb nackte Gestalten, und in den Gymnasien auch ganz nackte zu sehen. Dabei forderte jedes Glied ihren plastischen Sinn auf zur Beurtheilung und zur Vergleichung desselben mit dem Ideal, welches unentwickelt in ihrem Bewußtseyn lag. So übten sie beständig ihr Urtheil an allen Formen und Gliedern, bis zu den feinsten Nüancen derselben herab; wodurch denn allmälig ihre ursprünglich nur dumpfe Anticipation des Ideals menschlicher Schönheit zu solcher Deutlichkeit des Bewußtseyns erhoben werden konnte, daß sie fähig wurden, dasselbe im Kunstwerk zu objektiviren. – Auf ganz analoge Weise ist dem Dichter, zur Darstellung der Charaktere, eigene Erfahrung nützlich und nöthig. Denn obgleich er nicht nach der Erfahrung und empirischen Notizen arbeitet, sondern nach dem klaren Bewußtseyn des Wesens der Menschheit, wie er solches in seinem eigenen Innern findet; so dient doch diesem Bewußtseyn die Erfahrung

zum Schema, giebt ihm Anregung und Uebung. Sonach erhält
seine Erkenntniß der menschlichen Natur und ihrer Verschiedenheiten, obwohl sie in der Hauptsache *a priori* und anticipi-
rend verfährt, doch erst durch die Erfahrung Leben, Bestimmtheit und Umfang. – Dem so bewundrungswürdigen Schönheitssinn der Griechen aber, welcher sie allein, unter allen Völkern der Erde, befähigte, den wahren Normaltypus der
menschlichen Gestalt herauszufinden und demnach die Muster-
bilder der Schönheit und Grazie für alle Zeiten zur Nachahmung aufzustellen, können wir, auf unser voriges Buch und Kapitel 44 im folgenden uns stützend, noch tiefer auf den Grund
gehen, und sagen: Das Selbe, was, wenn es vom W i l l e n unzertrennt bleibt, Geschlechtstrieb mit fein sichtender Auswahl,
d. i. G e s c h l e c h t s l i e b e (die bei den Griechen bekanntlich
großen Verirrungen unterworfen war), giebt; eben Dieses wird,
wenn es, durch das Vorhandenseyn eines abnorm überwiegenden Intellekts, sich vom Willen ablöst und doch thätig bleibt,
zum o b j e k t i v e n S c h ö n h e i t s s i n n für menschliche
Gestalt, welcher nun zunächst sich zeigt als urtheilender Kunst-
sinn, sich aber steigern kann, bis zur Auffindung und Darstellung der Norm aller Theile und Proportionen; wie dies der Fall
war im Phidias, Praxiteles, Skopas u. s. w. – Alsdann geht in
Erfüllung, was Goethe den Künstler sagen läßt:

> Daß ich mit Göttersinn
> Und Menschenhand
> Vermöge zu bilden,
> Was bei meinem Weib'
> Ich animalisch kann und muß.

Und auch hier abermals analog, wird im D i c h t e r eben Das,
was, wenn es vom W i l l e n unzertrennt bliebe, bloße W e l t -
k l u g h e i t gäbe, wenn es, durch das abnorme Ueberwiegen

des Intellekts, sich vom Willen sondert, zur Fähigkeit objektiver, dramatischer D a r s t e l l u n g . –

Die moderne Skulptur ist, was immer sie auch leisten mag,
doch der modernen lateinischen Poesie analog und, wie diese,
ein Kind der Nachahmung, aus Reminiscenzen entsprungen.
Läßt sie sich beigehen, originell seyn zu wollen; so geräth sie
alsbald auf Abwege, namentlich auf den schlimmen, nach der
vorgefundenen Natur, statt nach den Proportionen der Alten zu
formen. C a n o v a , T h o r w a l d s e n u. a. m. sind dem J o -
h a n n e s S e c u n d u s und O w e n u s zu vergleichen. Mit
der Architektur verhält es sich eben so: allein da ist es in der
Kunst selbst gegründet, deren rein ästhetischer Theil von gerin-
gem Umfange ist und von den Alten bereits erschöpft wurde;
daher der moderne Baumeister nur in der weisen Anwendung
desselben sich hervorthun kann; und soll er wissen, daß er stets
so weit vom guten Geschmack sich entfernt, als er vom Stil
und Vorbild der Griechen abgeht. –

Die Kunst des Malers, bloß betrachtet sofern sie den Schein
der Wirklichkeit hervorzubringen bezweckt, ist im letzten
Grunde darauf zurückzuführen, daß er Das, was beim Sehen
die bloße Empfindung ist, also die Affektion der Retina, d. i.
die allein unmittelbar gegebene W i r k u n g , rein zu s o n d e r n
versteht von ihrer U r s a c h e , d. i. den Objekten der Außenwelt, deren Anschauung im Verstande allererst daraus entsteht;
wodurch er, wenn die Technik hinzukommt, im Stande ist, die
selbe Wirkung im Auge durch eine ganz andere Ursache, nämlich aufgetragene Farbenflecke, hervorzubringen, woraus dann
im Verstande des Betrachters, durch die unausbleibliche Zu-
rückführung auf die gewöhnliche Ursache, die nämliche Anschauung wieder entsteht. –

Wenn man betrachtet, wie in jedem M e n s c h e n g e s i c h t
etwas so ganz Ursprüngliches, so durchaus Originelles liegt und
dasselbe eine Ganzheit zeigt, welche nur einer aus lauter nothwendigen Theilen bestehenden Einheit zukommen kann, ver-

möge welcher wir ein bekanntes Individuum, aus so vielen Tausenden, selbst nach langen Jahren wiedererkennen, obgleich die möglichen Verschiedenheiten menschlicher Gesichtszüge zumal e i n e r Rasse, innerhalb äußerst enger Gränzen liegen; so muß man bezweifeln, daß etwas von so wesentlicher Einheit und so großer Ursprünglichkeit je aus einer andern Quelle hervorgehen könne, als aus den geheimnißvollen Tiefen des Innern der Natur: daraus aber würde folgen, daß kein Künstler fähig seyn könne, die ursprüngliche Eigenthümlichkeit eines Menschengesichtes wirklich zu ersinnen, noch auch nur, sie aus Reminiscenzen naturgemäß zusammenzusetzen. Was er demnach in dieser Art zu Stande brächte, würde immer nur eine halbwahre, ja vielleicht eine unmögliche Zusammensetzung seyn: denn wie sollte er eine wirkliche physiognomische Einheit zusammensetzen, da ihm doch das Princip dieser Einheit eigentlich unbekannt ist? Danach muß man bei jedem von einem Künstler bloß ersonnenen Gesicht zweifeln, ob es in der That ein mögliches sei, und ob nicht die Natur, als Meister aller Meister, es für eine Pfuscherei erklären würde, indem sie völlige Widersprüche darin nachwiese. Dies würde allerdings zu dem Grundsatz führen, daß auf historischen Bildern immer nur Porträtte figuriren dürften, welche dann freilich mit der größten Sorgfalt auszuwählen und in etwas zu idealisiren wären. Bekanntlich haben große Künstler immer gern nach lebenden Modellen gemalt und viele Porträtte angebracht. –

Obgleich, wie im Text ausgeführt, der eigentliche Zweck der Malerei, wie der Kunst überhaupt, ist, uns die Auffassung der (Platonischen) Ideen der Wesen dieser Welt zu erleichtern, wobei wir zugleich in den Zustand des reinen, d. i. willenlosen, Erkennens versetzt werden; so kommt ihr außerdem noch eine davon unabhängige und für sich gehende Schönheit zu, welche hervorgebracht wird durch die bloße Harmonie der Farben, das Wohlgefällige der Gruppirung, die günstige Vertheilung des Lichts und Schattens und den Ton des ganzen Bildes. Diese ihr

beigegebene, untergeordnete Art der Schönheit befördert den
Zustand des reinen Erkennens und ist in der Malerei Das, was
in der Poesie die Diktion, das Metrum und der Reim ist: Beide
nämlich sind nicht das Wesentliche, aber das zuerst und unmittelbar Wirkende. –

Zu meinem, im ersten Bande §. 50, über die Unstatthaftig-
keit der A l l e g o r i e in der Malerei abgegebenen Urtheil bringe ich noch einige Belege bei. Im Palast Borghese, zu Rom, befindet sich folgendes Bild von Michael Angelo Caravaggio: Jesus, als Kind von etwan zehn Jahren, tritt einer Schlange auf
den Kopf, aber ganz ohne Furcht und mit größter Gelassenheit,
und eben so gleichgültig bleibt dabei seine ihn begleitende Mutter: daneben steht die heilige Elisabeth, feierlich und tragisch
zum Himmel blickend. Was möchte wohl bei dieser kyriologi-
schen Hieroglyphe ein Mensch denken, der nie etwas vernommen hätte vom Samen des Weibes, welcher der Schlange den
Kopf zertreten soll? – Zu Florenz, im Bibliotheksaal des Palastes Riccardi, finden wir auf dem von Luca Giordano gemalten
Plafond folgende Allegorie, welche besagen soll, daß die Wissenschaft den Verstand aus den Banden der Unwissenheit befreit: der Verstand ist ein starker Mann, von Stricken umwun-
den, die eben abfallen: eine Nymphe hält ihm einen Spiegel
vor, eine andere reicht ihm einen abgelösten großen Flügel: darüber sitzt die Wissenschaft auf einer Kugel und, mit einer Kugel
in der Hand, neben ihr die nackte Wahrheit. – Zu Ludwigsburg
bei Stuttgart zeigt uns ein Bild die Zeit, als Saturn, mit einer
Scheere dem Amor die Flügel beschneidend: wenn das besagen
soll, daß wann wir altern, der Unbestand in der Liebe sich
schon giebt; so wird es hiemit wohl seine Richtigkeit haben. –

Meine Lösung des Problems, warum der L a o k o o n nicht
schreit, zu bekräftigen, diene noch Folgendes. Von der verfehl-
ten Wirkung der Darstellung des Schreiens durch die Werke
der bildenden, wesentlich stummen Künste, kann man sich fak-
tisch überzeugen an einem auf der Kunstakademie zu Bologna

befindlichen Bethlehemitischen Kindermord von Guido Reni,
auf welchem dieser große Künstler den Mißgriff begangen hat,
sechs schreibende Mundaufreißer zu malen. – Wer es noch
deutlicher haben will, denke sich eine pantomimische Darstellung auf der Bühne, und in irgend einer Scene derselben einen 5
dringenden Anlaß zum Schreien einer der Personen: wollte nun
der diese darstellende Tänzer das Geschrei dadurch ausdrücken, daß er eine Weile mit weit aufgesperrtem Munde da-
stände; so würde das laute Gelächter des ganzen Hauses die
Abgeschmacktheit der Sache bezeugen. – Da nun demnach aus 10
Gründen, welche nicht im darzustellenden Gegenstande, sondern im Wesen der darstellenden Kunst liegen, das Schreien des
Laokoon unterbleiben mußte; so entstand hieraus dem Künstler
die Aufgabe, eben dieses Nicht-Schreien zu motiviren, um es
uns plausibel zu machen, daß ein Mensch in solcher Lage nicht 15
schreie. Diese Aufgabe hat er dadurch gelöst, daß er den
Schlangenbiß nicht als schon erfolgt, auch nicht als noch dro-
hend, sondern als gerade jetzt und zwar in die Seite geschehend
darstellte: denn dadurch wird der Unterleib eingezogen, das
Schreien daher unmöglich gemacht. Diesen nächsten, eigentlich 20
aber nur sekundären und untergeordneten Grund der Sache hat
G o e t h e richtig herausgefunden und ihn dargelegt am Ende
des elften Buchs seiner Selbstbiographie, wie auch im Aufsatz
über den Laokoon im ersten Heft der Propyläen; aber der ent-
ferntere, primäre, jenen bedingende Grund ist der von mir dar- 25
gelegte. Ich kann die Bemerkung nicht unterdrücken, daß ich
hier zu Goethen wieder im selben Verhältniß stehe, wie hinsichtlich der Theorie der Farbe. – In der Sammlung des Herzogs von Aremberg zu Brüssel befindet sich ein antiker Kopf
des Laokoon, welcher später aufgefunden worden. Der Kopf in 30
der weltberühmten Gruppe ist aber kein restaurirter, wie auch
aus Goethe's specieller Tafel aller Restaurationen dieser Gruppe,
welche sich am Ende des ersten Bandes der Propyläen befindet,
hervorgeht und zudem dadurch bestätigt wird, daß der später

gefundene Kopf dem der Gruppe höchst ähnlich ist. Wir müssen also annehmen, daß noch eine andere antike Repetition der
Gruppe existirt hat, welcher der Arembergische Kopf angehörte. Derselbe übertrifft, meiner Meinung nach, sowohl an Schönheit als an Ausdruck der der Gruppe: den Mund hat er bedeutend weiter offen, als dieser, jedoch nicht bis zum eigentlichen
Schreien.

Kapitel 37[*].
Zur Aesthetik der Dichtkunst.

Als die einfachste und richtigste Definition der Poesie möchte
ich diese aufstellen, daß sie die Kunst ist, durch Worte die Ein-
bildungskraft ins Spiel zu versetzen. Wie sie dies zu Wege
bringt, habe ich im ersten Bande, §. 51, angegeben. Eine specielle Bestätigung des dort Gesagten giebt folgende Stelle aus einem seitdem veröffentlichten Briefe W i e l a n d s an M e r k :
»Ich habe drittehalb Tage über eine einzige Strophe zugebracht,
wo im Grunde die Sache auf einem einzigen Worte, das ich
brauchte und nicht finden konnte, beruhte. Ich drehte und
wandte das Ding und mein Gehirn nach allen Seiten; weil ich
natürlicherweise, wo es um ein Gemählde zu thun ist, gern die
nämliche bestimmte Vision, welche vor meiner Stirn schwebte,
auch vor die Stirn meiner Leser bringen möchte, und dazu oft,
ut nosti, von einem einzigen Zuge, oder Drucker, oder Reflex,
Alles abhängt.« (Briefe an Merk, herausgegeben von Wagner,
1835, S. 193.) – Dadurch, daß die Phantasie des Lesers der
Stoff ist, in welchem die Dichtkunst ihre Bilder darstellt, hat
diese den Vortheil, daß die nähere Ausführung und die feineren
Züge in der Phantasie eines Jeden so ausfallen, wie es seiner Individualität, seiner Erkenntnißsphäre und seiner Laune gerade

---

[*]   Dieses Kapitel bezieht sich auf §. 51 des ersten Bandes.

am angemessensten ist und ihn daher am lebhaftesten anregt; statt daß die bildenden Künste sich nicht so anbequemen können, sondern hier e i n Bild, e i n e Gestalt Allen genügen soll: diese aber wird doch immer, in Etwas, das Gepräge der Individualität des Künstlers, oder seines Modells, tragen, als einen subjektiven, oder zufälligen, nicht wirksamen Zusatz; wenn gleich um so weniger, je objektiver, d. h. genialer der Künstler ist. Schon hieraus ist es zum Theil erklärlich, daß die Werke der Dichtkunst eine viel stärkere, tiefere und allgemeinere Wirkung ausüben, als Bilder und Statuen: diese nämlich lassen das Volk meistens ganz kalt, und überhaupt sind die bildenden die am schwächsten wirkenden Künste. Hiezu giebt einen sonderbaren Beleg das so häufige Auffinden und Entdecken von Bildern großer Meister in Privathäusern und allerlei Lokalitäten, wo sie, viele Menschenalter hindurch, nicht etwan vergraben und versteckt, sondern blos unbeachtet, also wirkungslos, gehangen haben. Zu meiner Zeit in Florenz (1823) wurde sogar eine Raphael'sche Madonna entdeckt, welche eine lange Reihe von Jahren hindurch im Bedientenzimmer eines Palastes (im *Quartiere di S. Spirito*) an der Wand gehangen hatte: und Dies geschieht unter Italiänern, dieser vor allen übrigen mit Schönheitssinn begabten Nation. Es beweist, wie wenig direkte und unvermittelte Wirkung die Werke der bildenden Künste haben, und daß ihre Schätzung weit mehr, als die aller andern, der Bildung und Kenntniß bedarf. Wie unfehlbar macht hingegen eine schöne, das Herz treffende Melodie ihre Reise um das Erdenrund, und wandert eine vortreffliche Dichtung von Volk zu Volk. Daß die Großen und Reichen gerade den bildenden Künsten die kräftigste Unterstützung widmen und nur auf i h r e Werke beträchtliche Summen verwenden, ja, heut zu Tage eine Idololatrie, im eigentlichen Sinne, für ein Bild von einem berühmten, alten Meister den Werth eines großen Landgutes hingiebt, Dies beruht hauptsächlich auf der Seltenheit der Meisterstücke, deren Besitz daher dem Stolze zusagt, sodann aber auch darauf, daß

der Genuß derselben gar wenig Zeit und Anstrengung erfordert und jeden Augenblick, auf einen Augenblick, bereit ist; während Poesie und selbst Musik ungleich beschwerlichere Bedingungen stellen. Dem entsprechend lassen die bildenden Künste
5 sich auch entbehren: ganze Völker, z. B. die Mohammedanischen, sind ohne sie: aber ohne Musik und Poesie ist keines.

Die Absicht nun aber, in welcher der Dichter unsere Phantasie in Bewegung setzt, ist, uns die Ideen zu offenbaren, d. h. an einem Beispiel zu zeigen, was das Leben, was die Welt sei.
10 Dazu ist die erste Bedingung, daß er es selbst erkannt habe: je nachdem dies tief oder flach geschehen ist, wird seine Dichtung ausfallen. Demgemäß giebt es unzählige Abstufungen, wie der Tiefe und Klarheit in der Auffassung der Natur der Dinge, so der Dichter. Jeder von diesen muß inzwischen sich für vortreff-
15 lich halten, sofern er richtig dargestellt hat was e r erkannte, und sein Bild s e i n e m Original entspricht: er muß sich dem besten gleich stellen, weil er in dessen Bilde auch nicht mehr erkennt, als in seinem eigenen, nämlich so viel, wie in der Natur selbst; da sein Blick nun ein Mal nicht tiefer eindringt. Der
20 beste selbst aber erkennt sich als solchen daran, daß er sieht wie flach der Blick der andern war, wie Vieles noch dahinter lag, das sie nicht wiedergeben konnten, weil sie es nicht sahen, und wie viel weiter sein Blick und sein Bild reicht. Verstände er die Flachen so wenig, wie sie ihn; da müßte er verzweifeln: denn
25 gerade weil schon ein außerordentlicher Mann dazu gehört, um ihm Gerechtigkeit widerfahren zu lassen, die schlechten Poeten ihn aber so wenig hochschätzen können, wie er sie, hat auch er lange an seinem eigenen Beifall zu zehren, ehe der der Welt nachkommt. – Inzwischen wird ihm auch jener verkümmert,
30 indem man ihm zumuthet, er solle fein bescheiden seyn. Es ist aber so unmöglich, daß wer Verdienste hat und weiß was sie kosten, selbst blind dagegen sei, wie daß ein Mann von sechs Fuß Höhe nicht merke, daß er die Andern überragt. Ist von der Basis des Thurms bis zur Spitze 300 Fuß; so ist zuverlässig

eben so viel von der Spitze bis zur Basis. Horaz, Lucrez, Ovid und fast alle Alten haben stolz von sich geredet, desgleichen Dante, Shakespeare, Bako von Verulam und Viele mehr. Daß Einer ein großer Geist seyn könne, ohne etwas davon zu merken, ist eine Absurdität, welche nur die trostlose Unfähigkeit sich einreden kann, damit sie das Gefühl der eigenen Nichtigkeit auch für Bescheidenheit halten könne. Ein Engländer hat witzig und richtig bemerkt, daß *merit* und *modesty* nichts Gemeinsames hätten, als den Anfangsbuchstaben. Die bescheidenen Celebritäten habe ich stets in Verdacht, daß sie wohl Recht haben könnten; und C o r n e i l l e sagt geradezu:

> *La fausse humilité ne met plus en crédit:*
> *Je sçais ce que je vaux, et crois ce qu'on m'en dit.*

Endlich hat Goethe es unumwunden gesagt: »Nur die Lumpe sind bescheiden.« Aber noch unfehlbarer wäre die Behauptung gewesen, daß Die, welche so eifrig von Andern Bescheidenheit fordern, auf Bescheidenheit dringen, unablässig rufen: »Nur bescheiden! um Gotteswillen, nur bescheiden!« z u v e r l ä s s i g L u m p e s i n d, d. h. völlig verdienstlose Wichte, Fabrikwaare der Natur, ordentliche Mitglieder des Packs der Menschheit. Denn wer selbst Verdienste hat, läßt auch Verdienste gelten, – versteht sich ächte und wirkliche. Aber Der, dem selbst alle Vorzüge und Verdienste mangeln, wünscht, daß es gar keine gäbe: ihr Anblick an Andern spannt ihn auf die Folter; der blasse, grüne, gelbe Neid verzehrt sein Inneres: er möchte alle persönlich Bevorzugten vernichten und ausrotten: muß er sie aber leider leben lassen, so soll es nur unter der Bedingung seyn, daß sie ihre Vorzüge verstecken, völlig verleugnen, ja abschwören. Dies also ist die Wurzel der so häufigen Lobreden auf die Bescheidenheit. Und wenn solche Präkonen derselben Gelegenheit haben, das Verdienst im Entstehen zu ersticken, oder wenigstens zu verhindern, daß es sich zeige, daß es bekannt werde, –

wer wird zweifeln, daß sie es thun? Denn dies ist die Praxis zu ihrer Theorie. –

Wenn nun gleich der Dichter, wie jeder Künstler, uns immer nur das Einzelne, Individuelle, vorführt; so ist was e r erkannte und uns dadurch erkennen lassen will, doch die (Platonische) Idee, die ganze Gattung: daher wird in seinen Bildern gleichsam der Typus der menschlichen Charaktere und Situationen ausgeprägt seyn. Der erzählende, auch der dramatische Dichter nimmt aus dem Leben das ganz Einzelne heraus und schildert es genau in seiner Individualität, offenbart aber hiedurch das ganze menschliche Daseyn; indem er zwar scheinbar es mit dem Einzelnen, in Wahrheit aber mit Dem, was überall und zu allen Zeiten ist, zu thun hat. Hieraus entspringt es, daß Sentenzen, besonders der dramatischen Dichter, selbst ohne generelle Aussprüche zu seyn, im wirklichen Leben häufige Anwendung finden. – Zur Philosophie verhält sich die Poesie, wie die Erfahrung sich zur empirischen Wissenschaft verhält. Die Erfahrung nämlich macht uns mit der Erscheinung im Einzelnen und beispielsweise bekannt: die Wissenschaft umfaßt das Ganze derselben, mittelst allgemeiner Begriffe. So will die Poesie uns mit den (Platonischen) Ideen der Wesen mittelst des Einzelnen und beispielsweise bekannt machen: die Philosophie will das darin sich aussprechende innere Wesen der Dinge im Ganzen und Allgemeinen erkennen lehren. – Man sieht schon hieran, daß die Poesie mehr den Charakter der Jugend, die Philosophie den des Alters trägt. In der That blüht die Dichtergabe eigentlich nur in der Jugend: auch die Empfänglichkeit für Poesie ist in der Jugend oft leidenschaftlich: der Jüngling hat Freude an Versen als solchen und nimmt oft mit geringer Waare vorlieb. Mit den Jahren nimmt diese Neigung allmälig ab, und im Alter zieht man die Prosa vor. Durch jene poetische Tendenz der Jugend wird dann leicht der Sinne für die Wirklichkeit verdorben. Denn von dieser unterscheidet die Poesie sich dadurch, daß in ihr das Leben interessant und doch schmerzlos an uns vorüberfließt; dasselbe hingegen in der Wirklichkeit, so lange es schmerzlos ist, uninteressant ist, sobald es aber interessant wird, nicht ohne Schmerzen bleibt. Der früher in die Poesie als in die Wirklichkeit eingeweihte Jüngling verlangt nun von dieser, was nur jene leisten kann: dies ist eine Hauptquelle des Unbehagens, welches die vorzüglichsten Jünglinge drückt. –

Metrum und Reim sind eine Fessel, aber auch eine Hülle, die der Poet um sich wirft, und unter welcher es ihm vergönnt ist zu reden, wie er sonst nicht dürfte: und das ist es, was uns freut. – Er ist nämlich für Alles was er sagt nur halb verantwortlich: Metrum und Reim müssen es zur andern Hälfte vertreten. – Das Metrum, oder Zeitmaaß, hat, als bloßer Rhythmus, sein Wesen allein in der Z e i t, welche eine reine Anschauung *a priori* ist, gehört also, mit K a n t zu reden, bloß der r e i n e n   S i n n l i c h k e i t an; hingegen ist der Reim Sache der Empfindung im Gehörorgan, also der e m p i r i s c h e n Sinnlichkeit. Daher ist der Rhythmus ein viel edleres und würdigeres Hülfsmittel, als der Reim, den die Alten demnach verschmähten, und der in den unvollkommenen, durch Korruption der früheren und in barbarischen Zeiten entstandenen Sprachen seinen Ursprung fand. Die Armsäligkeit französischer Poesie beruht hauptsächlich darauf, daß diese, ohne Metrum, auf den Reim allein beschränkt ist, und wird dadurch vermehrt, daß sie, um ihren Mangel an Mitteln zu verbergen, durch eine Menge pedantischer Satzungen ihre Reimerei erschwert hat, wie z. B. daß nur gleichgeschriebene Silben reimen, als wär' es für's Auge, nicht für's Ohr; daß der Hiatus verpönt ist, eine Menge Worte nicht vorkommen dürfen u. dgl. m., welchem Allen die neuere französische Dichterschule ein Ende zu machen sucht. – In keiner Sprache jedoch macht, wenigstens für mich, der Reim einen so wohlgefälligen und mächtigen Eindruck, wie in der lateinischen: die mittelalterlichen gereimten lateinischen Gedichte haben einen eigenthümlichen Zauber. Man muß es daraus erklären, daß die lateinische Sprache ohne

allen Vergleich vollkommener, schöner und edler ist, als irgend
eine der neueren, und nun in dem, eben diesen angehörigen,
von ihr selbst aber ursprünglich verschmähten Putz und Flitter
so anmuthig einhergeht.

5   Der ernsthaften Erwägung könnte es fast als ein Hochverrath
gegen die Vernunft erscheinen, wenn einem Gedanken, oder einem richtigen und reinen Ausdruck, auch nur die leiseste Gewalt geschieht, in der kindischen Absicht, daß nach einigen Silben der gleiche Wortklang wieder vernommen werde, oder
10 auch, damit diese Silben selbst ein gewisses Hopsasa darstellen.
Ohne solche Gewalt aber kommen gar wenige Verse zu Stande: denn ihr ist es zuzuschreiben, daß, in fremden Sprachen,
Verse viel schwerer zu verstehen sind, als Prosa. Könnten wir
in die geheime Werkstätte der Poeten sehen; so würden wir
15 zehn Mal öfter finden, daß der Gedanke zum Reim, als daß
der Reim zum Gedanken gesucht wird: und selbst im letztern
Fall geht es nicht leicht ohne Nachgiebigkeit von Seiten des Gedankens ab. – Diesen Betrachtungen bietet jedoch die Verskunst
Trotz, und hat dabei alle Zeiten und Völker auf ihrer Seite: so
20 groß ist die Macht, welche Metrum und Reim auf das Gemüth
ausüben, und so wirksam das ihnen eigene, geheimnißvolle *le-
nocinium*. Ich möchte dieses daraus erklären, daß ein glücklich
gereimter Vers, durch seine unbeschreiblich emphatische Wirkung, die Empfindung erregt, als ob der darin ausgedrückte
25 Gedanke schon in der Sprache prädestinirt, ja präformirt gelegen und der Dichter ihn nur herauszufinden gehabt hätte.
Selbst triviale Einfälle erhalten durch Rhythmus und Reim einen Anstrich von Bedeutsamkeit, und figuriren in diesem
Schmuck, wie unter den Mädchen Alltagsgesichter durch den
30 Putz die Augen fesseln. Ja, selbst schiefe und falsche Gedanken
gewinnen durch die Versifikation einen Schein von Wahrheit.
Andererseits wieder schrumpfen sogar berühmte Stellen aus berühmten Dichtern zusammen und werden unscheinbar, wenn
getreu in Prosa wiedergegeben. Ist nur das Wahre schön, und

ist der liebste Schmuck der Wahrheit die Nacktheit; so wird ein
Gedanke, der in Prosa groß und schön auftritt, mehr wahren
Werth haben, als einer, der in Versen so wirkt. – Daß nun so
geringfügig, ja, kindisch scheinende Mittel, wie Metrum und
Reim, eine so mächtige Wirkung ausüben, ist sehr auffallend
und wohl der Untersuchung werth: ich erkläre es mir auf folgende Weise. Das dem Gehör unmittelbar Gegebene, also der
bloße Wortklang, erhält durch Rhythmus und Reim eine gewisse Vollkommenheit und Bedeutsamkeit an sich selbst, indem er
dadurch zu einer Art Musik wird: daher scheint er jetzt seiner
selbst wegen dazuseyn und nicht mehr als bloßes Mittel, bloßes
Zeichen eines Bezeichneten, nämlich des Sinnes der Worte.
Durch seinen Klang das Ohr zu ergötzen, scheint seine ganze
Bestimmung, mit dieser daher Alles erreicht und alle Ansprüche befriedigt zu seyn. Daß er nun aber zugleich noch einen
Sinn enthält, einen Gedanken ausdrückt, stellt sich jetzt dar als
eine unerwartete Zugabe, gleich den Worten zur Musik; als ein
unerwartetes Geschenk, das uns angenehm überrascht und daher, indem wir gar keine Forderungen der Art machten, sehr
leicht zufrieden stellt: wenn nun aber gar dieser Gedanke ein
solcher ist, der an sich selbst, also auch in Prosa gesagt, bedeutend wäre; dann sind wir entzückt. Mir ist aus früher Kindheit
erinnerlich, daß ich mich eine Zeit lang am Wohlklang der Verse ergötzt hatte, ehe ich die Entdeckung machte, daß sie auch
durchweg Sinn und Gedanken enthielten. Demgemäß giebt es,
wohl in allen Sprachen, auch eine bloße Klingklangspoesie, mit
fast gänzlicher Ermangelung des Sinnes. Der Sinologe D a v i s,
im Vorbericht zu seiner Uebersetzung des Laou-sang-urh, oder
an heir in old age (London 1817), bemerkt, daß die Chinesischen Dramen zum Theil aus Versen bestehen, welche gesungen werden, und setzt hinzu: »der Sinn derselben ist oft dunkel, und der Aussage der Chinesen selbst zufolge, ist der
Zweck dieser Verse vorzüglich, dem Ohre zu schmeicheln, wobei der Sinn vernachlässigt, auch wohl der Harmonie ganz zum

Opfer gebracht ist.« Wem fallen hiebei nicht die oft so schwer zu enträthselnden Chöre mancher Griechischen Trauerspiele ein?

Das Zeichen, woran man am unmittelbarsten den ächten Dichter, sowohl höherer als niederer Gattung, erkennt, ist die Ungezwungenheit seiner Reime: sie haben sich, wie durch göttliche Schickung, von selbst eingefunden: seine Gedanken kommen ihm schon in Reimen. Der heimliche Prosaiker hingegen sucht zum Gedanken den Reim; der Pfuscher zum Reim den Gedanken. Sehr oft kann man aus einem gereimten Versepaar herausfinden, welcher von beiden den Gedanken, und welcher den Reim zum Vater hat. Die Kunst besteht darin, das Letztere zu verbergen, damit nicht dergleichen Verse beinahe als bloße ausgefüllte *bouts-rimés* auftreten.

Meinem Gefühl zufolge (Beweise finden hier nicht Statt) ist der Reim, seiner Natur nach, bloß binär: seine Wirksamkeit beschränkt sich auf die einmalige Wiederkehr des selben Lauts und wird durch öftere Wiederholung nicht verstärkt. Sobald demnach eine Endsilbe die ihr gleichklingende vernommen hat, ist ihre Wirkung erschöpft: die dritte Wiederkehr des Tons wirkt bloß als ein abermaliger Reim, der zufällig auf den selben Klang trifft, aber ohne Erhöhung der Wirkung: er reihet sich dem vorhandenen Reime an, ohne jedoch sich mit ihm zu einem stärkern Eindruck zu verbinden. Denn der erste Ton schallt nicht durch den zweiten bis zum dritten herüber: dieser ist also ein ästhetischer Pleonasmus, eine doppelte Courage, die nichts hilft. Am wenigsten verdienen daher dergleichen Reimanhäufungen die schweren Opfer, die sie in Ottavarimen, Terzerimen und Sonetten kosten, und welche die Ursache der Seelenmarter sind, unter der man bisweilen solche Produktionen liest: denn poetischer Genuß unter Kopfbrechen ist unmöglich. Daß der große dichterische Geist auch jene Formen und ihre Schwierigkeiten bisweilen überwinden und sich mit Leichtigkeit und Grazie darin bewegen kann, gereicht ihnen selbst nicht zur

Empfehlung: denn an sich sind sie so unwirksam, wie be-
schwerlich. Und selbst bei guten Dichtern, wann sie dieser Formen sich bedienen, sieht man häufig den Kampf zwischen dem
Reim und dem Gedanken, in welchem bald der eine, bald der
andere den Sieg erringt, also entweder der Gedanke des Reimes 5
wegen verkümmert, oder aber dieser mit einem schwachen *à
peu près* abgefunden wird. Da dem so ist, halte ich es nicht für
einen Beweis von Unwissenheit, sondern von gutem Geschmack, daß Shakespeare, in seinen Sonetten, jedem der Qua-
dernarien andere Reime gegeben hat. Jedenfalls ist ihre akusti- 10
sche Wirkung dadurch nicht im Mindesten verringert, und
kommt der Gedanke viel mehr zu seinem Rechte, als er ge-
konnt hätte, wenn er in die herkömmlichen Spanischen Stiefel
hätte eingeschnürt werden müssen.

Es ist ein Nachtheil für die Poesie einer Sprache, wenn sie 15
viele Worte hat, die in der Prosa nicht gebräuchlich sind, und
andererseits gewisse Worte der Prosa nicht gebrauchen darf. Er-
steres ist wohl am meisten im Lateinischen und Italiänischen,
Letzteres im Französischen der Fall, wo es kürzlich sehr treffend *la bégueulerie de la langue française* genannt wurde: Beides 20
ist weniger im Englischen und am wenigsten im Deutschen zu
finden. Solche der Poesie ausschließlich angehörige Worte bleiben nämlich unserm Herzen fremd, sprechen nicht unmittelbar
zu uns, lassen uns daher kalt. Sie sind eine poetische Konven-
tionssprache und gleichsam bloß gemalte Empfindungen statt 25
wirklicher: sie schließen die Innigkeit aus. –

Der in unsern Tagen so oft besprochene Unterschied zwischen k l a s s i s c h e r und r o m a n t i s c h e r Poesie scheint
mir im Grunde darauf zu beruhen, daß jene keine anderen, als
die rein menschlichen, wirklichen und natürlichen Motive 30
kennt; diese hingegen auch erkünstelte, konventionelle und
imaginäre Motive als wirksam geltend macht: dahin gehören
die aus dem Christlichen Mythos stammenden, sodann die des
ritterlichen, überspannten und phantastischen Ehrenprincips,

ferner die der abgeschmackten und lächerlichen christlichgerma-
nischen Weiberverehrung, endlich die der faselnden und mond-
süchtigen hyperphysischen Verliebtheit. Zu welcher fratzenhaf-
ten Verzerrung menschlicher Verhältnisse und menschlicher Natur diese Motive aber führen, kann man sogar an den besten
Dichtern der romantischen Gattung ersehen, z. B. an Calderon.
Von den Autos gar nicht zu reden, berufe ich mich nur auf
Stücke wie *No siempre el peor es cierto* (Nicht immer ist das
Schlimmste gewiß) und *El postrero duelo en España* (Das letzte
Duell in Spanien) und ähnliche Komödien *en capa y espada*: zu
jenen Elementen gesellt sich hier noch die oft hervortretende
scholastische Spitzfindigkeit in der Konversation, welche damals
zur Geistesbildung der höhern Stände gehörte. Wie steht doch
dagegen die Poesie der Alten, welche stets der Natur treu
bleibt, entschieden im Vortheil, und ergiebt sich, daß die klassi-
sche Poesie eine unbedingte, die romantische nur eine bedingte
Wahrheit und Richtigkeit hat: analog der Griechischen und der
Gothischen Baukunst. – Andererseits ist jedoch hier zu bemerken, daß alle dramatischen, oder erzählenden Dichtungen, welche den Schauplatz nach dem alten Griechenland oder Rom
versetzen, dadurch in Nachtheil gerathen, daß unsere Kenntniß
des Alterthums, besonders was das Detail des Lebens betrifft,
unzureichend, fragmentarisch und nicht aus der Anschauung
geschöpft ist. Dies nämlich nöthigt den Dichter Vieles zu umge-
hen und sich mit Allgemeinheiten zu behelfen, wodurch er ins
Abstrakte geräth und sein Werk jene Anschaulichkeit und Individualisation einbüßt, welche der Poesie durchaus wesentlich
ist. Dies ist es, was allen solchen Werken den eigenthümlichen
Anstrich von Leerheit und Langweiligkeit giebt. Bloß Shakespeare's Darstellungen der Art sind frei davon; weil er, ohne
Zaudern, unter den Namen von Griechen und Römern, Engländer seines Zeitalters dargestellt hat. –

Manchen Meisterstücken der l y r i s c h e n Poesie, namentlich einigen Oden des Horaz (man sehe z. B. die zweite des

dritten Buchs) und mehreren Liedern Goethe's (z. B. Schäfers Klagelied), ist vorgeworfen worden, daß sie des rechten Zusammenhanges entbehrten und voller Gedankensprünge wären. Allein hier ist der logische Zusammenhang absichtlich vernachlässigt, um ersetzt zu werden durch die Einheit der darin ausge- 5 drückten Grundempfindung und Stimmung, als welche gerade dadurch mehr hervortritt, indem sie wie eine Schnur durch die gesonderten Perlen geht und den schnellen Wechsel der Gegenstände der Betrachtung so vermittelt, wie in der Musik den Uebergang aus einer Tonart in die andere der Septimenackord, 10 durch welchen der in ihm fortklingende Grundton zur Dominante der neuen Tonart wird. Am deutlichsten, nämlich bis zur Uebertreibung, findet man die hier bezeichnete Eigenschaft in der Canzone des Petrarka, welche anhebt: *Mai non vo' più cantar, com' io soleva.* – 15

Wie demnach in der lyrischen Poesie das subjektive Element vorherrscht, so ist dagegen im Drama das objektive allein und ausschließlich vorhanden. Zwischen Beiden hat die epische Poesie, in allen ihren Formen und Modifikationen, von der erzählenden Romanze bis zum eigentlichen Epos, eine breite Mitte 20 inne. Denn obwohl sie in der Hauptsache objektiv ist; so enthält sie doch ein bald mehr bald minder hervortretendes subjektives Element, welches am Ton, an der Form des Vortrags, wie auch an eingestreuten Reflexionen seinen Ausdruck findet. Wir verlieren nicht den Dichter so ganz aus den Augen, wie beim 25 Drama.

Der Zweck des Dramas überhaupt ist, uns an einem Beispiel zu zeigen, was das Wesen und Daseyn des Menschen sei. Dabei kann nun die traurige, oder die heitere Seite derselben uns zugewendet werden, oder auch deren Uebergänge. Aber schon 30 der Ausdruck »Wesen und Daseyn des Menschen« enthält den Keim zu der Kontroverse, ob das Wesen, d. i. die Charaktere, oder das Daseyn, d. i. das Schicksal, die Begebenheit, die Handlung, die Hauptsache sei. Uebrigens sind Beide so fest mit

einander verwachsen, daß wohl ihr Begriff, aber nicht ihre Darstellung sich trennen läßt. Denn nur die Umstände, Schicksale, Begebenheiten bringen die Charaktere zur Aeußerung ihres Wesens, und nur aus den Charakteren entsteht die Handlung,
5 aus der die Begebenheiten hervorgehen. Allerdings kann, in der Darstellung, das Eine oder das Andere mehr hervorgehoben seyn; in welcher Hinsicht das Charakterstück und das Intriguenstück die beiden Extreme bilden.

Der dem Drama mit dem Epos gemeinschaftliche Zweck,
10 an bedeutenden Charakteren in bedeutenden Situationen, die durch beide herbeigeführten außerordentlichen Handlungen darzustellen, wird vom Dichter am vollkommensten erreicht werden, wenn er uns zuerst die Charaktere im Zustande der Ruhe vorführt, in welchem bloß die allgemeine Färbung derselben
15 sichtbar wird, dann aber ein Motiv eintreten läßt, welches eine Handlung herbeiführt, aus der ein neues und stärkeres Motiv entsteht, welches wieder eine bedeutendere Handlung hervorruft, die wiederum neue und immer stärkere Motive gebiert, wodurch dann, in der der Form angemessenen Frist, an die
20 Stelle der ursprünglichen Ruhe die leidenschaftliche Aufregung tritt, in der nun die bedeutsamen Handlungen geschehen, an welchen die in den Charakteren vorhin schlummernden Eigenschaften, nebst dem Laufe der Welt, in hellem Lichte hervortreten. –

25 Große Dichter verwandeln sich ganz in jede der darzustellenden Personen und sprechen aus jeder derselben, wie Bauchredner; jetzt aus dem Helden, und gleich darauf aus dem jungen unschuldigen Mädchen, mit gleicher Wahrheit und Natürlichkeit: so S h a k e s p e a r e und G o e t h e . Dichter zweiten Ranges
30 verwandeln die darzustellende Hauptperson in sich: so B y r o n ; wobei dann die Nebenpersonen oft ohne Leben bleiben, wie in den Werken der Mediokren auch die Hauptpersonen. –

Unser Gefallen am T r a u e r s p i e l gehört nicht dem Gefühl des Schönen, sondern dem des Erhabenen an; ja, es ist der

höchste Grad dieses Gefühls. Denn, wie wir beim Anblick des
Erhabenen in der Natur uns vom Interesse des Willens abwenden, um uns rein anschauend zu verhalten; so wenden wir bei
der tragischen Katastrophe uns vom Willen zum Leben selbst
ab. Im Trauerspiel nämlich wird die schreckliche Seite des Le- 5
bens uns vorgeführt, der Jammer der Menschheit, die Herrschaft des Zufalls und des Irrthums, der Fall des Gerechten, der
Triumph der Bösen: also die unserm Willen geradezu widerstrebende Beschaffenheit der Welt wird uns vor Augen gebracht. Bei diesem Anblick fühlen wir uns aufgefordert, unsern 10
Willen vom Leben abzuwenden, es nicht mehr zu wollen und
zu lieben. Gerade dadurch aber werden wir inne, daß alsdann
noch etwas Anderes an uns übrig bleibt, was wir durchaus
nicht positiv erkennen können, sondern bloß negativ, als Das,
was n i c h t das Leben will. Wie der Septimenackord den 15
Grundackord, wie die rothe Farbe die grüne fordert und sogar
im Auge hervorbringt; so fordert jedes Trauerspiel ein ganz anderartiges Daseyn, eine andere Welt, deren Erkenntniß uns immer nur indirekt, wie eben hier durch solche Forderung, gegeben werden kann. Im Augenblick der tragischen Katastrophe 20
wird uns, deutlicher als jemals, die Ueberzeugung, daß das Leben ein schwerer Traum sei, aus dem wir zu erwachen haben.
Insofern ist die Wirkung des Trauerspiels analog der des dyna-
misch Erhabenen, indem es, wie dieses, uns über den Willen
und sein Interesse hinaushebt und uns so umstimmt, daß wir 25
am Anblick des ihm geradezu Widerstrebenden Gefallen finden. Was allem Tragischen, in welcher Gestalt es auch auftrete,
den eigenthümlichen Schwung zur Erhebung giebt, ist das Auf-
gehen der Erkenntniß, daß die Welt, das Leben, kein wahres
Genügen gewähren könne, mithin unserer Anhänglichkeit nicht 30
werth sei: darin besteht der tragische Geist: er leitet demnach
zur Resignation hin.

Ich räume ein, daß im Trauerspiel der Alten dieser Geist der
Resignation selten direkt hervortritt und ausgesprochen wird.

Oedipus Koloneus stirbt zwar resignirt und willig; doch tröstet ihn die Rache an seinem Vaterland. Iphigenia Aulika ist sehr willig zu sterben; doch ist es der Gedanke an Griechenlands Wohl, der sie tröstet und die Veränderung ihrer Gesinnung her-
5 vorbringt, vermöge welcher sie den Tod, dem sie zuerst auf alle Weise entfliehen wollte, willig übernimmt. Kassandra, im Agamemnon des großen Aeschylos, stirbt willig, αρκειτω βιος (1306); aber auch sie tröstet der Gedanke an Rache. Herkules, in den Trachinerinnen, giebt der Nothwendigkeit nach, stirbt
10 gelassen, aber nicht resignirt. Eben so der Hippolytos des Euripides, bei dem es uns auffällt, daß die ihn zu trösten erscheinende Artemis ihm Tempel und Nachruhm verheißt, aber durchaus nicht auf ein über das Leben hinausgehendes Daseyn hindeutet, und ihn im Sterben verläßt, wie alle Götter von dem
15 Sterbenden weichen: – im Christenthum treten sie zu ihm heran; und eben so im Brahmanismus und Buddhaismus, wenn auch bei letzterem die Götter eigentlich exotisch sind. Hippolytos also, wie fast alle tragischen Helden der Alten, zeigt Ergebung in das unabwendbare Schicksal und den unbiegsamen
20 Willen der Götter, aber kein Aufgeben des Willens zum Leben selbst. Wie der Stoische Gleichmuth von der Christlichen Resignation sich von Grund aus dadurch unterscheidet, daß er nur gelassenes Ertragen und gefaßtes Erwarten der unabänderlich nothwendigen Uebel lehrt, das Christenthum aber Entsagung,
25 Aufgeben des Wollens; eben so zeigen die tragischen Helden der Alten standhaftes Unterwerfen unter die unausweichbaren Schläge des Schicksals, das Christliche Trauerspiel dagegen Aufgeben des ganzen Willens zum Leben, freudiges Verlassen der Welt, im Bewußtseyn ihrer Werthlosigkeit und Nichtigkeit. –
30 Aber ich bin auch ganz der Meinung, daß das Trauerspiel der Neuern höher steht, als das der Alten. Shakespeare ist viel größer als Sophokles: gegen Goethe's Iphigenia könnte man die des Euripides beinahe roh und gemein finden. Die Bakchantinnen des Euripides sind ein empörendes Machwerk zu Gunsten

der heidnischen Pfaffen. Manche antike Stücke haben gar keine tragische Tendenz; wie die Alkeste und Iphigenia Taurika des Euripides: einige haben widerwärtige, oder gar ekelhafte Motive; so die Antigone und Philoktet. Fast alle zeigen das Menschengeschlecht unter der entsetzlichen Herrschaft des Zufalls und Irrthums, aber nicht die dadurch veranlaßte und davon erlösende Resignation. Alles, weil die Alten noch nicht zum Gipfel und Ziel des Trauerspiels, ja, der Lebensansicht überhaupt, gelangt waren.

Wenn demnach die Alten den Geist der Resignation, das Abwenden des Willens vom Leben, an ihren tragischen Helden selbst, als deren Gesinnung, wenig darstellen, so bleibt es dennoch die eigenthümliche Tendenz und Wirkung des Trauerspiels, jenen Geist im Zuschauer zu erwecken und jene Gesinnung, wenn auch nur vorübergehend, hervorzurufen. Die Schrecknisse auf der Bühne halten ihm die Bitterkeit und Werthlosigkeit des Lebens, also die Nichtigkeit alles seines Strebens entgegen: die Wirkung dieses Eindrucks muß seyn, daß er, wenn auch nur im dunkeln Gefühl, inne wird, es sei besser, sein Herz vom Leben loszureißen, sein Wollen davon abzuwenden, die Welt und das Leben nicht zu lieben; wodurch dann eben, in seinem tiefsten Innern, das Bewußtseyn angeregt wird, daß für ein anderartiges Wollen es auch eine andere Art des Daseyns geben müsse. – Denn wäre dies nicht, wäre nicht dieses Erheben über alle Zwecke und Güter des Lebens, dieses Abwenden von ihm und seinen Lockungen, und das hierin schon liegende Hinwenden nach einem anderartigen, wiewohl uns völlig unfaßbaren Daseyn die Tendenz des Trauerspiels; wie wäre es dann überhaupt möglich, daß die Darstellung der schrecklichen Seite des Lebens, im grellsten Lichte uns vor Augen gebracht, wohlthätig auf uns wirken und ein hoher Genuß für uns seyn könnte? Furcht und Mitleid, in deren Erregung Aristoteles den letzten Zweck des Trauerspiels setzt, gehören doch wahrhaftig nicht an sich selbst zu den angenehmen Emp-

findungen: sie können daher nicht Zweck, sondern nur Mittel seyn. – Also Aufforderung zur Abwendung des Willens vom Leben bleibt die wahre Tendenz des Trauerspiels, der letzte Zweck der absichtlichen Darstellung der Leiden der Mensch-
5 heit, und ist es mithin auch da, wo diese resignirte Erhebung des Geistes nicht am Helden selbst gezeigt, sondern bloß im Zuschauer angeregt wird, durch den Anblick großen, unverschuldeten, ja, selbst verschuldeten Leidens. – Wie die Alten, so begnügen auch Manche der Neuern sich damit, durch die ob-
10 jektive Darstellung menschlichen Unglücks im Großen den Zuschauer in die beschriebene Stimmung zu versetzen; während Andere diese durch das Leiden bewirkte Umkehrung der Gesinnung am Helden selbst darstellen: Jene geben gleichsam nur die Prämissen, und überlassen die Konklusion dem Zuschauer;
15 während diese die Konklusion, oder die Moral der Fabel, mitgeben, als Umkehrung der Gesinnung des Helden, auch wohl als Betrachtung im Munde des Chors, wie z. B. Schiller in der Braut von Messina: »Das Leben ist der Güter höchstes nicht.« Hier sei es erwähnt, daß selten die ächt tragische Wirkung der
20 Katastrophe, also die durch sie herbeigeführte Resignation und Geisteserhebung der Helden, so rein motivirt und deutlich ausgesprochen hervortritt, wie in der Oper N o r m a , wo sie eintritt in dem Duett *Qual cor tradisti, qual cor perdesti*, in welchem die Umwendung des Willens durch die plötzlich eintretende
25 Ruhe der Musik deutlich bezeichnet wird. Ueberhaupt ist dieses Stück, – ganz abgesehen von seiner vortrefflichen Musik, wie auch andererseits von der Diktion, welche nur die eines Operntextes seyn darf, – und allein seinen Motiven und seiner innern Oekonomie nach betrachtet, ein höchst vollkommenes
30 Trauerspiel, ein wahres Muster tragischer Anlage der Motive, tragischer Fortschreitung der Handlung und tragischer Entwickelung, zusammt der über die Welt erhebenden Wirkung dieser auf die Gesinnung der Helden, welche dann auch auf den Zuschauer übergeht: ja, die hier erreichte Wirkung ist um

so unverfänglicher und für das wahre Wesen des Trauerspiels bezeichnender, als keine Christen, noch Christliche Gesinnungen darin vorkommen. –

Die den Neuern so oft vorgeworfene Vernachlässigung der Einheit der Zeit und des Orts wird nur dann fehlerhaft, wann sie so weit geht, daß sie die Einheit der Handlung aufhebt; wo dann nur noch die Einheit der Hauptperson übrig bleibt, wie z. B. in »Heinrich VIII.« von Shakespeare. Die Einheit der Handlung braucht aber auch nicht so weit zu gehen, daß immerfort von der selben Sache geredet wird, wie in den Französischen Trauerspielen, welche sie überhaupt so strenge einhalten, daß der dramatische Verlauf einer geometrischen Linie ohne Breite gleicht: da heißt es stets »Nur vorwärts! *Pensez à votre affaire!*« und die Sache wird ganz geschäftsmäßig expedirt und depeschirt, ohne daß man sich mit Allotrien, die nicht zu ihr gehören, aufhalte, oder rechts, oder links umsehe. Das Shakespearesche Trauerspiel hingegen gleicht einer Linie, die auch Breite hat: es läßt sich Zeit, *exspatiatur*: es kommen Reden, sogar ganze Scenen vor, welche die Handlung nicht fördern, sogar sie nicht eigentlich angehen, durch welche wir jedoch die handelnden Personen, oder ihre Umstände näher kennen lernen, wonach wir dann auch die Handlung gründlicher verstehen. Diese bleibt zwar die Hauptsache, jedoch nicht so ausschließlich, daß wir darüber vergäßen, daß, in letzter Instanz, es auf die Darstellung des menschlichen Wesens und Daseyns überhaupt abgesehen ist. –

Der dramatische, oder epische Dichter soll wissen, daß er das Schicksal ist, und daher unerbittlich seyn, wie dieses; – imgleichen, daß er der Spiegel des Menschengeschlechts ist, und daher sehr viele schlechte, mitunter ruchlose Charaktere auftreten lassen, wie auch viele Thoren, verschrobene Köpfe und Narren, dann aber hin und wieder einen Vernünftigen, einen Klugen, einen Redlichen, einen Guten und nur als seltenste Ausnahme einen Edelmüthigen. Im ganzen Homer ist, meines Bedünkens,

kein eigentlich edelmüthiger Charakter dargestellt, wiewohl
manche gute und redliche: im ganzen S h a k e s p e a r e mögen
allenfalls ein Paar edle, doch keineswegs überschwänglich edle
Charaktere zu finden seyn, etwan die Kordelia, der Koriolan,
5 schwerlich mehr; hingegen wimmelt es darin von der oben bezeichneten Gattung. Aber I f f l a n d s und K o t z e b u e 's
Stücke haben viele edelmüthige Charaktere; während G o l-
d o n i es gehalten hat, wie ich oben anempfahl, wodurch er
zeigt, daß er höher steht. Hingegen L e s s i n g s Minna von
10 Barnhelm laborirt stark an zu vielem und allseitigem Edelmuth:
aber gar so viel Edelmuth, wie der einzige Marquis Posa darbietet, ist in Goethe's sämmtlichen Werken zusammengenommen
nicht aufzutreiben: wohl aber giebt es ein kleines Deutsches
Stück, »Pflicht um Pflicht« (ein Titel wie aus der Kritik der
15 praktischen Vernunft genommen), welches nur drei Personen
hat, jedoch alle drei von überschwänglichem Edelmuth. –

Die Griechen nahmen zu Helden des Trauerspiels durchgängig königliche Personen; die Neuern meistentheils auch. Gewiß
nicht, weil der Rang dem Handelnden oder Leidenden mehr
20 Würde giebt: und da es bloß darauf ankommt, menschliche Leidenschaften ins Spiel zu setzen; so ist der relative Werth der
Objekte, wodurch dies geschieht, gleichgültig, und Bauerhöfe
leisten so viel, wie Königreiche. Auch ist das bürgerliche Trauerspiel keineswegs unbedingt zu verwerfen. Personen von gro-
25 ßer Macht und Ansehn sind jedoch deswegen zum Trauerspiel
die geeignetesten, weil das Unglück, an welchem wir das
Schicksal des Menschenlebens erkennen sollen, eine hinreichende Größe haben muß, um dem Zuschauer, wer er auch sei, als
furchtbar zu erscheinen. Nun aber sind die Umstände, welche
30 eine Bürgerfamilie in Noth und Verzweiflung versetzen, in den
Augen der Großen oder Reichen meistens sehr geringfügig und
durch menschliche Hülfe, ja bisweilen durch eine Kleinigkeit,
zu beseitigen: solche Zuschauer können daher von ihnen nicht
tragisch erschüttert werden. Hingegen sind die Unglücksfälle

der Großen und Mächtigen unbedingt furchtbar, auch keiner Abhülfe von außen zugänglich; da Könige durch ihre eigene Macht sich helfen müssen, oder untergehen. Dazu kommt, daß von der Höhe der Fall am tiefsten ist. Den bürgerlichen Personen fehlt es demnach an Fallhöhe. –

Wenn nun als die Tendenz und letzte Absicht des T r a u e r - s p i e l s sich uns ergeben hat ein Hinwenden zur Resignation, zur Verneinung des Willens zum Leben; so werden wir in seinem Gegensatz, dem L u s t s p i e l, die Aufforderung zur fortgesetzten Bejahung dieses Willens leicht erkennen. Zwar muß auch das Lustspiel, wie unausweichbar jede Darstellung des Menschenlebens, Leiden und Widerwärtigkeiten vor die Augen bringen: allein es zeigt sie uns vor als vorübergehend, sich in Freude auflösend, überhaupt mit Gelingen, Siegen und Hoffen gemischt, welche am Ende doch überwiegen; und dabei hebt es den unerschöpflichen Stoff zum Lachen hervor, von dem das Leben, ja, dessen Widerwärtigkeiten selbst, erfüllt sind, und der uns, unter allen Umständen, bei guter Laune erhalten sollte. Es besagt also, im Resultat, daß das Leben im Ganzen recht gut und besonders durchweg kurzweilig sei. Freilich aber muß es sich beeilen, im Zeitpunkt der Freude den Vorhang fallen zu lassen, damit wir nicht sehen, was nachkommt; während das Trauerspiel, in der Regel, so schließt, daß nichts nachkommen kann. Und überdies, wenn wir jene burleske Seite des Lebens ein Mal etwas ernst ins Auge fassen, wie sie sich zeigt in den naiven Aeußerungen und Gebehrden, welche die kleinliche Verlegenheit, die persönliche Furcht, der augenblickliche Zorn, der heimliche Neid und die vielen ähnlichen Affekte den vom Typus der Schönheit beträchtlich abweichenden Gestalten der sich hier spiegelnden Wirklichkeit aufdrücken; – so kann auch von dieser Seite, also auf eine unerwartete Art, dem nachdenklichen Betrachter die Ueberzeugung werden, daß das Daseyn und Treiben solcher Wesen nicht selbst Zweck seyn kann, daß sie, im Gegentheil, nur auf einem Irrwege zum Daseyn gelangen konnten, und daß was sich so darstellt etwas ist, das eigentlich besser nicht wäre.

Kapitel 38[*].
U e b e r   G e s c h i c h t e.

5 Ich habe in der unten bemerkten Stelle des ersten Bandes ausführlich gezeigt, daß und warum für die Erkenntniß des Wesens der Menschheit mehr von der Dichtung, als von der Geschichte geleistet wird: insofern wäre mehr eigentliche Belehrung von jener, als von dieser zu erwarten. Dies hat auch A r i s t o t e l e s
10 eingesehen, da er sagt: και φιλοσοφωτερον και σπουδαιοτερον ποιησις ιστοριας εστιν (*et res magis philosophica, et melior poësis est, quam historia*)[**]. (*De poët., c. 9.*) Um jedoch über den Werth der Geschichte kein Mißverständniß zu veranlassen, will ich meine Gedanken darüber hier aussprechen.

15   In jeder Art und Gattung von Dingen sind die Thatsachen unzählig, der einzelnen Wesen unendlich viele, die Mannigfaltigkeit ihrer Verschiedenheiten unerreichbar. Bei einem Blicke darauf schwindelt dem wißbegierigen Geiste: er sieht sich, wie weit er auch forsche, zur Unwissenheit verdammt. – Aber da
20 kommt die W i s s e n s c h a f t: sie sondert das unzählbar Viele aus, sammelt es unter Artbegriffe, und diese wieder unter Gattungsbegriffe, wodurch sie den Weg zu einer Erkenntniß des Allgemeinen und des Besondern eröffnet, welche auch das unzählbare Einzelne befaßt, indem sie von Allem gilt, ohne daß
25 man Jegliches für sich zu betrachten habe. Dadurch verspricht sie dem forschenden Geiste Beruhigung. Dann stellen alle Wis-

---

[*]   Dieses Kapitel bezieht sich auf §. 51 des ersten Bandes.
[**] Beiläufig sei hier bemerkt, daß aus diesem Gegensatz von ποιησις und ιστορια der Ursprung und damit der eigentliche Sinn des ersteren Wortes ungemein deutlich hervortritt: es bedeutet nämlich das Gemachte, Ersonnene, im Gegensatz des Erfragten.

senschaften sich neben einander und über die reale Welt der einzelnen Dinge, als welche sie unter sich vertheilt haben. Ueber
ihnen allen aber schwebt die Philosophie, als das allgemeinste
und deshalb wichtigste Wissen, welches die Aufschlüsse verheißt, zu denen die andern nur vorbereiten. – Bloß d i e   G e -
s c h i c h t e darf eigentlich nicht in jene Reihe treten; da sie
sich nicht des selben Vortheils wie die andern rühmen kann:
denn ihr fehlt der Grundcharakter der Wissenschaft, die Subor-
dination des Gewußten, statt deren sie bloße Koordination desselben aufzuweisen hat. Daher giebt es kein System der Geschichte, wie doch jeder andern Wissenschaft. Sie ist demnach
zwar ein Wissen, jedoch keine Wissenschaft. Denn nirgends erkennt sie das Einzelne mittelst des Allgemeinen, sondern muß
das Einzelne unmittelbar fassen und so gleichsam auf dem Boden der Erfahrung fortkriechen; während die wirklichen Wissenschaften darüber schweben, indem sie umfassende Begriffe
gewonnen haben, mittelst deren sie das Einzelne beherrschen
und, wenigstens innerhalb gewisser Gränzen, die Möglichkeit
der Dinge ihres Bereiches absehen, so daß sie auch über das
etwan noch Hinzukommende beruhigt seyn können. Die Wissenschaften, da sie Systeme von Begriffen sind, reden stets von
Gattungen; die Geschichte von Individuen. Sie wäre demnach
eine Wissenschaft von Individuen; welches einen Widerspruch
besagt. Auch folgt aus Ersterem, daß die Wissenschaften
sämmtlich von Dem reden, was immer ist; die Geschichte hingegen von Dem, was nur ein Mal und dann nicht mehr ist. Da
ferner die Geschichte es mit dem schlechthin Einzelnen und Individuellen zu thun hat, welches, seiner Natur nach, unerschöpflich ist; so weiß sie Alles nur unvollkommen und halb.
Dabei muß sie zugleich noch von jedem neuen Tage, in seiner
Alltäglichkeit, sich Das lehren lassen, was sie noch gar nicht
wußte. – Wollte man hiegegen einwenden, daß auch in der Geschichte Unterordnung des Besondern unter das Allgemeine
Statt finde, indem die Zeitperioden, die Regierungen und son-

stige Haupt- und Staatsveränderungen, kurz, Alles was auf den
Geschichtstabellen Platz findet, das Allgemeine seien, dem das
Specielle sich unterordnet; so würde dies auf einer falschen Fassung des Begriffes vom Allgemeinen beruhen. Denn das hier
5 angeführte Allgemeine in der Geschichte ist bloß ein s u b j e k t i -
v e s , d. h. ein solches, dessen Allgemeinheit allein aus der Unzulänglichkeit der individuellen K e n n t n i ß von den Dingen
entspringt, nicht aber ein o b j e k t i v e s , d. h. ein Begriff, in
welchem die Dinge wirklich schon mitgedacht wären. Selbst
10 das Allgemeinste in der Geschichte ist an sich selbst doch nur
ein Einzelnes und Individuelles, nämlich ein langer Zeitab-
schnitt, oder eine Hauptbegebenheit: zu diesem verhält sich daher das Besondere, wie der Theil zum Ganzen, nicht aber wie
der Fall zur Regel; wie dies hingegen in allen eigentlichen Wis-
15 senschaften Statt hat, weil sie Begriffe, nicht bloße Thatsachen
überliefern. Daher eben kann man in diesen durch richtige
Kenntniß des Allgemeinen das vorkommende Besondere sicher
bestimmen. Kenne ich z. B. die Gesetze des Triangels überhaupt; so kann ich danach auch angeben, was dem mir vorge-
20 legten Triangel zukommen muß: und was von allen Säugethie-
ren gilt, z. B. daß sie doppelte Herzkammern, gerade sieben
Halswirbel, Lunge, Zwergfell, Urinblase, fünf Sinne u. s. w. haben, das kann ich auch von der soeben gefangenen fremden
Fledermaus, vor ihrer Sektion, aussagen. Aber nicht so in der
25 Geschichte, als wo das Allgemeine kein objektives der Begriffe,
sondern bloß ein subjektives meiner Kenntniß ist, welche nur
insofern, als sie oberflächlich ist, allgemein genannt werden
kann: daher mag ich immerhin vom dreißigjährigen Kriege im
Allgemeinen wissen, daß er ein im 17. Jahrhundert geführter
30 Religionskrieg gewesen; aber diese allgemeine Kenntniß befähigt mich nicht, irgend etwas Näheres über seinen Verlauf anzugeben. – Der selbe Gegensatz bewährt sich auch darin, daß
in den wirklichen Wissenschaften das Besondere und Einzelne
das Gewisseste ist, da es auf unmittelbarer Wahrnehmung be-

ruht: hingegen sind die allgemeinen Wahrheiten erst aus ihm abstrahirt; daher in diesen eher etwas irrig angenommen seyn kann. In der Geschichte aber ist umgekehrt das Allgemeinste das Gewisseste, z. B. die Zeitperioden, die Succession der Könige, die Revolutionen, Kriege und Friedensschlüsse: hingegen das Besondere der Begebenheiten und ihres Zusammenhangs ist ungewisser, und wird es immer mehr, je weiter man ins Einzelne geräth. Daher ist die Geschichte zwar um so interessanter, je specieller sie ist, aber auch um so unzuverlässiger, und nähert sich alsdann in jeder Hinsicht dem Romane. – Was es übrigens mit dem gerühmten Pragmatismus der Geschichte auf sich habe, wird Der am besten ermessen können, welcher sich erinnert, daß er bisweilen die Begebenheiten seines eigenen Lebens, ihrem wahren Zusammenhange nach, erst zwanzig Jahre hinterher verstanden hat, obwohl die Data dazu ihm vollständig vorlagen: so schwierig ist die Kombination des Wirkens der Motive, unter den beständigen Eingriffen des Zufalls und dem Verhehlen der Absichten. – Sofern nun die Geschichte eigentlich immer nur das Einzelne, die individuelle Thatsache, zum Gegenstande hat und dieses als das ausschließlich Reale ansieht, ist sie das gerade Gegentheil und Widerspiel der Philosophie, als welche die Dinge vom allgemeinsten Gesichtspunkt aus betrachtet und ausdrücklich das Allgemeine zum Gegenstande hat, welches in allem Einzelnen identisch bleibt; daher sie in diesem stets nur Jenes sieht und den Wechsel an der Erscheinung desselben als unwesentlich erkennt: φιλοκαθολου γαρ ὁ φιλοσοφος (*generalium amator philosophus*). Während die Geschichte uns lehrt, daß zu jeder Zeit etwas Anderes gewesen, ist die Philosophie bemüht, uns zu der Einsicht zu verhelfen, daß zu allen Zeiten ganz das Selbe war, ist und seyn wird. In Wahrheit ist das Wesen des Menschenlebens, wie der Natur überall, in jeder Gegenwart ganz vorhanden, und bedarf daher, um erschöpfend erkannt zu werden, nur der Tiefe der Auffassung. Die Geschichte aber hofft die Tiefe durch die Länge und Breite

zu ersetzen: ihr ist jede Gegenwart nur ein Bruchstück, welches
ergänzt werden muß durch die Vergangenheit, deren Länge
aber unendlich ist und an die sich wieder eine unendliche Zukunft schließt. Hierauf beruht das Widerspiel zwischen den phi-
5 losophischen und den historischen Köpfen: jene wollen ergrün-
den; diese wollen zu Ende zählen. Die Geschichte zeigt auf jeder Seite nur das Selbe, unter verschiedenen Formen: wer aber
solches nicht in einer oder wenigen erkennt, wird auch durch
das Durchlaufen aller Formen schwerlich zur Erkenntniß davon
10 gelangen. Die Kapitel der Völkergeschichte sind im Grunde nur
durch die Namen und Jahreszahlen verschieden: der eigentlich
wesentliche Inhalt ist überall der selbe.

   Sofern nun also der Stoff der Kunst die I d e e , der Stoff der
Wissenschaft der B e g r i f f ist, sehen wir Beide mit Dem be-
15 schäftigt, was immer da ist und stets auf gleiche Weise, nicht
aber jetzt ist und jetzt nicht, jetzt so und jetzt anders: daher
eben haben Beide es mit Dem zu thun, was P l a t o ausschließlich als den Gegenstand wirklichen Wissens aufstellt. Der Stoff
der Geschichte hingegen ist das Einzelne in seiner Einzelnheit
20 und Zufälligkeit, was Ein Mal ist und dann auf immer nicht
mehr ist, die vorübergehenden Verflechtungen einer wie Wolken im Winde beweglichen Menschenwelt, welche oft durch
den geringfügigsten Zufall ganz umgestaltet werden. Von diesem Standpunkt aus erscheint uns der Stoff der Geschichte
25 kaum noch als ein der ernsten und mühsamen Betrachtung des
Menschengeistes würdiger Gegenstand, des Menschengeistes,
der, gerade weil er so vergänglich ist, das Unvergängliche zu
seiner Betrachtung wählen sollte.

   Was endlich das, besonders durch die überall so geistesver-
30 derbliche und verdummende Hegelsche Afterphilosophie auf-
gekommene Bestreben, die Weltgeschichte als ein planmäßi-
ges Ganzes zu fassen, oder, wie sie es nennen, »sie organisch
zu konstruiren«, betrifft; so liegt demselben eigentlich ein ro-
her und platter R e a l i s m u s zum Grunde, der die E r -

scheinung für das Wesen an sich der Welt hält und
vermeint, auf sie, auf ihre Gestalten und Vorgänge käme es an;
wobei er noch im Stillen von gewissen mythologischen Grundansichten unterstützt wird, die er stillschweigend voraussetzt:
sonst ließe sich fragen, für welchen Zuschauer denn eine dergleichen Komödie eigentlich aufgeführt würde? – Denn, da nur
das Individuum, nicht aber das Menschengeschlecht wirkliche,
unmittelbare Einheit des Bewußtseyns hat; so ist die Einheit des
Lebenslaufes dieses eine bloße Fiktion. Zudem, wie in der Natur nur die Species real, die *genera* bloße Abstraktionen sind, so
sind im Menschengeschlecht nur die Individuen und ihr Lebenslauf real, die Völker und ihr Leben bloße Abstraktionen.
Endlich laufen die Konstruktionsgeschichten, von plattem Optimismus geleitet, zuletzt immer auf einen behaglichen, nahrhaf-
ten, fetten Staat, mit wohlgeregelter Konstitution, guter Justiz
und Polizei, Technik und Industrie und höchstens auf intellektuelle Vervollkommnung hinaus; weil diese in der That die allein
mögliche ist, da das Moralische im Wesentlichen unverändert
bleibt. Das Moralische aber ist es, worauf, nach dem Zeugniß
unsers innersten Bewußtseyns, Alles ankommt: und dieses liegt
allein im Individuo, als die Richtung seines Willens. In Wahrheit hat nur der Lebenslauf jedes Einzelnen Einheit, Zusammenhang und wahre Bedeutsamkeit: er ist als eine Belehrung
anzusehen, und der Sinn derselben ist ein moralischer. Nur die
innern Vorgänge, sofern sie den Willen betreffen, haben
wahre Realität und sind wirkliche Begebenheiten: weil der Wille allein das Ding an sich ist. In jedem Mikrokosmos liegt der
ganze Makrokosmos, und dieser enthält nichts mehr als jener.
Die Vielheit ist Erscheinung, und die äußern Vorgänge sind bloße Konfigurationen der Erscheinungswelt, haben daher unmittelbar weder Realität noch Bedeutung, sondern erst mittelbar,
durch ihre Beziehung auf den Willen der Einzelnen. Das Bestreben sie unmittelbar deuten und auslegen zu wollen, gleicht
sonach dem, in den Gebilden der Wolken Gruppen von Men-

schen und Thieren zu sehen. – Was die Geschichte erzählt, ist in der That nur der lange, schwere und verworrene Traum der Menschheit.

Die Hegelianer, welche die Philosophie der Geschichte sogar
5 als den Hauptzweck aller Philosophie ansehen, sind auf Plato zu verweisen, der unermüdlich wiederholt, daß der Gegenstand der Philosophie das Unveränderliche und immerdar Bleibende sei, nicht aber Das, was bald so, bald anders ist. Alle Die, welche solche Konstruktionen des Weltverlaufs, oder, wie sie es
10 nennen, der Geschichte, aufstellen, haben die Hauptwahrheit aller Philosophie nicht begriffen, daß nämlich zu aller Zeit das Selbe ist, alles Werden und Entstehen nur scheinbar, die Ideen allein bleibend, die Zeit ideal. Dies will der Plato, Dies will der Kant. Man soll demnach zu verstehen suchen was da i s t,
15 wirklich i s t, heute und immerdar, – d. h. die I d e e n (in Plato's Sinn) erkennen. Die Thoren hingegen meynen, es solle erst etwas werden und kommen. Daher räumen sie der Geschichte eine Hauptstelle in ihrer Philosophie ein und konstruiren dieselbe nach einem vorausgesetzten Weltplane, welchem gemäß Al-
20 les zum Besten gelenkt wird, welches dann *finaliter* eintreten soll und eine große Herrlichkeit seyn wird. Demnach nehmen sie die Welt als vollkommen real und setzen den Zweck derselben in das armsälige Erdenglück, welches, selbst wenn noch so sehr von Menschen gepflegt und vom Schicksal begünstigt,
25 doch ein hohles, täuschendes, hinfälliges und trauriges Ding ist, aus welchem weder Konstitutionen und Gesetzgebungen, noch Dampfmaschinen und Telegraphen jemals etwas wesentlich Besseres machen können. Besagte Geschichts-Philosophen und -Verherrlicher sind demnach einfältige Realisten, dazu Optimi-
30 sten und Eudämonisten, mithin platte Gesellen und eingefleischte Philister, zudem auch eigentlich schlechte Christen; da der wahre Geist und Kern des Christenthums, eben so wie des Brahmanismus und Buddhaismus, die Erkenntniß der Nichtigkeit des Erdenglücks, die völlige Verachtung desselben und

Hinwendung zu einem ganz anderartigen, ja, entgegengesetzten Daseyn ist: Dies, sagte ich, ist der Geist und Zweck des Christenthums, der wahre »Humor der Sache«; nicht aber ist es, wie sie meynen, der Monotheismus; daher eben der atheistische Buddhaismus dem Christenthum viel näher verwandt ist, als das optimistische Judenthum und seine Varietät, der Islam.

Eine wirkliche Philosophie der Geschichte soll also nicht, wie Jene alle thun, Das betrachten, was (in Plato's Sprache zu reden) immer w i r d und nie i s t , und Dieses für das eigentliche Wesen der Dinge halten; sondern sie soll Das, was immer ist und nie wird, noch vergeht, im Auge behalten. Sie besteht also nicht darin, daß man die zeitlichen Zwecke der Menschen zu ewigen und absoluten erhebt, und nun ihren Fortschritt dazu, durch alle Verwickelungen, künstlich und imaginär konstruirt; sondern in der Einsicht, daß die Geschichte nicht nur in der Ausführung, sondern schon in ihrem Wesen lügenhaft ist, indem sie, von lauter Individuen und einzelnen Vorgängen redend, vorgiebt, alle Male etwas Anderes zu erzählen; während sie, vom Anfang bis zum Ende, stets nur das Selbe wiederholt, unter andern Namen und in anderm Gewande. Die wahre Philosophie der Geschichte besteht nämlich in der Einsicht, daß man, bei allen diesen endlosen Veränderungen und ihrem Wirwar, doch stets nur das selbe, gleiche und unwandelbare Wesen vor sich hat, welches heute das Selbe treibt, wie gestern und immerdar: sie soll also das Identische in allen Vorgängen, der alten wie der neuen Zeit, des Orients wie des Occidents, erkennen, und trotz aller Verschiedenheit der speciellen Umstände, der Kostümes und der Sitten, überall die selbe Menschheit erblicken. Dies Identische und unter allem Wechsel Beharrende besteht in den Grundeigenschaften des menschlichen Herzens und Kopfes, – vielen schlechten, wenigen guten. Die Devise der Geschichte überhaupt müßte lauten: *Eadem, sed aliter.* Hat Einer den Herodot gelesen, so hat er, in philosophischer Absicht, schon genug Geschichte studirt. Denn da steht schon Alles,

was die folgende Weltgeschichte ausmacht: das Treiben, Thun,
Leiden und Schicksal des Menschengeschlechts, wie es aus den
besagten Eigenschaften und dem physischen Erdenloose hervorgeht. –

Wenn wir im Bisherigen erkannt haben, daß die Geschichte,
als Mittel zur Erkenntniß des Wesens der Menschheit betrachtet, der Dichtkunst nachsteht; sodann, daß sie nicht im eigentlichen Sinne eine Wissenschaft ist; endlich, daß das Bestreben, sie
als ein Ganzes mit Anfang, Mittel und Ende, nebst sinnvollem
Zusammenhang, zu konstruiren, ein eitles, auf Mißverstand be-
ruhendes ist; so würde es scheinen, als wollten wir ihr allen
Werth absprechen, wenn wir nicht nachwiesen, worin der ihrige besteht. Wirklich aber bleibt ihr, nach dieser Besiegung von
der Kunst und Abweisung von der Wissenschaft, ein von beiden verschiedenes, ganz eigenthümliches Gebiet, auf welchem
sie höchst ehrenvoll dasteht.

Was die Vernunft dem Individuo, das ist die
Geschichte dem menschlichen Geschlechte.
Vermöge der Vernunft nämlich ist der Mensch nicht, wie das
Thier, auf die enge, anschauliche Gegenwart beschränkt; sondern erkennt auch die ungleich ausgedehntere Vergangenheit,
mit der sie verknüpft und aus der sie hervorgegangen ist: hiedurch aber erst hat er ein eigentliches Verständniß der Gegenwart selbst, und kann sogar auf die Zukunft Schlüsse machen.
Hingegen das Thier, dessen reflexionslose Erkenntniß auf die
Anschauung und deshalb auf die Gegenwart beschränkt ist,
wandelt, auch wenn gezähmt, unkundig, dumpf, einfältig, hülflos und abhängig zwischen den Menschen umher. – Dem nun
analog ist ein Volk, das seine eigene Geschichte nicht kennt, auf
die Gegenwart der jetzt lebenden Generation beschränkt: daher
versteht es sich selbst und seine eigene Gegenwart nicht; weil es
sie nicht auf eine Vergangenheit zu beziehen und aus dieser zu
erklären vermag; noch weniger kann es die Zukunft anticipiren.
Erst durch die Geschichte wird ein Volk sich seiner selbst voll-

ständig bewußt. Demnach ist die Geschichte als das vernünftige Selbstbewußtseyn des menschlichen Geschlechts anzusehen, und ist diesem Das, was dem Einzelnen das durch die Vernunft bedingte, besonnene und zusammenhängende Bewußtseyn ist, durch dessen Ermangelung das Thier in der engen anschaulichen Gegenwart befangen bleibt. Daher ist jede Lücke in der Geschichte wie eine Lücke im erinnernden Selbstbewußtseyn eines Menschen; und vor einem Denkmal des Uralterthums, welches seine eigene Kunde überlebt hat, wie z. B. die Pyramiden, Tempel und Päläste in Yukatan, stehen wir so besinnungslos und einfältig, wie das Thier vor der menschlichen Handlung, in die es dienend verflochten ist, oder wie ein Mensch vor seiner eigenen alten Zifferschrift, deren Schlüssel er vergessen hat, ja, wie ein Nachtwandler, der was er im Schlafe gemacht hat, am Morgen vorfindet. In diesem Sinne also ist die Geschichte anzusehen als die Vernunft, oder das besonnene Bewußtseyn des menschlichen Geschlechts, und vertritt die Stelle eines dem ganzen Geschlechte unmittelbar gemeinsamen Selbstbewußtseyns, so daß erst vermöge ihrer dasselbe wirklich zu einem Ganzen, zu einer Menschheit, wird. Dies ist der wahre Werth der Geschichte; und dem gemäß beruht das so allgemeine und überwiegende Interesse an ihr hauptsächlich darauf, daß sie eine persönliche Angelegenheit des Menschengeschlechts ist. – Was nun für die Vernunft der Individuen, als unumgängliche Bedingung des Gebrauchs derselben, die Sprache ist, das ist für die hier nachgewiesene Vernunft des ganzen Geschlechts d i e S c h r i f t : denn erst mit dieser fängt ihre wirkliche Existenz an; wie die der individuellen Vernunft erst mit der Sprache. Die Schrift nämlich dient, das durch den Tod unaufhörlich unterbrochene und demnach zerstückelte Bewußtseyn des Menschengeschlechts wieder zur Einheit herzustellen; so daß der Gedanke, welcher im Ahnherrn aufgestiegen, vom Urenkel zu Ende gedacht wird: dem Zerfallen des menschlichen Geschlechts und seines Bewußtseyns in eine Unzahl ephemerer In-

dividuen hilft sie ab, und bietet so der unaufhaltsam eilenden
Zeit, an deren Hand die Vergessenheit geht, Trotz. Als ein Versuch, dieses zu leisten, sind, wie die geschriebenen, so auch die
s t e i n e r n e n Denkmale zu betrachten, welche zum Theil äl-
5 ter sind, als jene. Denn wer wird glauben, daß Diejenigen, welche, mit unermeßlichen Kosten, die Menschenkräfte vieler Tausende, viele Jahre hindurch, in Bewegung setzten, um Pyramiden, Monolithen, Felsengräber, Obelisken, Tempel und Paläste
aufzuführen, die schon Jahrtausende dastehen, dabei nur sich
10 selbst, die kurze Spanne ihres Lebens, welche nicht ausreichte
das Ende des Baues zu sehen, oder auch den ostensibeln
Zweck, welchen vorzuschützen die Rohheit der Menge heisch-
te, im Auge gehabt haben sollten? – Offenbar war ihr wirklicher Zweck, zu den spätesten Nachkommen zu reden, in Be-
15 ziehung zu diesen zu treten und so das Bewußtseyn der
Menschheit zur Einheit herzustellen. Die Bauten der Hindu,
Aegypter, selbst Griechen und Römer, waren auf mehrere Jahrtausende berechnet, weil deren Gesichtskreis, durch höhere Bildung, ein weiterer war; während die Bauten des Mittelalters
20 und neuerer Zeit höchstens einige Jahrhunderte vor Augen gehabt haben; welches jedoch auch daran liegt, daß man sich
mehr auf die Schrift verließ, nachdem ihr Gebrauch allgemeiner
geworden, und noch mehr, seitdem aus ihrem Schooß die
Buchdruckerkunst geboren worden. Doch sieht man auch den
25 Gebäuden der spätern Zeiten den Drang an, zur Nachkommenschaft zu reden: daher ist es schändlich, wenn man sie zerstört, oder sie verunstaltet, um sie niedrigen, nützlichen Zwek-
ken dienen zu lassen. Die geschriebenen Denkmale haben weniger von den Elementen, aber mehr von der Barbarei zu
30 fürchten, als die steinernen: sie leisten viel mehr. Die Aegypter
wollten, indem sie letztere mit Hieroglyphen bedeckten, beide
Arten vereinigen; ja, sie fügten Malereien hinzu, auf den Fall,
daß die Hieroglyphen nicht mehr verstanden werden sollten.

Kapitel 39[*].
Zur Metaphysik der Musik.

Aus meiner, in der unten angeführten Stelle des ersten Bandes gegebenen und dem Leser hier gegenwärtigen Darlegung der eigentlichen Bedeutung dieser wunderbaren Kunst hatte sich ergeben, daß zwischen ihren Leistungen und der Welt als Vorstellung, d. i. der Natur, zwar keine Aehnlichkeit, aber ein deutlicher P a r a l l e l i s m u s Statt finden müsse, welcher sodann auch nachgewiesen wurde. Einige beachtenswerthe nähere Bestimmungen desselben habe ich noch hinzuzufügen. – Die vier Stimmen aller Harmonie, also Baß, Tenor, Alt und Sopran, oder Grundton, Terz, Quinte und Oktave, entsprechen den vier Abstufungen in der Reihe der Wesen, also dem Mineralreich, Pflanzenreich, Thierreich und dem Menschen. Dies erhält noch eine auffallende Bestätigung an der musikalischen Grundregel, daß der Baß in viel weiterem Abstande unter den drei obern Stimmen bleiben soll, als diese zwischen einander haben; so daß er sich denselben nie mehr, als höchstens bis auf eine Oktave nähern darf, meistens aber noch weiter darunter bleibt, wonach dann der regelrechte Dreiklang seine Stelle in der dritten Oktave vom Grundton hat. Dem entsprechend ist die Wirkung der w e i t e n Harmonie, wo der Baß fern bleibt, viel mächtiger und schöner, als die der engen, wo er näher heraufgerückt ist, und die nur wegen des beschränkten Umfangs der Instrumente eingeführt wird. Diese ganze Regel aber ist keineswegs willkürlich, sondern hat ihre Wurzel in dem natürlichen Ursprung des Tonsystems; sofern nämlich die nächsten, mittelst der Nebenschwingungen mittönenden, harmonischen Stufen die Oktave und deren Quinte sind. In dieser Regel nun erkennen wir das musikalische Analogon der Grundbeschaffenheit der Natur, vermöge welcher die organischen Wesen unter ein-

---

[*]   Dieses Kapitel bezieht sich auf §. 52 des ersten Bandes.

ander viel näher verwandt sind, als mit der leblosen, unorganischen Masse des Mineralreichs, zwischen welcher und ihnen
die entschiedenste Gränze und die weiteste Kluft in der ganzen
Natur Statt findet. – Daß die hohe Stimme, welche die Melodie
5 singt, doch zugleich integrirender Theil der Harmonie ist und
darin selbst mit dem tiefsten Grundbaß zusammenhängt, läßt
sich betrachten als das Analogon davon, daß d i e s e l b e Materie, welche in einem menschlichen Organismus Träger der
Idee des Menschen ist, dabei doch zugleich auch die Ideen der
10 Schwere und der chemischen Eigenschaften, also der niedrigsten Stufen der Objektivation des Willens, darstellen und tragen
muß.

Weil die Musik nicht, gleich allen andern Künsten, die Ideen,
oder Stufen der Objektivation des Willens, sondern unmittelbar
15 den W i l l e n s e l b s t darstellt; so ist hieraus auch erklärlich,
daß sie auf den Willen, d. i. die Gefühle, Leidenschaften und
Affekte des Hörers, unmittelbar einwirkt, so daß sie dieselben
schnell erhöht, oder auch umstimmt.

So gewiß die Musik, weit entfernt eine bloße Nachhülfe der
20 Poesie zu seyn, eine selbstständige Kunst, ja die mächtigste unter allen ist und daher ihre Zwecke ganz aus eigenen Mitteln
erreicht; so gewiß bedarf sie nicht der Worte des Gesanges,
oder der Handlung einer Oper. Die Musik als solche kennt allein die Töne, nicht aber die Ursachen, welche diese hervor-
25 bringen. Demnach ist für sie auch die *vox humana* ursprünglich
und wesentlich nichts Anderes, als ein modificirter Ton, eben
wie der eines Instruments, und hat, wie jeder andere, die eigenthümlichen Vortheile und Nachtheile, welche eine Folge des ihn
hervorbringenden Instruments sind. Daß nun, in diesem Fall,
30 eben dieses Instrument anderweitig, als Werkzeug der Sprache,
zur Mittheilung von Begriffen dient, ist ein zufälliger Umstand,
den die Musik zwar nebenbei benutzen kann, um eine Verbindung mit der Poesie einzugehen; jedoch nie darf sie ihn zur
Hauptsache machen und gänzlich nur auf den Ausdruck der

meistens, ja (wie Diderot im »Neffen Rameau's« zu verstehen giebt) sogar wesentlich faden Verse bedacht seyn. Die Worte sind und bleiben für die Musik eine fremde Zugabe, von untergeordnetem Werthe, da die Wirkung der Töne ungleich mächtiger, unfehlbarer und schneller ist, als die der Worte: diese müssen daher, wenn sie der Musik einverleibt werden, doch nur eine völlig untergeordnete Stelle einnehmen und sich ganz nach jener fügen. Umgekehrt aber gestaltet sich das Verhältniß in Hinsicht auf die gegebene Poesie, also das Lied, oder den Operntext, welchem eine Musik hinzugefügt wird. Denn alsbald zeigt an diesen die Tonkunst ihre Macht und höhere Befähigung, indem sie jetzt über die in den Worten ausgedrückte Empfindung, oder die in der Oper dargestellte Handlung, die tiefsten, letzten, geheimsten Aufschlüsse giebt, das eigentliche und wahre Wesen derselben ausspricht und uns die innerste Seele der Vorgänge und Begebenheiten kennen lehrt, deren bloße Hülle und Leib die Bühne darbietet. Hinsichtlich dieses Uebergewichts der Musik, wie auch sofern sie zum Text und zur Handlung im Verhältniß des Allgemeinen zum Einzelnen, der Regel zum Beispiele steht, möchte es vielleicht passender scheinen, daß der Text zur Musik gedichtet würde, als daß man die Musik zum Texte komponirt. Inzwischen leiten, bei der üblichen Methode, die Worte und Handlungen des Textes den Komponisten auf die ihnen zum Grunde liegenden Affektionen des Willens, und rufen in ihm selbst die auszudrückenden Empfindungen hervor, wirken mithin als Anregungsmittel seiner musikalischen Phantasie. – Daß übrigens die Zugabe der Dichtung zur Musik uns so willkommen ist, und ein Gesang mit verständlichen Worten uns so innig erfreut, beruht darauf, daß dabei unsere unmittelbarste und unsere mittelbarste Erkenntnißweise zugleich und im Verein angeregt werden: die unmittelbarste nämlich ist die, für welche die Musik die Regungen des Willens selbst ausdrückt, die mittelbarste aber die der durch Worte bezeichneten Begriffe. Bei der Sprache der Empfindungen mag

die Vernunft nicht gern ganz müßig sitzen. Die Musik vermag
zwar aus eigenen Mitteln jede Bewegung des Willens, jede
Empfindung, auszudrücken; aber durch die Zugabe der Worte
erhalten wir nun überdies auch noch die Gegenstände dieser,
5 die Motive, welche jene veranlassen. – Die Musik einer Oper,
wie die Partitur sie darstellt, hat eine völlig unabhängige, geson-
derte, gleichsam abstrakte Existenz für sich, welcher die Her-
gänge und Personen des Stücks fremd sind, und die ihre eigenen, unwandelbaren Regeln befolgt; daher sie auch ohne den
10 Text vollkommen wirksam ist. Diese Musik aber, da sie mit
Rücksicht auf das Drama komponirt wurde, ist gleichsam die
Seele desselben, indem sie, in ihrer Verbindung mit den Vorgängen, Personen und Worten, zum Ausdruck der innern Bedeutung und der auf dieser beruhenden, letzten und geheimen
15 Nothwendigkeit aller jener Vorgänge wird. Auf einem undeutli-
chen Gefühl hievon beruht eigentlich der Genuß des Zuschau-
ers, wenn er kein bloßer Gaffer ist. Dabei jedoch zeigt, in der
Oper, die Musik ihre heterogene Natur und höhere Wesenheit
durch ihre gänzliche Indifferenz gegen alles Materielle der Vor-
20 gänge; in Folge welcher sie den Sturm der Leidenschaften und
das Pathos der Empfindungen überall auf gleiche Weise ausdrückt und mit dem selben Pomp ihrer Töne begleitet, mag
Agamemnon und Achill, oder der Zwist einer Bürgerfamilie,
das Materielle des Stückes liefern. Denn für sie sind bloß die
25 Leidenschaften, die Willensbewegungen vorhanden, und sie
sieht, wie Gott, nur die Herzen. Sie assimilirt sich nie dem
Stoffe: daher auch wenn sie sogar die lächerlichsten und aus-
schweifendesten Possen der komischen Oper begleitet, sie doch
in ihrer wesentlichen Schönheit, Reinheit und Erhabenheit
30 bleibt, und ihre Verschmelzung mit jenen Vorgängen nicht vermag, sie von ihrer Höhe, der alles Lächerliche eigentlich fremd
ist, herabzuziehen. So schwebt über dem Possenspiel und den
endlosen Miseren des Menschenlebens die tiefe und ernste Be-

deutung unsers Daseyns, und verläßt solches keinen Augenblick.

Werfen wir jetzt einen Blick auf die bloße Instrumentalmusik; so zeigt uns eine Beethoven'sche Symphonie die größte Verwirrung, welcher doch die vollkommenste Ordnung zum Grunde liegt, den heftigsten Kampf, der sich im nächsten Augenblick zur schönsten Eintracht gestaltet: es ist *rerum concordia discors*, ein treues und vollkommenes Abbild des Wesens der Welt, welche dahin rollt, im unübersehbaren Gewirr zahlloser Gestalten und durch stete Zerstörung sich selbst erhält. Zugleich nun aber sprechen aus dieser Symphonie alle menschlichen Leidenschaften und Affekte: die Freude, die Trauer, die Liebe, der Haß, der Schrecken, die Hoffnung u. s. w. in zahllosen Nüancen, jedoch alle gleichsam nur *in abstracto* und ohne alle Besonderung: es ist ihre bloße Form, ohne den Stoff, wie eine bloße Geisterwelt, ohne Materie. Allerdings haben wir den Hang, sie, beim Zuhören, zu realisiren, sie, in der Phantasie, mit Fleisch und Bein zu bekleiden und allerhand Scenen des Lebens und der Natur darin zu sehen. Jedoch befördert Dies, im Ganzen genommen, nicht ihr Verständniß, noch ihren Genuß, giebt ihr vielmehr einen fremdartigen, willkürlichen Zusatz: daher ist es besser, sie in ihrer Unmittelbarkeit und rein aufzufassen.

Nachdem ich nun im Bisherigen, wie auch im Texte, die Musik allein von der metaphysischen Seite, also hinsichtlich der innern Bedeutung ihrer Leistungen betrachtet habe, ist es angemessen, auch die Mittel, durch welche sie, auf unsern Geist wirkend, dieselben zu Stande bringt, einer allgemeinen Betrachtung zu unterwerfen, mithin die Verbindung jener metaphysischen Seite der Musik mit der genugsam untersuchten und bekannten physischen nachzuweisen. – Ich gehe von der allgemein bekannten und durch neuere Einwürfe keineswegs erschütterten Theorie aus, daß alle Harmonie der Töne auf der Koincidenz der Vibrationen beruht, welche, wann zwei Töne zugleich erklingen, etwan bei jeder zweiten, oder bei jeder drit-

ten, oder bei jeder vierten Vibration eintrifft, wonach sie dann
Oktav, Quint, oder Quart von einander sind u. s. w. So lange
nämlich die Vibrationen zweier Töne ein rationales und in kleinen Zahlen ausdrückbares Verhältniß zu einander haben, lassen
5 sie sich durch ihre oft wiederkehrende Koincidenz, in unserer
Apprehension zusammenfassen: die Töne verschmelzen mit
einander und stehen dadurch im Einklang. Ist hingegen jenes
Verhältniß ein irrationales, oder ein nur in größern Zahlen ausdrückbares; so tritt keine faßliche Koincidenz der Vibrationen
10 ein, sondern *obstrepunt sibi perpetuo*, wodurch sie der Zusam-
menfassung in unserer Apprehension widerstreben und demnach eine Dissonanz heißen. Dieser Theorie nun zufolge ist die
Musik ein Mittel, rationale und irrationale Zahlenverhältnisse,
nicht etwan, wie die Arithmetik, durch Hülfe des Begriffs faß-
15 lich zu machen, sondern dieselben zu einer ganz unmittelbaren
und simultanen sinnlichen Erkenntniß zu bringen. Die Verbindung der metaphysischen Bedeutung der Musik mit dieser ihrer
physischen und arithmetischen Grundlage beruht nun darauf,
daß das unserer A p p r e h e n s i o n Widerstrebende, das Irra-
20 tionale, oder die Dissonanz, zum natürlichen Bilde des unserm
W i l l e n Widerstrebenden wird; und umgekehrt wird die
Konsonanz, oder das Rationale, indem sie unserer Auffassung
sich leicht fügt, zum Bilde der Befriedigung des Willens. Da
nun ferner jenes Rationale und Irrationale in den Zahlenverhält-
25 nissen der Vibrationen unzählige Grade, Nüancen, Folgen und
Abwechselungen zuläßt; so wird, mittelst seiner, die Musik der
Stoff, in welchem alle Bewegungen des menschlichen Herzens,
d. i. des Willens, deren Wesentliches immer auf Befriedigung
und Unzufriedenheit, wiewohl in unzähligen Graden, hinaus-
30 läuft, sich in allen ihren feinsten Schattirungen und Modifikationen getreu abbilden und wiedergeben lassen, welches mittelst
Erfindung der Melodie geschieht. Wir sehen also hier die Willensbewegungen auf das Gebiet der bloßen Vorstellung hinüber-
gespielt, als welche der ausschließliche Schauplatz der Leistun-

gen aller schönen Künste ist; da diese durchaus verlangen, daß
der W i l l e   s e l b s t aus dem Spiel bleibe und wir durchweg
uns als rein E r k e n n e n d e verhalten. Daher dürfen die Affektionen des Willens selbst, also wirklicher Schmerz und wirkliches Behagen, nicht erregt werden, sondern nur ihre Substitu- 5
te, das dem I n t e l l e k t Angemessene, als B i l d der Befriedigung des Willens, und das jenem mehr oder weniger Widerstrebende, als B i l d des größern oder geringern Schmerzes. Nur
so verursacht die Musik uns nie wirkliches Leiden, sondern
bleibt auch in ihren schmerzlichsten Ackorden noch erfreulich, 10
und wir vernehmen gern in ihrer Sprache die geheime Geschichte unsers Willens und aller seiner Regungen und Strebun-
gen, mit ihren mannigfaltigen Verzögerungen, Hemmnissen
und Quaalen, selbst noch in den wehmüthigsten Melodien. Wo
hingegen, in der Wirklichkeit und ihren Schrecken, unser W i l - 15
l e s e l b s t das so Erregte und Gequälte ist; da haben wir es
nicht mit Tönen und ihren Zahlenverhältnissen zu thun, sondern sind vielmehr jetzt selbst die gespannte, gekniffene und zit-
ternde Saite.

Weil nun ferner, in Folge der zum Grunde gelegten physikali- 20
schen Theorie, das eigentlich Musikalische der Töne in der Proportion der Schnelligkeit ihrer Vibrationen, nicht aber in ihrer
relativen Stärke liegt; so folgt das musikalische Gehör, bei der
Harmonie, stets vorzugsweise dem höchsten Ton, nicht dem
stärksten: daher sticht, auch bei der stärksten Orchesterbeglei- 25
tung, der Sopran hervor und erhält dadurch ein natürliches
Recht auf den Vortrag der Melodie, welches zugleich unterstützt wird durch seine, auf der selben Schnelligkeit der Vibrationen beruhende, große Beweglichkeit, wie sie sich in den figurirten Sätzen zeigt, und wodurch der Sopran der geeignete Re- 30
präsentant der erhöhten, für den leisesten Eindruck empfängli-
chen und durch ihn bestimmbaren Sensibilität, folglich des auf
der obersten Stufe der Wesenleiter stehenden, aufs höchste gesteigerten Bewußtseyns wird. Seinen Gegensatz bildet, aus den

umgekehrten Ursachen, der schwerbewegliche, nur in großen
Stufen, Terzen, Quarten und Quinten, steigende und fallende
und dabei in jedem seiner Schritte durch feste Regeln geleitete
Baß, welcher daher der natürliche Repräsentant des gefühllosen,
5 für feine Eindrücke unempfänglichen und nur nach allgemeinen
Gesetzen bestimmbaren, unorganischen Naturreiches ist. Er
darf sogar nie um einen Ton, z. B. von Quart auf Quint stei-
gen; da dies in den obern Stimmen die fehlerhafte Quinten-
und Oktaven-Folge herbeiführt: daher kann er, ursprünglich
10 und in seiner eigenen Natur, nie die Melodie vortragen. Wird
sie ihm dennoch zugetheilt; so geschieht es mittelst des Kontra-
punkts, d. h. er ist ein v e r s e t z t e r Baß, nämlich eine der
obern Stimmen ist herabgesetzt und als Baß verkleidet: eigentlich bedarf er dann noch eines zweiten Grundbasses zu seiner
15 Begleitung. Diese Widernatürlichkeit einer im Basse liegenden
Melodie führt herbei, daß Baßarien, mit voller Begleitung, uns
nie den reinen, ungetrübten Genuß gewähren, wie die Sopran-
arie, als welche, im Zusammenhang der Harmonie, allein naturgemäß ist. Beiläufig gesagt, könnte ein solcher melodischer,
20 durch Versetzung erzwungener Baß, im Sinn unserer Metaphysik der Musik, einem Marmorblocke verglichen werden, dem
man die menschliche Gestalt aufgezwungen hat: dem steinernen Gast im »Don Juan« ist er eben dadurch wundervoll angemessen.

25 Jetzt aber wollen wir noch der G e n e s i s der Melodie etwas
näher auf den Grund gehen, welches durch Zerlegung derselben in ihre Bestandtheile zu bewerkstelligen ist und uns jedenfalls das Vergnügen gewähren wird, welches dadurch entsteht,
daß man sich Dinge, die *in concreto* Jedem bewußt sind, ein
30 Mal auch zum abstrakten und deutlichen Bewußtseyn bringt,
wodurch sie den Schein der Neuheit gewinnen.

Die Melodie besteht aus zwei Elementen, einem rhythmischen und einem harmonischen: jenes kann man auch als das
quantitative, dieses als das qualitative bezeichnen, da das erstere

die Dauer, das letztere die Höhe und Tiefe der Töne betrifft. In
der Notenschrift hängt das erstere den senkrechten, das letztere
den horizontalen Linien an. Beiden liegen rein arithmetische
Verhältnisse, also die der Zeit, zum Grunde: dem einen die relative Dauer der Töne, dem andern die relative Schnelligkeit ih- 5
rer Vibrationen. Das rhythmische Element ist das wesentlichste;
da es, für sich allein und ohne das andere eine Art Melodie darzustellen vermag, wie z. B. auf der Trommel geschieht: die vollkommene Melodie verlangt jedoch beide. Sie besteht nämlich in
einer abwechselnden E n t z w e i u n g u n d V e r s ö h n u n g 10
derselben; wie ich sogleich zeigen werde, aber zuvor, da von
dem harmonischen Elemente schon im Bisherigen die Rede gewesen, das rhythmische etwas näher betrachten will.

Der R h y t h m u s ist in der Zeit was im Raume die S y m -
m e t r i e ist, nämlich Theilung in gleiche und einander entspre- 15
chende Theile, und zwar zunächst in größere, welche wieder in
kleinere, jenen untergeordnete, zerfallen. In der von mir aufgestellten Reihe der Künste bilden A r c h i t e k t u r und M u s i k
die beiden äußersten Enden. Auch sind sie, ihrem innern Wesen, ihrer Kraft, dem Umfang ihrer Sphäre und ihrer Bedeu- 20
tung nach, die heterogensten, ja, wahre Antipoden: sogar auf
die Form ihrer Erscheinung erstreckt sich dieser Gegensatz, indem die Architektur allein im R a u m ist, ohne irgend eine Beziehung auf die Zeit, die Musik allein in der Z e i t, ohne irgend
eine Beziehung auf den Raum[*]. Hieraus nun entspringt ihre 25
einzige Analogie, daß nämlich, wie in der Architektur die S y m -
m e t r i e das Ordnende und Zusammenhaltende ist, so in der
Musik der Rhythmus, wodurch auch hier sich bewährt, daß *les*

---

[*] Es wäre ein falscher Einwurf, daß auch Skulptur und Malerei bloß im Raume
   seien: denn ihre Werke hängen zwar nicht unmittelbar, aber doch mittelbar mit
   der Zeit zusammen, indem sie Leben, Bewegung, Handlung darstellen. Eben so
   falsch wäre es zu sagen, daß auch die Poesie, als Rede allein der Zeit angehöre:
   dies gilt, eben so, nur unmittelbar von den Worten: ihr Stoff ist alles Daseiende,
   also das Räumliche.

extrêmes se touchent. Wie die letzten Bestandtheile eines Gebäudes die ganz gleichen Steine, so sind die eines Tonstückes die ganz gleichen Takte: diese werden jedoch noch durch Auf- und Niederschlag, oder überhaupt durch den Zahlenbruch, welcher
5 die Taktart bezeichnet, in gleiche Theile getheilt, die man allenfalls den Dimensionen des Steines vergleichen mag. Aus mehreren Takten besteht die musikalische Periode, welche ebenfalls zwei gleiche Hälften hat, eine steigende, anstrebende, meistens zur Dominante gehende, und eine sinkende, beruhigende, den
10 Grundton wiederfindende. Zwei, auch wohl mehrere Perioden machen einen Theil aus, der meistens durch das Wiederholungszeichen gleichfalls symmetrisch verdoppelt wird: aus zwei Theilen wird ein kleineres Musikstück, oder aber nur ein Satz eines größern; wie denn ein Koncert oder Sonate aus dreien,
15 eine Symphonie aus vier, eine Messe aus fünf Sätzen zu bestehen pflegt. Wir sehen also das Tonstück, durch die symmetrische Eintheilung und abermalige Theilung, bis zu den Takten und deren Brüchen herab, bei durchgängiger Unter-, Ueber- und Neben-Ordnung seiner Glieder, gerade so zu einem Ganzen
20 zen verbunden und abgeschlossen werden, wie das Bauwerk durch seine Symmetrie; nur daß bei diesem ausschließlich im Raume ist, was bei jenem ausschließlich in der Zeit. Das bloße Gefühl dieser Analogie hat das in den letzten 30 Jahren oft wiederholte kecke Witzwort hervorgerufen, daß Architektur gefro-
25 rene Musik sei. Der Ursprung desselben ist auf G o e t h e zurückzuführen, da er, nach E c k e r m a n n s Gesprächen, Bd. II, S. 88, gesagt hat: »Ich habe unter meinen Papieren ein Blatt gefunden, wo ich die Baukunst eine erstarrte Musik nenne: und wirklich hat es etwas: die Stimmung die von der Baukunst aus-
30 geht, kommt dem Effekt der Musik nahe.« Wahrscheinlich hat er viel früher jenes Witzwort in der Konversation fallen lassen, wo es denn bekanntlich nie an Leuten gefehlt hat, die was er so fallen ließ auflasen, um nachher damit geschmückt einher zu gehen. Was übrigens Goethe auch gesagt haben mag, so er-

streckt die hier von mir auf ihren alleinigen Grund, nämlich auf
die Analogie des Rhythmus mit der Symmetrie, zurückgeführte
Analogie der Musik mit der Baukunst sich demgemäß allein auf
die äußere Form, keineswegs aber auf das innere Wesen beider
Künste, als welches himmelweit verschieden ist: es wäre sogar 5
lächerlich, die beschränkteste und schwächste aller Künste mit
der ausgedehntesten und wirksamsten im Wesentlichen gleich
stellen zu wollen. Als Amplifikation der nachgewiesenen Analogie könnte man noch hinzusetzen, daß, wann die Musik,
gleichsam in einem Anfall von Unabhängigkeitsdrang, die Gele- 10
genheit einer Fermate ergreift, um sich, vom Zwang des Rhythmus losgerissen, in der freien Phantasie einer figurirten Kadenz
zu ergehen, ein solches vom Rhythmus entblößtes Tonstück
der von der Symmetrie entblößten Ruine analog sei, welche
man demnach, in der kühnen Sprache jenes Witzwortes, eine 15
gefrorene Kadenz nennen mag.

Nach dieser Erörterung des R h y t h m u s habe ich jetzt dar-
zuthun, wie in der stets erneuerten E n t z w e i u n g u n d
V e r s ö h n u n g des rhythmischen Elements der Melodie mit
dem harmonischen das Wesen derselben besteht. Ihr harmoni- 20
sches Element nämlich hat den Grundton zur Voraussetzung,
wie das rhythmische die Taktart, und besteht in einem Abirren
von demselben, durch alle Töne der Skala, bis es, auf kürzerem
oder längerem Umwege, eine harmonische Stufe, meistens die
Dominante oder Unterdominante, erreicht, die ihm eine unvoll- 25
kommene Beruhigung gewährt: dann aber folgt, auf gleich langem Wege, seine Rückkehr zum Grundton, mit welchem die
vollkommene Beruhigung eintritt. Beides muß nun aber so geschehen, daß das Erreichen der besagten Stufe, wie auch das
Wiederfinden des Grundtons, mit gewissen bevorzugten Zeit- 30
punkten des Rhythmus zusammentreffe, da es sonst nicht
wirkt. Also, wie die harmonische Tonfolge gewisse T ö n e verlangt, vorzüglich die Tonika, nächst ihr die Dominante u. s. w.;
so fordert seinerseits der Rhythmus gewisse Z e i t p u n k t e ,

gewisse abgezählte Takte und gewisse Theile dieser Takte, welche man die schweren, oder guten Zeiten, oder die accentuirten
Takttheile nennt, im Gegensatz der leichten, oder schlechten
Zeiten, oder unaccentuirten Takttheile. Nun besteht die E n t -
5 z w e i u n g jener beiden Grundelemente darin, daß indem die
Forderung des einen befriedigt wird, die des andern es nicht ist,
die Versöhnung aber darin, daß beide zugleich und auf ein Mal
befriedigt werden. Nämlich jenes Herumirren der Tonfolge, bis
zum Erreichen einer mehr oder minder harmonischen Stufe,
10 muß diese erst nach einer bestimmten Anzahl Akte, sodann
aber auf einem guten Zeittheil des Taktes antreffen, wodurch
dieselbe zu einem gewissen Ruhepunkte für sie wird; und ebenso muß die Rückkehr zur Tonika diese nach einer gleichen Anzahl Takte und ebenfalls auf einem g u t e n Zeittheil wiederfin-
15 den, wodurch dann die völlige Befriedigung eintritt. So lange
dieses geforderte Zusammentreffen der Befriedigungen beider
Elemente nicht erreicht wird, mag einerseits der Rhythmus seinen regelrechten Gang gehen, und andererseits die geforderten
Noten oft genug vorkommen; sie werden dennoch ganz ohne
20 jene Wirkung bleiben, durch welche die Melodie entsteht: dies
zu erläutern diene das folgende, höchst einfache Beispiel:

Hier trifft die harmonische Tonfolge gleich am Schluß des ersten
Takts auf die Tonika: allein sie erhält dadurch keine Befriedigung;
25 weil der Rhythmus im schlechtesten Takttheile begriffen ist.
Gleich darauf, im zweiten Takt, hat der Rhythmus das gute Takt-
theil; aber die Tonfolge ist auf die Septime gekommen. Hier sind
also die beiden Elemente der Melodie ganz e n t z w e i t ; und wir
fühlen uns beunruhigt. In der zweiten Hälfte der Periode trifft Al-
30 les umgekehrt, und sie werden, im letzten Ton, v e r s ö h n t .

Dieser Vorgang ist in jeder Melodie, wiewohl meistens in viel größerer Ausdehnung, nachzuweisen. Die dabei nun Statt findende
beständige E n t z w e i u n g u n d V e r s ö h n u n g ihrer beiden
Elemente ist, metaphysisch betrachtet, das Abbild der Entstehung neuer Wünsche und sodann ihrer Befriedigung. Eben da- 5
durch schmeichelt die Musik sich so in unser Herz, daß sie ihm
stets die vollkommene Befriedigung seiner Wünsche vorspiegelt.
Näher betrachtet, sehen wir in diesem Hergang der Melodie eine
gewissermaaßen i n n e r e Bedingung (die harmonische) mit einer ä u ß e r n (der rhythmischen) wie durch einen Z u f a l l zu- 10
sammentreffen, – welchen freilich der Komponist herbeiführt
und der insofern dem Reim in der Poesie zu vergleichen ist: dies
aber eben ist das Abbild des Zusammentreffens unserer Wünsche
mit den von ihnen unabhängigen, günstigen, äußeren Umständen, also das Bild des Glücks. – Noch verdient hiebei die Wir- 15
kung des V o r h a l t s beachtet zu werden. Er ist eine Dissonanz,
welche die mit Gewißheit erwartete, finale Konsonanz verzögert;
wodurch das Verlangen nach ihr verstärkt wird und ihr Eintritt
desto mehr befriedigt: offenbar ein Analogon der durch Verzöge-
rung erhöhten Befriedigung des Willens. Die vollkommene Ka- 20
denz erfordert den vorhergehenden Septimenackord auf der Dominante; weil nur auf das dringendeste Verlangen die am tiefsten
gefühlte Befriedigung und gänzliche Beruhigung folgen kann.
Durchgängig also besteht die Musik in einem steten Wechsel von
mehr oder minder beunruhigenden, d. i. Verlangen erregenden 25
Ackorden, mit mehr oder minder beruhigenden und befriedigen-
den; eben wie das Leben des Herzens (der Wille) ein steter
Wechsel von größerer oder geringerer Beunruhigung, durch
Wunsch oder Furcht, mit eben so verschieden gemessener Beruhigung ist. Demgemäß besteht die harmonische Fortschreitung in 30
der kunstgerechten Abwechselung der Dissonanz und Konsonanz. Eine Folge bloß konsonanter Ackorde würde übersätti-
gend, ermüdend und leer seyn, wie der *languor,* den die Befriedigung aller Wünsche herbeiführt. Daher müssen Dissonanzen, ob-

wohl sie beunruhigend und fast peinlich wirken, eingeführt werden, aber nur um, mit gehöriger Vorbereitung, wieder in Konso-
nanzen aufgelöst zu werden. Ja, es giebt eigentlich in der ganzen
Musik nur zwei Grundackorde: den dissonanten Septimen-
5 ackord und den harmonischen Dreiklang, als auf welche alle vorkommenden Ackorde zurückzuführen sind. Dies ist eben Dem
entsprechend, daß es für den Willen im Grunde nur Unzufriedenheit und Befriedigung giebt, unter wie vielerlei Gestalten sie
auch sich darstellen mögen. Und wie es zwei allgemeine Grund-
10 stimmungen des Gemüths giebt, Heiterkeit oder wenigstens Rü-
stigkeit, und Betrübniß oder doch Beklemmung; so hat die Musik zwei allgemeine Tonarten Dur und Moll, welche jenen entsprechen, und sie muß stets sich in einer von beiden befinden. Es
ist aber in der That höchst wunderbar, daß es ein weder physisch
15 schmerzliches, noch auch konventionelles, dennoch sogleich an-
sprechendes und unverkennbares Zeichen des Schmerzes giebt:
das Moll. Daran läßt sich ermessen, wie tief die Musik im Wesen
der Dinge und des Menschen gegründet ist. – Bei nordischen
Völkern, deren Leben schweren Bedingungen unterliegt, nament-
20 lich bei den Russen, herrscht das Moll vor, sogar in der Kirchen-
musik. – Allegro in Moll ist in der französischen Musik sehr häufig und charakterisirt sie: es ist, wie wenn Einer tanzt, während
ihn der Schuh drückt.

Ich füge noch ein Paar Nebenbetrachtungen hinzu. – Unter
25 dem Wechsel der Tonika, und mit ihr des Werthes aller Stufen,
in Folge dessen der selbe Ton als Sekunde, Terz, Quart u. s. w.
figurirt, sind die Töne der Skala den Schauspielern analog, welche bald diese, bald jene Rolle übernehmen müssen, während
ihre Person die selbe bleibt. Daß diese jener oft nicht genau an-
30 gemessen ist, kann man der (am Schluß des §. 52 des ersten
Bandes erwähnten) unvermeidlichen Unreinheit jedes harmonischen Systems vergleichen, welche die gleichschwebende Tem-
peratur herbeigeführt hat. –

Vielleicht könnte Einer und der Andere daran Anstoß nehmen, daß die Musik, welche ja oft so geisterhebend auf uns wirkt, daß uns dünkt, sie rede von anderen und besseren Welten, als die unsere ist, nach gegenwärtiger Metaphysik derselben, doch eigentlich nur dem Willen zum Leben schmeichelt, indem sie sein Wesen darstellt, sein Gelingen ihm vormalt und am Schluß seine Befriedigung und Genügen ausdrückt. Solche Bedenken zu beruhigen mag folgende Veda-Stelle dienen: *Et anandsroup, quod forma gaudii est,* τον *pram Atma ex hoc dicunt, quod quocunque loco gaudium est, particula e gaudio ejus est. (Oupnekhat, Vol. I, p. 405, et iterum Vol. II, p. 215).*

Ergänzungen
zum
vierten Buch.

Tous les hommes désirent uniquement de se délivrer
de la mort: ils ne savent pas se délivrer de la vie.
Lao-tseu-Tao-te-king, ed. Stan. Julien, p. 184.

Zum vierten Buch.

Kapitel 40.
Vorwort.

Die Ergänzungen zu diesem vierten Buche würden sehr beträchtlich ausfallen, wenn nicht zwei ihrer vorzüglich bedürftige Hauptgegenstände, nämlich die Freiheit des Willens und das Fundament der Moral, auf Anlaß der Preisfragen zweier Skandinavischer Akademien, ausführliche, monographische Bearbeitungen von mir erhalten hätten, welche unter dem Titel »Die beiden Grundprobleme der Ethik« im Jahre 1841 dem Publiko vorgelegt sind. Demzufolge aber setze ich die Bekanntschaft mit der eben genannten Schrift bei meinen Lesern eben so unbedingt voraus, wie ich bei den Ergänzungen zum zweiten Buche die mit der Schrift »Ueber den Willen in der Natur« vorausgesetzt habe. Ueberhaupt mache ich die Anforderung, daß wer sich mit meiner Philosophie bekannt machen will, jede Zeile von mir lese. Denn ich bin kein Vielschreiber, kein Kompendienfabrikant, kein Honorarverdiener, Keiner, der mit seinen Schriften nach dem Beifall eines Ministers zielt, mit Einem Worte, Keiner, dessen Feder unter dem Einfluß persönlicher Zwecke steht: ich strebe nichts an, als die Wahrheit, und schreibe, wie die Alten schrieben, in der alleinigen Absicht, meine Gedanken der Aufbewahrung zu übergeben, damit sie einst Denen zu Gute kommen, die ihnen nachzudenken und sie zu schätzen verstehen. Eben daher habe ich nur Weniges, dieses aber mit Bedacht und in w e i t e n Zwischenräumen geschrieben, auch demgemäß die, in philosophischen Schriften, wegen des Zusammenhangs, bisweilen unvermeidlichen Wiederholungen, von denen kein einziger Philosoph frei ist, auf das möglich geringste Maaß beschränkt, so daß das Allermeiste nur an Einer

Stelle zu finden ist. Deshalb also darf, wer von mir lernen und mich verstehen will, nichts, das ich geschrieben habe, ungelesen lassen. Beurtheilen jedoch und kritisiren kann man mich ohne Dieses, wie die Erfahrung gezeigt hat; wozu ich denn auch ferner viel Vergnügen wünsche.

Inzwischen wird der, durch die besagte Elimination zweier Hauptgegenstände, in diesem vierten Ergänzungsbuche erübrigte Raum uns willkommen seyn. Denn da diejenigen Aufschlüsse, welche dem Menschen vor Allem am Herzen liegen und daher in jedem System, als letzte Ergebnisse, den Gipfel seiner Pyramide, bilden, sich auch in m e i n e m letzten Buche zusammendrängen; so wird man jeder festeren Begründung, oder genaueren Ausführung derselben gern einen weitern Raum gönnen. Ueberdies hat hier nun noch, als zur Lehre von der »Bejahung des Willens zum Leben« gehörend, eine Erörterung zur Sprache gebracht werden können, welche in unserm vierten Buche selbst unberührt geblieben ist, wie sie denn auch von allen mir vorhergegangenen Philosophen gänzlich vernachlässigt worden: es ist die innere Bedeutung und das Wesen an sich der mitunter bis zur heftigsten Leidenschaft anwachsenden Geschlechtsliebe; ein Gegenstand, dessen Aufnahme in den ethischen Theil der Philosophie nicht paradox seyn würde, wenn man dessen Wichtigkeit erkannt hätte. –

Kapitel 41[*].
U e b e r   d e n   T o d   u n d   s e i n   V e r h ä l t n i ß   z u r   U n z e r s t ö r b a r k e i t   u n s e r s   W e s e n s   a n   s i c h .

Der Tod ist der eigentliche inspirirende Genius oder der Musaget der Philosophie, weshalb Sokrates diese auch θανατου μελετη definirt hat. Schwerlich sogar würde, auch ohne den

---

[*] Dieses Kapitel bezieht sich auf §. 54 des ersten Bandes.

Tod, philosophirt werden. Daher wird es ganz in der Ordnung seyn, daß eine specielle Betrachtung desselben hier an der Spitze des letzten, ernstesten und wichtigsten unserer Bücher ihre Stelle erhalte.

Das Thier lebt ohne eigentliche Kenntniß des Todes: daher genießt das thierische Individuum unmittelbar die ganze Unvergänglichkeit der Gattung, indem es sich seiner nur als endlos bewußt ist. Beim Menschen fand sich, mit der Vernunft, nothwendig die erschreckende Gewißheit des Todes ein. Wie aber durchgängig in der Natur jedem Uebel ein Heilmittel, oder wenigstens ein Ersatz beigegeben ist; so verhilft die selbe Reflexion, welche die Erkenntniß des Todes herbeiführte, auch zu m e t a p h y s i s c h e n Ansichten, die darüber trösten, und deren das Thier weder bedürftig noch fähig ist. Hauptsächlich auf diesen Zweck sind alle Religionen und philosophischen Systeme gerichtet, sind also zunächst das von der reflektirenden Vernunft aus eigenen Mitteln hervorgebrachte Gegengift der Gewißheit des Todes. Der Grad jedoch, in welchem sie diesen Zweck erreichen, ist sehr verschieden, und allerdings wird e i n e Religion oder Philosophie viel mehr, als die andere, den Menschen befähigen, ruhigen Blickes dem Tod ins Angesicht zu sehen. Brahmanismus und Buddhaismus, die den Menschen lehren, sich als das Urwesen selbst, das Brahm, zu betrachten, welchem alles Entstehen und Vergehen wesentlich fremd ist, werden darin viel mehr leisten, als solche, welche ihn aus nichts gemacht seyn und seine, von einem Andern empfangene Existenz wirklich mit der Geburt anfangen lassen. Dem entsprechend finden wir in Indien eine Zuversicht und eine Verachtung des Todes, von der man in Europa keinen Begriff hat. Es ist in der That eine bedenkliche Sache, dem Menschen in dieser wichtigen Hinsicht schwache und unhaltbare Begriffe durch frühes Einprägen aufzuzwingen, und ihn dadurch zur Aufnahme der richtigeren und standhaltenden auf immer unfähig zu machen. Z. B. ihn lehren, daß er erst kürzlich aus

Nichts geworden, folglich eine Ewigkeit hindurch Nichts gewesen sei und dennoch für die Zukunft unvergänglich seyn
solle, ist gerade so, wie ihn lehren, daß er, obwohl durch und
durch das Werk eines Andern, dennoch für seyn Thun und
Lassen in alle Ewigkeit verantwortlich seyn solle. Wenn näm 5
lich dann, bei gereiftem Geiste und eingetretenem Nachdenken, das Unhaltbare solcher Lehren sich ihm aufdringt; so hat
er nichts Besseres an ihre Stelle zu setzen, ja, ist nicht mehr
fähig es zu verstehen, und geht dadurch des Trostes verlustig,
den auch ihm die Natur, zum Ersatz für die Gewißheit des 10
Todes, bestimmt hatte. In Folge solcher Entwickelung sehen
wir eben jetzt (1844) in England, unter verdorbenen Fabrikarbeitern, die Socialisten, und in Deutschland, unter verdorbenen
Studenten, die Junghegelianer zur absolut physischen Ansicht
herabsinken, welche zu dem Resultate führt: *edite, bibite, post* 15
mortem nulla voluptas, und insofern als Bestialismus bezeichnet
werden kann.

Nach Allem inzwischen, was über den Tod gelehrt worden, ist nicht zu leugnen, daß, wenigstens in Europa, die
Meinung der Menschen, ja oft sogar des selben Individuums, 20
gar häufig von Neuem hin und her schwankt zwischen der
Auffassung des Todes als absoluter Vernichtung und der Annahme, daß wir gleichsam mit Haut und Haar unsterblich
seien. Beides ist gleich falsch: allein wir haben nicht sowohl
eine richtige Mitte zu treffen, als vielmehr den höhern Ge 25
sichtspunkt zu gewinnen, von welchem aus solche Ansichten
von selbst wegfallen.

Ich will, bei diesen Betrachtungen, zuvörderst vom ganz empirischen Standpunkt ausgehen. – Da liegt uns zunächst die unleugbare Thatsache vor, daß, dem natürlichen Bewußtseyn ge 30
mäß, der Mensch nicht bloß für seine Person den Tod mehr als
alles Andere fürchtet, sondern auch über den der Seinigen heftig weint, und zwar offenbar nicht egoistisch über seinen eigenen Verlust, sondern aus Mitleid, über das große Unglück, das

Jene betroffen; daher er auch Den, welcher in solchem Falle nicht weint und keine Betrübniß zeigt, als hartherzig und lieblos tadelt. Diesem geht parallel, daß die Rachsucht, in ihren höchsten Graden, den Tod des Gegners sucht, als das größte
5 Uebel, das sich verhängen läßt. – Meinungen wechseln nach Zeit und Ort: aber die Stimme der Natur bleibt sich stets und überall gleich, ist daher vor Allem zu beachten. Sie scheint nun hier deutlich auszusagen, daß der Tod ein großes Uebel sei. In der Sprache der Natur bedeutet To d Vernichtung. Und daß es
10 mit dem Tode Ernst sei, ließe sich schon daraus abnehmen, daß es mit dem Leben, wie Jeder weiß, kein Spaaß ist. Wir müssen wohl nichts Besseres, als diese Beiden, werth seyn.

In der That ist die Todesfurcht von aller Erkenntniß unabhängig: denn das Thier hat sie, obwohl es den Tod nicht kennt.
15 Alles, was geboren wird, bringt sie schon mit auf die Welt. Diese Todesfurcht *a priori*, ist aber eben nur die Kehrseite des Willens zum Leben, welcher wir Alle ja sind. Daher ist jedem Thiere, wie die Sorge für seine Erhaltung, so die Furcht vor seiner Zerstörung angeboren: diese also, und nicht das bloße Ver-
20 meiden des Schmerzes ist es, was sich in der ängstlichen Behutsamkeit zeigt, mit der das Thier sich und noch mehr seine Brut vor Jedem, der gefährlich werden könnte, sicher zu stellen sucht. Warum flieht das Thier, zittert und sucht sich zu verbergen? Weil es lauter Wille zum Leben, als solcher aber dem
25 Tode verfallen ist und Zeit gewinnen möchte. Eben so ist, von Natur, der Mensch. Das größte der Uebel, das Schlimmste was überall gedroht werden kann, ist der Tod, die größte Angst Todesangst. Nichts reißt uns so unwiderstehlich zur lebhaftesten Theilnahme hin, wie fremde Lebensgefahr: nichts ist entsetzli-
30 cher, als eine Hinrichtung. Die hierin hervortretende gränzenlose Anhänglichkeit an das Leben kann nun aber nicht aus der Erkenntniß und Ueberlegung entsprungen seyn: vor dieser erscheint sie vielmehr thöricht; da es um den objektiven Werth des Lebens sehr mißlich steht, und wenigstens zweifelhaft

bleibt, ob dasselbe dem Nichtseyn vorzuziehen sei, ja, wenn
Erfahrung und Ueberlegung zum Worte kommen, das Nichtseyn wohl gewinnen muß. Klopfte man an die Gräber und
fragte die Todten, ob sie wieder aufstehen wollten; sie würden
mit den Köpfen schütteln. Dahin geht auch des S o k r a t e s 5
Meinung, in Plato's Apologie, und selbst der heitere und lie-
benswürdige V o l t a i r e kann nicht umhin zu sagen: *on aime
la vie; mais le néant ne laisse pas d'avoir du bon*: und wieder: *je
ne sais pas ce que c'est que la vie éternelle, mais celle-ci est une
mauvaise plaisanterie.* Ueberdies muß ja das Leben jedenfalls 10
bald enden; so daß die wenigen Jahre, die man vielleicht noch
dazuseyn hat, gänzlich verschwinden vor der endlosen Zeit, da
man nicht mehr seyn wird. Demnach erscheint es, vor der Reflexion, sogar lächerlich, um diese Spanne Zeit so sehr besorgt
zu seyn, so sehr zu zittern, wenn eigenes oder fremdes Leben 15
in Gefahr geräth, und Trauerspiele zu dichten, deren Schreckliches seinen Nerven bloß in der Todesfurcht hat. Jene mächtige
Anhänglichkeit an das Leben ist mithin eine unvernünftige und
blinde: sie ist nur daraus erklärlich, daß unser ganzes Wesen an
sich selbst schon Wille zum Leben ist, dem dieses daher als das 20
höchste Gut gelten muß, so verbittert, kurz und ungewiß es
auch immer seyn mag; und daß jener Wille, an sich und ursprünglich, erkenntnißlos und blind ist. Die Erkenntniß hingegen, weit entfernt der Ursprung jener Anhänglichkeit an das
Leben zu seyn, wirkt ihr sogar entgegen, indem sie die Werth- 25
losigkeit desselben aufdeckt und hiedurch die Todesfurcht be-
kämpft. – Wann sie nun siegt, und demnach der Mensch dem
Tode muthig und gelassen entgegengeht; so wird dies als groß
und edel geehrt: wir feiern also dann den Triumph der Erkenntniß über den blinden Willen zum Leben, der doch der 30
Kern unsers eigenen Wesens ist. Imgleichen verachten wir Den,
in welchem die Erkenntniß in jenem Kampfe unterliegt, der daher dem Leben unbedingt anhängt, gegen den herannahenden
Tod sich auf's Aeußerste sträubt und ihn verzweifelnd emp-

fängt:* und doch spricht sich in ihm nur das ursprüngliche Wesen unsers Selbst und der Natur aus. Wie könnte, läßt sich hier
beiläufig fragen, die gränzenlose Liebe zum Leben und das Bestreben, es auf alle Weise, so lange als möglich, zu erhalten,
5 niedrig, verächtlich, desgleichen von den Anhängern jeder Religion als dieser unwürdig betrachtet werden, wenn dasselbe das
mit Dank zu erkennende Geschenk gütiger Götter wäre? Und
wie könnte sodann die Geringschätzung desselben groß und
edel erscheinen? – Uns bestätigt sich inzwischen durch diese
10 Betrachtungen: 1) daß der Wille zum Leben das innerste Wesen
des Menschen ist; 2) daß er an sich erkenntnißlos, blind ist; 3)
daß die Erkenntniß ein ihm ursprünglich fremdes, hinzugekom-
menes Princip ist; 4) daß sie mit ihm streitet und unser Urtheil
dem Siege der Erkenntniß über den Willen Beifall giebt.

15   Wenn was uns den Tod so schrecklich erscheinen läßt der
Gedanke des N i c h t s e y n s wäre; so müßten wir mit gleichem Schauder der Zeit gedenken, da wir noch nicht waren.
Denn es ist unumstößlich gewiß, daß das Nichtseyn nach dem
Tode nicht verschieden seyn kann von dem vor der Geburt,
20 folglich auch nicht beklagenswerther. Eine ganze Unendlichkeit
ist abgelaufen, als wir n o c h n i c h t waren: aber das betrübt
uns keineswegs. Hingegen, daß nach dem momentanen Inter-
mezzo eines ephemeren Daseyns eine zweite Unendlichkeit folgen sollte, in der wir n i c h t m e h r seyn werden, finden wir
25 hart, ja unerträglich. Sollte nun dieser Durst nach Daseyn etwan dadurch entstanden seyn, daß wir es jetzt gekostet und so
gar allerliebst gefunden hätten? Wie schon oben kurz erörtert:
gewiß nicht, viel eher hätte die gemachte Erfahrung eine unendliche Sehnsucht nach dem verlorenen Paradiese des Nichtseyns
30 erwecken können. Auch wird der Hoffnung der Seelen-Un-

---

*   *In gladiatoriis pugnis timidos et supplices, et, ut vivere liceat obsecrantes etiam odisse
solemus; fortes et animosos, et se acriter ipsos morti offerentes servare cupimus. Cic.
pro Milone, c. 34.*

sterblichkeit allemal die einer »bessern Welt« angehängt, – ein
Zeichen, daß die gegenwärtige nicht viel taugt. – Dieses allen
ungeachtet ist die Frage nach unserm Zustande nach dem Tode
gewiß zehntausend Mal öfter, in Büchern und mündlich, erörtert worden, als die nach unserm Zustande vor der Geburt. 5
Theoretisch ist dennoch die eine ein eben so nahe liegendes
und berechtigtes Problem, wie die andere: auch würde wer die
eine beantwortet hätte mit der andern wohl gleichfalls im Klaren seyn. Schöne Deklamationen haben wir darüber, wie anstößig es wäre, zu denken, daß der Geist des Menschen, der die 10
Welt umfaßt und so viele höchst vortreffliche Gedanken hat,
mit ins Grab gesenkt würde: aber darüber, daß dieser Geist
eine ganze Unendlichkeit habe verstreichen lassen, ehe er mit
diesen seinen Eigenschaften entstanden sei, und die Welt eben
so lange sich ohne ihn habe behelfen müssen, hört man nichts. 15
Dennoch bietet der vom Willen unbestochenen Erkenntniß keine Frage sich natürlicher dar, als diese: eine unendliche Zeit ist
vor meiner Geburt abgelaufen; was war ich alle jene Zeit hindurch? – Metaphysisch ließe sich vielleicht antworten. »Ich war
immer Ich: nämlich Alle, die jene Zeit hindurch Ich sagten, die 20
waren eben Ich.« Allein hievon sehen wir auf unserm, vor der
Hand noch ganz empirischen Standpunkt ab und nehmen an,
ich wäre gar nicht gewesen. Dann aber kann ich mich über die
unendliche Zeit nach meinem Tode, da ich nicht seyn werde,
trösten mit der unendlichen Zeit, da ich schon nicht gewesen 25
bin, als einem wohl gewohnten und wahrlich sehr bequemen
Zustande. Denn die Unendlichkeit *a parte post* ohne mich kann
so wenig schrecklich seyn, als die Unendlichkeit *a parte ante*
ohne mich; indem beide durch nichts sich unterscheiden, als
durch die Dazwischenkunft eines ephemeren Lebenstraums. 30
Auch lassen alle Beweise für die Fortdauer nach dem Tode sich
eben so gut *in partem ante* wenden, wo sie dann das Daseyn
vor dem Leben demonstriren, in dessen Annahme Hindu und
Buddhaisten sich daher sehr konsequent beweisen. K a n t s

Idealität der Zeit allein löst alle diese Räthsel: doch davon ist jetzt noch nicht die Rede. Soviel aber geht aus dem Gesagten hervor, daß über die Zeit, da man nicht mehr seyn wird, zu trauern, eben so absurd ist, als es seyn würde über die, da man
5 noch nicht gewesen: denn es ist gleichgültig, ob die Zeit, welche unser Daseyn nicht füllt, zu der, welche es füllt, sich als Zukunft oder Vergangenheit verhalte.

Aber auch ganz abgesehen von diesen Zeitbetrachtungen, ist es an und für sich absurd, das Nichtseyn für ein Uebel zu hal-
10 ten; da jedes Uebel, wie jedes Gut, das Daseyn zur Voraussetzung hat, ja sogar das Bewußtseyn; dieses aber mit dem Leben aufhört, wie eben auch im Schlaf und in der Ohnmacht; daher uns die Abwesenheit desselben, als gar keine Uebel enthaltend, wohl bekannt und vertraut, ihr Eintritt aber jedenfalls Sache ei-
15 nes Augenblicks ist. Von diesem Gesichtspunkt aus betrachtete E p i k u r den Tod und sagte daher ganz richtig ὁ θανατος μηδεν προς ἡμας (der Tod geht uns nichts an); mit der Erläuterung, daß wann wir sind, der Tod nicht ist, und wann der Tod ist, wir nicht sind (*Diog. Laert., X, 27*). Verloren zu haben
20 was nicht vermißt werden kann, ist offenbar kein Uebel: also darf das Nichtseynwerden uns so wenig anfechten, wie das Nichtgewesenseyn. Vom Standpunkt der Erkenntniß aus erscheint demnach durchaus kein Grund den Tod zu fürchten: im Erkennen aber besteht das Bewußtseyn; daher für dieses der
25 Tod kein Uebel ist. Auch ist es wirklich nicht dieser e r k e n - n e n d e Theil unsers Ichs, welcher den Tod fürchtet; sondern ganz allein vom blinden W i l l e n geht die *fuga mortis*, von der alles Lebende erfüllt ist, aus. Diesem aber ist sie, wie schon oben erwähnt, wesentlich, eben weil er Wille zum Leben ist,
30 dessen ganzes Wesen im Drange nach Leben und Daseyn besteht, und dem die Erkenntniß nicht ursprünglich, sondern erst in Folge seiner Objektivation in animalischen Individuen beiwohnt. Wenn er nun, mittelst ihrer, den Tod, als das Ende der Erscheinung, mit der er sich identificirt hat und also auf sie sich

beschränkt sieht, ansichtig wird, sträubt sich sein ganzes Wesen mit aller Gewalt dagegen. Ob nun er vom Tode wirklich etwas zu fürchten habe, werden wir weiter unten untersuchen und uns dabei der hier, mit gehöriger Unterscheidung des wollenden vom erkennenden Theil unsers Wesens, nachgewiesenen eigentlichen Quelle der Todesfurcht erinnern.

Derselben entsprechend ist auch, was uns den Tod so furchtbar macht, nicht sowohl das Ende des Lebens, da dieses Keinem als des Regrettirens sonderlich werth erscheinen kann; als vielmehr die Zerstörung des Organismus: eigentlich, weil dieser der als Leib sich darstellende Wille selbst ist. Diese Zerstörung fühlen wir aber wirklich nur in den Uebeln der Krankheit, oder des Alters: hingegen der Tod selbst besteht, für das S u b j e k t , bloß in dem Augenblick, da das Bewußtseyn schwindet, indem die Thätigkeit des Gehirns stockt. Die hierauf folgende Verbreitung der Stockung auf alle übrigen Theile des Organismus ist eigentlich schon eine Begebenheit nach dem Tode. Der Tod, in subjektiver Hinsicht, betrifft also allein das Bewußtseyn. Was nun das Schwinden dieses sei, kann Jeder einigermaaßen aus dem Einschlafen beurtheilen: noch besser aber kennt es, wer je eine wahre Ohnmacht gehabt hat, als bei welcher der Uebergang nicht so allmälig, noch durch Träume vermittelt ist, sondern zuerst die Sehkraft, noch bei vollem Bewußtseyn, schwindet, und dann unmittelbar die tiefste Bewußtlosigkeit eintritt: die Empfindung dabei, so weit sie geht, ist nichts weniger als unangenehm, und ohne Zweifel ist, wie der Schlaf der Bruder, so die Ohnmacht der Zwillingsbruder des Todes. Auch der gewaltsame Tod kann nicht schmerzlich seyn; da selbst schwere Verwundungen in der Regel gar nicht gefühlt, sondern erst eine Weile nachher, oft nur an ihren äußerlichen Zeichen bemerkt werden: sind sie schnell tödtlich; so wird das Bewußtseyn vor dieser Entdeckung schwinden: tödten sie später; so ist es wie bei andern Krankheiten. Auch alle Die, welche im Wasser, oder durch Kohlendampf, oder durch Hängen das Bewußtseyn verloren haben, sagen bekanntlich aus, daß es ohne Pein geschehen sei. Und nun endlich gar der eigentlich naturgemäße Tod, der durch das Alter, die Euthanasie, ist ein allmäliges Verschwinden und Verschweben aus dem Daseyn, auf unmerkliche Weise. Nach und nach erlöschen im Alter die Leidenschaften und Begierden, mit der Empfänglichkeit für ihre Gegenstände; die Affekte finden keine Anregung mehr: denn die vorstellende Kraft wird immer schwächer, ihre Bilder matter, die Eindrücke haften nicht mehr, gehen spurlos vorüber, die Tage rollen immer schneller, die Vorfälle verlieren ihre Bedeutsamkeit, Alles verblasst. Der Hochbetagte wankt umher, oder ruht in einem Winkel, nur noch ein Schatten, ein Gespenst seines ehemaligen Wesens. Was bleibt da dem Tode noch zu zerstören? Eines Tages ist dann ein Schlummer der letzte, und seine Träume sind – – – Es sind die, nach welchen schon Hamlet frägt, in dem berühmten Monolog. Ich glaube, wir träumen sie eben jetzt.

Hieher gehört noch die Bemerkung, daß die Unterhaltung des Lebensprocesses, wenn sie gleich eine metaphysische Grundlage hat, nicht ohne Widerstand, folglich nicht ohne Anstrengung vor sich geht. Diese ist es, welcher der Organismus jeden Abend unterliegt, weshalb er dann die Gehirnfunktion einstellt und einige Sekretionen, die Respiration, den Puls und die Wärmeentwickelung vermindert. Daraus ist zu schließen, daß das gänzliche Aufhören des Lebensprocesses für die treibende Kraft desselben eine wundersame Erleichterung seyn muß: vielleicht hat diese Antheil an dem Ausdruck süßer Zufriedenheit auf dem Gesichte der meisten Todten. Ueberhaupt mag der Augenblick des Sterbens dem des Erwachens aus einem schweren, alpgedrückten Traume ähnlich seyn.

Bis hieher hat sich uns ergeben, daß der Tod, so sehr er auch gefürchtet wird, doch eigentlich kein Uebel seyn könne. Oft aber erscheint er sogar als ein Gut, ein Erwünschtes, als Freund Hain. Alles, was auf unüberwindliche Hindernisse seines Daseyns, oder seiner Bestrebungen gestoßen ist, was an unheilbaren Krankheiten, oder an untröstlichem Grame leidet, – hat zur letzten, meistens sich ihm von selbst öffnenden Zuflucht die Rückkehr in den Schooß der Natur, aus welchem es, wie alles Andere auch, auf eine kurze Zeit heraufgetaucht war, verlockt durch die Hoffnung auf günstigere Bedingungen des Daseyns, als ihm geworden, und von wo aus ihm der selbe Weg stets offen bleibt. Jene Rückkehr ist die *cessio bonorum* des Lebenden. Jedoch wird sie auch hier erst nach einem physischen, oder moralischen Kampfe angetreten: so sehr sträubt Jedes sich, dahin zurückzugehen, von wo es so leicht und bereitwillig hervorkam, zu einem Daseyn, welches so viele Leiden und so wenige Freuden zu bieten hat. – Die Hindu geben dem Todesgotte Yama zwei Gesichter: ein sehr furchtbares und schreckliches, und ein sehr freudiges und gütiges. Dies erklärt sich zum Theil schon durch die eben angestellte Betrachtung.

Auf dem empirischen Standpunkt, auf welchem wir noch immer stehen, ist auch die folgende Betrachtung eine sich von selbst darbietende, die daher verdient, durch Verdeutlichung genau bestimmt und dadurch in ihre Gränzen zurückgewiesen zu werden. Der Anblick eines Leichnams zeigt mir, daß Sensibilität, Irritabilität, Blutumlauf, Reproduktion u. s. w. hier aufgehört haben. Ich schließe daraus mit Sicherheit, daß Dasjenige, welches diese bisher aktuirte, jedoch ein mir stets Unbekanntes war, sie jetzt nicht mehr aktuirt, also von ihnen gewichen ist. – Wollte ich nun aber hinzusetzen, dies müsse eben Das gewesen seyn, was ich nur als Bewußtseyn, mithin als Intelligenz, gekannt habe (Seele); so wäre dies nicht bloß unberechtigt, sondern offenbar falsch geschlossen. Denn stets hat das Bewußtseyn sich mir nicht als Ursache, sondern als Produkt und Resultat des organischen Lebens gezeigt, indem es in Folge desselben stieg und sank, nämlich in den verschiedenen Lebensaltern, in Gesundheit und Krankheit, in Schlaf, Ohnmacht, Erwachen u. s. w., also stets als Wirkung, nie als Ursache des organischen Lebens auftrat, stets sich zeigte als etwas, das entsteht und vergeht, und wieder entsteht, so lange hiezu die Bedingungen noch da sind, aber außerdem nicht. Ja, ich kann auch gesehen haben, daß die völlige Zerrüttung des Bewußtseyns, der Wahnsinn, weit entfernt, die übrigen Kräfte mit sich herabzuziehen und zu deprimiren, oder gar das Leben zu gefährden, jene, namentlich die Irritabilität oder Muskelkraft, sehr erhöht, und dieses eher verlängert als verkürzt, wenn nicht andere Ursachen konkurriren. – Sodann: Individualität kannte ich als Eigenschaft jedes Organischen, und daher, wenn dieses ein selbstbewußtes ist, auch des Bewußtseyns. Jetzt zu schließen, daß dieselbe jenem entwichenen, Leben ertheilenden, mir völlig unbekannten Princip inhärire, dazu ist kein Anlaß vorhanden; um so weniger, als ich sehe, daß überall in der Natur jede einzelne Erscheinung das Werk einer allgemeinen, in tausend gleichen Erscheinungen thätigen Kraft ist. – Aber eben so wenig Anlaß ist andererseits zu schließen, daß, weil hier das organische Leben aufgehört hat, deshalb auch jene dasselbe bisher aktuirende Kraft zu Nichts geworden sei; – so wenig, als vom stillstehenden Spinnrade auf den Tod der Spinnerin zu schließen ist. Wenn ein Pendel, durch Wiederfinden seines Schwerpunkts, endlich zur Ruhe kommt, und also das individuelle Scheinleben desselben aufgehört hat; so wird Keiner wähnen, jetzt sei die Schwere vernichtet; sondern Jeder begreift, daß sie in zahllosen Erscheinungen nach wie vor thätig ist. Allerdings ließe sich gegen dieses Gleichniß einwenden, daß hier auch in diesem Pendel die Schwere nicht aufgehört hat thätig zu seyn, sondern nur ihre Thätigkeit augenfällig zu äußern: wer darauf besteht, mag sich statt dessen einen elektrischen Körper denken, in welchem, nach seiner Entladung, die Elektricität wirklich aufgehört hat thätig zu seyn. Ich habe daran nur zeigen wollen, daß wir selbst den untersten Naturkräften eine Aeternität und Ubiquität unmittelbar zuerkennen, an welcher uns die Vergänglichkeit ihrer flüchtigen Erscheinungen keinen Augenblick irre macht. Um so weniger also darf es uns in den Sinn kommen, das Aufhören des Lebens für die Vernichtung des belebenden Princips, mithin den Tod für den gänzlichen Untergang des Menschen zu halten. Weil der kräftige Arm, der, vor dreitausend Jahren, den Bogen des Odysseus spannte, nicht mehr ist, wird kein nach- denkender und wohlgeregelter Verstand die Kraft, welche in demselben so energisch wirkte, für gänzlich vernichtet halten, aber daher, bei fernerem Nachdenken, auch nicht annehmen, daß die Kraft, welche heute den Bogen spannt, erst mit diesem Arm zu existiren angefangen habe. Viel näher liegt der Gedan- ke, daß die Kraft, welche früher ein nunmehr entwichenes Le- ben aktuirte, die selbe sei, welche in dem jetzt blühenden thätig ist: ja, dieser ist fast unabweisbar. Gewiß aber wissen wir, daß, wie im zweiten Buche dargethan wurde, nur Das vergänglich ist, was in der Kausalkette begriffen ist: dies aber sind bloß die Zustände und Formen. Unberührt hingegen von dem durch Ursachen herbeigeführten Wechsel dieser bleibt einerseits die Materie und andererseits die Naturkräfte: denn Beide sind die Voraussetzung aller jener Veränderungen. Das uns belebende Princip aber müssen wir zunächst wenigstens als eine Natur- kraft denken, bis etwan eine tiefere Forschung uns hat erken- nen lassen, was es an sich selbst sei. Also schon als Naturkraft genommen, bleibt die Lebenskraft ganz unberührt von dem Wechsel der Formen und Zustände, welche das Band der Ursa- chen und Wirkungen herbei und hinwegführt, und welche al- lein dem Entstehen und Vergehen, wie es in der Erfahrung vor- liegt, unterworfen sind. Soweit also ließe sich schon die Unver- gänglichkeit unsers eigentlichen Wesens sicher beweisen. Aber freilich wird dies den Ansprüchen, welche man an Beweise un- sers Fortbestehens nach dem Tode zu machen gewohnt ist, nicht genügen, noch den Trost gewähren, den man von solchen erwartet. Indessen ist es immer etwas, und wer den Tod als sei- ne absolute Vernichtung fürchtet, darf die völlige Gewißheit, daß das innerste Prinzip seines Lebens von demselben unbe- rührt bleibt, nicht verschmähen. – Ja, es ließe sich das Parado-

xon aufstellen, daß auch jenes Zweite, welches, eben wie die
Naturkräfte, von dem am Leitfaden der Kausalität fortlaufenden Wechsel der Zustände unberührt bleibt, also die Materie,
durch seine absolute Beharrlichkeit uns eine Unzerstörbarkeit
5 zusichert, vermöge welcher, wer keine andere zu fassen fähig
wäre, sich doch schon einer gewissen Unvergänglichkeit getrö-
sten könnte. »Wie?« wird man sagen, »das Beharren des bloßen Staubes, der rohen Materie, sollte als eine Fortdauer unsers
Wesens angesehen werden?« – Oho! kennt ihr den diesen
10 Staub? Wißt ihr, was er ist und was er vermag? Lernt ihn kennen, ehe ihr ihn verachtet. Diese Materie, die jetzt als Staub
und Asche daliegt, wird bald, im Wasser aufgelöst, als Krystall
anschießen, wird als Metall glänzen, wird dann elektrische Fun-
ken sprühen, wird mittelst ihrer galvanischen Spannung eine
15 Kraft äußern, welche, die festesten Verbindungen zersetzend,
Erden zu Metallen reducirt: ja, sie wird von selbst sich zu
Pflanze und Thier gestalten und aus ihrem geheimnißvollen
Schooß jenes Leben entwickeln, vor dessen Verlust ihr in eurer
Beschränktheit so ängstlich besorgt seid. Ist nun, als eine solche
20 Materie fortzudauern, so ganz und gar nichts? Ja, ich behaupte
im Ernst, daß selbst diese Beharrlichkeit der Materie von der
Unzerstörbarkeit unsers wahren Wesens Zeugniß ablegt, wenn
auch nur wie im Bilde und Gleichniß, oder vielmehr nur wie
im Schattenriß. Dies einzusehen, dürfen wir uns nur an die Ka-
25 pitel 24 gegebene Erörterung der Materie erinnern, aus der sich
ergab, daß die lautere, formlose Materie, – diese für sich allein
nie wahrgenommene, aber als stets bleibend vorausgesetzte Basis der Erfahrungswelt, – der unmittelbare Wiederschein, die
Sichtbarkeit überhaupt, des Dinges an sich, also des Willens,
30 ist; daher von ihr, unter den Bedingungen der Erfahrung, das
gilt, was dem Willen an sich schlechthin zukommt und sie seine wahre Ewigkeit unter dem Bilde der zeitlichen Unvergänglichkeit wiedergiebt. Weil, wie schon gesagt, die Natur nicht
lügt; so kann keine aus einer rein objektiven Auffassung dersel-

ben entsprungene und in folgerechtem Denken durchgeführte
Ansicht ganz und gar falsch seyn, sondern sie ist, im schlimmsten Fall, nur sehr einseitig und unvollständig. Eine solche aber
ist unstreitig auch der konsequente Materialismus, etwan der
des E p i k u r o s , eben so gut, wie der ihm entgegengesetzte
absolute Idealismus, etwan der des B e r k e l e y , und überhaupt
jede aus einem richtigen *apperçu* hervorgegangene und redlich
ausgeführte philosophische Grundansicht. Nur sind sie Alle
höchst einseitige Auffassungen und daher, trotz ihrer Gegensätze, z u g l e i c h wahr, nämlich jede von einem bestimmten
Standpunkt aus: sobald man aber sich über diesen erhebt, erscheinen sie nur noch als relativ und bedingt wahr. Der höchste
Standpunkt allein, von welchem aus man sie alle übersieht und
in ihrer bloß relativen Wahrheit, über diese hinaus aber in ihrer
Falschheit erkennt, kann der der absoluten Wahrheit, so weit
eine solche überhaupt erreichbar ist, seyn. Dem entsprechend
sehen wir, wie soeben nachgewiesen wurde, selbst in der eigentlich sehr rohen und daher sehr alten Grundansicht des Materialismus die Unzerstörbarkeit unsers wahren Wesens an sich noch
wie durch einen bloßen Schatten derselben repräsentirt, nämlich
durch die Unvergänglichkeit der Materie; wie, in dem schon
höher stehenden Naturalismus einer absoluten Physik, durch
die Ubiquität und Aeternität der Naturkräfte, welchen die Lebenskraft doch wenigstens beizuzählen ist. Also selbst diese rohen Grundansichten enthalten die Aussage, daß das lebende
Wesen durch den Tod keine absolute Vernichtung erleidet, sondern in und mit dem Ganzen der Natur fortbesteht. –

Die Betrachtungen, welche uns bis hieher geführt haben und
an welche die ferneren Erörterungen sich knüpften, waren ausgegangen von der auffallenden Todesfurcht, welche alle lebenden Wesen erfüllt. Jetzt aber wollen wir den Standpunkt wechseln und ein Mal betrachten, wie, im Gegensatz der Einzelwesen, das G a n z e der Natur sich hinsichtlich des Todes verhält;

wobei wir jedoch immer noch auf dem empirischen Grund und Boden stehen bleiben.

Wir freilich kennen kein höheres Würfelspiel, als das um Tod und Leben: jeder Entscheidung über diese sehen wir mit der äußersten Spannung, Theilnahme und Furcht entgegen: denn es gilt, in unsern Augen, Alles in Allem. – Hingegen d i e N a t u r, welche doch nie lügt, sondern aufrichtig und offen ist, spricht über dieses Thema ganz anders, nämlich so, wie Krischna im Bhagavad-Gita. Ihre Aussage ist: an Tod oder Leben des Individuums ist gar nichts gelegen. Dieses nämlich drückt sie dadurch aus, daß sie das Leben jedes Thieres, und auch des Menschen, den unbedeutendesten Zufällen Preis giebt, ohne zu seiner Rettung einzutreten. – Betrachtet das Insekt auf eurem Wege: eine kleine, unbewußte Wendung eures Fußtrittes ist über sein Leben oder Tod entscheidend. Seht die Waldschnecke, ohne alle Mittel zur Flucht, zur Wehr, zur Täuschung, zum Verbergen, eine bereite Beute für Jeden. Seht den Fisch sorglos im noch offenen Netze spielen; den Frosch durch seine Trägheit von der Flucht, die ihn retten könnte, abgehalten; den Vogel, der den über ihm schwebenden Falken nicht gewahr wird; die Schaafe, welche der Wolf aus dem Busch ins Auge faßt und mustert. Diese Alle gehen, mit wenig Vorsicht ausgerüstet, arglos unter den Gefahren umher, die jeden Augenblick ihr Daseyn bedrohen. Indem nun also die Natur ihre so unaussprechlich künstlichen Organismen nicht nur der Raublust des Stärkeren, sondern auch dem blindesten Zufall und der Laune jedes Narren, und dem Muthwillen jedes Kindes, ohne Rückhalt Preis giebt, spricht sie aus, daß die Vernichtung dieser Individuen ihr gleichgültig sei, ihr nicht schade, gar nichts zu bedeuten habe, und daß, in jenen Fällen, die Wirkung so wenig auf sich habe, wie die Ursache. Sie sagt dies sehr deutlich aus, und sie lügt nie: nur kommentirt sie ihre Aussprüche nicht; vielmehr redet sie im lakonischen Stil der Orakel. Wenn nun die Allmutter so sorglos ihre Kinder tausend drohenden Gefah-

ren, ohne Obhut, entgegensendet; so kann es nur seyn, weil sie
weiß, daß wenn sie fallen, sie in ihren Schooß zurückfallen, wo
sie geboren sind, daher ihr Fall nur ein Scherz ist. Sie hält es
mit dem Menschen nicht anders, als mit den Thieren. Ihre Aussage also erstreckt sich auch auf diesen: Leben oder Tod des Individuums sind ihr gleichgültig. Demzufolge sollten sie es, in
gewissem Sinne auch uns seyn: denn wir selbst sind ja die Natur. Gewiß würden wir, wenn wir nur tief genug sähen, der Natur beistimmen und Tod oder Leben als so gleichgültig ansehen,
wie sie. Inzwischen müssen wir, mittelst der Reflexion, jene
Sorglosigkeit und Gleichgültigkeit der Natur gegen das Leben
der Individuen dahin auslegen, daß die Zerstörung einer solchen Erscheinung das wahre und eigentliche Wesen derselben
im Mindesten nicht anficht.

Erwägen wir nun ferner, daß nicht nur, wie soeben in Betrachtung genommen, Leben und Tod von den geringfügigsten
Zufällen abhängig sind, sondern daß das Daseyn der organischen Wesen überhaupt ein ephemeres ist, Thier und Pflanze
heute entsteht und morgen vergeht, und Geburt und Tod in
schnellem Wechsel folgen, während dem so sehr viel tiefer stehenden Unorganischen eine ungleich längere Dauer gesichert
ist, eine unendlich lange aber nur der absolut formlosen Materie, welcher wir dieselbe sogar *a priori* zuerkennen; – da muß,
denke ich, schon der bloß empirischen, aber objektiven und unbefangenen Auffassung einer solchen Ordnung der Dinge von
selbst der Gedanke folgen, daß dieselbe nur ein oberflächliches
Phänomen sei, daß ein solches beständiges Entstehen und Vergehen keineswegs an die Wurzel der Dinge greifen, sondern
nur ein relatives, ja nur scheinbares seyn könne, von welchem
das eigentliche, sich ja ohnehin überall unserm Blick entziehen-
de und durchweg geheimnißvolle, innere Wesen jedes Dinges
nicht mitgetroffen werde, vielmehr dabei ungestört fortbestehe;
wenn wir gleich die Weise, wie das zugeht, weder wahrnehmen, noch begreifen können, und sie daher nur im Allgemei-

nen, als eine Art von *tour de passe-passe*, der dabei vorgienge, uns denken müssen. Denn, daß, während das Unvollkommenste, das Niedrigste, das Unorganische, unangefochten fortdauert, gerade die vollkommensten Wesen, die lebenden, mit ihren
⁵ unendlich komplicirten und unbegreiflich kunstvollen Organisationen, stets von Grund aus neu entstehen und nach einer Spanne Zeit absolut zu nichts werden sollten, um abermals neuen, aus dem Nichts ins Daseyn tretenden, ihres Gleichen, Platz zu machen, – Dies ist etwas so augenscheinlich Absurdes,
¹⁰ daß es nimmermehr die wahre Ordnung der Dinge seyn kann, vielmehr bloß eine Hülle, welche diese verbirgt, richtiger, ein durch die Beschaffenheit unsers Intellekts bedingtes Phänomen. Ja, das ganze Seyn und Nichtseyn selbst dieser Einzelwesen, in Beziehung auf welches Tod und Leben Gegensätze sind, kann
¹⁵ nur ein relatives seyn: die Sprache der Natur, in welcher es uns als ein absolutes gegeben wird, kann also nicht der wahre und letzte Ausdruck der Beschaffenheit der Dinge und der Ordnung der Welt seyn, sondern wahrlich nur ein *patois du pays*, d. h. ein bloß relativ Wahres, ein Sogenanntes, ein *cum grano*
²⁰ *salis* zu Verstehendes, oder eigentlich zu reden, ein durch unsern Intellekt Bedingtes. – Ich sage, eine unmittelbare, intuitive Ueberzeugung der Art, wie ich sie hier mit Worten zu umschreiben gesucht habe, wird sich Jedem aufdringen: d. h. freilich nur Jedem, dessen Geist nicht von der ganz gemeinen Gat
²⁵ tung ist, als welche, schlechterdings nur das Einzelne, ganz und gar als solches, zu erkennen fähig, streng auf Erkenntniß der Individuen beschränkt ist, nach Art des thierischen Intellekts. Wer hingegen, durch eine nur etwas höher potenzirte Fähigkeit, auch bloß anfängt, in den Einzelwesen ihr Allgemeines, ihre
³⁰ Ideen, zu erblicken, der wird auch jener Ueberzeugung in gewissem Grade theilhaft werden, und zwar als einer unmittelbaren und darum gewissen. In der That sind es auch nur die kleinen, beschränkten Köpfe, welche ganz ernstlich den Tod als ihre Vernichtung fürchten: aber vollends von den entschieden

Bevorzugten bleiben solche Schrecken gänzlich fern. Plato gründete mit Recht die ganze Philosophie auf die Erkenntniß der Ideenlehre, d. h. auf das Erblicken des Allgemeinen im Einzelnen. Ueberaus lebhaft aber muß die hier beschriebene, unmittelbar aus der Auffassung der Natur hervorgehende Ueberzeugung in jenen erhabenen und kaum als bloße Menschen denkbaren Urhebern des Upanischads der Veden gewesen seyn, da dieselbe aus unzähligen ihrer Aussprüche so sehr eindringlich zu uns redet, daß wir diese unmittelbare Erleuchtung ihres Geistes Dem zuschreiben müssen, daß diese Weisen, als dem Ursprunge unsers Geschlechtes, der Zeit nach, näher stehend, das Wesen der Dinge klarer und tiefer auffaßten, als das schon abgeschwächte Geschlecht, οἶοι νυν βροτοι εισιν, es vermag. Allerdings aber ist ihrer Auffassung auch die in ganz anderm Grade, als in unserm Norden, belebte Natur Indiens entgegengekommen. – Inzwischen leitet auch die durchgeführte Reflexion, wie K a n t s großer Geist sie verfolgte, auf anderm Wege, eben dahin, indem sie uns belehrt, daß unser Intellekt, in welchem jene so rasch wechselnde Erscheinungswelt sich darstellt, nicht das wahre, letzte Wesen der Dinge, sondern bloß die Erscheinung desselben auffaßt, und zwar, wie ich hinzusetze, weil er ursprünglich nur bestimmt ist, unserm Willen die Motive vorzuschieben, d. h. ihm beim Verfolgen seiner kleinlichen Zwecke dienstbar zu seyn.

Setzen wir inzwischen unsere objektive und unbefangene Betrachtung der Natur noch weiter fort. – Wenn ich ein Thier, sei es ein Hund, ein Vogel, ein Frosch, ja sei es auch nur ein Insekt, tödte; so ist es eigentlich doch undenkbar, daß dieses Wesen, oder vielmehr die Urkraft, vermöge welcher eine so bewunderungswürdige Erscheinung, noch den Augenblick vorher, sich in ihrer vollen Energie und Lebenslust darstellte, durch meinen boshaften, oder leichtsinnigen Akt zu Nichts geworden seyn sollte. – Und wieder andererseits, die Millionen Thiere jeglicher Art, welche jeden Augenblick, in unendlicher Mannigfal-

tigkeit, voll Kraft und Strebsamkeit ins Daseyn treten, können nimmermehr vor dem Akt ihrer Zeugung gar nichts gewesen und von nichts zu einem absoluten Anfang gelangt seyn. – Sehe ich nun auf diese Weise Eines sich meinem Blicke entzie-
5 hen, ohne daß ich je erfahre, wohin es gehe; und ein Anderes hervortreten, ohne daß ich je erfahre, woher es komme; haben dazu noch Beide die selbe Gestalt, das selbe Wesen, den selben Charakter, nur allein nicht die selbe Materie, welche jedoch sie auch während ihres Daseyns fortwährend abwerfen und erneu-
10 ern; – so liegt doch wahrlich die Annahme, daß Das, was ver-schwindet, und Das, was an seine Stelle tritt, Eines und dassel-be Wesen sei, welches nur eine kleine Veränderung, eine Er-neuerung der Form seines Daseyns, erfahren hat, und daß mit-hin was der Schlaf für das Individuum ist, der Tod für die
15 Gattung sei; – diese Annahme, sage ich, liegt so nahe, daß es unmöglich ist, nicht auf sie zu gerathen, wenn nicht der Kopf, in früher Jugend, durch Einprägung falscher Grundansichten verschroben, ihr, mit abergläubischer Furcht, schon von Weitem aus dem Wege eilt. Die entgegengesetzte Annahme aber, daß
20 die Geburt eines Thieres eine Entstehung aus nichts, und dem entsprechend sein Tod seine absolute Vernichtung sei, und Dies noch mit der Zugabe, daß der Mensch, eben so aus nichts ge-worden, dennoch eine individuelle, endlose Fortdauer und zwar mit Bewußtseyn habe, während der Hund, der Affe, der
25 Elephant durch den Tod vernichtet würden, – ist denn doch wohl etwas, wogegen der gesunde Sinn sich empören und es für absurd erklären muß. – Wenn, wie zur Genüge wiederholt wird, die Vergleichung der Resultate eines Systems mit den Aussprüchen des gesunden Menschenverstandes ein Probirstein
30 seiner Wahrheit seyn soll; so wünsche ich, daß die Anhänger jener von Cartesius bis auf die vorkantischen Eklektiker herab-geerbten, ja wohl auch jetzt noch bei einer großen Anzahl der Gebildeten in Europa herrschenden Grundansicht, ein Mal hier diesen Probirstein anlegen mögen.

Durchgängig und überall ist das ächte Symbol der Natur der Kreis, weil er das Schema der Wiederkehr ist: diese ist in der That die allgemeinste Form in der Natur, welche sie in Allem durchführt, vom Laufe der Gestirne an, bis zum Tod und der Entstehung organischer Wesen, und wodurch allein in dem rastlosen Strom der Zeit und ihres Inhalts doch ein bestehendes Daseyn, d. i. eine Natur, möglich wird.

Wenn man im Herbst die kleine Welt der Insekten betrachtet und nun sieht, wie das eine sich sein Bett bereitet, um zu schlafen, den langen, erstarrenden Winterschlaf; das andere sich einspinnt, um als Puppe zu überwintern und einst, im Frühling, verjüngt und vervollkommnet zu erwachen; endlich die meisten, als welche ihre Ruhe in den Armen des Todes zu halten gedenken, bloß ihrem Ei sorgfältig die geeignete Lagerstätte anpassen, um einst aus diesem erneuet hervorzugehen; – so ist dies die große Unsterblichkeitslehre der Natur, welche uns beibringen möchte, daß zwischen Schlaf und Tod kein radikaler Unterschied ist, sondern der Eine so wenig wie der Andere das Daseyn gefährdet. Die Sorgfalt, mit der das Insekt eine Zelle, oder Grube, oder Nest bereitet, sein Ei hineinlegt, nebst Futter für die im kommenden Frühling daraus hervorgehende Larve, und dann ruhig stirbt, – gleicht ganz der Sorgfalt, mit der ein Mensch am Abend sein Kleid und sein Frühstück für den kommenden Morgen bereit legt und dann ruhig schlafen geht, und könnte im Grunde gar nicht Statt haben, wenn nicht, an sich und seinem wahren Wesen nach, das im Herbste sterbende Insekt mit dem im Frühling auskriechenden eben so wohl identisch wäre, wie der sich schlafen legende Mensch mit dem aufstehenden.

Wenn wir nun, nach diesen Betrachtungen, zu uns selbst und unserm Geschlechte zurückkehren und dann den Blick vorwärts, weit hinaus in die Zukunft werfen, die künftigen Generationen, mit den Millionen ihrer Individuen, in der fremden Gestalt ihrer Sitten und Trachten uns zu vergegenwärtigen suchen,

dann aber mit der Frage dazwischenfahren: Woher werden diese Alle kommen? Wo sind sie jetzt? – Wo ist der reiche Schooß des weltenschwangeren Nichts, der sie noch birgt, die kommenden Geschlechter? – Wäre darauf nicht die lächelnde und
5 wahre Antwort: Wo anders sollen sie seyn, als dort, wo allein das Reale stets war und seyn wird, in der Gegenwart und ihrem Inhalt, also bei Dir, dem bethörten Frager, der, in diesem Verkennen seines eigenen Wesens, dem Blatte am Baume gleicht, welches im Herbste welkend und im Begriff abzufallen,
10 jammert über seinen Untergang und sich nicht trösten lassen will durch den Hinblick auf das frische Grün, welches im Frühling den Baum bekleiden wird, sondern klagend spricht: »Das bin ja Ich nicht! Das sind ganz andere Blätter!« – O thörichtes Blatt! Wohin willst du? Und woher sollen andere kommen?
15 Wo ist das Nichts, dessen Schlund du fürchtest? – Erkenne doch dein eigenes Wesen, gerade Das, was vom Durst nach Daseyn so erfüllt ist, erkenne es wieder in der innern, geheimen, treibenden Kraft des Baumes, welche, stets e i n e und dieselbe in allen Generationen von Blättern, unberührt bleibt vom Ent-
20 stehen und Vergehen. Und nun

οἵη περ φυλλων γενεη, τοιηδε ανδρων.
(*Qualis foliorum generatio, talis et hominum.*)

Ob die Fliege, die jetzt um mich summt, am Abend einschläft und morgen wieder summt; oder ob sie am Abend stirbt, und
25 im Frühjahr, aus ihrem Ei erstanden, eine andere Fliege summt; das ist an sich die selbe Sache: daher aber ist die Erkenntniß, die solches als zwei grundverschiedene Dinge darstellt, keine unbedingte, sondern eine relative, eine Erkenntniß der Erscheinung, nicht des Dinges an sich. Die Fliege ist am Morgen wieder da; sie ist auch im Frühjahr wieder da. Was unterscheidet
30 für sie den Winter von der Nacht? – In B u r d a c h s Physiologie, Bd. 1, §. 275, lesen wir: »Bis Morgens 10 Uhr ist noch

keine *Cercaria ephemera* (ein Infusionsthier) zu sehen (in der Infusion): und um 12 wimmelt das ganze Wasser davon. Abends sterben sie, und am andern Morgen entstehen wieder neue. So beobachtete es N i t z s c h sechs Tage hinter einander.«

So weilt Alles nur einen Augenblick und eilt dem Tode zu. Die Pflanze und das Insekt sterben am Ende des Sommers, das Thier, der Mensch, nach wenig Jahren: der Tod mäht unermüdlich. Desungeachtet aber, ja, als ob dem ganz und gar nicht so wäre, ist jederzeit Alles da und an Ort und Stelle, eben als wenn Alles unvergänglich wäre. Jederzeit grünt und blüht die Pflanze, schwirrt das Insekt, steht Thier und Mensch in unverwüstlicher Jugend da, und die schon tausend Mal genossenen Kirschen haben wir jeden Sommer wieder vor uns. Auch die Völker stehen da, als unsterbliche Individuen; wenn sie gleich bisweilen die Namen wechseln: sogar ist ihr Thun, Treiben und Leiden allezeit das selbe; wenn gleich die Geschichte stets etwas Anderes zu erzählen vorgiebt: denn diese ist wie das Kaleidoskop, welches bei jeder Wendung eine neue Konfiguration zeigt, während wir eigentlich immer das Selbe vor Augen haben. Was also dringt sich unwiderstehlicher auf, als der Gedanke, daß jenes Entstehen und Vergehen nicht das eigentliche Wesen der Dinge treffe, sondern dieses davon unberührt bleibe, also unvergänglich sei, daher denn Alles und Jedes, was daseyn w i l l, wirklich fortwährend und ohne Ende da ist. Demgemäß sind in jedem gegebenen Zeitpunkt alle Thiergeschlechter, von der Mücke bis zum Elephanten, vollzählig beisammen. Sie haben sich bereits viel Tausend Mal erneuert und sind dabei die selben geblieben. Sie wissen nicht von Andern ihres Gleichen, die vor ihnen gelebt, oder nach ihnen leben werden: die Gattung ist es, die allezeit lebt, und, im Bewußtseyn der Unvergänglichkeit derselben und ihrer Identität mit ihr, sind die Individuen da und wohlgemuth. Der Wille zum Leben erscheint sich in endloser Gegenwart; weil diese die Form des Lebens der Gattung ist, welche daher nicht altert, sondern immer jung bleibt. Der Tod ist für sie, was der Schlaf für das Individuum, oder was für das Auge das Winken ist, an dessen Abwesenheit die Indischen Götter erkannt werden, wenn sie in Menschengestalt erscheinen. Wie durch den Eintritt der Nacht die Welt verschwindet, dabei jedoch keinen Augenblick zu seyn aufhört; eben so scheinbar vergeht Mensch und Thier durch den Tod, und eben so ungestört besteht dabei ihr wahres Wesen fort. Nun denke man sich jenen Wechsel von Tod und Geburt in unendlich schnellen Vibrationen, und man hat die beharrliche Objektivation des Willens, die bleibenden Ideen der Wesen vor sich, fest stehend, wie der Regenbogen auf dem Wasserfall. Dies ist die zeitliche Unsterblichkeit. In Folge derselben ist, trotz Jahrtausenden des Todes und der Verwesung, noch nichts verloren gegangen, kein Atom der Materie, noch weniger etwas von dem innern Wesen, welches als die Natur sich darstellt. Demnach können wir jeden Augenblick wohlgemuth ausrufen: »Trotz Zeit, Tod und Verwesung, sind wir noch Alle beisammen!«

Etwan Der wäre auszunehmen, der zu diesem Spiele ein Mal aus Herzensgrunde gesagt hätte: »Ich mag nicht mehr.« Aber davon zu reden ist hier noch nicht der Ort.

Wohl aber ist darauf aufmerksam zu machen, daß die Wehen der Geburt und die Bitterkeit des Todes die beiden konstanten Bedingungen sind, unter denen der Wille zum Leben sich in seiner Objektivation erhält, d. h. unser Wesen an sich, unberührt vom Laufe der Zeit und dem Hinsterben der Geschlechter, in immerwährender Gegenwart da ist und die Frucht der Bejahung des Willens zum Leben genießt. Dies ist dem analog, daß wir nur unter der Bedingung, allnächtlich zu schlafen, am Tage wach seyn können; sogar ist Letzteres der Kommentar, den die Natur zum Verständniß jenes schwierigen Passus liefert.

Denn das Substrat, oder die Ausfüllung, πληρωμα, oder der Stoff der G e g e n w a r t ist durch alle Zeit eigentlich der selbe. Die Unmöglichkeit, diese Identität unmittelbar zu erkennen, ist eben d i e Z e i t, eine Form und Schranke unsers Intellekts.

Daß, vermöge derselben, z. B. das Zukünftige noch nicht ist, beruht auf einer Täuschung, welcher wir inne werden, wann es gekommen ist. Daß die wesentliche Form unsers Intellekts eine solche Täuschung herbeiführt, erklärt und rechtfertigt sich daraus, daß der Intellekt keineswegs zum Auffassen des Wesens 5 der Dinge, sondern bloß zu dem der Motive, also zum Dienst einer individuellen und zeitlichen Willenserscheinung, aus den Händen der Natur hervorgegangen ist.

Wenn man die uns hier beschäftigenden Betrachtungen zusammenfaßt, wird man auch den wahren Sinn der paradoxen 10 Lehre der E l e a t e n verstehen, daß es gar kein Entstehen und Vergehen gebe, sondern das Ganze unbeweglich feststehe: Παρμενιδης και Μελισσος ανηρουν γενεσιν και φθοραν, δια το νομιζειν το παν ακινητον. (*Parmenides et Melissus ortum et interitum tollebant, quoniam nihil moveri putabant. Stob. Ecl., I, 21.*) 15 Imgleichen erhält hier auch die schöne Stelle des E m p e d o k l e s Licht, welche Plutarch uns aufbehalten hat, im Buche *Adversus Coloten, c. 12:*

(Νηπιοι· ου γαρ σφιν δολιχοφρονες εισι μεριμναι,
Οἱ δη γινεσθαι παρος ουκ εον ελπιζουσι,   20
Η τι καταθνησκειν και εξολλυσθαι ἁπαντη.
Ουκ αν ανηρ τοιαυτα σοφος φρεσι μαντευσαιτο
'Ως οφρα μεν τε βιωσι (το δη βιοτον καλεουσι),
Τοφρα μεν ουν εισιν, και σφιν παρα δεινα και εσθλα,
Πριν τε παγεν τε βροτοι, και επει λυθεν, ουδεν   25
                                            αρ' εισιν.)

(*Stulta, et prolixas non admittentia curas*
Pectora: qui sperant, existere posse, quod ante
Non fuit, aut ullam rem pessum protinus ire; –
Non animo prudens homo quod praesentiat ullus,   30
Dum vivunt (namque hoc vitaï nomine signant),
Sunt, et fortuna tum conflictantur utraque:
Ante ortum nihil est homo, nec post funera quidquam.)

Nicht weniger verdient hier erwähnt zu werden die so höchst merkwürdige und an ihrem Ort überraschende Stelle in D i d e - r o t ' s *Jacques le fataliste: un château immense, au frontispice duquel on lisait:* »*Je n'appartiens à personne, et j'appartiens à tout le monde: vous y étiez avant que d'y entrer, vous y serez encore, quand vous en sortirez.*«

In d e m Sinne freilich, in welchem der Mensch bei der Zeugung aus nichts entsteht, wird er durch den Tod zu nichts. Dieses Nichts aber so ganz eigentlich kennen zu lernen, wäre sehr interessant; da nur mittelmäßiger Scharfsinn erfordert ist, einzusehen, daß dieses empirische Nichts keineswegs ein absolutes ist, d. h. ein solches, welches in jedem Sinne nichts wäre. Auf diese Einsicht leitet schon die empirische Bemerkung hin, daß alle Eigenschaften der Eltern sich im Erzeugten wiederfinden, also den Tod überstanden haben. Hievon werde ich jedoch in einem eigenen Kapitel reden.

Es giebt keinen größern Kontrast, als den zwischen der unaufhaltsamen Flucht der Zeit, die ihren ganzen Inhalt mit sich fortreißt, und der starren Unbeweglichkeit des wirklich Vorhandenen, welches zu allen Zeiten das eine und selbe ist. Und faßt man, von diesem Gesichtspunkt aus, die unmittelbaren Vorgänge des Lebens recht objektiv ins Auge; so wird Einem das *Nunc stans* im Mittelpunkte des Rades der Zeit klar und sichtbar. – Einem unvergleichlich länger lebenden Auge, welches mit e i n e m Blick das Menschengeschlecht, in seiner ganzen Dauer, umfaßte, würde der stete Wechsel von Geburt und Tod sich nur darstellen wie eine anhaltende Vibration, und demnach ihm gar nicht einfallen, darin ein stets neues Werden aus Nichts zu Nichts zu sehen; sondern ihm würde, gleichwie unserm Blick der schnell gedrehte Funke als bleibender Kreis, die schnell vibrirende Feder als beharrendes Dreieck, die schwingende Saite als Spindel erscheint, die Gattung als das Seiende und Bleibende erscheinen, Tod und Geburt als Vibrationen.

Von der Unzerstörbarkeit unsers wahren Wesens durch den Tod werden wir so lange falsche Begriffe haben, als wir uns nicht entschließen, sie zuvörderst an den Thieren zu studiren, sondern eine aparte Art derselben, unter dem prahlerischen Namen der Unsterblichkeit, uns allein anmaaßen. Diese Anmaaßung aber und die Beschränktheit der Ansicht, aus der sie hervorgeht, ist es ganz allein, weswegen die meisten Menschen sich so hartnäckig dagegen sträuben, die am Tage liegende Wahrheit anzuerkennen, daß wir, dem Wesentlichen nach und in der Hauptsache, das Selbe sind wie die Thiere; ja, daß sie vor jeder Andeutung unserer Verwandschaft mit diesen zurückbeben. Diese Verleugnung der Wahrheit aber ist es, welche mehr als alles Andere ihnen den Weg versperrt zur wirklichen Erkenntniß der Unzerstörbarkeit unsers Wesens. Denn wenn man etwas auf einem falschen Wege sucht; so hat man eben deshalb den rechten verlassen und wird auf jenem am Ende nie etwas Anderes erreichen, als späte Enttäuschung. Also frisch weg, nicht nach vorgefaßten Grillen, sondern an der Hand der Natur, die Wahrheit verfolgt! Zuvörderst lerne man beim Anblick jedes jungen Thieres das nie alternde Daseyn der Gattung erkennen, welche, als einen Abglanz ihrer ewigen Jugend, jedem neuen Individuo eine zeitliche schenkt, und es auftreten läßt, so neu, so frisch, als wäre die Welt von heute. Man frage sich ehrlich, ob die Schwalbe des heurigen Frühlings eine ganz und gar andere, als die des ersten sei, und ob wirklich zwischen beiden das Wunder der Schöpfung aus Nichts sich Millionen Mal erneuert habe, um eben so oft absoluter Vernichtung in die Hände zu arbeiten. – Ich weiß wohl, daß, wenn ich Einen ernsthaft versicherte, die Katze, welche eben jetzt auf dem Hofe spielt, sei noch die selbe, welche dort vor dreihundert Jahren die nämlichen Sprünge und Schliche gemacht hat, er mich für toll halten würde: aber ich weiß auch, daß es sehr viel toller ist, zu glauben, die heutige Katze sei durch und durch und von Grund aus eine ganz andere, als jene vor dreihundert Jahren. –

Man braucht sich nur treu und ernst in den Anblick eines dieser obern Wirbelthiere zu vertiefen, um deutlich inne zu werden, daß dieses unergründliche Wesen, wie es da ist, im Ganzen genommen, unmöglich zu Nichts werden kann: und doch
5 kennt man andererseits seine Vergänglichkeit. Dies beruht darauf, daß in diesem Thiere die Ewigkeit seiner Idee (Gattung) in der Endlichkeit des Individui ausgeprägt ist. Denn in gewissem Sinne ist es allerdings wahr, daß wir im Individuo stets ein anderes Wesen vor uns haben, nämlich in dem Sinne, der auf
10 dem Satz vom Grunde beruht, unter welchem auch Zeit und Raum begriffen sind, welche das *principium individuationis* ausmachen. In einem andern Sinne aber ist es nicht wahr, nämlich in dem, in welchem die Realität allein den bleibenden Formen der Dinge, den Ideen zukommt, und welcher dem Plato so klar
15 eingeleuchtet hatte, daß derselbe sein Grundgedanke, das Centrum seiner Philosophie, und die Auffassung desselben sein Kriterium der Befähigung zum Philosophiren überhaupt wurde.

Wie die zerstäubenden Tropfen des tobenden Wasserfalls mit Blitzesschnelle wechseln, während der Regenbogen, dessen Trä-
20 ger sie sind, in unbeweglicher Ruhe feststeht, ganz unberührt von jenem rastlosen Wechsel; so bleibt jede I d e e, d. i. jede G a t t u n g lebender Wesen, ganz unberührt vom fortwährenden Wechsel ihrer Individuen. Die I d e e aber, oder die Gattung, ist es, darin der Wille zum Leben eigentlich wurzelt und
25 sich manifestirt: daher auch ist an ihrem Bestand allein ihm wahrhaft gelegen. Z. B. die Löwen, welche geboren werden und sterben, sind wie die Tropfen des Wasserfalls; aber die *leonitas*, die I d e e, oder Gestalt, des Löwen, gleicht dem unerschütterten Regenbogen darauf. Darum also legte P l a t o den
30 I d e e n allein, d. i. den *species*, den Gattungen, ein eigentliches Seyn bei, den Individuen nur ein rastloses Entstehen und Vergehen. Aus dem tiefinnersten Bewußtseyn seiner Unvergänglichkeit entspringt eigentlich auch die Sicherheit und Gemüthsruhe, mit der jedes thierische und auch das menschliche Indivi-

duum unbesorgt dahin wandelt zwischen einem Heer von Zufällen, die es jeden Augenblick vernichten können, und überdies
dem Tode gerade entgegen: aus seinen Augen blickt inzwischen
die Ruhe der Gattung, als welche jener Untergang nicht anficht
und nicht angeht. Auch dem Menschen könnten diese Ruhe 5
die unsichern und wechselnden Dogmen nicht verleihen. Aber,
wie gesagt, der Anblick jedes Thieres lehrt, daß dem Kern des
Lebens, dem Willen, in seiner Manifestation der Tod nicht hin-
derlich ist. Welch ein unergründliches Mysterium liegt doch in
jedem Thiere! Seht das nächste, seht euern Hund an: wie wohl- 10
gemuth und ruhig er dasteht! Viele Tausende von Hunden haben sterben müssen, ehe es an diesen kam, zu leben. Aber der
Untergang jener Tausende hat die I d e e des Hundes nicht an-
gefochten: sie ist durch alles jenes Sterben nicht im Mindesten
getrübt worden. Daher steht der Hund so frisch und urkräftig 15
da, als wäre dieser Tag sein erster und könne keiner sein letzter
seyn, und aus seinen Augen leuchtet das unzerstörbare Princip
in ihm, der Archaeus. Was ist denn nun jene Jahrtausende hindurch gestorben? – Nicht der Hund, er steht unversehrt vor
uns; bloß sein Schatten, sein Abbild in unserer an die Zeit ge- 20
bundenen Erkenntnißweise. Wie kann man doch nur glauben,
daß Das vergehe, was immer und immer da ist und alle Zeit
ausfüllt? – Freilich wohl ist die Sache empirisch erklärlich: nämlich in dem Maaße, wie der Tod die Individuen vernichtete,
brachte die Zeugung neue hervor. Aber diese empirische Erklä- 25
rung ist bloß scheinbar eine solche: sie setzt ein Räthsel an die
Stelle des andern. Der metaphysische Verstand der Sache ist,
wenn auch nicht so wohlfeil zu haben, doch der allein wahre
und genügende.

K a n t , in seinem subjektiven Verfahren, brachte die große, 30
wiewohl negative Wahrheit zu Tage, daß dem Ding an sich die
Zeit nicht zukommen könne; weil sie in unserer Auffassung
präformirt liege. Nun ist der Tod das zeitliche Ende der zeitlichen Erscheinung: aber sobald wir die Zeit wegnehmen, giebt

es gar kein Ende mehr und hat dies Wort alle Bedeutung verloren. Ich aber, hier auf dem objektiven Wege, bin jetzt bemüht,
das Positive der Sache nachzuweisen, daß nämlich das Ding an
sich von der Zeit und Dem, was nur durch sie möglich ist,
dem Entstehen und Vergehen, unberührt bleibt, und daß die
Erscheinungen in der Zeit sogar jenes rastlos flüchtige, dem
Nichts zunächst stehende Daseyn nicht haben könnten, wenn
nicht in ihnen ein Kern aus der Ewigkeit wäre. Die E w i g k e i t
ist freilich ein Begriff, dem keine Anschauung zum Grunde
liegt: er ist auch deshalb bloß negativen Inhalts, besagt nämlich
ein zeitloses Daseyn. Die Z e i t ist demnach ein bloßes Bild
der Ewigkeit, ὁ χρονος εἰκων του αἰωνος, wie es Plotinus hat:
und ebenso ist unser zeitliches Daseyn das bloße Bild unsers
Wesens an sich. Dieses muß in der Ewigkeit liegen, eben weil
die Zeit nur die Form unsers Erkennens ist: vermöge dieser allein aber erkennen wir unser und aller Dinge Wesen als vergänglich, endlich und der Vernichtung anheimgefallen.

Im zweiten Buche habe ich ausgeführt, daß die adäquate Objektität des Willens als Dinges an sich, auf jeder ihrer Stufen die
(Platonische) I d e e ist; desgleichen im dritten Buche, daß die
Ideen der Wesen das reine Subjekt des Erkennens zum Korrelat
haben, folglich die Erkenntniß derselben nur ausnahmsweise,
unter besondern Begünstigungen und vorübergehend eintritt.
Für die individuelle Erkenntniß hingegen, also in der Zeit, stellt
die I d e e sich dar unter der Form der S p e c i e s, welches die
durch Eingehen in die Zeit auseinandergezogene Idee ist. Daher
ist also die S p e c i e s die unmittelbarste Objektivation des Dinges an sich, d. i. des Willens zum Leben. Das innerste Wesen
jedes Thieres, und auch des Menschen, liegt demgemäß in der
S p e c i e s : in dieser also wurzelt der sich so mächtig regende
Wille zum Leben, nicht eigentlich im Individuo. Hingegen liegt
in diesem allein das unmittelbare Bewußtseyn: deshalb wähnt
es sich von der Gattung verschieden, und darum fürchtet es
den Tod. Der Wille zum Leben manifestirt sich in Beziehung

auf das Individuum als Hunger und Todesfurcht; in Beziehung
auf die Species als Geschlechtstrieb und leidenschaftliche Sorge
für die Brut. In Uebereinstimmung hiemit finden wir die Natur,
als welche von jenem Wahn des Individuums frei ist, so sorgsam für die Erhaltung der Gattung, wie gleichgültig gegen den 5
Untergang der Individuen: diese sind ihr stets nur Mittel, jene
ist ihr Zweck. Daher tritt ein greller Kontrast hervor zwischen
ihrem Geiz bei Ausstattung der Individuen und ihrer Verschwendung, wo es die Gattung gilt. Hier nämlich werden oft
von e i n e m Individuo jährlich hundert Tausend Keime und 10
darüber gewonnen, z. B. von Bäumen, Fischen, Krebsen, Ter-
miten u. a. m. Dort hingegen ist Jedem an Kräften und Organen nur knapp so viel gegeben, daß es bei unausgesetzter Anstrengung sein Leben fristen kann; weshalb ein Thier, wenn es
verstümmelt oder geschwächt wird, in der Regel verhungern 15
muß. Und wo eine gelegentliche Ersparniß möglich war, dadurch daß ein Theil zur Noth entbehrt werden konnte, ist er,
selbst außer der Ordnung, zurückbehalten worden: daher fehlen z. B. vielen Raupen die Augen: die armen Thiere tappen im
Finstern von Blatt zu Blatt, welches beim Mangel der Fühlhör- 20
ner dadurch geschieht, daß sie sich mit drei Viertel ihres Leibes
in der Luft hin und her bewegen, bis sie einen Gegenstand treffen; wobei sie oft ihr dicht daneben anzutreffendes Futter ver-
fehlen. Allein dies geschieht in Folge der *lex parsimoniae naturae*, zu deren Ausdruck *natura nihil facit supervacaneum* man 25
noch fügen kann *et nihil largitur.* – Die selbe Richtung der Natur zeigt sich auch darin, daß je tauglicher das Individuum, vermöge seines Alters, zur Fortpflanzung ist, desto kräftiger in ihm
die *vis naturae medicatrix* sich äußert, seine Wunden daher leicht
heilen und es von Krankheiten leicht genest. Dieses nimmt ab 30
mit der Zeugungsfähigkeit, und sinkt tief, nachdem sie erloschen ist: denn jetzt ist, in den Augen der Natur, das Individuum werthlos geworden.

Werfen wir jetzt noch einen Blick auf die Stufenleiter der We-

sen, mit sammt der sie begleitenden Gradation des Bewußtseyns, vom Polypen bis zum Menschen; so sehen wir diese
wundervolle Pyramide zwar durch den steten Tod der Individuen in unausgesetzter Oscillation erhalten, jedoch, mittelst des
5 Bandes der Zeugung, in den Gattungen, die Unendlichkeit der
Zeit hindurch beharren. Während nun also, wie oben ausgeführt worden, das O b j e k t i v e , die Gattung, sich als unzerstörbar darstellt, scheint das S u b j e k t i v e , als welches bloß
im Selbstbewußtseyn dieser Wesen besteht, von der kürzesten
10 Dauer zu seyn und unablässig zerstört zu werden, um eben so
oft, auf unbegreifliche Weise, wieder aus dem Nichts hervorzugehen. Wahrlich aber muß man sehr kurzsichtig seyn, um sich
durch diesen Schein täuschen zu lassen und nicht zu begreifen,
daß, wenn gleich die Form der zeitlichen Fortdauer nur dem
15 Objektiven zukommt, das Subjektive, d. i. der W i l l e , welcher in dem Allen lebt und erscheint, und mit ihm das Subjekt
des E r k e n n e n s , in welchem dasselbe sich darstellt, – nicht
minder unzerstörbar seyn muß; indem die Fortdauer des Objektiven, oder Aeußern, doch nur die Erscheinung der Unzer-
20 störbarkeit des Subjektiven, oder Innern, seyn kann; da Jenes
nichts besitzen kann, was es nicht von Diesem zu Lehn empfangen hätte; nicht aber wesentlich und ursprünglich ein Objektives, eine Erscheinung, und sodann sekundär und accidentell
ein Subjektives, ein Ding an sich, ein Selbstbewußtes seyn
25 kann. Denn offenbar setzt Jenes als Erscheinung ein Erscheinen-
des, als Seyn für Anderes ein Seyn für sich, und als Objekt ein
Subjekt voraus; nicht aber umgekehrt; weil überall die Wurzel
der Dinge in Dem, was sie für sich selbst sind, also im Subjektiven liegen muß, nicht im Objektiven, d. h. in Dem, was sie
30 erst für Andere, in einem fremden Bewußtseyn sind. Demgemäß fanden wir, im ersten Buch, daß der richtige Ausgangspunkt für die Philosophie wesentlich und nothwendig der subjektive, d. i. der idealistische ist; wie auch, daß der entgegengesetzte, vom Objektiven ausgehende, zum Materialismus führt. –

Im Grunde aber sind wir mit der Welt viel mehr Eins, als wir gewöhnlich denken: ihr inneres Wesen ist unser Wille; ihre Erscheinung ist unsere Vorstellung. Wer dieses Einsseyn sich zum deutlichen Bewußtseyn bringen könnte, dem würde der Unterschied zwischen der Fortdauer der Außenwelt, nachdem er gestorben, und seiner eigenen Fortdauer nach dem Tode verschwinden: Beides würde sich ihm als Eines und Dasselbe darstellen, ja, er würde über den Wahn lachen, der sie trennen konnte. Denn das Verständniß der Unzerstörbarkeit unsers Wesens fällt mit dem der Identität des Makrokosmos und Mikrokosmos zusammen. Einstweilen kann man das hier Gesagte sich durch ein eigenthümliches, mittelst der Phantasie vorzunehmendes Experiment, welches ein metaphysisches genannt werden könnte, erläutern. Man versuche nämlich, sich die keinen Falls gar ferne Zeit, da man gestorben seyn wird, lebhaft zu vergegenwärtigen. Da denkt man sich weg und läßt die Welt fortbestehen: aber bald wird man, zu eigener Verwunderung, entdecken, daß man dabei doch noch dawar. Denn man hat vermeint, die Welt ohne sich vorzustellen: allein im Bewußtseyn ist das Ich das Unmittelbare, durch welches die Welt erst vermittelt, für welches allein sie vorhanden ist. Dieses Centrum alles Daseyns, diesen Kern aller Realität soll man aufheben und dabei dennoch die Welt fortbestehen lassen: es ist ein Gedanke, der sich wohl *in abstracto* denken, aber nicht realisiren läßt. Das Bemühen, dieses zu leisten, der Versuch, das Sekundäre ohne das Primäre, das Bedingte ohne die Bedingung, das Getragene ohne den Träger zu denken, mißlingt jedes Mal, ungefähr so, wie der, sich einen gleichseitigen rechtwinklichten Triangel, oder ein Vergehen oder Entstehen von Materie und ähnliche Unmöglichkeiten mehr zu denken. Statt des Beabsichtigten dringt sich uns dabei das Gefühl auf, daß die Welt nicht weniger in uns ist, als wir in ihr, und daß die Quelle aller Realität in unserm Innern liegt. Das Resultat ist eigentlich dieses: die Zeit, da ich nicht seyn werde, wird objektiv kommen: aber subjektiv kann sie nie kommen. – Es ließe daher sich sogar fragen, wie weit denn Jeder, in seinem Herzen, wirklich an eine Sache glaube, die er sich eigentlich gar nicht denken kann; oder ob nicht vielleicht gar, da sich zu jenem bloß intellektuellen, aber mehr oder minder deutlich von Jedem schon gemachten Experiment, noch das tiefinnere Bewußtseyn der Unzerstörbarkeit unsers Wesens an sich gesellt, der eigene Tod uns im Grunde die fabelhafteste Sache von der Welt sei.

Die tiefe Ueberzeugung von unserer Unvertilgbarkeit durch den Tod, welche, wie auch die unausbleiblichen Gewissenssorgen bei Annäherung desselben bezeugen, Jeder im Grunde seines Herzens trägt, hängt durchaus an dem Bewußtseyn unserer Ursprünglichkeit und Ewigkeit; daher S p i n o z a sie so ausdrückt: *sentimus, experimurque, nos a e t e r n o s esse.* Denn als unvergänglich kann ein vernünftiger Mensch sich nur denken, sofern er sich als anfangslos, als ewig, eigentlich als zeitlos denkt. Wer hingegen sich für aus Nichts geworden hält, muß auch denken, daß er wieder zu Nichts wird: denn daß eine Unendlichkeit verstrichen wäre, ehe er war, dann aber eine zweite angefangen habe, welche hindurch er nie aufhören wird zu seyn, ist ein monstroser Gedanke. Wirklich ist der solideste Grund für unsere Unvergänglichkeit der alte Satz: *Ex nihilo nihil fit, et in nihilum nihil potest reverti.* Ganz treffend sagt daher T h e o p h r a s t u s P a r a c e l s u s (Werke, Strasburg 1603, Bd. 2, S. 6): »Die Seel in mir ist aus Etwas geworden; darum sie nicht zu Nichts kommt: denn aus Etwas kommt sie.« Er giebt den wahren Grund an. Wer aber die Geburt des Menschen für dessen absoluten Anfang hält, dem muß der Tod das absolute Ende desselben seyn. Denn Beide sind was sie sind in gleichem Sinne: folglich kann Jeder sich nur insofern als u n - s t e r b l i c h denken, als er sich auch als u n g e b o r e n denkt, und in gleichem Sinn. Was die Geburt ist, das ist, dem Wesen und der Bedeutung nach, auch der Tod; es ist die selbe Linie in zwei Richtungen beschrieben. Ist jene eine wirkliche Entstehung aus Nichts; so ist auch dieser eine wirkliche Vernichtung. In Wahrheit aber läßt sich nur mittelst der E w i g k e i t unsers eigentlichen Wesens eine Unvergänglichkeit desselben denken, welche mithin keine zeitliche ist. Die Annahme, daß der Mensch aus Nichts geschaffen sei, führt nothwendig zu der, daß der Tod sein absolutes Ende sei. Hierin ist also das A. T. völlig konsequent: denn zu einer Schöpfung aus Nichts passt keine Unsterblichkeitslehre. Das neutestamentliche Christenthum hat eine solche, weil es Indischen Geistes und daher, mehr als wahrscheinlich, auch Indischer Herkunft ist, wenn gleich nur unter Aegyptischer Vermittelung. Allein zu dem Jüdischen Stamm, auf welchen jene Indische Weisheit im gelobten Lande gepfropft werden mußte, paßt solche wie die Freiheit des Willens zum Geschaffenseyn desselben, oder wie

> *Humano capiti cervicem pictor equinam*
> *Jungere si velit.*

Es ist immer schlimm, wenn man nicht von Grund aus originell seyn und aus ganzem Holze schneiden darf. – Hingegen haben Brahmanismus und Buddhaismus ganz konsequent zur Fortdauer nach dem Tode ein Daseyn vor der Geburt, dessen Verschuldung abzubüßen dieses Leben da ist. Wie deutlich sie auch der nothwendigen Konsequenz hierin sich bewußt sind, zeigt folgende Stelle aus C o l e b r o o k e ' s Geschichte der Indischen Philosophie in den *Transact. of the Asiatic London Society, Vol. 1, p. 577: Against the system of the Bhagavatas, which is but partially heretical, the objection upon which the chief stress is laid by Vyasa is, that the soul would not be eternal, if it were a production, and consequently had a beginning*[*]. Ferner in *Upham's*

---

[*] »Gegen das System der Bhagavatas, welches nur zum Theil ketzerisch ist, ist die Einwendung, auf welche V y a s a das größte Gewicht legt, diese, daß die Seele nicht ewig seyn würde, wenn sie hervorgebracht wäre und folglich einen Anfang hätte.

Doctrine of Buddhism, S. 110, heißt es: *The lot in hell of impious persons call'd Deitty is the most severe: these are they, who discrediting the evidence of Buddha, adhere to the heretical doctrine, that all living beings had their beginning in the mother's womb,* ⁵ *and will have their end in death**.

Wer sein Daseyn bloß als ein zufälliges auffaßt, muß allerdings fürchten, es durch den Tod zu verlieren. Hingegen wer auch nur im Allgemeinen einsieht, daß dasselbe auf irgend einer ursprünglichen Nothwendigkeit beruhe, wird nicht glauben, ¹⁰ daß diese, die etwas so Wundervolles herbeigeführt hat, auf eine solche Spanne Zeit beschränkt sei, sondern daß sie in jeder wirke. Als ein nothwendiges aber wird sein Daseyn erkennen, wer erwägt, daß bis jetzt, da er existirt, bereits eine unendliche Zeit, also auch eine Unendlichkeit von Veränderungen abgelaufen ist, ¹⁵ er aber dieser ungeachtet doch da ist: die ganze Möglichkeit aller Zustände hat sich also bereits erschöpft, ohne sein Daseyn aufheben zu können. K ö n n t e e r j e m a l s n i c h t s e y n ; s o w ä r e e r s c h o n j e t z t n i c h t. Denn die Unendlichkeit der bereits abgelaufenen Zeit, mit der darin erschöpften ²⁰ Möglichkeit ihrer Vorgänge, verbürgt, daß was e x i s t i r t n o t h w e n d i g e x i s t i r t. Mithin hat Jeder sich als ein nothwendiges Wesen zu begreifen, d. h. als ein solches, aus dessen wahrer und erschöpfender Definition, wenn man sie nur hätte, das Daseyn desselben folgen würde. In diesem Gedankengange ²⁵ liegt wirklich der allein immanente, d. h. sich im Bereich erfahrungsmäßiger Data haltende Beweis der Unvergänglichkeit unsers eigentlichen Wesens. Diesem nämlich muß die Existenz inhäriren, weil sie sich als von allen durch die Kausalkette möglicherweise herbeiführbaren Zuständen unabhängig erweist: denn ³⁰ diese haben bereits das Ihrige gethan, und dennoch ist unser

---

* »In der Hölle ist das härteste Loos das jener Irreligiosen, die D e i t t y genannt werden: dies sind solche, welche, das Zeugniß Buddha's verwerfend, der ketzerischen Lehre anhängen, daß alle lebenden Wesen ihren Anfang im Mutterleibe nehmen und ihr Ende im Tode erreichen.«

Daseyn davon so unerschüttert geblieben, wie der Lichtstrahl vom Sturmwind, den er durchschneidet. Könnte die Zeit, aus eigenen Kräften, uns einem glücksäligen Zustande entgegenführen; so wären wir schon lange da: denn eine unendliche Zeit liegt hinter uns. Aber ebenfalls: könnte sie uns dem Untergange entgegenführen; so wären wir schon längst nicht mehr. Daraus, daß wir jetzt da sind, folgt, wohlerwogen, daß wir jederzeit daseyn müssen. Denn wir sind selbst das Wesen, welches die Zeit, um ihre Leere auszufüllen, in sich aufgenommen hat: deshalb füllt es eben die g a n z e Zeit, Gegenwart, Vergangenheit und Zukunft auf gleiche Weise, und es ist uns so unmöglich, aus dem Daseyn, wie aus dem Raum hinauszufallen. – Genau betrachtet ist es undenkbar, daß Das, was ein Mal in aller Kraft der Wirklichkeit da ist, jemals zu nichts werden und dann eine unendliche Zeit hindurch nicht seyn sollte. Hieraus ist die Lehre der Christen von der Wiederbringung aller Dinge, die der Hindu von der sich stets erneuernden Schöpfung der Welt durch Brahma, nebst ähnlichen Dogmen Griechischer Philosophen hervorgegangen. – Das große Geheimniß unsers Seyns und Nichtseyns, welches aufzuklären diese und alle damit verwandten Dogmen erdacht wurden, beruht zuletzt darauf, daß das Selbe, was objektiv eine unendliche Zeitreihe ausmacht, subjektiv ein Punkt, eine untheilbare, allezeit gegenwärtige Gegenwart ist: aber wer faßt es? Am deutlichsten hat es K a n t dargelegt, in seiner unsterblichen Lehre von der Idealität der Zeit und der alleinigen Realität des Dinges an sich. Denn aus dieser ergiebt sich, daß das eigentlich Wesentliche der Dinge, des Menschen, der Welt, bleibend und beharrend im *Nunc stans* liegt, fest und unbeweglich; und daß der Wechsel der Erscheinungen und Begebenheiten eine bloße Folge unserer Auffassung desselben mittelst unserer Anschauungsform der Zeit ist. – Demnach, statt zu den Menschen zu sagen: »ihr seid durch die Geburt entstanden, aber unsterblich«; sollte man ihnen sagen: »ihr seid nicht Nichts«, und sie dieses verstehen lehren, im Sin-

ne des dem Hermes Trismegistos beigelegten Ausspruchs: Τὸ
γαρ ὂν αει ἒσται. (*Quod enim est, erit semper. Stob. Ecl., I, 43,
6.*) Wenn es jedoch hiemit nicht gelingt, sondern das beängstigte
Herz sein altes Klagelied anstimmt: »Ich sehe alle Wesen durch
5 die Geburt aus dem Nichts entstehen und diesem nach kurzer
Frist wieder anheimfallen: auch mein Daseyn, jetzt in der Gegenwart, wird bald in ferner Vergangenheit liegen, und ich werde Nichts seyn!« – so ist die richtige Antwort: »Bist du nicht
da? Hast du sie nicht inne, die kostbare Gegenwart, nach der
10 ihr Kinder der Zeit alle so gierig trachtet, jetzt inne, wirklich
inne? Und verstehst du, wie du zu ihr gelangt bist? Kennst du
die Wege, die dich zu ihr geführt haben, daß du einsehen könntest, sie würden dir durch den Tod versperrt? Ein Daseyn deines Selbst, nach der Zerstörung deines Leibes, ist dir seiner
15 Möglichkeit nach unbegreiflich: aber kann es dir unbegreiflicher
seyn, als dir dein jetziges Daseyn ist, und wie du dazu gelang-
test? Warum solltest du zweifeln, daß die geheimen Wege, die
dir zu dieser Gegenwart offen standen, dir nicht auch zu jeder
künftigen offen stehen werden?«
20   Wenn also Betrachtungen dieser Art allerdings geeignet sind,
die Ueberzeugung zu erwecken, daß in uns etwas ist, das der
Tod nicht zerstören kann; so geschieht es doch nur mittelst Erhebung auf einen Standpunkt, von welchem aus die Geburt
nicht der Anfang unsers Daseyns ist. Hieraus aber folgt, daß was
25 als durch den Tod unzerstörbar dargethan wird, nicht eigentlich
das Individuum ist, welches überdies durch die Zeugung entstanden und die Eigenschaften des Vaters und der Mutter an sich
tragend, als eine bloße Differenz der Species sich darstellt, als
solche aber nur endlich seyn kann. Wie, Dem entsprechend, das
30 Individuum keine Erinnerung seines Daseyns vor seiner Geburt
hat, so kann es von seinem jetzigen keine nach dem Tode haben. In das B e w u ß t s e y n aber setzt Jeder sein Ich: dieses erscheint ihm daher als an die Individualität gebunden, mit welcher ohnehin alles Das untergeht, was ihm, als Diesem, eigen-

thümlich ist und ihn von den Andern unterscheidet. Seine Fortdauer ohne die Individualität wird ihm daher vom Fortbestehen
der übrigen Wesen ununterscheidbar, und er sieht sein Ich versinken. Wer nun aber so sein Daseyn an die Identität des B e -
w u ß t s e y n s knüpft und daher für dieses eine endlose Fortdauer nach dem Tode verlangt, sollte bedenken, daß er eine solche jedenfalls nur um den Preis einer eben so endlosen Vergangenheit vor der Geburt erlangen kann. Denn da er von einem
Daseyn vor der Geburt keine Erinnerung hat, sein Bewußtseyn
also mit der Geburt anfängt, muß ihm diese für ein Hervorgehen seines Daseyns aus dem Nichts gelten. Dann aber erkauft er
die unendliche Zeit seines Daseyns nach dem Tode für eine eben
so lange vor der Geburt: wobei die Rechnung, ohne Profit für
ihn, aufgeht. Ist hingegen das Daseyn, welches der Tod unberührt läßt, ein anderes, als das des individuellen Bewußtseyns; so
muß es, eben so wie vom Tode, auch von der Geburt unabhängig seyn, und demnach in Beziehung auf dasselbe es gleich wahr
seyn zu sagen: »ich werde stets seyn« und »ich bin stets gewesen«; welches dann doch zwei Unendlichkeiten für eine giebt. -
Eigentlich aber liegt im Worte Ich das größte Aequivokum, wie
ohne Weiteres Der einsehen wird, dem der Inhalt unsers zweiten
Buches und die dort durchgeführte Sonderung des wollenden
vom erkennenden Theil unsers Wesens gegenwärtig ist. Je nachdem ich dieses Wort verstehe, kann ich sagen: »Der Tod ist
mein gänzliches Ende«; oder aber auch: »Ein so unendlich kleiner Theil der Welt ich bin; ein eben so kleiner Theil meines
wahren Wesens ist diese meine persönliche Erscheinung.« Aber
das Ich ist der finstere Punkt im Bewußtseyn, wie auf der Netz-
haut gerade der Eintrittspunkt des Sehnerven blind ist, wie das
Gehirn selbst völlig unempfindlich, der Sonnenkörper finster ist
und das Auge Alles sieht, nur sich selbst nicht. Unser Erkennt-
nißvermögen ist ganz nach Außen gerichtet, Dem entsprechend,
daß es das Produkt einer zum Zwecke der bloßen Selbsterhaltung, also des Nahrungsuchens und Beutefangens entstandenen

Gehirnfunktion ist. Daher weiß Jeder von sich nur als von diesem Individuo, wie es in der äußeren Anschauung sich darstellt. Könnte er hingegen zum Bewußtseyn bringen was er noch überdies und außerdem ist; so würde er seine Individualität willig
5 fahren lassen, die Tenacität seiner Anhänglichkeit an dieselbe belächeln und sagen: »Was kümmert der Verlust dieser Individualität mich, der ich die Möglichkeit zahlloser Individualitäten in mir trage?« Er würde einsehen, daß, wenn ihm gleich eine Fortdauer seiner Individualität nicht bevorsteht, es doch ganz so gut
10 ist, als hätte er eine solche; weil er einen vollkommenen Ersatz für sie in sich trägt. – Ueberdies ließe sich nun aber noch in Erwägung bringen, daß die Individualität der meisten Menschen eine so elende und nichtswürdige ist, daß sie wahrlich nichts daran verlieren, und daß was an ihnen noch einigen Werth haben
15 mag, das allgemein Menschliche ist: diesem aber kann man die Unvergänglichkeit versprechen. Ja, schon die starre Unveränderlichkeit und wesentliche Beschränkung jeder Individualität, als solcher, müßte, bei einer endlosen Fortdauer derselben, endlich, durch ihre Monotonie, einen so großen Ueberdruß erzeugen,
20 daß man, um ihrer nur entledigt zu seyn, lieber zu Nichts würde. Unsterblichkeit der Individualität verlangen, heißt eigentlich einen Irrthum ins Unendliche perpetuiren wollen. Denn im Grunde ist doch jede Individualität nur ein specieller Irrthum, Fehltritt, etwas das besser nicht wäre, ja, wovon uns zurückzu-
25 bringen der eigentliche Zweck des Lebens ist. Dies findet seine Bestätigung auch darin, daß die allermeisten, ja, eigentlich alle Menschen so beschaffen sind, daß sie nicht glücklich seyn könnten, in welche Welt auch immer sie versetzt werden möchten. In dem Maaße nämlich, als eine solche Noth und Beschwerde aus-
30 schlösse, würden sie der Langenweile anheimfallen, und in dem Maaße, als dieser vorgebeugt wäre, würden sie in Noth, Plage und Leiden gerathen. Zu einem glücksäligen Zustande des Menschen wäre also keineswegs hinreichend, daß man ihn in eine »bessere Welt« versetzte, sondern auch noch erfordert, daß mit

ihm selbst eine Grundveränderung vorgienge, also daß er nicht
mehr wäre was er ist, und dagegen würde was er nicht ist. Dazu
aber muß er zuvörderst aufhören zu seyn was er ist: dieses Erforderniß erfüllt vorläufig der Tod, dessen moralische Nothwendigkeit sich von diesem Gesichtspunkt aus schon absehen läßt. 5
In eine andere Welt versetzt werden, und sein ganzes Wesen verändern, – ist im Grunde Eins und dasselbe. Hierauf beruht auch
zuletzt jene Abhängigkeit des Objektiven vom Subjektiven, welche der Idealismus unsers ersten Buches darlegt: demnach liegt
hier der Anknüpfungspunkt der Transscendentalphilosophie an 10
die Ethik. Wenn man dies berücksichtigt, wird man das Erwachen aus dem Traume des Lebens nur dadurch möglich finden,
daß mit demselben auch sein ganzes Grundgewebe zerrinnt: dies
aber ist sein Organ selbst, der Intellekt, sammt seinen Formen,
als mit welchem der Traum sich ins Unendliche fortspinnen 15
würde; so fest ist er mit jenem verwachsen. Das, was ihn eigentlich träumte, ist doch noch davon verschieden und bleibt allein
übrig. Hingegen ist die Besorgniß, es möchte mit dem Tode Alles aus seyn, Dem zu vergleichen, daß Einer im Traume dächte,
es gäbe bloße Träume, ohne einen Träumenden. – Nachdem 20
nun aber durch den Tod ein individuelles Bewußtseyn ein Mal
geendigt hat; wäre es da auch nur wünschenswerth, daß es wieder angefacht würde, um ins Endlose fortzubestehen? Sein Inhalt ist, dem größten Theile nach, ja meistens durchweg, nichts
als ein Strom kleinlicher, irdischer, armsäliger Gedanken und 25
endloser Sorgen: laßt diese doch endlich beruhigt werden! – Mit
richtigem Sinne setzten daher die Alten auf ihre Grabsteine: *secu-
ritati perpetuae*; – oder *bonae quieti*. Wollte man aber gar hier,
wie so oft geschehen, Fortdauer des individuellen Bewußtseyns
verlangen, um eine jenseitige Belohnung oder Bestrafung daran 30
zu knüpfen; so würde es hiemit im Grunde nur auf die Verein-
barkeit der Tugend mit dem Egoismus abgesehen seyn. Diese
Beiden aber werden sich nie umarmen: sie sind von Grund aus
Entgegengesetzte. Wohlbegründet hingegen ist die unmittelbare

Ueberzeugung, welche der Anblick edler Handlungen hervorruft, daß der Geist der Liebe, der Diesen seiner Feinde schonen,
Jenen des zuvor nie Gesehenen sich mit Lebensgefahr annehmen
heißt, nimmermehr verfliegen und zu Nichts werden kann. –

5 Die gründlichste Antwort auf die Frage nach der Fortdauer
des Individuums nach dem T o d e liegt in K a n t ' s großer Lehre von der I d e a l i t ä t d e r Z e i t, als welche gerade hier sich
besonders folgenreich und fruchtbar erweist, indem sie, durch
eine völlig theoretische aber wohlerwiesene Einsicht, Dogmen,
10 die auf dem einen wie auf dem andern Wege zum Absurden
führen, ersetzt und so die excitirendeste aller metaphysischen
Fragen mit einem Male beseitigt. Anfangen, Enden und Fortdauern sind Begriffe, welche ihre Bedeutung einzig und allein
von der Zeit entlehnen und folglich nur unter Voraussetzung
15 dieser gelten. Allein die Zeit hat kein absolutes Daseyn, ist
nicht die Art und Weise des Seyns an sich der Dinge, sondern
bloß die Form unserer E r k e n n t n i ß von unserm und aller
Dinge Daseyn und Wesen, welche eben dadurch sehr unvollkommen und auf bloße Erscheinungen beschränkt ist. In Hin-
20 sicht auf diese allein also finden die Begriffe von Aufhören und
Fortdauern Anwendung, nicht in Hinsicht auf das in ihnen sich
Darstellende, das Wesen an sich der Dinge, auf welches angewandt jene Begriffe daher keinen wahren Sinn mehr haben.
Dies zeigt sich denn auch daran, daß eine Beantwortung der
25 von jenen Zeit-Begriffen ausgehenden Frage unmöglich wird
und jede Behauptung einer solchen, sei sie auf der einen oder
der andern Seite, schlagenden Einwürfen unterliegt. Man könnte zwar behaupten, daß unser Wesen an sich nach dem Tode
fortdauere, weil es falsch sei, daß es untergienge; aber eben so
30 gut, daß es untergienge, weil es falsch sei, daß es fortdauere: im
Grunde ist das Eine so wahr, wie das Andere. Hier ließe sich
demnach allerdings so etwas, wie eine Antinomie aufstellen. Allein sie würde auf lauter Negationen beruhen. Man spräche
darin dem Subjekt des Urtheils zwei kontradiktorisch entgegen-

gesetzte Prädikate ab; aber nur weil die ganze Kategorie derselben auf jenes nicht anwendbar wäre. Wenn man nun aber jene beiden Prädikate nicht zusammen, sondern einzeln ihm abspricht, gewinnt es den Schein, als wäre das kontradiktorische Gegentheil des jedesmal abgesprochenen Prädikats dadurch von ihm bewiesen. Dies beruht aber darauf, daß hier inkommensurable Größen verglichen werden, insofern das Problem uns auf einen Schauplatz versetzt, welcher die Zeit aufhebt, dennoch aber nach Zeitbestimmungen frägt, welche folglich dem Subjekt beizulegen und ihm abzusprechen gleich falsch ist: dies eben heißt: das Problem ist transscendent. In diesem Sinne bleibt der Tod ein Mysterium.

Hingegen kann man, eben jenen Unterschied zwischen Erscheinung und Ding an sich festhaltend, die Behauptung aufstellen, daß der Mensch zwar als Erscheinung vergänglich sei, das Wesen an sich desselben jedoch hievon nicht mitgetroffen werde, dasselbe also, obwohl man, wegen der diesem anhängenden Elimination der Zeitbegriffe, ihm keine Fortdauer beilegen könne, doch unzerstörbar sei. Demnach würden wir hier auf den Begriff einer Unzerstörbarkeit, die jedoch keine Fortdauer wäre, geleitet. Dieser Begriff nun ist ein solcher, der, auf dem Wege der Abstraktion gewonnen, sich auch allenfalls *in abstracto* denken läßt, jedoch durch keine Anschauung belegt, mithin nicht eigentlich deutlich werden kann. Andererseits jedoch ist hier festzuhalten, daß wir nicht, mit K a n t , die Erkennbarkeit des Dinges an sich schlechthin aufgegeben haben, sondern wissen, daß dasselbe im Willen zu suchen sei. Zwar haben wir eine absolute und erschöpfende Erkenntniß des Dinges an sich nie behauptet, vielmehr sehr wohl eingesehen, daß, Etwas nach dem, was es schlechthin an und für sich sei, zu erkennen, unmöglich ist. Denn sobald ich e r k e n n e , habe ich eine Vorstellung: diese aber kann, eben weil sie meine Vorstellung ist, nicht mit dem Erkannten identisch seyn, sondern giebt es, indem sie es aus einem Seyn für sich zu einem Seyn für Andere macht, in

einer ganz andern Form wieder, ist also stets noch als E r s c h e i -
n u n g desselben zu betrachten. Für ein e r k e n n e n d e s Bewußtseyn, wie immer solches auch beschaffen seyn möge, kann
es daher stets nur Erscheinungen geben. Dies wird selbst dadurch nicht ganz beseitigt, daß mein eigenes Wesen das Erkannte ist: denn sofern es in mein e r k e n n e n d e s Bewußtseyn
fällt, ist es schon ein Reflex meines Wesens, ein von diesem
selbst Verschiedenes, also schon in gewissem Grad Erscheinung.
Sofern ich also ein Erkennendes bin, habe ich selbst an meinem
eigenen Wesen eigentlich nur eine Erscheinung: sofern ich hingegen dieses Wesen selbst unmittelbar bin, bin ich nicht erkennend. Denn daß die Erkenntniß nur eine sekundäre Eigenschaft
unsers Wesens und durch die animalische Natur desselben herbeigeführt sei, ist im zweiten Buch genugsam bewiesen. Streng
genommen erkennen wir also auch unsern Willen immer nur
noch als Erscheinung und nicht nach Dem, was er schlechthin
an und für sich seyn mag. Allein eben in jenem zweiten Buch,
wie auch in der Schrift vom Willen in der Natur, ist ausführlich
dargethan und nachgewiesen, daß, wenn wir, um in das Innere
der Dinge zu dringen, das nur mittelbar und von außen Gegebene verlassend, die einzige Erscheinung, in deren Wesen uns
eine unmittelbare Einsicht von Innen zugänglich ist, festhalten,
wir in dieser als das Letzte und den Kern der Realität ganz entschieden den Willen finden, in welchem wir daher das Ding an
sich insofern erkennen, als es hier nicht mehr den Raum, aber
doch noch die Zeit zur Form hat, mithin eigentlich nur in seiner unmittelbarsten Manifestation und daher mit dem Vorbe-
halt, daß diese Erkenntniß desselben noch keine erschöpfende
und ganz adäquate sei. In diesem Sinne also halten wir auch
hier den Begriff des Willens als des Dinges an sich fest.

Auf den Menschen, als Erscheinung in der Zeit, ist der Begriff des Aufhörens allerdings anwendbar und die empirische
Erkenntniß legt unverholen den Tod als das Ende dieses zeitlichen Daseyns dar. Das Ende der Person ist eben so real, wie es

ihr Anfang war, und in eben dem Sinne, wie wir vor der Geburt nicht waren, werden wir nach dem Tode nicht mehr seyn. Jedoch kann durch den Tod nicht mehr aufgehoben werden, als durch die Geburt gesetzt war; also nicht Das, wodurch die Geburt allererst möglich geworden. In diesem Sinne ist *natus et denatus* ein schöner Ausdruck. Nun aber liefert die gesammte empirische Erkenntniß bloße Erscheinungen: nur diese daher werden von den zeitlichen Hergängen des Entstehens und Vergehens getroffen, nicht aber das Erscheinende, das Wesen an sich. Für dieses existirt der durch das Gehirn bedingte Gegensatz von Entstehen und Vergehen gar nicht, sondern hat hier Sinn und Bedeutung verloren. Dasselbe bleibt also unangefochten vom zeitlichen Ende einer zeitlichen Erscheinung und behält stets dasjenige Daseyn, auf welches die Begriffe von Anfang, Ende und Fortdauer nicht anwendbar sind. Dasselbe aber ist, so weit wir es verfolgen können, in jedem erscheinenden Wesen der Wille desselben: so auch im Menschen. Das Bewußtseyn hingegen besteht im Erkennen: dieses aber gehört, wie genugsam nachgewiesen, als Thätigkeit des Gehirns, mithin als Funktion des Organismus, der bloßen Erscheinung an, endigt daher mit dieser: der Wille allein, dessen Werk oder vielmehr Abbild der Leib war, ist das Unzerstörbare. Die strenge Unterscheidung des Willens von der Erkenntniß, nebst dem Primat des erstern, welche den Grundcharakter meiner Philosophie ausmacht, ist daher der alleinige Schlüssel zu dem sich auf mannigfaltige Weise kund gebenden und in jedem, sogar dem ganz rohen Bewußtseyn stets von Neuem aufsteigenden Widerspruch, daß der Tod unser Ende ist, und wir dennoch ewig und unzerstörbar seyn müssen, also dem *sentimus, experimurque nos aeternos esse* des S p i n o z a . Alle Philosophen haben darin geirrt, daß sie das Metaphysische, das Unzerstörbare, das Ewige im Menschen in den I n t e l l e k t setzten: es liegt ausschließlich im W i l l e n , der von jenem gänzlich verschieden und allein ursprünglich ist. Der Intellekt ist, wie im zweiten Buche auf das

Gründlichste dargethan worden, ein sekundäres Phänomen und durch das Gehirn bedingt, daher mit diesem anfangend und endend. Der Wille allein ist das Bedingende, der Kern der ganzen Erscheinung, von den Formen dieser, zu welchen die Zeit gehört, somit frei, also auch unzerstörbar. Mit dem Tode geht demnach zwar das Bewußtseyn verloren, nicht aber Das, was das Bewußtseyn hervorbrachte und erhielt: das Leben erlischt, nicht aber mit ihm das Princip des Lebens, welches in ihm sich manifestirte. Daher also sagt Jedem ein sicheres Gefühl, daß in ihm etwas schlechthin Unvergängliches und Unzerstörbares sei. Sogar das Frische und Lebhafte der Erinnerungen aus der fernsten Zeit, aus der ersten Kindheit, zeugt davon, daß irgend etwas in uns nicht mit der Zeit sich fortbewegt, nicht altert, sondern unverändert beharrt. Aber was dieses Unvergängliche sei, konnte man sich nicht deutlich machen. Es ist nicht das Bewußtseyn, so wenig wie der Leib, auf welchem offenbar das Bewußtseyn beruht. Es ist vielmehr Das, worauf der Leib, mit sammt dem Bewußtseyn beruht. Dieses aber ist eben Das, was, indem es ins Bewußtseyn fällt, sich als W i l l e darstellt. Ueber diese unmittelbarste Erscheinung desselben hinaus können wir freilich nicht; weil wir nicht über das Bewußtseyn hinaus können: daher bleibt die Frage, was denn Jenes seyn möge, sofern es n i c h t ins Bewußtseyn fällt, d. h. was es schlechthin an sich selbst sei, unbeantwortbar.

In der Erscheinung und mittelst deren Formen, Zeit und Raum, als *principium individuationis*, stellt es sich so dar, daß das menschliche Individuum untergeht, hingegen das Menschengeschlecht immerfort bleibt und lebt. Allein im Wesen an sich der Dinge, als welches von diesen Formen frei ist, fällt auch der ganze Unterschied zwischen dem Individuo und dem Geschlechte weg, und sind Beide unmittelbar Eins. Der ganze Wille zum Leben ist im Individuo, wie er im Geschlechte ist, und daher ist die Fortdauer der Gattung bloß das Bild der Unzerstörbarkeit des Individui.

Da nun also das so unendlich wichtige Verständniß der Unzerstörbarkeit unsers wahren Wesens durch den Tod gänzlich
auf dem Unterschiede zwischen Erscheinung und Ding an sich
beruht, will ich eben diesen jetzt dadurch in das hellste Licht
stellen, daß ich ihn am Gegentheil des Todes, also an der 5
Entstehung der animalischen Wesen, d. i. der Zeugung, er-
läutere. Denn dieser mit dem Tode gleich geheimnißvolle Vorgang stellt uns den fundamentalen Gegensatz zwischen Erscheinung und Wesen an sich der Dinge, d. i. zwischen der Welt als
Vorstellung und der Welt als Wille, wie auch die gänzliche He- 10
terogeneität der Gesetze Beider, am unmittelbarsten vor Augen.
Der Zeugungsakt nämlich stellt sich uns auf zweifache Weise
dar: erstlich für das Selbstbewußtseyn, dessen alleiniger Gegenstand, wie ich oft nachgewiesen habe, der Wille mit allen seinen
Affektionen ist; und sodann für das Bewußtseyn anderer Din- 15
ge, d. i. der Welt der Vorstellung, oder der empirischen Realität
der Dinge. Von der Willensseite nun, also innerlich, subjektiv,
für das Selbstbewußtseyn, stellt jener Akt sich dar als die unmittelbarste und vollkommenste Befriedigung des Willens, d. i.
als Wollust. Von der Vorstellungsseite hingegen, also äußerlich, 20
objektiv, für das Bewußtseyn von andern Dingen, ist eben dieser Akt der Einschlag zum allerkünstlichsten Gewebe, die
Grundlage des unaussprechlich komplicirten animalischen Organismus, der dann nur noch der Entwickelung bedarf, um unsern erstaunten Augen sichtbar zu werden. Dieser Organismus, 25
dessen ins Unendliche gehende Komplikation und Vollendung
nur Der kennt, welcher Anatomie studirt hat, ist, von der Vorstellungsseite aus, nicht anders zu begreifen und zu denken, als
ein mit der planvollsten Kombination ausgedachtes und mit
überschwänglicher Kunst und Genauigkeit ausgeführtes System, 30
als das mühsäligste Werk der tiefsten Ueberlegung: – nun aber
von der Willensseite kennen wir, durch das Selbstbewußtseyn,
seine Hervorbringung als das Werk eines Aktes, der das gerade
Gegentheil aller Ueberlegung ist, eines ungestühmen blinden

Dranges, einer überschwänglich wollüstigen Empfindung. Dieser Gegensatz ist genau verwandt mit dem oben nachgewiesenen unendlichen Kontrast zwischen der absoluten Leichtigkeit, mit der die Natur ihre Werke hervorbringt, nebst der dieser
5 entsprechenden gränzenlosen Sorglosigkeit, mit welcher sie solche der Vernichtung Preis giebt, – und der unberechenbar künstlichen und durchdachten Konstruktion eben dieser Werke, nach welcher zu urtheilen sie unendlich schwer zu machen und daher über ihre Erhaltung mit aller ersinnlichen Sorgfalt zu wa-
10 chen seyn müßte; während wir das Gegentheil vor Augen haben. – Haben wir nun, durch diese, freilich sehr ungewöhnliche Betrachtung, die beiden heterogenen Seiten der Welt aufs schroffeste an einander gebracht und sie gleichsam mit e i n e r Faust umspannt; so müssen wir sie jetzt festhalten, um uns von
15 der gänzlichen Ungültigkeit der Gesetze der Erscheinung, oder Welt als Vorstellung, für die des Willens, oder der Dinge an sich, zu überzeugen: dann wird es uns faßlicher werden, daß, während auf der Seite der Vorstellung, d. i. in der Erscheinungswelt, sich uns bald ein Entstehen aus Nichts, bald eine
20 gänzliche Vernichtung des Entstandenen darstellt, von jener andern Seite aus, oder an sich, ein Wesen vorliegt, auf welches angewandt die Begriffe von Entstehen und Vergehen gar keinen Sinn haben. Denn wir haben soeben, indem wir auf den Wurzelpunkt zurückgiengen, wo, mittelst des Selbstbewußtseyns,
25 die Erscheinung und das Wesen an sich zusammenstoßen, es gleichsam mit Händen gegriffen, daß Beide schlechthin inkommensurabel sind, und die ganze Weise des Seyns des Einen, nebst allen Grundgesetzen dieses Seyns, im Andern nichts und weniger als Nichts bedeutet. – Ich glaube, daß diese letzte Be-
30 trachtung nur von Wenigen recht verstanden werden, und daß sie Allen, die sie nicht verstehen, mißfällig und selbst anstößig seyn wird: jedoch werde ich deshalb nie etwas weglassen, was dienen kann, meinen Grundgedanken zu erläutern. –
Am Anfange dieses Kapitels habe ich auseinandergesetzt, daß

die große Anhänglichkeit an das Leben, oder vielmehr die Furcht vor dem Tode, keineswegs aus der E r k e n n t n i ß entspringt, in welchem Fall sie das Resultat des erkannten Werthes des Lebens seyn würde; sondern daß jene Todesfurcht ihre Wurzel unmittelbar im W i l l e n hat, aus dessen ursprünglichem Wesen, in welchem er ohne alle Erkenntniß, und daher blinder Wille zum Leben ist, sie hervorgeht. Wie wir in das Leben hineingelockt werden durch den ganz illusorischen Trieb zur Wollust; so werden wir darin festgehalten durch die gewiß eben so illusorische Furcht vor dem Tode. Beides entspringt unmittelbar aus dem Willen, der an sich erkenntnißlos ist. Wäre, umgekehrt, der Mensch ein bloß e r k e n n e n d e s Wesen; so müßte der Tod ihm nicht nur gleichgültig, sondern sogar willkommen seyn. Jetzt lehrt die Betrachtung, zu der wir hier gelangt sind, daß was vom Tode getroffen wird, bloß das e r k e n - n e n d e Bewußtseyn ist, hingegen der W i l l e , sofern er das Ding an sich ist, welches jeder individuellen Erscheinung zum Grunde liegt, von allem auf Zeitbestimmungen Beruhenden frei, also auch unvergänglich ist. Sein Streben nach Daseyn und Manifestation, woraus die Welt hervorgeht, wird stets erfüllt: denn diese begleitet ihn wie den Körper sein Schatten, indem sie bloß die Sichtbarkeit seines Wesens ist. Daß er in uns dennoch den Tod fürchtet, kommt daher, daß hier die Erkenntniß ihm sein Wesen bloß in der individuellen Erscheinung vorhält, woraus ihm die Täuschung entsteht, daß er mit dieser untergehe, etwan wie mein Bild im Spiegel, wenn man diesen zerschlägt, mit vernichtet zu werden scheint: Dieses also, als seinem ursprünglichen Wesen, welches blinder Drang nach Daseyn ist, zuwider, erfüllt ihn mit Abscheu. Hieraus nun folgt, daß Dasjenige in uns, was allein den Tod zu fürchten fähig ist und ihn auch allein fürchtet, der W i l l e , von ihm nicht getroffen wird; und daß hingegen was von ihm getroffen wird und wirklich untergeht, Das ist, was seiner Natur nach keiner Furcht, wie überhaupt keines Wollens oder Affektes, fähig, da-

her gegen Seyn und Nichtseyn gleichgültig ist, nämlich das bloße Subjekt der Erkenntniß, der Intellekt, dessen Daseyn in seiner Beziehung zur Welt der Vorstellung, d. h. der objektiven
Welt besteht, deren Korrelat er ist und mit deren Daseyn das
5 seinige im Grunde Eins ist. Wenngleich also nicht das individuelle Bewußtseyn den Tod überlebt; so überlebt ihn doch Das,
was allein sich gegen ihn sträubt: der Wille. Hieraus erklärt sich
auch der Widerspruch, daß die Philosophen, vom Standpunkt
der Erkenntniß aus, allezeit mit treffenden Gründen bewiesen
10 haben, der Tod sei kein Uebel; die Todesfurcht jedoch dem Allen unzugänglich bleibt: weil sie eben nicht in der Erkenntniß,
sondern allein im Willen wurzelt. Eben daher, daß nur der Wille, nicht aber der Intellekt das Unzerstörbare ist, kommt es
auch, daß alle Religionen und Philosophien allein den Tugenden
15 des Willens, oder Herzens, einen Lohn in der Ewigkeit zuerkennen, nicht denen des Intellekts, oder Kopfes.

Zur Erläuterung dieser Betrachtung diene noch Folgendes.
Der Wille, welcher unser Wesen an sich ausmacht, ist einfacher
Natur: er will bloß und erkennt nicht. Das Subjekt des Erken-
20 nens hingegen ist eine sekundäre, aus der Objektivation des
Willens hervorgehende Erscheinung: es ist der Einheitspunkt
der Sensibilität des Nervensystems, gleichsam der Fokus, in
welchem die Strahlen der Thätigkeit aller Theile des Gehirns
zusammenlaufen. Mit diesem muß es daher untergehen. Im
25 Selbstbewußtseyn steht es, als das allein Erkennende, dem Willen als sein Zuschauer gegenüber und erkennt, obgleich aus ihm
entsprossen, ihn doch als ein von sich Verschiedenes, ein Fremdes, deshalb auch nur empirisch, in der Zeit, stückweise, in seinen successiven Erregungen und Akten, erfährt auch seine Ent-
30 schließungen erst *a posteriori* und oft sehr mittelbar. Hieraus erklärt sich, daß unser eigenes Wesen uns, d. h. eben unserm Intellekt, ein Räthsel ist, und daß das Individuum sich als neu
entstanden und vergänglich erblickt; obschon sein Wesen an
sich ein zeitloses, also ewiges ist. Wie nun der W i l l e nicht e r-

k e n n t , so ist umgekehrt der Intellekt, oder das Subjekt der
Erkenntniß, einzig und allein e r k e n n e n d , ohne irgend zu
wollen. Dies ist selbst physisch daran nachweisbar, daß, wie
schon im zweiten Buch erwähnt, nach B i c h a t , die verschiedenen Affekte alle Theile des Organismus unmittelbar erschüt- 5
tern und ihre Funktionen stören, mit Ausnahme des Gehirns,
als welches höchstens mittelbar, d. h. in Folge eben jener Stö-
rungen, davon affizirt werden kann (*De la vie et de la mort, art.
6, §. 2*). Daraus aber folgt, daß das Subjekt des Erkennens, für
sich und als solches, an nichts Antheil oder Interesse nehmen 10
kann, sondern ihm das Seyn oder Nichtseyn jedes Dinges, ja
sogar seiner selbst, gleichgültig ist. Warum nun sollte dieses antheilslose Wesen unsterblich seyn? Es endet mit der zeitlichen
Erscheinung des Willens, d. i. dem Individuo, wie es mit diesem entstanden war. Es ist die Laterne, welche ausgelöscht 15
wird, nachdem sie ihren Dienst geleistet hat. Der Intellekt, wie
die in ihm allein vorhandene anschauliche Welt, ist bloße Erscheinung: aber die Endlichkeit Beider ficht nicht Das an, davon sie die Erscheinung sind. Der Intellekt ist Funktion des cerebralen Nervensystems: aber dieses, wie der übrige Leib, ist 20
die Objektität des W i l l e n s . Daher beruht der Intellekt auf
dem somatischen Leben des Organismus: dieser selbst aber beruht auf dem Willen. Der organische Leib kann also, in gewissem Sinne, angesehen werden als Mittelglied zwischen dem
Willen und dem Intellekt; wiewohl er eigentlich nur der in der 25
Anschauung des Intellekts sich räumlich darstellende Wille
selbst ist. Tod und Geburt sind die stete Auffrischung des Bewußtseyns des an sich end- und anfangslosen Willens, der allein
gleichsam die Substanz des Daseyns ist (jede solche Auffrischung aber bringt eine neue Möglichkeit der Verneinung des 30
Willens zum Leben). Das Bewußtseyn ist das Leben des Subjekts des Erkennens, oder des Gehirns, und der Tod dessen
Ende. Daher ist das Bewußtseyn endlich, stets neu, jedesmal
von vorne anfangend. Der W i l l e allein beharrt; aber auch

ihm allein ist am Beharren gelegen: denn er ist der Wille zum
Leben. Dem erkennenden Subjekt für sich ist an nichts gelegen.
Im Ich sind jedoch Beide verbunden. – In jedem animalischen
Wesen hat der Wille einen Intellekt errungen, welcher das Licht
ist, bei dem er hier seine Zwecke verfolgt. Beiläufig gesagt, mag
die Todesfurcht zum Theil auch darauf beruhen, daß der individuelle Wille so ungern sich von seinem, durch den Naturlauf
ihm zugefallenen Intellekt trennt, von seinem Führer und
Wächter, ohne den er sich hülflos und blind weiß.

Zu dieser Auseinandersetzung stimmt endlich auch noch jene
tägliche moralische Erfahrung, die uns belehrt, daß der Wille
allein real ist, hingegen die Objekte desselben als durch die Erkenntniß bedingt, nur Erscheinungen, nur Schaum und Dunst
sind, gleich dem Weine, welchen Mephistopheles in Auerbachs
Keller kredenzt: nämlich nach jedem sinnlichen Genuß sagen
auch wir: »Mir däuchte doch als tränk' ich Wein.«

Die Schrecken des Todes beruhen großentheils auf dem falschen Schein, daß jetzt das Ich verschwinde, und die Welt bleibe. Vielmehr aber ist das Gegentheil wahr: die Welt verschwindet; hingegen der innerste Kern des Ich, der Träger und Her-
vorbringer jenes Subjekts, in dessen Vorstellung allein die Welt
ihr Daseyn hatte, beharrt. Mit dem Gehirn geht der Intellekt
und mit diesem die objektive Welt, seine bloße Vorstellung, unter. Daß in andern Gehirnen, nach wie vor, eine ähnliche Welt
lebt und schwebt, ist in Beziehung auf den untergehenden Intellekt gleichgültig. – Wenn daher nicht im W i l l e n die eigentliche Realität läge und nicht das m o r a l i s c h e Daseyn das sich
über den Tod hinaus erstreckende wäre; so würde, da der Intellekt und mit ihm seine Welt erlischt, das Wesen der Dinge überhaupt nichts weiter seyn, als eine endlose Folge kurzer und trü-
ber Träume, ohne Zusammenhang unter einander: denn das
Beharren der erkenntnißlosen Natur besteht bloß in der Zeit-
vorstellung der erkennenden. Also ein, ohne Ziel und Zweck,

meistens sehr trübe und schwere Träume träumender Weltgeist
wäre dann Alles in Allem.

Wann nun ein Individuum Todesangst empfindet; so hat man
eigentlich das seltsame, ja, zu belächelnde Schauspiel, daß der
Herr der Welten, welcher Alles mit seinem Wesen erfüllt, und
durch welchen allein Alles was ist sein Daseyn hat, verzagt und
unterzugehen befürchtet, zu versinken in den Abgrund des ewigen Nichts; – während, in Wahrheit, Alles von ihm voll ist und
es keinen Ort giebt, wo er nicht wäre, kein Wesen, in welchem
er nicht lebte; da das Daseyn nicht ihn trägt, sondern er das
Daseyn. Dennoch ist er es, der im Todesangst leidenden Individuo verzagt, indem er der, durch das *principium individuationis*
hervorgebrachten Täuschung unterliegt, daß seine Existenz auf
die des jetzt sterbenden Wesens beschränkt sei: diese Täuschung
gehört zu dem schweren Traum, in welchen er als Wille zum
Leben verfallen ist. Aber man könnte zu dem Sterbenden sagen: »Du hörst auf, etwas zu seyn, welches du besser gethan
hättest, nie zu werden.«

Solange keine Verneinung jenes Willens eingetreten, ist was
der Tod von uns übrig läßt der Keim und Kern eines ganz andern Daseyns, in welchem ein neues Individuum sich wiederfindet, so frisch und ursprünglich, daß es über sich selbst verwundert brütet. Daher der schwärmerische und träumerische
Hang edler Jünglinge, zur Zeit wo dieses frische Bewußtseyn
sich eben ganz entfaltet hat. Was für das Individuum der Schlaf,
das ist für den Willen als Ding an sich der Tod. Er würde es
nicht aushalten, eine Unendlichkeit hindurch das selbe Treiben
und Leiden, ohne wahren Gewinn, fortzusetzen, wenn ihm Erinnerung und Individualität bliebe. Er wirft sie ab, dies ist der
Lethe, und tritt, durch diesen Todesschlaf erfrischt und mit einem andern Intellekt ausgestattet, als ein neues Wesen wieder
auf: »zu neuen Ufern lockt ein neuer Tag!« –

Als sich bejahender Wille zum Leben hat der Mensch die
Wurzel seines Daseyns in der Gattung. Demnach ist sodann

der Tod das Verlieren einer Individualität und Empfangen einer andern, folglich ein Verändern der Individualität unter der ausschließlichen Leitung seines eigenen Willens. Denn in diesem allein liegt die ewige Kraft, welche sein Daseyn mit seinem Ich
5 hervorbringen konnte, jedoch, seiner Beschaffenheit wegen, es nicht darin zu erhalten vermag. Denn der Tod ist das *démenti,* welches das Wesen (*essentia*) eines Jeden in seinem Anspruch auf Daseyn (*existentia*) erhält, das Hervortreten eines Widerspruchs, der in jedem individuellen Daseyn liegt:

10   denn Alles was entsteht,
              Ist werth, daß es zu Grunde geht.

Jedoch steht der selben Kraft, also dem Willen, eine unendliche Zahl eben solcher Existenzen, mit ihrem Ich, zu Gebote, welche aber wieder eben so nichtig und vergänglich seyn werden.
15 Da nun jedes Ich sein gesondertes Bewußtseyn hat; so ist, in Hinsicht auf ein solches, jene unendliche Zahl derselben von einem einzigen nicht verschieden. – Von diesem Gesichtspunkt aus erscheint es mir nicht zufällig, daß *aevum,* αιων, zugleich die einzelne Lebensdauer und die endlose Zeit bedeutet: es läßt
20 sich nämlich von hier aus, wiewohl undeutlich, absehen, daß, an sich und im letzten Grunde, Beide das Selbe sind; wonach eigentlich kein Unterschied wäre, ob ich nur meine Lebensdauer hindurch, oder eine unendliche Zeit existirte.
     Allerdings aber können wir die Vorstellung von allem Obigen
25 nicht ganz ohne Zeitbegriffe durchführen: diese sollten jedoch, wo es sich vom Dinge an sich handelt, ausgeschlossen bleiben. Allein es gehört zu den unabänderlichen Gränzen unsers Intellekts, daß er diese erste und unmittelbarste Form aller seiner Vorstellungen nie ganz abstreifen kann, um nun ohne sie zu
30 operiren. Daher gerathen wir hier freilich auf eine Art Metempsychose; wiewohl mit dem bedeutenden Unterschiede, daß solche nicht die ganze ψυχη, nämlich nicht das e r k e n n e n d e

Wesen betrifft, sondern den Willen allein; wodurch so viele Un-
gereimtheiten wegfallen, welche die Metempsychosenlehre begleiten; sodann mit dem Bewußtseyn, daß die Form der Zeit
hier nur als unvermeidliche Ackommodation zu der Beschränkung unsers Intellekts eintritt. Nehmen wir nun gar die, Kapitel 5
43 zu erörternde Thatsache zur Hülfe, daß der Charakter, d. i.
der Wille, vom Vater erblich ist, der Intellekt hingegen von der
Mutter; so tritt es gar wohl in den Zusammenhang unserer Ansicht, daß der Wille des Menschen, an sich individuell, im Tode
sich von dem, bei der Zeugung von der Mutter erhaltenen Intel- 10
lekt trennte und nun seiner jetzt modifizirten Beschaffenheit gemäß, am Leitfaden des mit dieser harmonirenden durchweg
nothwendigen Weltlaufs, durch eine neue Zeugung, einen neuen
Intellekt empfinge, mit welchem er ein neues Wesen würde,
welches keine Erinnerung eines frühern Daseyns hätte, da der 15
Intellekt, welcher allein die Fähigkeit der Erinnerung hat, der
sterbliche Theil, oder die Form ist, der Wille aber der ewige, die
Substanz: demgemäß ist zur Bezeichnung dieser Lehre das Wort
Palingenesie richtiger, als Metempsychose. Diese steten Wiedergeburten machten dann die Succession der Lebensträume eines 20
an sich unzerstörbaren Willens aus, bis er, durch so viele und
verschiedenartige, successive Erkenntniß, in stets neuer Form,
belehrt und gebessert, sich selbst aufhöbe.

Mit dieser Ansicht stimmt auch die eigentliche, so zu sagen
esoterische Lehre des Buddhaismus, wie wir sie durch die neue- 25
sten Forschungen kennen gelernt haben, überein, indem sie
nicht Metempsychose, sondern eine eigenthümliche, auf moralischer Basis ruhende Palingenesie lehrt, welche sie mit großem
Tiefsinn ausführt und darlegt; wie Dies zu ersehen ist aus der,
in *Spence Hardy's Manual of Buddhism, p. 394–96*, gegebenen, 30
höchst lesens- und beachtungswerthen Darstellung der Sache
(womit zu vergleichen *p. 429, 440* und *445* desselben Buches),
deren Bestätigungen man findet in *Taylor's Prabodh Chandro
Daya, London 1812, p. 35*; desgleichen in *Sangermano's Burmese*

empire, p. 6; wie auch in den *Asiat. researches, Vol. 6, p. 179,* und *Vol. 9, p. 256.* Auch das sehr brauchbare Deutsche Kompendium des Buddhaismus von K ö p p e n giebt das Richtige über diesen Punkt. Für den großen Haufen der Buddhaisten je-
5 doch ist diese Lehre zu subtil; daher demselben, als faßliches Surrogat, eben Metempsychose gepredigt wird.

Uebrigens darf nicht außer Acht gelassen werden, daß sogar empirische Gründe für eine Palingenesie dieser Art sprechen. Thatsächlich ist eine Verbindung vorhanden zwischen der Ge-
10 burt der neu auftretenden Wesen und dem Tode der abgelebten: sie zeigt sich nämlich an der großen Fruchtbarkeit des Menschengeschlechts, welche als Folge verheerender Seuchen entsteht. Als im 14. Jahrhundert der schwarze Tod die alte Welt größtentheils entvölkert hatte, trat eine ganz ungewöhnliche
15 Fruchtbarkeit unter dem Menschengeschlechte ein, und Zwillingsgeburten waren sehr häufig: höchst seltsam war dabei der Umstand, daß keines der in dieser Zeit geborenen Kinder seine vollständigen Zähne bekam; also die sich anstrengende Natur im Einzelnen geizte. Dies erzählt F. S c h n u r r e r , Chronik der
20 Seuchen, 1825. Auch C a s p e r , »Ueber die wahrscheinliche Lebensdauer des Menschen«, 1835, bestätigt den Grundsatz, daß den entschiedensten Einfluß auf Lebensdauer und Sterblichkeit, in einer gegebenen Bevölkerung, die Zahl der Zeugungen in derselben habe, als welche mit der Sterblichkeit stets gleichen
25 Schritt halte; so daß die Sterbefälle und die Geburten allemal und allerorten sich in gleichem Verhältniß vermehren und vermindern, welches er durch aufgehäufte Belege aus vielen Ländern und ihren verschiedenen Provinzen außer Zweifel setzt. Und doch kann unmöglich ein p h y s i s c h e r Kausalnexus
30 seyn zwischen meinem frühern Tode und der Fruchtbarkeit eines fremden Ehebettes, oder umgekehrt. Hier also tritt unleugbar und auf eine stupende Weise das Metaphysische als unmittelbarer Erklärungsgrund des Physischen auf. – Jedes neugeborene Wesen zwar tritt frisch und freudig in das neue Daseyn und ge-

nießt es als ein geschenktes: aber es giebt und kann nichts Geschenktes geben. Sein frisches Daseyn ist bezahlt durch das Alter und den Tod eines abgelebten, welches untergegangen ist, aber den unzerstörbaren Keim enthielt, aus dem dieses neue entstanden ist: sie sind e i n Wesen. Die Brücke zwischen Beiden nachzuweisen, wäre freilich die Lösung eines großen Räthsels.

Die hier ausgesprochene große Wahrheit ist auch nie ganz verkannt worden, wenn sie gleich nicht auf ihren genauen und richtigen Sinn zurückgeführt werden konnte, als welches allein durch die Lehre vom Primat und metaphysischen Wesen des Willens, und der sekundären, bloß organischen Natur des Intellekts möglich wird. Wir finden nämlich die Lehre von der Metempsychose, aus den urältesten und edelsten Zeiten des Menschengeschlechts stammend, stets auf der Erde verbreitet, als den Glauben der großen Majorität des Menschengeschlechts, ja, eigentlich als Lehre aller Religionen, mit Ausnahme der jüdischen und der zwei von dieser ausgegangenen; am subtilsten jedoch und der Wahrheit am nächsten kommend, wie schon erwähnt, im Buddhaismus. Während demgemäß die Christen sich trösten mit dem Wiedersehen in einer andern Welt, in welcher man sich in vollständiger Person wiederfindet und sogleich erkennt, ist in jenen übrigen Religionen das Wiedersehen schon jetzt im Gange, jedoch incognito: nämlich im Kreislauf der Geburten und kraft der Metempsychose, oder Palingenesie, werden die Personen, welche jetzt in naher Verbindung oder Berührung mit uns stehen, auch bei der nächsten Geburt zugleich mit uns geboren, und haben die selben, oder doch analoge Verhältnisse und Gesinnungen zu uns, wie jetzt, diese mögen nun freundlicher, oder feindlicher Art seyn. (Man sehe z. B. *Spence Hardy's Manual of Buddhism, p. 162.*) Das Wiedererkennen beschränkt sich dabei freilich auf eine dunkle Ahndung, eine nicht zum deutlichen Bewußtseyn zu bringende und auf eine unendliche Ferne hindeutende Erinnerung; – mit Ausnahme jedoch des Buddha selbst, der das Vorrecht hat, seine und der Andern frühere Geburten

deutlich zu erkennen; – wie Dies in den J a t a k a s beschrieben ist. Aber, in der That, wenn man, in begünstigten Augenblicken, das Thun und Treiben der Menschen in der Realität, rein objektiv ins Auge faßt; so drängt sich Einem die intuitive Ueberzeu-
5 gung auf, daß es nicht nur, den (Platonischen) Ideen nach, stets das selbe ist und bleibt, sondern auch, daß die gegenwärtige Generation, ihrem eigentlichen Kern nach, geradezu, und substantiell identisch ist mit jeder vor ihr dagewesenen. Es frägt sich nur, worin dieser Kern besteht: die Antwort, welche meine Lehre
10 darauf giebt, ist bekannt. Die erwähnte intuitive Ueberzeugung kann man sich denken als dadurch entstehend, daß die Vervielfältigungsgläser, Zeit und Raum, momentan eine Intermittenz ihrer Wirksamkeit erlitten. – Hinsichtlich der Allgemeinheit des Glaubens an Metempsychose sagt O b r y in seinem vortreffli-
15 chen Buche: *Du Nirvana Indien, p. 13*, mit Recht: *Cette vieille croyance a fait le tour du monde, et était tellement répandue dans la haute antiquité, qu' un docte Anglican l'avait jugée sans père, sans mère, et sans généalogie (Ths. Burnet, dans Beausobre, Hist. du Manichéisme, II, p. 391).* Schon in den Veden, wie in allen heiligen
20 Büchern Indiens, gelehrt, ist bekanntlich die Metempsychose der Kern des Brahmanismus und Buddhaismus, herrscht demnach noch jetzt im ganzen nicht islamisirten Asien, also bei mehr als der Hälfte des ganzen Menschengeschlechts, als die festeste Ueberzeugung und mit unglaublich starkem praktischen Einfluß.
25 Ebenfalls war sie der Glaube der Aegypter (Herod., II, 123), von welchen Orpheus, Pythagoras und Plato sie mit Begeisterung entgegennahmen: besonders aber hielten die Pythagoreer sie fest. Daß sie auch in den Mysterien der Griechen gelehrt wurde, geht unleugbar hervor aus Plato's neuntem Buch von den Gesetzen
30 (*p. 38 et 42, ed. Bip.*). N e m e s i u s (*De nat. hom., c. 2*) sagt sogar: Κοινη μεν ουν παντεμ Ἑλληνες οἱ την ψυχην αθανατον αποφηναμενοι, την μετενσωματωσιν δογματιζουσι. (*Communiter igitur omnes Graeci, qui animam immortalem statuerunt, eam de uno corpore in aliud transferri censuerunt.*) Auch die Edda, na-

mentlich in der Voluspa, lehrt Metempsychose. Nicht weniger
war sie die Grundlage der Religion der Druiden (*Caes. de bello
Gall., Vi. – A. Pictet, Le mystère des Bardes de l'île de Bretagne,
1856.*) Sogar eine Mohammedanische Sekte in Hindostan, die
Bohrahs, von denen Colebrooke in den *Asiat. res., Vol. 7, p. 336* ⁵
sqq. ausführlich berichtet, glaubt an die Metempsychose und enthält demzufolge sich aller Fleischspeise. Selbst bei Amerikani-
schen und Negervölker, ja sogar bei den Australiern finden sich
Spuren davon, wie hervorgeht aus einer in der Englischen Zeitung, *the Times*, vom 29. Januar 1841, gegebenen genauen Be- ¹⁰
schreibung der wegen Brandstiftung und Mord erfolgten Hinrichtung zweier Australischer Wilden. Daselbst nämlich heißt es:
»Der jüngere von ihnen gieng seinem Schicksal mit verstocktem
und entschlossenem Sinn, welcher, wie sich zeigte, auf Rache gerichtet war, entgegen: denn aus dem einzigen verständlichen ¹⁵
Ausdruck, dessen er sich bediente, gieng hervor, daß er wieder
auferstehen würde als ›ein weißer Kerl‹, und dies verlieh ihm die
Entschlossenheit.« Auch in einem Buche von U n g e w i t t e r,
»Der Welttheil Australien«, 1853, wird erzählt, daß die Papuas in
Neuholland die Weißen für ihre eigenen, auf die Welt zurückge- ²⁰
kehrten Anverwandten hielten. – Diesem Allen zufolge stellt der
Glaube an Metempsychose sich dar als die natürliche Ueberzeugung des Menschen, sobald er, unbefangen, irgend nachdenkt. Er
wäre demnach wirklich Das, was Kant fälschlich von seinen drei
vorgeblichen Ideen der Vernunft behauptet, nämlich ein der ²⁵
menschlichen Vernunft natürliches, aus ihren eigenen Formen
hervorgehendes Philosophem; und wo er sich nicht findet, wäre
er durch positive, anderweitige Religionslehren erst verdrängt.
Auch habe ich bemerkt, daß er Jedem, der zum ersten Mal davon hört, sogleich einleuchtet. Man sehe nur, wie ernstlich sogar ³⁰
Lessing ihm das Wort redet in den letzten sieben Paragraphen
seiner »Erziehung des Menschengeschlechts«. Auch Lichtenberg
sagt, in seiner Selbstcharakteristik: »Ich kann den Gedanken
nicht los werden, daß ich gestorben war, ehe ich geboren wur-

de.« Sogar der so übermäßig empirische H u m e sagt in seiner skeptischen Abhandlung über die Unsterblichkeit, *p. 23: The metempsychosis is therefore the only system of this kind that philosophy can hearken to*[*]. Was diesem, über das ganze Menschengeschlecht
5 verbreiteten und den Weisen, wie dem Volke einleuchtenden Glauben entgegensteht, ist das Judenthum, nebst den aus diesem entsprossenen zwei Religionen, sofern sie eine Schöpfung des Menschen aus Nichts lehren, an welche er dann den Glauben an eine endlose Fortdauer *a parte post* zu knüpfen die harte Aufgabe
10 hat. Ihnen freilich ist es, mit Feuer und Schwert, gelungen, aus Europa und einem Theile Asiens jenen tröstlichen Urglauben der Menschheit zu verdrängen: es steht noch dahin auf wie lange. Wie schwer es jedoch gehalten hat, bezeugt die älteste Kirchengeschichte: die meisten Ketzer, z. B. Simonisten, Basilidianer, Va-
15 lentinianer, Marcioniten, Gnostiker und Manichäer waren eben jenem Urglauben zugethan. Die Juden selbst sind zum Theil hineingerathen, wie Tertullian und Justinus (in seinen Dialogen) berichten. Im Talmud wird erzählt, daß Abel's Seele in den Leib des Seth und dann in den des Moses gewandert sei. Sogar die
20 Bibelstelle, Matth. 16, 13–15, erhält einen vernünftigen Sinn nur dann, wann man sie als unter der Voraussetzung des Dogmas der Metempsychose gesprochen versteht. Lukas freilich, der sie (9, 18–20) auch hat, fügt hinzu ὅτι προφητης τις των αρχαιων ανεστη, schiebt also den Juden die Voraussetzung unter, daß so
25 ein alter Prophet noch mit Haut und Haar wieder auferstehen

---

[*]   »Die Metempsychose ist daher das einzige System dieser Art, auf welches die Philosophie hören kann.« – Diese posthume Abhandlung findet sich in den *Essays on suicide and the immortality of the soul, by the late Dav. Hume, Basil 1799, sold by James Decker.* Durch diesen Baseler Nachdruck nämlich sind jene beiden Werke eines der größten Denker und Schriftsteller Englands vom Untergange gerettet worden, nachdem sie in ihrem Vaterlande, in Folge der daselbst herrschenden stupiden und überaus verächtlichen Bigotterie, durch den Einfluß einer mächtigen und frechen Pfaffenschaft unterdrückt worden waren, zur bleibenden Schande Englands. Es sind ganz leidenschaftslose, kalt vernünftige Untersuchungen der beiden genannten Gegenstände.

könne, welches, da sie doch wissen, daß er schon 6 bis 700 Jahr im Grabe liegt, folglich längst zerstoben ist, eine handgreifliche Absurdität wäre. Im Christenthum ist übrigens an die Stelle der Seelenwanderung und der Abbüßung aller in einem frühern Leben begangenen Sünden durch dieselbe die Lehre von der Erbsünde getreten, d. h. von der Buße für die Sünde eines andern Individuums. Beide nämlich identifiziren, und zwar mit moralischer Tendenz, den vorhandenen Menschen mit einem früher dagewesenen: die Seelenwanderung unmittelbar, die Erbsünde mittelbar. –

Der Tod ist die große Zurechtweisung, welche der Wille zum Leben, und näher der diesem wesentliche Egoismus, durch den Lauf der Natur erhält; und er kann aufgefaßt werden als eine Strafe für unser Daseyn. Er ist die schmerzliche Lösung des Knotens, den die Zeugung mit Wollust geschürzt hatte, und die von außen eindringende, gewaltsame Zerstörung des Grundirrthums unsers Wesens: die große Enttäuschung. Wir sind im Grunde etwas, das nicht seyn sollte: darum hören wir auf zu seyn. – Der Egoismus besteht eigentlich darin, daß der Mensch alle Realität auf seine eigene Person beschränkt, indem er in dieser allein zu existiren wähnt, nicht in den andern. Der Tod belehrt ihn eines Bessern, indem er diese Person aufhebt, so daß das Wesen des Menschen, welches sein Wille ist, fortan nur in andern Individuen leben wird, sein Intellekt aber, als welcher selbst nur der Erscheinung, d. i. der Welt als Vorstellung, angehörte und bloß die Form der Außenwelt war, eben auch im Vorstellungsseyn, d. h. im o b j e k t i v e n Seyn der Dinge als solchem, also ebenfalls nur im Daseyn der bisherigen Außenwelt, fortbesteht. Sein ganzes Ich lebt also von jetzt an nur in Dem, was er bisher als Nicht-Ich angesehen hatte: denn der Unterschied zwischen Aeußerem und Innerem hört auf. Wir erinnern uns hier, daß der bessere Mensch der ist, welcher zwischen sich und den Andern den wenigsten Unterschied macht, sie nicht als absolut Nicht-Ich betrachtet, während dem

Schlechten dieser Unterschied groß, ja absolut ist; – wie ich dies in der Preisschrift über das Fundament der Moral ausgeführt habe. Diesem Unterschiede gemäß fällt, dem Obigen zufolge, der Grad aus, in welchem der Tod als die Vernichtung des Menschen angesehen werden kann. – Gehen wir aber davon aus, daß der Unterschied von Außer mir und in mir, als ein räumlicher, nur in der Erscheinung, nicht im Dinge an sich gegründet, also kein absolut realer ist; so werden wir in dem Verlieren der eigenen Individualität nur den Verlust einer Erscheinung sehen, also nur scheinbaren Verlust. So viel Realität jener Unterschied auch im empirischen Bewußtseyn hat; so sind doch vom metaphysischen Standpunkt aus, die Sätze: »ich gehe unter, aber die Welt dauert fort«, und »die Welt geht unter, aber ich dauere fort«, im Grund nicht eigentlich verschieden.

Ueber dies Alles nun aber ist der Tod die große Gelegenheit, nicht mehr Ich zu seyn: wohl Dem, der sie benutzt. Während des Lebens ist der Wille des Menschen ohne Freiheit: auf der Basis seines unveränderlichen Charakters geht sein Handeln, an der Kette der Motive, mit Nothwendigkeit vor sich. Nun trägt aber Jeder in seiner Erinnerung gar Vieles, das er gethan, und worüber er nicht mit sich selbst zufrieden ist. Lebte er nun immerfort; so würde er, vermöge der Unveränderlichkeit des Charakters, auch immerfort auf die selbe Weise handeln. Demnach muß er aufhören zu seyn was er ist, um aus dem Keim seines Wesens als ein neues und anderes hervorgehen zu können. Daher löst der Tod jene Bande: der Wille wird wieder frei: denn im *Esse*, nicht im *Operari* liegt die Freiheit: *Finditur nodus cordis, dissolvuntur omnes dubitationes, ejusque opera evanescunt*, ist ein sehr berühmter Ausspruch des Veda, den alle Vedantiker häufig wiederholen[*]. Das Sterben ist der Augenblick jener Befreiung

---

[*] *Sancara, s. de theologumenis Vedanticorum*, ed. F. H. H. Windischmann, p. 37. – *Oupnekhat*, Vol. I, p. 387, et p. 78. – *Colebrooke's Miscellaneous essays*, Vol I, p. 363.

von der Einseitigkeit einer Individualität, welche nicht den innersten Kern unsers Wesens ausmacht, vielmehr als eine Art Verirrung desselben zu denken ist: die wahre ursprüngliche Freiheit tritt wieder ein, in diesem Augenblick, welcher, im angegebenen Sinn, als eine *restitutio in integrum* betrachtet werden ⁵ kann. Der Friede und die Beruhigung auf dem Gesichte der meisten Todten scheint daher zu stammen. Ruhig und sanft ist, in der Regel, der Tod jedes guten Menschen: aber willig sterben, gern sterben, freudig sterben, ist das Vorrecht des Resignirten, Dessen, der den Willen zum Leben aufgiebt und verneint. 10 Denn nur er will w i r k l i c h und nicht bloß s c h e i n b a r sterben, folglich braucht und verlangt er keine Fortdauer seiner Person. Das Daseyn, welches wir kennen, giebt er willig auf: was ihm statt dessen wird, ist in unsern Augen n i c h t s; weil unser Daseyn, auf jenes bezogen, n i c h t s ist. Der Buddhaisti 15 sche Glaube nennt jenes N i r w a n a, d. h. Erloschen[*].

---

[*] Die Etymologie des Wortes N i r w a n a wird verschieden angegeben. Nach C o l e b r o o k e (*Transact. of the Roy. Asiat. soc., Vol. I, p. 566*) kommt es von Wa, w e h e n, wie der Wind, mit vorgesetzter Negation N i r, bedeutet also Windstille, aber als Adjektiv »erloschen«. – Auch *Obry, du Nirvana Indien*, sagt p. 3: *Nirvanam en sanscrit signifie à la lettre e x t i n c t i o n, telle que celle d'un feu.* – Nach dem *Asiatic Journal, Vol 24, p. 735*, heißt es eigentlich N e r a w a n a, von n e r a, ohne, und w a n a, Leben, und die Bedeutung wäre *annihila tio.* – Im *Eastern Monachism, by Spence Hardy*, wird, S. 295, Nirwana abgeleitet von W a n a, sündliche Wünsche, mit der Negation n i r. – J. J. Schmidt, in sei ner Uebersetzung der Geschichte der Ostmongolen, S. 307, sagt, das Sanskrit wort N i r w a n a werde im Mongolischen übersetzt durch eine Phrase, wel che bedeutet: »vom Jammer abgeschieden«, – »dem Jammer entwichen«. – Nach des selben Gelehrten Vorlesungen in der Petersburger Akademie ist N i r w a n a das Gegentheil von S a n s a r a, welches die Welt der steten Wiederge burten, des Gelüstes und Verlangens, der Sinnentäuschung und wandelbaren Formen, des Geborenwerdens, Alterns, Erkrankens und Sterbens ist. – In der B u r m e s i s c h e n Sprache wird das Wort Nirvana, nach Analogie der übri gen Sanskritworte, umgestaltet in N i e b a n und wird übersetzt durch »voll ständige Verschwindung«. Siehe *Sangermano's Description of the Burmese empire, transl. by Tandy, Rome 1833, §. 27.* In der ersten Auflage von 1819 schrieb auch ich N i e b a n, weil wir damals den Buddhaismus nur aus dürftigen Nachrich ten von den Birmanen kannten.

Kapitel 42.
Leben der Gattung.

Im vorhergehenden Kapitel wurde in Erinnerung gebracht, daß die (Platonischen) I d e e n der verschiedenen Stufen der Wesen, welche die adäquate Objektivation des Willens zum Leben sind, in der an die Form der Z e i t gebundenen Erkenntniß des Individuums sich als die G a t t u n g e n , d. h. als die durch das Band der Zeugung verbundenen, successiven und gleichartigen Individuen darstellen, und daß daher die Gattung die in der Zeit auseinandergezogene Idee (ειδος, *species*) ist. Demzufolge liegt das Wesen an sich jedes Lebenden zunächst in seiner Gattung: diese hat jedoch ihr Daseyn wieder nur in den Individuen. Obgleich nun der Wille nur im Individuo zum Selbstbewußtseyn gelangt, sich also unmittelbar nur als das Individuum erkennt; so tritt das in der Tiefe liegende Bewußtseyn, daß eigentlich die Gattung es ist, in der sein Wesen sich objektivirt, doch darin hervor, daß dem Individuo die Angelegenheiten der Gattung als solcher, also die Geschlechtsverhältnisse, die Zeugung und Ernährung der Brut, ungleich wichtiger und angelegener sind, als alles Andere. Daher also bei den Thieren die Brunst (von deren Vehemenz man eine vortreffliche Schilderung findet in Burdach's Physiologie, Bd. 1, §§. 247, 257), und beim Menschen die sorgfältige und kapriziöse Auswahl des andern Individuums zur Befriedigung des Geschlechtstriebes, welche sich bis zur leidenschaftlichen Liebe steigern kann, deren näherer Untersuchung ich ein eigenes Kapitel widmen werde: eben daher endlich die überschwängliche Liebe der Eltern zu ihrer Brut.

In den Ergänzungen zum zweiten Buch wurde der Wille der Wurzel, der Intellekt der Krone des Baumes verglichen: so ist es innerlich, oder psychologisch. Aeußerlich aber, oder physiologisch, sind die Genitalien die Wurzel, der Kopf die Krone.

Das Ernährende sind zwar nicht die Genitalien, sondern die Zotten der Gedärme: dennoch sind nicht diese, sondern jene die Wurzel: weil durch sie das Individuum mit der Gattung zusammenhängt, in welcher es wurzelt. Denn es ist physisch ein Erzeugniß der Gattung, metaphysisch ein mehr oder minder unvollkommenes Bild der I d e e , welche, in der Form der Zeit, sich als Gattung darstellt. In Uebereinstimmung mit dem hier ausgesprochenen Verhältniß ist die größte Vitalität, wie auch die Dekrepität, des Gehirns und der Genitalien gleichzeitig und steht in Verbindung. Der Geschlechtstrieb ist anzusehen als der innere Zug des Baumes (der Gattung), auf welchem das Leben des Individuums sproßt, wie ein Blatt, das vom Baume genährt wird und ihn zu nähren beiträgt: daher ist jener Trieb so stark und aus der Tiefe unsrer Natur. Ein Individuum kastriren, heißt es vom Baum der Gattung, auf welchem es sproßt, abschneiden und so gesondert verdorren lassen: daher die Degradation seiner Geistes- und Leibeskräfte. – Daß auf den Dienst der Gattung, d. i. die Befruchtung, bei jedem thierischen Individuo, augenblickliche Erschöpfung und Abspannung aller Kräfte, bei den meisten Insekten sogar baldiger Tod erfolgt, weshalb C e l - s u s sagte *seminis emissio est partis animae jactura*; daß beim Menschen das Erlöschen der Zeugungskraft anzeigt, das Individuum gehe nunmehr dem Tode entgegen; daß übertriebener Gebrauch jener Kraft in jedem Alter das Leben verkürzt, Enthaltsamkeit hingegen alle Kräfte, besonders aber die Muskelkraft, erhöht, weshalb sie zur Vorbereitung der Griechischen Athleten gehörte; daß dieselbe Enthaltsamkeit das Leben des Insekts sogar bis zum folgenden Frühling verlängert; – alles Dieses deutet darauf hin, daß das Leben des Individuums im Grunde nur ein von der Gattung erborgtes und daß alle Lebenskraft gleichsam durch Abdämmung gehemmte Gattungskraft ist. Dieses aber ist daraus zu erklären, daß das metaphysische Substrat des Lebens sich unmittelbar in der Gattung und erst mittelst dieser im Individuo offenbart. Demgemäß wird in

Indien der Lingam mit der Joni als das Symbol der Gattung und ihrer Unsterblichkeit verehrt und, als das Gegengewicht des Todes, gerade der diesem vorstehenden Gottheit, dem Schiwa, als Attribut beigegeben.

5   Aber ohne Mythos und Symbol bezeugt die Heftigkeit des Geschlechtstriebes, der rege Eifer und der tiefe Ernst, mit welchem jedes Thier, und eben so der Mensch, die Angelegenheiten desselben betreibt, daß durch die ihm dienende Funktion das Thier Dem angehört, worin eigentlich und hauptsächlich 10 sein wahres Wesen liegt, nämlich der G a t t u n g ; während alle andern Funktionen und Organe unmittelbar nur dem Individuo dienen, dessen Daseyn im Grunde nur ein sekundäres ist. In der Heftigkeit jenes Triebes, welcher die Koncentration des ganzen thierischen Wesens ist, drückt ferner sich das Bewußtseyn 15 aus, daß das Individuum nicht fortdauere und daher Alles an die Erhaltung der Gattung zu setzen habe, als in welcher sein wahres Daseyn liegt.

    Vergegenwärtigen wir, zur Erläuterung des Gesagten, uns jetzt ein Thier in seiner Brunst und im Akte der Zeugung. Wir 20 sehen einen an ihm sonst nie gekannten Ernst und Eifer. Was geht dabei in ihm vor? – Weiß es, daß es sterben muß und daß durch sein gegenwärtiges Geschäft ein neues, jedoch ihm völlig ähnliches Individuum entstehen wird, um an seine Stelle zu treten? – Von dem Allen weiß es nichts, da es nicht denkt. Aber 25 es sorgt für die Fortdauer seiner Gattung in der Zeit, so eifrig, als ob es jenes Alles wüßte. Denn es ist sich bewußt, daß es leben und daseyn will, und den höchsten Grad dieses Wollens drückt es aus durch den Akt der Zeugung: dies ist Alles, was dabei in seinem Bewußtseyn vorgeht. Auch ist dies völlig hin- 30 reichend zum Bestande der Wesen; eben weil der Wille das Radikale ist, die Erkenntniß das Adventitium. Dieserhalb eben braucht der Wille nicht durchweg von der Erkenntniß geleitet zu werden; sondern sobald er in seiner Ursprünglichkeit sich entschieden hat, wird schon von selbst dieses Wollen sich in der

Welt der Vorstellung objektiviren. Wenn nun solchermaaßen jene bestimmte Thiergestalt, die wir uns gedacht haben, es ist, die das Leben und Daseyn will; so will sie nicht Leben und Daseyn überhaupt, sondern sie will es in eben dieser Gestalt. Darum ist es der Anblick seiner Gestalt im Weibchen seiner Art, der den Willen des Thieres zur Zeugung anreizt. Dieses sein Wollen, angeschaut von Außen und unter der Form der Zeit, stellt sich dar als solche Thiergestalt eine endlose Zeit hindurch erhalten durch die immer wiederholte Ersetzung eines Individuums durch ein anderes, also durch das Wechselspiel des Todes und der Zeugung, welche, so betrachtet, nur noch als der Pulsschlag jener durch alle Zeit beharrenden Gestalt (ιδεα, ειδος, *species*) erscheinen. Man kann sie der Attraktions- und Repulsionskraft, durch deren Antagonismus die Materie besteht, vergleichen. – Das hier am Thiere Nachgewiesene gilt auch vom Menschen: denn wenn gleich bei diesem der Zeugungsakt von der vollständigen Erkenntniß seiner Endursache begleitet ist; so ist er doch nicht von ihr geleitet, sondern geht unmittelbar aus dem Willen zum Leben hervor, als dessen Koncentration. Er ist sonach den instinktiven Handlungen beizuzählen. Denn so wenig bei der Zeugung das Thier durch die Erkenntniß des Zweckes geleitet ist, so wenig ist es dieses bei den Kunsttrieben: auch in diesen äußert sich der Wille, in der Hauptsache, ohne die Vermittelung der Erkenntniß, als welcher, hier wie dort, nur das Detail anheimgestellt ist. Die Zeugung ist gewissermaaßen der bewunderungswürdigste der Kunsttriebe und sein Werk das erstaunlichste.

Aus diesen Betrachtungen erklärt es sich, warum die Begierde des Geschlechts einen von jeder andern sehr verschiedenen Charakter trägt: sie ist nicht nur die stärkeste, sondern sogar specifisch von mächtigerer Art als alle andern. Sie wird überall stillschweigend vorausgesetzt, als nothwendig und unausbleiblich, und ist nicht, wie andere Wünsche, Sache des Geschmacks und der Laune. Denn sie ist der Wunsch, welcher selbst das

Wesen des Menschen ausmacht. Im Konflikt mit ihr ist kein
Motiv so stark, daß es des Sieges gewiß wäre. Sie ist so sehr die
Hauptsache, daß für die Entbehrung ihrer Befriedigung keine
andern Genüsse entschädigen: auch übernimmt Thier und
5 Mensch ihretwegen jede Gefahr, jeden Kampf. Ein gar naiver
Ausdruck dieser natürlichen Sinnesart ist die bekannte Ueber-
schrift der mit dem Phallus verzierten Thüre der *fornix* zu Pompeji: *Heic habitat felicitas*: diese war für den Hineingehenden
naiv, für den Herauskommenden ironisch, und an sich selbst
10 humoristisch. – Mit Ernst und Würde hingegen ist die überschwängliche Macht des Zeugungstriebes ausgedrückt in der Inschrift, welche (nach T h e o von Smyrna, *de musica, c. 47*)
Osiris auf einer Säule, die er den ewigen Göttern setzte, angebracht hatte: »Dem Geiste, dem Himmel, der Sonne, dem
15 Monde, der Erde, der Nacht, dem Tage, und dem Vater alles
Dessen, was ist und was seyn wird, dem Eros«; – ebenfalls in
der schönen Apostrophe, mit welcher L u k r e t i u s sein Werk
eröffnet:

    Aeneadum genetrix, hominum divômque voluptas,
20   *Alma Venus cet.*

Dem Allen entspricht die wichtige Rolle, welche das Geschlechtsverhältniß in der Menschenwelt spielt, als wo es eigentlich der unsichtbare Mittelpunkt alles Thuns und Treibens ist
und trotz allen ihm übergeworfenen Schleiern überall hervor-
25 guckt. Es ist die Ursache des Krieges und der Zweck des Friedens, die Grundlage des Ernstes und das Ziel des Scherzes, die
unerschöpfliche Quelle des Witzes, der Schlüssel zu allen Anspielungen und der Sinn aller geheimen Winke, aller unausge-
sprochenen Anträge und aller verstohlenen Blicke, das tägliche
30 Dichten und Trachten der Jungen und oft auch der Alten, der
stündliche Gedanke des Unkeuschen und die gegen seinen Willen stets wiederkehrende Träumerei des Keuschen, der allezeit

bereite Stoff zum Scherz, eben nur weil ihm der tiefste Ernst zum Grunde liegt. Das aber ist das Pikante und der Spaaß der Welt, daß die Hauptangelegenheit aller Menschen heimlich betrieben und ostensibel möglichst ignorirt wird. In der That aber sieht man dieselbe jeden Augenblick sich als den eigentlichen und erblichen Herrn der Welt, aus eigener Machtvollkommenheit, auf den angestammten Thron setzen und von dort herab mit höhnenden Blicken der Anstalten lachen, die man getroffen hat, sie zu bändigen, einzukerkern, wenigstens einzuschränken und wo möglich ganz verdeckt zu halten, oder doch so zu bemeistern, daß sie nur als eine ganz untergeordnete Nebenangelegenheit des Lebens zum Vorschein komme. – Dies Alles aber stimmt damit überein, daß der Geschlechtstrieb der Kern des Willens zum Leben, mithin die Koncentration alles Wollens ist; daher eben ich im Texte die Genitalien den Brennpunkt des Willens genannt habe. Ja, man kann sagen, der Mensch sei konkreter Geschlechtstrieb; da seiner Entstehung ein Kopulationsakt und der Wunsch seiner Wünsche ein Kopulationsakt ist, und dieser Trieb allein seine ganze Erscheinung perpetuirt und zusammenhält. Der Wille zum Leben äußert sich zwar zunächst als Streben zur Erhaltung des Individuums; jedoch ist dies nur die Stufe zum Streben nach Erhaltung der Gattung, welches letztere in dem Grade heftiger seyn muß, als das Leben der Gattung, an Dauer, Ausdehnung und Werth, das des Individuums übertrifft. Daher ist der Geschlechtstrieb die vollkommenste Aeußerung des Willens zum Leben, sein am deutlichsten ausgedrückter Typus: und hiemit ist sowohl das Entstehen der Individuen aus ihm, als sein Primat über alle andern Wünsche des natürlichen Menschen in vollkommener Uebereinstimmung.

Hieher gehört noch eine physiologische Bemerkung, welche auf meine im zweiten Buche dargelegte Grundlehre Licht zurückwirft. Wie nämlich der Geschlechtstrieb die heftigste der Begierden, der Wunsch der Wünsche, die Koncentration alles

unsers Wollens ist, und demnach die dem individuellen, mithin auf ein bestimmtes Individuum gerichteten Wunsche eines Jeden genau entsprechende Befriedigung desselben der Gipfel und die Krone seines Glückes, nämlich das letzte Ziel seiner natürli-
5 chen Bestrebungen ist, mit deren Erreichung ihm Alles erreicht und mit deren Verfehlung ihm Alles verfehlt scheint; – so finden wir, als physiologisches Korrelat hievon, im objektivirten Willen, also im menschlichen Organismus, das Sperma als die Sekretion der Sekretionen, die Quintessenz aller Säfte, das letz-
10 te Resultat aller organischen Funktionen, und haben hieran einen abermaligen Beleg dazu, daß der Leib nur die Objektität des Willens, d. h. der Wille selbst unter der Form der Vorstellung ist.

An die Erzeugung knüpft sich die Erhaltung der Brut und an
15 den Geschlechtstrieb die Elternliebe; in welchen also sich das Gattungsleben fortsetzt. Demgemäß hat die Liebe des Thieres zu seiner Brut, gleich dem Geschlechtstriebe, eine Stärke, welche die der bloß auf das eigene Individuum gerichteten Bestrebungen weit übertrifft. Dies zeigt sich darin, daß selbst die sanf-
20 testen Thiere bereit sind, für ihre Brut auch den ungleichsten Kampf, auf Tod und Leben, zu übernehmen und, bei fast allen Thiergattungen, die Mutter für die Beschützung der Jungen jeder Gefahr, ja in manchen Fällen sogar dem gewissen Tode entgegengeht. Beim Menschen wird diese instinktive Elternliebe
25 durch die Vernunft, d. h. die Ueberlegung, geleitet und vermittelt, bisweilen aber auch gehemmt, welches, bei schlechten Charakteren, bis zur völligen Verleugnung derselben gehen kann: daher können wir ihre Wirkungen am reinsten bei den Thieren beobachten. An sich selbst ist sie jedoch im Menschen nicht
30 weniger stark: auch hier sehen wir sie, in einzelnen Fällen, die Selbstliebe gänzlich überwinden und sogar bis zur Aufopferung des eigenen Lebens gehen. So z. B. berichten noch soeben die Zeitungen aus Frankreich, daß zu C h a h a r s , im Departement *du Lot*, ein Vater sich das Leben genommen hat, damit

sein Sohn, den das Loos zum Kriegsdienst getroffen hatte, der
älteste einer Witwe und als solcher davon befreit seyn sollte.
(*Galignani's Messenger* vom 22. Juni 1843.) Bei den Thieren jedoch, da sie keiner Ueberlegung fähig sind, zeigt die instinktive
Mutterliebe (das Männchen ist sich seiner Vaterschaft meistens
nicht bewußt) sich unvermittelt und unverfälscht, daher mit
voller Deutlichkeit und in ihrer ganzen Stärke. Im Grunde ist
sie der Ausdruck des Bewußtseyns im Thiere, daß sein wahres
Wesen unmittelbarer in der Gattung, als im Individuo liegt, daher es nöthigenfalls sein Leben opfert, damit, in den Jungen, die
Gattung erhalten werde. Also wird hier, wie auch im Geschlechtstriebe, der Wille zum Leben gewissermaaßen transscendent, indem sein Bewußtseyn sich über das Individuum,
welchem es inhärirt, hinaus, auf die Gattung erstreckt. Um diese zweite Aeußerung des Gattungslebens nicht bloß abstrakt
auszusprechen, sondern sie dem Leser in ihrer Größe und
Wirklichkeit zu vergegenwärtigen, will ich von der überschwänglichen Stärke der instinktiven Mutterliebe einige Beispiele anführen.

Die Seeotter, wenn verfolgt, ergreift ihr Junges und taucht damit unter: wann sie, um zu athmen, wieder auftaucht, deckt sie
dasselbe mit ihrem Leibe und empfängt, während es sich rettet,
die Pfeile des Jägers. – Einen jungen Wallfisch erlegt man bloß,
um die Mutter herbeizulocken, welche zu ihm eilt und ihn selten verläßt, so lange er noch lebt, wenn sie auch von mehreren
Harpunen getroffen wird. (Scoresby's Tagebuch einer Reise auf
den Wallfischfang; aus dem Englischen von Kries, S. 196.) – An
der Drei-Königs-Insel, bei Neuseeland, leben kolossale Phoken,
See-Elephanten genannt (*Phoco proboscidea*). In geordneter
Schaar um die Insel schwimmend nähren sie sich von Fischen,
haben jedoch unter dem Wasser gewisse, uns unbekannte, grausame Feinde, von denen sie oft schwer verwundet werden: daher verlangt ihr gemeinsames Schwimmen eine eigene Taktik.
Die Weibchen werfen auf dem Ufer: während sie dann säugen,

welches sieben bis acht Wochen dauert, schließen alle Männchen einen Kreis um sie, um zu verhindern, daß sie nicht, vom
Hunger getrieben, in die See gehen, und wenn dies versucht
wird, wehren sie es durch Beißen. So hungern sie alle miteinan-
5 der sieben bis acht Wochen hindurch und werden sämmtlich
sehr mager, bloß damit die Jungen nicht in See gehen, bevor sie
im Stande sind, wohl zu schwimmen und die gehörige Taktik,
welche ihnen dann durch Stoßen und Beißen beigebracht wird,
zu beobachten. (*Freycinet, Voy. aux terres australes, 1826.*) Hier
10 zeigt sich auch, wie die Elternliebe, gleich jeder starken Bestre-
bung des Willens (siehe Kap. 19, 6), die Intelligenz steigert. –
Wilde Enten, Graßmücken und viele andere Vögel fliegen,
wann der Jäger sich dem Neste nähert, mit lautem Geschrei
ihm vor die Füße und flattern hin und her, als wären ihre Flü-
15 gel gelähmt, um die Aufmerksamkeit von der Brut ab auf sich
zu lenken. – Die Lerche sucht den Hund von ihrem Neste ab-
zulocken, indem sie sich selbst preisgiebt. Eben so locken weibliche Hirsche und Rehe an, sie selbst zu jagen, damit ihre Jungen nicht angegriffen werden. – Schwalben sind in brennende
20 Häuser geflogen, um ihre Jungen zu retten, oder mit ihnen unterzugehen. In Delfft ließ sich, bei einer heftigen Feuersbrunst,
ein Storch im Neste verbrennen, um seine zarten Jungen, die
noch nicht fliegen konnten, nicht zu verlassen. (*Hadr. Junius,
Descriptio Hollandiae.*) Auerhahn und Waldschnepfe lassen sich
25 brütend auf dem Neste fangen. *Muscicapa tyrannus* vertheidigt
ihr Nest mit besonderem Muthe und setzt sich selbst gegen Ad-
ler zur Wehr. – Eine Ameise hat man quer durchgeschnitten,
und sah die vordere Hälfte noch ihre Puppen in Sicherheit bringen. – Eine Hündin, der man die Jungen aus dem Leibe ge-
30 schnitten hatte, kroch sterbend zu ihnen hin, liebkoste sie und
fieng erst dann heftig zu winseln an, als man sie ihr nahm.
(Burdach, Physiologie als Erfahrungswissenschaft, Bd. 2 und 3.)

Kapitel 43.
Erblichkeit der Eigenschaften.

Daß, bei der Zeugung, die von den Eltern zusammengebrachten Keime nicht nur die Eigenthümlichkeiten der Gattung, sondern auch die der Individuen fortpflanzen, lehrt, hinsichtlich 5 der leiblichen (objektiven, äußern) Eigenschaften, die alltäglichste Erfahrung, auch ist es von jeher anerkannt worden:

> *Naturae sequitur semina quisque suae.*
> *Catull.*

Ob dies nun ebenfalls von den geistigen (subjektiven, innern) 10 Eigenschaften gelte, so daß auch diese sich von den Eltern auf die Kinder vererbten, ist eine schon öfter aufgeworfene und fast allgemein bejahte Frage. Schwieriger aber ist das Problem, ob sich hiebei sondern lasse, was dem Vater und was der Mutter angehört, welches also das geistige Erbtheil sei, das wir von je- 15 dem der Eltern überkommen. Beleuchten wir nun dieses Problem mit unserer Grunderkenntniß, daß der W i l l e das Wesen an sich, der Kern, das Radikale im Menschen; der I n t e l l e k t hingegen das Sekundäre, das Adventitium, das Accidenz jener Substanz sei; so werden wir, vor Befragung der Erfahrung, es 20 wenigstens als wahrscheinlich annehmen, daß, bei der Zeugung, der Vater, als *sexus potior* und zeugendes Princip, die Basis, das Radikale des neuen Lebens, also den W i l l e n verleihe, die Mutter aber, als *sexus sequior* und bloß empfangendes Princip, das Sekundäre, den I n t e l l e k t; daß also der Mensch sein 25 Moralisches, seinen Charakter, seine Neigungen, sein Herz, vom Vater erbe, hingegen den Grad, die Beschaffenheit und Richtung seiner Intelligenz von der Mutter. Diese Annahme nun findet wirklich ihre Bestätigung in der Erfahrung; nur daß diese hier nicht durch ein physikalisches Experiment auf dem 30

Tisch entschieden werden kann, sondern theils aus vieljähriger, sorgfältiger und feiner Beobachtung und theils aus der Geschichte hervorgeht.

Die eigene Erfahrung hat den Vorzug völliger Gewißheit und größter Specialität, wodurch der Nachtheil, der ihr daraus erwächst, daß ihre Sphäre beschränkt und ihre Beispiele nicht allbekannt sind, überwogen wird. An sie zunächst weise ich daher einen Jeden. Zuvörderst betrachte er sich selbst, gestehe sich seine Neigungen und Leidenschaften, seine Charakterfehler und Schwächen, seine Laster, wie auch seine Vorzüge und Tugenden, wenn er deren hat, ein: dann aber denke er zurück an seinen Vater, und es wird nicht fehlen, daß er jene sämmtlichen Charakterzüge auch an ihm gewahr werde. Hingegen wird er die Mutter oft von einem ganz verschiedenen Charakter finden, und eine moralische Uebereinstimmung mit dieser wird höchst selten, nämlich nur durch den besondern Zufall der Gleichheit des Charakters beider Eltern, Statt finden. Er stelle diese Prüfung an z. B. in Hinsicht auf Jähzornigkeit, oder Geduld, Geiz, oder Verschwendung, Neigung zur Wollust, oder zur Völlerei, oder zum Spiel, Hartherzigkeit, oder Güte, Redlichkeit, oder Falschheit, Stolz, oder Leutseligkeit, Muth, oder Feigheit, Friedfertigkeit, oder Zanksucht, Versöhnlichkeit, oder Groll u. s. f. Danach stelle er die selbe Untersuchung an, an allen Denen, deren Charakter und deren Eltern ihm genau bekannt geworden sind. Wenn er aufmerksam, mit richtigem Urtheil und aufrichtig verfährt, wird die Bestätigung unsers Satzes nicht ausbleiben. So z. B. wird er den, manchen Menschen eigenen, speciellen Hang zum Lügen in zwei Brüdern gleichmäßig vorhanden finden; weil sie ihn vom Vater geerbt haben: dieserhalb ist auch die Komödie »Der Lügner und sein Sohn« psychologisch richtig. – Inzwischen sind hier zwei unvermeidliche Beschränkungen zu berücksichtigen, welche nur offenbare Ungerechtigkeit als Ausflüchte deuten könnte. Nämlich erstlich: *pater semper incertus.* Nur eine entschiedene körperliche Aehnlichkeit mit dem Vater beseitigt diese Beschränkung; hingegen ist eine oberflächliche hiezu nicht hinreichend: denn es giebt eine Nachwirkung früherer Befruchtung, vermöge welcher bisweilen die Kinder zweiter Ehe noch eine leichte Aehnlichkeit mit dem ersten Gatten haben, und die im Ehebruch erzeugten mit dem legitimen Vater. Noch deutlicher ist solche Nachwirkung bei Thieren beobachtet worden. Die zweite Beschränkung ist, daß im Sohn zwar der moralische Charakter des Vaters auftritt, jedoch unter der Modifikation, die er durch einen andern, oft sehr verschiedenen I n t e l l e k t (dem Erbtheil von der Mutter) erhalten hat, wodurch eine Korrektion der Beobachtung nöthig wird. Diese Modifikation kann, nach Maaßgabe jenes Unterschiedes, bedeutend oder gering seyn, jedoch nie so groß, daß nicht auch unter ihr die Grundzüge des väterlichen Charakters noch immer kenntlich genug aufträten; etwan wie ein Mensch, der sich durch eine ganz fremdartige Kleidung, Perrucke und Bart entstellt hätte. Ist z. B., vermöge des Erbtheils von der Mutter, ein Mensch mit überwiegender Vernunft, also der Fähigkeit zum Nachdenken, zur Ueberlegung, ausgestattet; so werden durch diese seine vom Vater ererbten Leidenschaften theils gezügelt, theils versteckt werden und demnach nur zu methodischer und planmäßiger, oder heimlicher Aeußerung gelangen, woraus dann eine von der des Vaters, welcher etwan nur einen ganz beschränkten Kopf hatte, sehr verschiedene Erscheinung hervorgehen wird: und eben so kann der umgekehrte Fall eintreten. – Die Neigungen und Leidenschaften der Mutter hingegen finden sich in den Kindern durchaus nicht wieder, oft sogar ihr Gegentheil.

Die historischen Beispiele haben vor denen des Privatlebens den Vorzug, allgemein bekannt zu seyn; wogegen sie freilich durch die Unsicherheit und häufige Verfälschung aller Ueberlieferung, zudem auch dadurch beeinträchtigt werden, daß sie in der Regel nur das öffentliche, nicht das Privatleben und demnach nur die Staatshandlungen, nicht die feineren Aeußerungen des Charakters enthalten. Inzwischen will ich die in Rede ste-

hende Wahrheit durch einige historische Beispiele belegen, zu
denen Die, welche aus der Geschichte ein Hauptstudium gemacht haben, ohne Zweifel noch eine viel größere Anzahl eben
so treffender werden hinzufügen können.

5   Bekanntlich brachte P. D e c i u s   M u s , mit heroischem
Edelmuth, sein Leben dem Vaterlande zum Opfer, indem er,
sich und die Feinde feierlich den unterirdischen Göttern wei-
hend, mit verhülltem Haupte, in das Heer der Lateiner spreng-
te. Ungefähr vierzig Jahre später that sein Sohn, gleiches Na-
10 mens, genau das Selbe, im Kriege gegen die Gallier (*Liv., VIII,
6; X, 28*). Also ein rechter Beleg zu dem Horazischen: *fortes
creantur fortibus et bonis*; – dessen Kehrseite Shakespeare liefert:

> *Cowards father cowards, und base things sire base*[*].
> Cymb., IV, 2.

15 Die ältere Römische Geschichte führt uns ganze Familien vor,
deren Glieder, in zahlreicher Succession, sich durch hingebende
Vaterlandsliebe und Tapferkeit auszeichnen: so die *gens Fabia*
und die *gens Fabricia*. – Wiederum A l e x a n d e r   d e r   G r o ß e
war herrsch- und eroberungssüchtig, wie sein Vater P h i l i p p. –
20 Sehr beachtenswerth ist der Stammbaum des N e r o , welchen
S u e t o n i u s (*c. 4 et 5*), in moralischer Absicht, der Schilderung
dieses Ungeheuers voransetzt. Es ist die *gens Claudia,* die er be-
schreibt, welche sechs Jahrhunderte hindurch in Rom geblüht
und lauter thätige, aber übermüthige und grausame Männer her-
25 vorgebracht hat. Ihr ist Tiberius, Caligula und endlich Nero entsprossen. Schon in seinem Großvater und noch stärker im Vater
zeigen sich alle die entsetzlichen Eigenschaften, welche ihre völlige Entwickelung erst im Nero erhalten konnten, theils weil sein
hoher Standplatz ihnen freiern Spielraum gestattete, theils weil er
30 noch dazu die unvernünftige Mänade Agrippina zur Mutter hat-

---

[*]   Memmen zeugen Memmen, und Niederträchtiges Niederträchtiges.

te, welche ihm keinen Intellekt verleihen konnte, seine Leidenschaften zu zügeln. Ganz in unserm Sinn erzählt daher S u e t o -
n i u s , daß bei seiner Geburt *praesagio fuit etiam Domitii, patris,*
vox, inter gratulationes amicorum, negantis, quidquam ex se et
Agrippina, nisi detestabile et malo publico nasci potuisse. – Hingegen
war K i m o n der Sohn des M i l t i a d e s , und H a n n i b a l
des H a m i l k a r s , und die S c i p i o n e n bilden eine ganze Familie von Helden und edlen Vertheidigern des Vaterlandes. –
Aber des Papstes A l e x a n d e r s VI. Sohn war sein scheußli-
ches Ebenbild C ä s a r B o r g i a . Der Sohn des berüchtigten
Herzogs von Alba ist ein eben so grausamer und böser Mensch
gewesen, wie sein Vater. – Der tückische, ungerechte, zumal
durch die grausame Folterung und Hinrichtung der Tempelher-
ren bekannte P h i l i p p IV. von Frankreich hatte zur Tochter
I s a b e l l a , Gemahlin E d u a r d s II. von England, welche gegen diesen feindlich auftrat, ihn gefangen nahm und, nachdem er
die Abdankungsakte unterschrieben hatte, ihn im Gefängniß, da
der Versuch ihn durch Mishandlungen zu tödten erfolglos blieb,
auf eine Weise umbringen ließ, die zu schauderhaft ist, als daß
ich sie wiedererzählen möchte. – Der blutdürstige Tyrann und
defensor fidei H e i n r i c h VIII. von England hatte zur Tochter
erster Ehe die durch Bigotterie und Grausamkeit gleich ausgezeichnete Königin Maria, welche durch ihre zahlreichen Ketzer-
verbrennungen sich die Bezeichnung *bloody Mary* erworben hat.
Seine Tochter zweiter Ehe, E l i s a b e t h , hatte von ihrer Mutter,
Anna Bullen, einen ausgezeichneten Verstand überkommen, welcher die Bigotterie nicht zuließ und den väterlichen Charakter in
ihr zügelte, jedoch nicht aufhob; so daß er immer noch gelegentlich durchschimmerte und in dem grausamen Verfahren gegen
die Maria von Schottland deutlich hervortrat. – V a n G e u n s [*]
erzählt, nach Markus Donatus, von einem Schottischen Mäd-

---

[*] *Disputatio de corporum habitudine, animae, hujusque virium indice. Harderov.*
1789, §. 9.

chen, deren Vater, als sie erst ein Jahr alt gewesen, als Straßenräu-
ber und Menschenfresser verbrannt worden war: obwohl sie unter ganz andern Leuten aufwuchs, entwickelte sich, bei zunehmendem Alter, in ihr die selbe Gier nach Menschenfleisch, und
5 bei deren Befriedigung ertappt, wurde sie lebendig begraben. –
Im »Freimüthigen«, vom 13. Juli 1821, lesen wir die Nachricht,
daß im Departement de l'Aube die Polizei ein Mädchen verfolgt
habe, weil sie zwei Kinder, die sie ins Findelhaus bringen sollte,
gemordet hatte, um das wenige, den Kindern beigelegte Geld zu
10 behalten. Endlich fand die Polizei das Mädchen, auf dem Wege
nach Paris, bei Romilly ersäuft, und als ihr Mörder ergab sich ihr
eigener Vater. – Endlich seien hier noch ein paar Fälle aus der
neueren Zeit erwähnt, welche demgemäß nur die Zeitungen zu
Gewährsmännern haben. Im Oktober 1836 wurde in Ungarn ein
15 Graf B e l e c z n a i zum Tode verurtheilt, weil er einen Beamten
gemordet und seine eigenen Verwandten schwer verwundet hatte: sein älterer Bruder war früher als Vatermörder hingerichtet
worden und sein Vater ebenfalls ein Mörder gewesen. (Frankfurter Postzeitung, den 26. Okt. 1836.) Ein Jahr später hat der jüng-
20 ste Bruder jenes Grafen auf eben der Straße, wo dieser den Beamten ermordet hatte, auf den Fiskalagenten seiner Güter ein Pi-
stol abgeschossen, jedoch ihn verfehlt. (Frankfurter Journal, den
16. Sept. 1837.) In der Frankfurter Postzeitung vom 19. Nov.
1857 meldet ein Schreiben aus Paris die Verurtheilung eines sehr
25 gefährlichen Straßenräubers L e m a i r e und seiner Gesellen
zum Tode, und fügt hinzu: »Der verbrecherische Hang erscheint
als erblich in seiner und seiner Genossen Familie, indem mehrere
ihres Geschlechts auf dem Schaffot gestorben sind.« – Die Anna-
len der Kriminalistik werden gewiß manche ähnliche Stammbäu-
30 me aufzuweisen haben. – Vorzüglich erblich ist der Hang zum
Selbstmord.

Sehen wir nun aber andererseits den vortrefflichen Mark Au-
rel den schlechten Kommodus zum Sohne haben; so macht
uns Dies nicht irre; da wir wissen, daß die *Diva Faustina* eine

uxor infamis war. Im Gegentheil, wir merken uns diesen Fall, um bei analogen einen analogen Grund zu vermuthen: z. B. daß Domitian der vollständige Bruder des Titus gewesen sei, glaube ich nimmermehr, sondern daß auch Vespasian ein betrogener Ehemann gewesen. –

Was nun den zweiten Theil des aufgestellten Grundsatzes, also die Erblichkeit des Intellekts von der Mutter, betrifft; so genießt dieser einer viel allgemeineren Anerkennung als der erste, als welchem an sich selbst das *liberum arbitrium indifferentiae*, seiner gesonderten Auffassung aber die Einfachheit und Untheilbarkeit der Seele entgegensteht. Schon der alte und populäre Ausdruck »Mutterwitz« bezeugt die frühe Anerkennung dieser zweiten Wahrheit, welche auf der an kleinen, wie an großen intellektuellen Vorzügen gemachten Erfahrung beruht, daß sie die Begabung Derjenigen sind, deren Mütter sich verhältnißmäßig durch ihre Intelligenz auszeichneten. Daß hingegen die intellektuellen Eigenschaften des Vaters nicht auf den Sohn übergehen, beweisen sowohl die Väter als die Söhne der durch die eminentesten Fähigkeiten ausgezeichneten Männer, indem sie, in der Regel, ganz gewöhnliche Köpfe und ohne eine Spur der väterlichen Geistesgaben sind. Wenn nun aber gegen diese vielfach bestätigte Erfahrung ein Mal eine vereinzelte Ausnahme auftritt, wie z. B. Pitt und sein Vater Lord C h a t h a m eine darbieten; so sind wir befugt, ja genöthigt, sie dem Zufall zuzuschreiben, obgleich derselbe, wegen der ungemeinen Seltenheit großer Talente, gewiß zu den außerordentlichsten gehört. Hier gilt jedoch die Regel: es ist unwahrscheinlich, daß das Unwahrscheinliche n i e geschehe. Zudem sind große Staatsmänner (wie schon Kap. 22 erwähnt) es eben so sehr durch die Eigenschaften ihres Charakters, also durch das väterliche Erbtheil, wie durch die Vorzüge ihres Kopfes. Hingegen von Künstlern, Dichtern und Philosophen, deren Leistungen allein es sind, die man dem eigentlichen G e n i e zuschreibt, ist mir kein jenem analoger Fall bekannt. Zwar war R a p h a e l s Vater ein Maler, aber kein

großer; M o z a r t s Vater, wie auch sein Sohn, waren Musiker, jedoch nicht große. Wohl aber müssen wir es bewundern, daß das Schicksal, welches jenen beiden größten Männern ihrer Fächer nur eine sehr kurze Lebensdauer bestimmt hatte, gleichsam
5 zur Kompensation, dafür sorgte, daß sie, ohne den bei andern Genies meistens eintretenden Zeitverlust in der Jugend zu erleiden, schon von Kindheit auf, durch väterliches Beispiel und Unterweisung, die nöthige Anleitung in der Kunst, zu welcher sie ausschließlich bestimmt waren, erhielten, indem es sie schon in
10 ihrer Werkstätte geboren werden ließ. Diese geheime und räthselhafte Macht, welche das individuelle Leben zu lenken scheint, ist mir der Gegenstand besonderer Betrachtungen gewesen, welche ich in dem Aufsatze »Ueber die scheinbare Absichtlichkeit im Schicksale des Einzelnen« (Parerga, Bd. 1) mitgetheilt habe.
15 – Noch ist hier zu bemerken, daß es gewisse wissenschaftliche Beschäftigungen giebt, welche zwar gute, angeborene Fähigkeiten voraussetzen, jedoch nicht die eigentlich seltenen und überschwänglichen, während eifriges Bestreben, Fleiß, Geduld, frühzeitige und gute Unterweisung, anhaltendes Studium und vielfa-
20 che Uebung die Haupterfordernisse sind. Hieraus, und nicht aus der Erblichkeit des Intellekts vom Vater, ist es erklärlich, daß, da überall gern der Sohn den vom Vater gebahnten Weg betritt und fast alle Gewerbe in gewissen Familien erblich sind, auch in einigen Wissenschaften, welche vor Allem Fleiß und Beharrlichkeit
25 erfordern, einzelne Familien eine Succession von verdienten Männern aufzuweisen haben: dahin gehören die Scaliger, die Bernouillys, die Cassinis, die Herschel.

Für die wirkliche Erblichkeit des Intellekts von der Mutter würde die Zahl der Belege viel größer seyn, als sie vorliegt,
30 wenn nicht der Charakter und die Bestimmung des weiblichen Geschlechts es mit sich brächte, daß die Frauen von ihren Geistesfähigkeiten selten öffentliche Proben ablegen, daher solche nicht geschichtlich werden und zur Kunde der Nachwelt gelangen. Ueberdies können, wegen der durchweg schwächeren Be-

schaffenheit des weiblichen Geschlechts, diese Fähigkeiten selbst
nie bei ihnen den Grad erreichen, bis zu welchem sie, unter
günstigen Umständen, nachmals im Sohne gehen: in Hinsicht
auf sie selbst aber haben wir ihre Leistungen in eben diesem
Verhältniß höher anzuschlagen. Demgemäß nun bieten sich mir   5
vor der Hand nur folgende Beispiele als Belege unserer Wahrheit dar. Joseph II. war Sohn der Maria Theresia. – C a r d a -
n u s sagt, im dritten Kapitel *De vita propria: mater mea fuit me-*
moria et ingenio pollens. – J. J. R o u s s e a u sagt, im ersten Buche der *Confessions: la beauté de ma mère, son esprit, ses talents, –*   10
elle en avait de trop brillans pour son état u. s. w., und bringt
dann ein allerliebstes Couplet von ihr bei. – D ’ A l e m b e r t
war der uneheliche Sohn der Claudine v. Tencin, einer Frau
von überlegenem Geiste und Verfasserin mehrerer Romane und
ähnlicher Schriften, welche zu ihrer Zeit großen Beifall fanden   15
und auch noch genießbar seyn sollen. (Siehe ihre Biographie in
den »Blättern für litterarische Unterhaltung«, März 1845, Nr.
71–73.) – Daß B ü f f o n s Mutter eine ausgezeichnete Frau gewesen ist, bezeugt folgende Stelle aus dem *Voyage à Montbar,*
par Hérault de Séchelles, welche Flourens beibringt, in seiner   20
Histoire des travaux de Buffon, S. 288: *Buffon avait ce principe*
qu’en général les enfans tenaient de leur mère leurs qualités intel-
lectuelles et morales: et lorsqu’il l’avait développé dans la conversa-
tion, il en faisait sur-le-champ l’application à lui-même, en faisant
un éloge pompeux de sa mère, qui avait en effet, beaucoup d’esprit,   25
des connaissances étendues, et une tête très bien organisée. Daß er
die moralischen Eigenschaften mitnennt, ist ein Irrthum, den
entweder der Berichterstatter begeht, oder der darauf beruht,
daß seine Mutter zufällig den selben Charakter hatte, wie er
und sein Vater. Das Gegentheil hievon bieten uns unzählige Fäl-   30
le dar, wo Mutter und Sohn den entgegengesetzten Charakter
haben: daher konnten, im Orest und Hamlet, die größten Dra-
matiker Mutter und Sohn in feindlichem Widerstreit darstellen,
wobei der Sohn als moralischer Stellvertreter und Rächer des

Vaters auftritt. Hingegen würde der umgekehrte Fall, daß der
Sohn als moralischer Stellvertreter und Rächer der Mutter gegen seinen Vater aufträte, empörend und zugleich fast lächerlich
seyn. Dies beruht darauf, daß zwischen Vater und Sohn wirkliche Identität des Wesens, welches der Wille ist, besteht, zwischen Mutter und Sohn aber bloße Identität des Intellekts, und
selbst diese noch bedingter Weise. Zwischen Mutter und Sohn
kann der größte moralische Gegensatz bestehen, zwischen Vater und Sohn nur ein intellektueller. Auch von diesem Gesichtspunkt aus soll man die Nothwendigkeit des Salischen Gesetzes
erkennen: das Weib kann den Stamm nicht fortführen. –
H u m e , in seiner kurzen Selbstbiographie, sagt: *Our mother
was a woman of singular merit* * – Ueber K a n t s Mutter heißt
es in der neuesten Biographie von F. W. S c h u b e r t : »Nach
dem eigenen Urtheil ihres Sohnes war sie eine Frau von großem natürlichen Verstande. Für die damalige Zeit, bei der so
seltenen Gelegenheit zur Ausbildung der Mädchen, war sie vorzugsweise gut unterrichtet und sorgte auch späterhin durch sich
selbst für ihre weitere Ausbildung fort. – – Auf Spaziergängen
machte sie ihren Sohn auf allerlei Erscheinungen der Natur aufmerksam und versuchte sie durch die Macht Gottes zu erklären.« – Welche ungemein verständige, geistreiche und überlege-
ne Frau G o e t h e ' s Mutter gewesen, ist jetzt allbekannt. Wie
viel ist nicht in der Litteratur von ihr geredet worden! von seinem Vater aber gar nicht: er selbst schildert ihn als einen Mann
von untergeordneten Fähigkeiten. – S c h i l l e r s Mutter war
für Poesie empfänglich und machte selbst Verse, von denen ein
Bruchstück zu finden ist in seiner Biographie von S c h w a b . –
B ü r g e r , dieses ächte Dichtergenie, dem vielleicht die erste
Stelle nach Goethen unter den Deutschen Dichtern gebürt, da,
gegen seine Balladen gehalten, die Schillerschen kalt und gemacht erscheinen, hat über seine Eltern einen für uns bedeutsa-

---

* Unsere Mutter war eine Frau von ausgezeichneten Vorzügen.

men Bericht erstattet, welchen sein Freund und Arzt A l t h o f , in seiner 1798 erschienenen Biographie, mit diesen Worten wiedergiebt: »Bürgers Vater war zwar mit mancherlei Kenntnissen, nach der damaligen Studierart, versehen, und dabei ein guter, ehrlicher Mann: aber er liebte eine ruhige Bequemlichkeit und seine Pfeife Tabak so sehr, daß er, wie mein Freund zu sagen pflegte, immer erst einen Anlauf nehmen mußte, wenn er ein Mal ein Viertelstündchen auf den Unterricht seines Sohnes verwenden sollte. Seine Gattin war eine Frau von den außerordentlichsten Geistesanlagen, die aber so wenig angebaut waren, daß sie kaum leserlich schreiben gelernt hatte. Bürger meinte, seine Mutter würde, bei gehöriger Kultur, die Berühmteste ihres Geschlechts geworden seyn; ob er gleich mehrmals eine starke Misbilligung verschiedener Züge ihres moralischen Charakters äußerte. Indessen glaubte er, von seiner Mutter einige Anlagen des Geistes, von seinem Vater aber eine Uebereinstimmung mit dessen moralischem Charakter geerbt zu haben.« – W a l t e r S c o t t s Mutter war eine Dichterin und stand mit den schönen Geistern ihrer Zeit in Verbindung, wie uns der Nekrolog W. Scotts im Englischen *Globe*, vom 24. Sept. 1832, berichtet. Daß Gedichte von ihr 1789 im Druck erschienen sind, finde ich in einem »Mutterwitz« überschriebenen Aufsatz, in den vom B r o c k h a u s herausgegebenen »Blättern für litterarische Unterhaltung«, vom 4. Okt. 1841, welcher eine lange Liste geistreicher Mütter berühmter Männer liefert, aus der ich nur zwei entnehmen will: »B a k o 's Mutter war eine ausgezeichnete Sprachkennerin, schrieb und übersetzte mehrere Werke und bewies in jedem Gelehrsamkeit, Scharfsinn und Geschmack. – B o e r h a v e 's Mutter zeichnete sich durch medicinische Kenntnisse aus.« – Andererseits hat uns für die Erblichkeit der Geistesschwäche von den Müttern einen starken Beleg H a l l e r aufbewahrt, indem er anführt: *E duabus patriciis sororibus, ob divitias maritos nactis, quum tamen fatuis essent proximae, novinus in nobilissimas gentes nunc a seculo retro ejus morbi manasse*

seminia, ut etiam in quarta generatione, quintave, omnium postero-
rum aliqui fatui supersint. (Elementa physiol., lib. XXIX, §. 8.) –
Auch nach E s q u i r o l vererbt der Wahnsinn sich häufiger
von der Mutter, als vom Vater. Wenn er jedoch von diesem sich
5 vererbt, schreibe ich es den Gemüthsanlagen zu, deren Wirkung ihn veranlaßt.

Aus unserm Grundsatz scheint zu folgen, daß Söhne der selben Mutter gleiche Geisteskräfte haben und, wenn Einer hoch-
begabt wäre, auch der andere es seyn müßte. Mitunter ist es so:
10 Beispiele sind die C a r r a c c i, Joseph und Michael H a y d n,
Bernhard und Andreas R o m b e r g, Georg und Friedrich C u -
v i e r: ich würde auch hinzusetzen, die Gebrüder S c h l e g e l;
wenn nicht der jüngere, Friedrich, durch den in seinem letzten
Lebensviertel, im Verein mit Adam Müller getriebenen, schimpf-
15 lichen Obskurantismus, sich der Ehre, neben seinem vortrefflichen, untadelhaften und so höchst ausgezeichneten Bruder, August Wilhelm, genannt zu werden, unwürdig gemacht hätte.
Denn Obskurantismus ist eine Sünde, vielleicht nicht gegen den
heiligen, doch gegen den menschlichen Geist, die man daher nie
20 verzeihen, sondern Dem, der sich ihrer schuldig gemacht, Dies,
unversöhnlich, stets und überall nachtragen und bei jeder Gelegenheit ihm Verachtung bezeugen soll, so lange er lebt, ja, noch
nach dem Tode. – Aber eben so oft trifft die obige Folgerung
nicht zu; wie denn z. B. Kants Bruder ein ganz gewöhnlicher
25 Mann war. Um dies zu erklären, erinnere ich an das im 31. Kapitel über die physiologischen Bedingungen des Genies Gesagte.
Nicht nur ein außerordentlich entwickeltes, durchaus zweckmäßig gebildetes Gehirn (der Antheil der Mutter) ist erfordert, sondern auch ein sehr energischer Herzschlag, es zu animiren, d. h.
30 subjektiv ein leidenschaftlicher Wille, ein lebhaftes Temperament: dies ist das Erbtheil vom Vater. Allein eben Dieses steht
nur in dessen kräftigsten Jahren auf seiner Höhe, und noch
schneller altert die Mutter. Demgemäß werden die hochbegabten Söhne, in der Regel, die ältesten, bei voller Kraft beider El-

tern gezeugten seyn: so war auch Kants Bruder elf Jahre jünger als er. Sogar von zwei ausgezeichneten Brüdern wird, in der Regel, der ältere der vorzüglichere seyn. Aber nicht nur das Alter, sondern jede vorübergehende Ebbe der Lebenskraft, oder sonstige Gesundheitsstörung, in den Eltern, zur Zeit der Zeugung, vermag den Antheil des Einen oder des Andern zu verkümmern und die eben daher so überaus seltene Erscheinung eines eminenten Talents zu hintertreiben. – Beiläufig gesagt, ist das Wegfallen aller soeben berührten Unterschiede bei Zwillingen die Ursache der Quasi-Identität ihres Wesens.

Wenn einzelne Fälle sich finden sollten, wo ein hochbegabter Sohn keine geistig ausgezeichnete Mutter gehabt hätte; so ließe Dies sich daraus erklären, daß diese Mutter selbst einen phlegmatischen Vater gehabt hätte, weshalb ihr ungewöhnlich entwickeltes Gehirn nicht durch die entsprechende Energie des Blutumlaufs gehörig excitirt gewesen wäre; – ein Erforderniß, welches ich oben, Kapitel 31, erörtert habe. Nichtsdestoweniger hätte ihr höchst vollkommenes Nerven- und Cerebralsystem sich auf den Sohn vererbt, bei welchem nun aber ein lebhafter und leidenschaftlicher Vater, von energischem Herzschlag, hinzugekommen wäre, wodurch dann erst hier die andere somatische Bedingung großer Geisteskraft eingetreten sei. Vielleicht ist dies B y r o n s Fall gewesen; da wir die geistigen Vorzüge seiner Mutter nirgends erwähnt finden. – Die selbe Erklärung ist auch auf den Fall anzuwenden, daß die durch Geistesgaben ausgezeichnete Mutter eines genialen Sohnes selbst keine geistreiche Mutter gehabt hätte; indem der Vater dieser ein Phlegmatikus gewesen.

Das Disharmonische, Ungleiche, Schwankende im Charakter der meisten Menschen möchte vielleicht daraus abzuleiten seyn, daß das Individuum keinen einfachen Ursprung hat, sondern den Willen vom Vater, den Intellekt von der Mutter überkommt. Je heterogener, unangemessener zu einander beide Eltern waren, desto größer wird jene Disharmonie, jener innere Zwiespalt seyn. Während Einige durch ihr Herz, Andere durch

ihren Kopf excelliren, giebt es noch Andere, deren Vorzug bloß
in einer gewissen Harmonie und Einheit des ganzen Wesens
liegt, welche daraus entsteht, daß bei ihnen Herz und Kopf einander so überaus angemessen sind, daß sie sich wechselseitig
5 unterstützen und hervorheben; welches vermuthen läßt, daß
ihre Eltern eine besondere Angemessenheit und Uebereinstimmung zu einander hatten.

   Das Physiologische der dargelegten Theorie betreffend, will
ich nur anführen, daß B u r d a c h , welcher irrig annimmt, die-
10 selbe psychische Eigenschaft könne bald vom Vater, bald von
der Mutter vererbt werden, dennoch (Physiologie als Erfahrungswissenschaft, Bd. 1, §. 306) hinzusetzt: »Im Ganzen genommen, hat das Männliche mehr Einfluß auf Bestimmung des
irritabeln Lebens, das Weibliche hingegen mehr auf die Sensibili-
15 tät.« – Auch gehört hieher was L i n n é sagt, im *Systema natu-*
rae, Tom. I, p. 8: Mater prolifera promit, ante generationem, vi-
vum compendium m e d u l l a r e novi animalis, suique simillimi,
carinam Malpighianam dictum, tanquam plumulam vegetabilium:
hoc ex genitura C o r *adsociat ramificandum in corpus. Punctum*
20 *enim saliens ovi incubantis avis ostendit primum cor micans, cere-*
brumque cum medulla: corculum hoc, cessans a frigore, excitatur
calido halitu, premitque bulla aërea, sensim dilatata, liquores, se-
cundum canales fluxiles. Punctum vitalitatis itaque in viventibus est
tanquam a prima creatione continuata medullaris vitae ramificatio,
25 *cum ovum sit g e m m a m e d u l l a r i s m a t r i s a primordio*
viva, licet non sua ante proprium c o r p a t e r n u m .

   Wenn wir nun die hier gewonnene Ueberzeugung von der
Erblichkeit des Charakters vom Vater und des Intellekts von
der Mutter in Verbindung setzen mit unserer frühern Betrach-
30 tung des weiten Abstandes, den die Natur, in moralischer, wie
in intellektueller Hinsicht, zwischen Mensch und Mensch gesetzt hat, wie auch mit unserer Erkenntniß der völligen Unveränderlichkeit sowohl des Charakters, als der Geistesfähigkeiten;
so werden wir zu der Ansicht hingeleitet, daß eine wirkliche

und gründliche Veredelung des Menschengeschlechts, nicht sowohl von Außen als von Innen, also nicht sowohl durch Lehre
und Bildung, als vielmehr auf dem Wege der Generation zu erlangen seyn möchte. Schon Plato hat so etwas im Sinne gehabt,
als er, im fünften Buche seiner Republik, den wunderlichen
Plan zur Vermehrung und Veredelung seiner Kriegerkaste dar-
legte. Könnte man alle Schurken kastriren und alle dummen
Gänse ins Kloster stecken, den Leuten von edelem Charakter
ein ganzes Harem beigeben, und allen Mädchen von Geist und
Verstand Männer, und zwar ganze Männer, verschaffen; so würde bald eine Generation erstehen, die ein mehr als Perikleisches
Zeitalter darstellte. – Ohne jedoch auf solche Utopische Pläne
einzugehen, ließe sich in Erwägung nehmen, daß wenn, wie es,
irre ich mich nicht, bei einigen alten Völkern wirklich gewesen
ist, nach der Todesstrafe die Kastration als die schwerste Strafe
bestände, ganze Stammbäume von Schurken der Welt erlassen
seyn würden; um so gewisser, als bekanntlich die meisten Verbrechen schon in dem Alter zwischen zwanzig und dreißig Jahren begangen werden. Imgleichen ließe sich überlegen, ob es
nicht, in Betracht der Folgen, ersprießlicher seyn würde, die bei
gewissen Gelegenheiten auszutheilenden öffentlichen Ausssteu-
ern nicht, wie jetzt üblich, den angeblich tugendhaftesten, sondern den verständigsten und geistreichsten Mädchen zuzuerken-
nen; zumal da über die Tugend das Urtheil gar schwierig ist:
denn nur Gott, sagt man, sieht die Herzen; die Gelegenheiten,
einen edlen Charakter an den Tag zu legen, sind selten und
dem Zufall anheimgestellt; zudem hat die Tugend manches
Mädchens eine kräftige Stütze an der Häßlichkeit desselben:
hingegen über den Verstand können Die, welche selbst damit
begabt sind, nach einiger Prüfung, mit vieler Sicherheit urtheilen. – Eine andere praktische Anwendung ist folgende. In vielen
Ländern, auch im südlichen Deutschland, herrscht die schlim-
me Sitte, daß Weiber Lasten, und oft sehr beträchtliche, auf
dem Kopfe tragen. Dies muß nachtheilig auf das Gehirn wir-

ken; wodurch dasselbe, beim weiblichen Geschlechte im Volke, sich allmälig deteriorirt, und da von ihm das männliche das seinige empfängt, das ganze Volk immer dümmer wird; welches bei vielen gar nicht nöthig ist. Durch Abstellung dieser Sitte würde man demnach das Quantum der Intelligenz im Ganzen des Volkes vermehren; welches zuverlässig die größte Vermehrung des Nationalreichthums wäre.

Wenn wir aber jetzt, dergleichen praktische Anwendungen Andern überlassend, auf unsern eigenthümlichen, also den ethisch-metaphysischen Standpunkt zurückkehren; so wird sich uns, indem wir den Inhalt des 41. Kapitels mit dem des gegenwärtigen verbinden, folgendes Ergebniß darstellen, welches bei aller seiner Transscendenz, doch eine unmittelbare, empirische Stütze hat. – Es ist der selbe Charakter, also der selbe individuell bestimmte Wille, welcher in allen Descendenten eines Stammes, vom Ahnherrn bis zum gegenwärtigen Stammhalter, lebt. Allein in jedem derselben ist ihm ein anderer Intellekt, also ein anderer Grad und eine andere Weise der Erkenntniß beigegeben. Dadurch nun stellt sich ihm, in jedem derselben, das Leben von einer andern Seite und in einem verschiedenen Lichte dar: er erhält eine neue Grundansicht davon, eine neue Belehrung. Zwar kann, da der Intellekt mit dem Individuo erlischt, jener Wille nicht die Einsicht des einen Lebenslaufes durch die des andern unmittelbar ergänzen. Allein in Folge jeder neuen Grundansicht des Lebens, wie nur eine erneuete Persönlichkeit sie ihm verleihen kann, erhält sein Wollen selbst eine andere Richtung, erfährt also eine Modifikation dadurch, und was die Hauptsache ist, er hat, auf dieselbe, von Neuem das Leben zu bejahen, oder zu verneinen. Solchermaaßen wird die, aus der Nothwendigkeit zweier Geschlechter zur Zeugung entspringende Naturanstalt der immer wechselnden Verbindung eines Willens mit einem Intellekt zur Basis einer Heilsordnung. Denn vermöge derselben kehrt das Leben dem Willen (dessen Abbild und Spiegel es ist) unaufhörlich neue Seiten zu, dreht sich

gleichsam ohne Unterlaß vor seinem Blicke herum, läßt andere
und immer andere Anschauungsweisen sich an ihm versuchen,
damit er, auf jede derselben, sich zur Bejahung oder Verneinung
entscheide, welche beide ihm beständig offen stehen; nur daß,
wenn Ein Mal die Verneinung ergriffen wird, das ganze Phäno-   5
men für ihn, mit dem Tode, aufhört. Weil nun hienach dem selben Willen gerade die beständige Erneuerung und völlige Veränderung des Intellekts, als eine neue Weltansicht verleihend,
den Weg des Heils offen hält, der Intellekt aber von der Mutter
kommt; so möchte hier der tiefe Grund liegen, aus welchem   10
alle Völker (mit sehr wenigen, ja schwankenden Ausnahmen)
die Geschwisterehe verabscheuen und verbieten, ja sogar eine
Geschlechtsliebe zwischen Geschwistern gar nicht entsteht, es
sei denn in höchst seltenen, auf einer naturwidrigen Perversität
der Triebe, wo nicht auf der Unächtheit des Einen von ihnen,   15
beruhenden Ausnahmen. Denn aus einer Geschwisterehe könnte nichts Anderes hervorgehen, als stets nur der selbe Wille mit
dem selben Intellekt, wie beide schon vereint in beiden Eltern
existiren, also die hoffnungslose Wiederholung der schon vorhandenen Erscheinung.   20

Wenn wir aber nun, im Einzelnen und in der Nähe, die unglaublich große und doch so augenfällige Verschiedenheit der
Charaktere ins Auge fassen, den Einen so gut und menschenfreundlich, den Andern so boshaft, ja, grausam vorfinden, wieder Einen gerecht, redlich und aufrichtig, einen Andern voller   25
Falsch, als einen Schleicher, Betrüger, Verräther, inkorrigibeln
Schurken erblicken; da eröffnet sich uns ein Abgrund der Betrachtung, indem wir, über den Ursprung einer solchen Verschiedenheit nachsinnend, vergeblich brüten. Hindu und Buddhaisten lösen das Problem dadurch, daß sie sagen: »es ist die   30
Folge der Thaten des vorhergegangenen Lebenslaufes«. Diese
Lösung ist zwar die älteste, auch die faßlichste und von den
Weisesten der Menschheit ausgegangen: sie schiebt jedoch nur
die Frage weiter zurück. Eine befriedigendere wird dennoch

schwerlich gefunden werden. Vom Standpunkt meiner ganzen Lehre aus bleibt mir zu sagen übrig, daß hier, wo der Wille als Ding an sich zur Sprache kommt, der Satz vom Grunde, als bloße Form der Erscheinung, keine Anwendung mehr findet,
5 mit ihm aber alles Warum und Woher wegfällt. Die absolute Freiheit besteht eben darin, daß Etwas dem Satz vom Grunde, als dem Princip aller Nothwendigkeit, gar nicht unterworfen ist: eine solche kommt daher nur dem Dinge an sich zu, dieses aber ist gerade der Wille. Er ist demnach in seiner Erscheinung,
10 mithin im *Operari*, der Nothwendigkeit unterworfen: im *Esse* aber, wo er sich als Ding an sich entschieden hat, ist er f r e i . Sobald wir daher, wie hier geschieht, an dieses kommen, hört alle Erklärung mittelst Gründen und Folgen auf, und uns bleibt nichts übrig, als zu sagen: hier äußert sich die wahre Freiheit
15 des Willens, die ihm zukommt, sofern er das Ding an sich ist, welches aber eben als solches grundlos ist, d. h. kein Warum kennt. Eben dadurch aber hört für uns hier alles Verständniß auf; weil all unser Verstehn auf dem Satz vom Grunde beruht, indem es in der bloßen Anwendung desselben besteht.

20   Kapitel 44.
            M e t a p h y s i k d e r G e s c h l e c h t s l i e b e .

                     Ihr Weisen, hoch und tief gelahrt,
                     Die ihr's ersinnt und wißt,
                     Wie, wo und wann sich Alles paart?
25   Warum sich's liebt und küßt?
                     Ihr hohen Weisen, sagt mir's an!
                     Ergrübelt, was mir da,
                     Ergrübelt mir, wo, wie und wann,
                     Warum mir so geschah?
30   B ü r g e r .

                                                              703

Dieses Kapitel ist das letzte von vieren, deren mannigfaltige, gegenseitige Beziehung zu einander, vermöge welcher sie gewissermaaßen ein untergeordnetes Ganzes bilden, der aufmerksame Leser erkennen wird, ohne daß ich nöthig hätte, durch Berufungen und Zurückweisungen meinen Vortrag zu unterbrechen. 5

Die Dichter ist man gewohnt hauptsächlich mit der Schilderung der Geschlechtsliebe beschäftigt zu sehen. Diese ist in der Regel das Hauptthema aller dramatischen Werke, der tragischen, wie der komischen, der romantischen, wie der klassischen, der Indischen, wie der Europäischen: nicht weniger ist 10 sie der Stoff des bei Weitem größten Theils der lyrischen Poesie, und ebenfalls der epischen; zumal wenn wir dieser die hohen Stöße von Romanen beizählen wollen, welche, in allen civilisirten Ländern Europas, jedes Jahr so regelmäßig wie die Früchte des Bodens erzeugt, schon seit Jahrhunderten. Alle diese 15 Werke sind, ihrem Hauptinhalte nach, nichts Anderes, als vielseitige, kurze oder ausführliche Beschreibungen der in Rede stehenden Leidenschaft. Auch haben die gelungensten Schilderungen derselben, wie z. B. Romeo und Julie, die neue Heloise, der Werther, unsterblichen Ruhm erlangt. Wenn dennoch 20 R o c h e f o u c a u l d meint, es sei mit der leidenschaftlichen Liebe wie mit den Gespenstern, Alle redeten davon, aber Keiner hätte sie gesehen; und ebenfalls L i c h t e n b e r g in seinem Aufsatze »Ueber die Macht der Liebe« die Wirklichkeit und Naturgemäßheit jener Leidenschaft bestreitet und ableugnet; so 25 ist dies ein großer Irrthum. Denn es ist unmöglich, daß ein der menschlichen Natur Fremdes und ihr Widersprechendes, also eine bloß aus der Luft gegriffene Fratze, zu allen Zeiten vom Dichtergenie unermüdlich dargestellt und von der Menschheit mit unveränderter Theilnahme aufgenommen werden könne; 30 da ohne Wahrheit kein Kunstschönes seyn kann:

Rien n'est beau que le vrai; le vrai seul est aimable.

Boil.

Allerdings aber bestätigt es auch die Erfahrung, wenn gleich nicht die alltägliche, daß Das, was in der Regel nur als eine lebhafte, jedoch noch bezwingbare Neigung vorkommt, unter gewissen Umständen anwachsen kann zu einer Leidenschaft, die
5 an Heftigkeit jede andere übertrifft, und dann alle Rücksichten beseitigt, alle Hindernisse mit unglaublicher Kraft und Ausdauer überwindet, so daß für ihre Befriedigung unbedenklich das Leben gewagt, ja, wenn solche schlechterdings versagt bleibt, in den Kauf gegeben wird. Die Werther und Jacopo Ortis existiren
10 nicht bloß im Romane; sondern jedes Jahr hat deren in Europa wenigstens ein halbes Dutzend aufzuweisen: *sed ignotis perierunt mortibus illi*: denn ihre Leiden finden keinen andern Chronisten, als den Schreiber amtlicher Protokolle, oder den Berichterstatter der Zeitungen. Doch werden die Leser der polizeige-
15 richtlichen Aufnahmen in Englischen und Französischen Tagesblättern die Richtigkeit meiner Angabe bezeugen. Noch größer aber ist die Zahl Derer, welche die selbe Leidenschaft ins Irrenhaus bringt. Endlich hat jedes Jahr auch einen und den andern Fall von gemeinschaftlichem Selbstmord eines liebenden, aber
20 durch äußere Umstände verhinderten Paares aufzuweisen; wobei mir inzwischen unerklärlich bleibt, wie Die, welche, gegenseitiger Liebe gewiß, im Genusse dieser die höchste Säligkeit zu finden erwarten, nicht lieber durch die äußersten Schritte sich allen Verhältnissen entziehen und jedes Ungemach erdulden, als
25 daß sie mit dem Leben ein Glück aufgeben, über welches hinaus ihnen kein größeres denkbar ist. – Was aber die niedern Grade und die bloßen Anflüge jener Leidenschaft anlangt, so hat Jeder sie täglich vor Augen und, so lange er nicht alt ist, meistens auch im Herzen.

30 Also kann man, nach dem hier in Erinnerung Gebrachten, weder an der Realität, noch an der Wichtigkeit der Sache zweifeln, und sollte daher, statt sich zu wundern, daß auch ein Philosoph dieses beständige Thema aller Dichter ein Mal zu dem seinigen macht, sich darüber wundern, daß eine Sache, welche im Men-

schenleben durchweg eine so bedeutende Rolle spielt, von den
Philosophen bisher so gut wie gar nicht in Betrachtung genommen ist und als ein unbearbeiteter Stoff vorliegt. Wer sich noch
am meisten damit abgegeben hat, ist P l a t o , besonders im
»Gastmahl« und im »Phädrus«: was er jedoch darüber vorbringt, 5
hält sich im Gebiete der Mythen, Fabeln und Scherze, betrifft
auch größtentheils nur die Griechische Knabenliebe. Das Wenige,
was R o u s s e a u im *Discours sur l'inégalité* (S. 96, *ed. Bip.*) über
unser Thema sagt, ist falsch und ungenügend. K a n t s Erörterung des Gegenstandes, im dritten Abschnitt der Abhandlung 10
»Ueber das Gefühl des Schönen und Erhabenen« (S. 435 fg. der
Rosenkranzischen Ausgabe), ist sehr oberflächlich und ohne
Sachkenntniß, daher zum Theil auch unrichtig. Endlich P l a t
n e r s Behandlung der Sache in seiner Anthropologie, §§. 1347
fg., wird Jeder platt und seicht finden. Hingegen verdient Spino 15
za's Definition, wegen ihrer überschwänglichen Naivetät, zur
Aufheiterung, angeführt zu werden: *Amor est titillatio, concomitante idea causae externae (Eth., IV, prop. 44, dem.)* Vorgänger
habe ich demnach weder zu benutzen, noch zu widerlegen: die
Sache hat sich mir objektiv aufgedrungen und ist von selbst in 20
den Zusammenhang meiner Weltbetrachtung getreten. – Den
wenigsten Beifall habe ich übrigens von Denen zu hoffen, welche
gerade selbst von dieser Leidenschaft beherrscht sind, und demnach in den sublimsten und ätherischesten Bildern ihre überschwänglichen Gefühle auszudrücken suchen: ihnen wird meine 25
Ansicht zu physisch, zu materiell erscheinen; so metaphysisch, ja
transscendent, sie auch im Grunde ist. Mögen sie vorläufig erwägen, daß der Gegenstand, welcher sie heute zu Madrigalen und
Sonetten begeistert, wenn er 18 Jahre früher geboren wäre, ihnen
kaum einen Blick abgewonnen hätte. 30

Denn alle Verliebtheit, wie ätherisch sie sich auch geberden
mag, wurzelt allein im Geschlechtstriebe, ja, ist durchaus nur
ein näher bestimmter, specialisirter, wohl gar im strengsten Sinn
individualisirter Geschlechtstrieb. Wenn man nun, dieses fest

haltend, die wichtige Rolle betrachtet, welche die Geschlechtsliebe in allen ihren Abstufungen und Nüancen, nicht bloß in
Schauspielen und Romanen, sondern auch in der wirklichen
Welt spielt, wo sie, nächst der Liebe zum Leben, sich als die
5 stärkste und thätigste aller Triebfedern erweist, die Hälfte der
Kräfte und Gedanken des jüngern Theiles der Menschheit fortwährend in Anspruch nimmt, das letzte Ziel fast jedes menschlichen Bestrebens ist, auf die wichtigsten Angelegenheiten nach-
theiligen Einfluß erlangt, die ernsthaftesten Beschäftigungen zu
10 jeder Stunde unterbricht, bisweilen selbst die größten Köpfe auf
eine Weile in Verwirrung setzt, sich nicht scheut, zwischen die
Verhandlungen der Staatsmänner und die Forschungen der Gelehrten, störend, mit ihrem Plunder einzutreten, ihre Liebes-
briefchen und Haarlöckchen sogar in ministerielle Portefeuilles
15 und philosophische Manuscripte einzuschieben versteht, nicht
minder täglich die verworrensten und schlimmsten Händel an-
zettelt, die werthvollsten Verhältnisse auflöst, die festesten Bande zerreißt, bisweilen Leben, oder Gesundheit, bisweilen Reichthum, Rang und Glück zu ihrem Opfer nimmt, ja, den sonst
20 Redlichen gewissenlos, den bisher Treuen zum Verräther
macht, demnach im Ganzen auftritt als ein feindsäliger Dämon,
der Alles zu verkehren, zu verwirren und umzuwerfen bemüht
ist; – da wird man veranlaßt auszurufen: Wozu der Lerm?
Wozu das Drängen, Toben, die Angst und die Noth? Es han-
25 delt sich ja bloß darum, daß jeder Hans seine Grethe* finde:
weshalb sollte eine solche Kleinigkeit eine so wichtige Rolle
spielen und unaufhörlich Störung und Verwirrung in das wohl-
geregelte Menschenleben bringen? – Aber dem ernsten For-
scher enthüllt allmälig der Geist der Wahrheit die Antwort: Es
30 ist keine Kleinigkeit, warum es sich hier handelt; vielmehr ist
die Wichtigkeit der Sache dem Ernst und Eifer des Treibens

---

* Ich habe mich hier nicht eigentlich ausdrücken dürfen: der geneigte Leser hat
daher die Phrase in eine Aristophanische Sprache zu übersetzen.

vollkommen angemessen. Der Endzweck aller Liebeshändel, sie mögen auf dem Sockus, oder dem Kothurn gespielt werden, ist wirklich wichtiger, als alle andern Zwecke im Menschenleben, und daher des tiefen Ernstes, womit Jeder ihn verfolgt, völlig werth. Das nämlich, was dadurch entschieden wird, ist nichts 5 Geringeres, als d i e Z u s a m m e n s e t z u n g d e r n ä c h - s t e n G e n e r a t i o n. Die *dramatis personae*, welche auftreten werden, wann wir abgetreten sind, werden hier, ihrem Daseyn und ihrer Beschaffenheit nach, bestimmt, durch diese so frivolen Liebeshändel. Wie das Seyn, die *Existentia*, jener künftigen 10 Personen durch unsern Geschlechtstrieb überhaupt, so ist das Wesen, die *Essentia* derselben durch die individuelle Auswahl bei seiner Befriedigung, d. i. die Geschlechtsliebe, durchweg bedingt, und wird dadurch, in jeder Rücksicht, unwiderruflich festgestellt. Dies ist der Schlüssel des Problems: wir werden ihn, 15 bei der Anwendung, genauer kennen lernen, wann wir die Grade der Verliebtheit, von der flüchtigsten Neigung bis zur heftigsten Leidenschaft, durchgehen, wobei wir erkennen werden, daß die Verschiedenheit derselben aus dem Grade der Individualisation der Wahl entspringt. 20

Die sämmtlichen L i e b e s h ä n d e l der gegenwärtigen Generation zusammengenommen sind demnach des ganzen Menschengeschlechts ernstliche *meditatio compositionis generationis futurae, e qua iterum pendent innumerae generationes.* Diese hohe Wichtigkeit der Angelegenheit, als in welcher es sich nicht, wie 25 in allen übrigen, um i n d i v i d u e l l e s Wohl und Wehe, sondern um das Daseyn und die specielle Beschaffenheit des Menschengeschlechts in künftigen Zeiten handelt und daher der Wille des Einzelnen in erhöhter Potenz, als Wille der Gattung, auftritt, diese ist es, worauf das Pathetische und Erhabene der 30 Liebesangelegenheiten, das Transscendente ihrer Entzückungen und Schmerzen beruht, welches in zahllosen Beispielen darzustellen die Dichter seit Jahrtausenden nicht müde werden; weil kein Thema es an Interesse diesem gleich thun kann, als wel-

ches, indem es das Wohl und Wehe der G a t t u n g betrifft, zu
allen übrigen, die nur das Wohl der Einzelnen betreffen, sich
verhält wie Körper zu Fläche. Daher eben ist es so schwer, einem Drama ohne Liebeshändel Interesse zu ertheilen, und wird
5 andererseits, selbst durch den täglichen Gebrauch, dies Thema
niemals abgenutzt.

Was im individuellen Bewußtseyn sich kund giebt als Geschlechtstrieb überhaupt und ohne die Richtung auf ein bestimmtes Individuum des andern Geschlechts, das ist an sich
10 selbst und außer der Erscheinung der Wille zum Leben
schlechthin. Was aber im Bewußtseyn erscheint als auf ein bestimmtes Individuum gerichteter Geschlechtstrieb, das ist an
sich selbst der Wille, als ein genau bestimmtes Individuum zu
leben. In diesem Falle nun weiß der Geschlechtstrieb, obwohl
15 an sich ein subjektives Bedürfniß, sehr geschickt die Maske einer objektiven Bewunderung anzunehmen und so das Bewußtseyn zu täuschen: denn die Natur bedarf dieses Stratagems zu
ihren Zwecken. Daß es aber, so objektiv und von erhabenem
Anstrich jene Bewunderung auch erscheinen mag, bei jedem
20 Verliebtseyn doch allein abgesehen ist auf die Erzeugung eines
Individuums von bestimmter Beschaffenheit, wird zunächst dadurch bestätigt, daß nicht etwan die Gegenliebe, sondern der
Besitz, d. h. der physische Genuß, das Wesentliche ist. Die Gewißheit jener kann daher über den Mangel dieses keineswegs
25 trösten: vielmehr hat in solcher Lage schon Mancher sich er-
schossen. Hingegen nehmen stark Verliebte, wenn sie keine Gegenliebe erlangen können, mit dem Besitz, d. i. dem physischen
Genuß, vorlieb. Dies belegen alle gezwungenen Heirathen, imgleichen die so oft, ihrer Abneigung zum Trotz, mit großen Ge-
30 schenken, oder sonstigen Opfern, erkaufte Gunst eines Weibes,
ja auch die Fälle der Nothzucht. Daß dieses bestimmte Kind
erzeugt werde, ist der wahre, wenn gleich den Theilnehmern
unbewußte Zweck des ganzen Liebesromans: die Art und Weise, wie er erreicht wird, ist Nebensache. – Wie laut auch hier

die hohen und empfindsamen, zumal aber die verliebten Seelen aufschreien mögen, über den derben Realismus meiner Ansicht; so sind sie doch im Irrthum. Denn, ist nicht die genaue Bestimmung der Individualitäten der nächsten Generation ein viel höherer und würdigerer Zweck, als jene ihre überschwänglichen Gefühle und übersinnlichen Seifenblasen? Ja, kann es, unter irdischen Zwecken, einen wichtigeren und größeren geben? Er allein entspricht der Tiefe, mit welcher die leidenschaftliche Liebe gefühlt wird, dem Ernst, mit welchem sie auftritt, und der Wichtigkeit, die sie sogar den Kleinigkeiten ihres Bereiches und ihres Anlasses beilegt. Nur sofern man d i e s e n Zweck als den wahren unterlegt, erscheinen die Weitläuftigkeiten, die endlosen Bemühungen und Plagen zur Erlangung des geliebten Gegenstandes, der Sache angemessen. Denn die künftige Generation, in ihrer ganzen individuellen Bestimmtheit, ist es, die sich mittelst jenes Treibens und Mühens ins Daseyn drängt. Ja, sie selbst regt sich schon in der so umsichtigen, bestimmten und eigensinnigen Auswahl zur Befriedigung des Geschlechtstriebes, die man Liebe nennt. Die wachsende Zuneigung zweier Liebenden ist eigentlich schon der Lebenswille des neuen Individuums, welches sie zeugen können und möchten; ja, schon im Zusammentreffen ihrer sehnsuchtsvollen Blicke entzündet sich sein neues Leben, und giebt sich kund als eine künftig harmonische, wohl zusammengesetzte Individualität. Sie fühlen die Sehnsucht nach einer wirklichen Vereinigung und Verschmelzung zu einem einzigen Wesen, um alsdann nur noch als dieses fortzuleben; und diese erhält ihre Erfüllung in dem von ihnen Erzeugten, als in welchem die sich vererbenden Eigenschaften Beider, zu Einem Wesen verschmolzen und vereinigt, fortleben. Umgekehrt, ist die gegenseitige, entschiedene und beharrliche Abneigung zwischen einem Mann und einem Mädchen die Anzeige, daß was sie zeugen könnten nur ein übel organisirtes, in sich disharmonisches, unglückliches Wesen seyn würde. Deshalb liegt ein tiefer Sinn darin, daß Calderon die entsetzliche

Semiramis zwar die Tochter der Luft benennt, sie jedoch als die Tochter der Nothzucht, auf welche der Gattenmord folgte, einführt.

Was nun aber zuletzt zwei Individuen verschiedenen Geschlechts mit solcher Gewalt ausschließlich zu einander zieht, ist der in der ganzen Gattung sich darstellende Wille zum Leben, der hier eine seinen Zwecken entsprechende Objektivation seines Wesens anticipirt in dem Individuo, welches jene Beiden zeugen können. Dieses nämlich wird vom Vater den Willen, oder Charakter, von der Mutter den Intellekt haben, die Korporisation von Beiden: jedoch wird meistens die Gestalt sich mehr nach dem Vater, die Größe mehr nach der Mutter richten, – dem Gesetze gemäß, welches in den Bastarderzeugungen der Thiere an den Tag tritt und hauptsächlich darauf beruht, daß die Größe des Fötus sich nach der Größe des Uterus richten muß. So unerklärlich die ganz besondere und ihm ausschließlich eigenthümliche Individualität eines jeden Menschen ist; so ist es eben auch die ganz besondere und individuelle Leidenschaft zweier Liebenden; – ja, im tiefsten Grunde ist Beides Eines und dasselbe: die Erstere ist *explicite* was die Letztere *implicite* war. Als die allererste Entstehung eines neuen Individuums und das wahre *punctum saliens* seines Lebens ist wirklich der Augenblick zu betrachten, da die Eltern anfangen einander zu lieben, – *to fancy each other* nennt es ein sehr treffender Englischer Ausdruck, – und, wie gesagt, im Begegnen und Heften ihrer sehnsüchtigen Blicke entsteht der erste Keim des neuen Wesens, der freilich, wie alle Keime, meistens zertreten wird. Dies neue Individuum ist gewissermaaßen eine neue (Platonische) Idee: wie nun alle Ideen mit der größten Heftigkeit in die Erscheinung zu treten streben, mit Gier die Materie hiezu ergreifend, welche das Gesetz der Kausalität unter sie alle austheilt; so strebt eben auch diese besondere Idee einer menschlichen Individualität mit der größten Gier und Heftigkeit nach ihrer Realisation in der Erscheinung. Diese Gier und Heftigkeit eben ist die Leidenschaft der beiden künftigen Eltern zu einander. Sie hat unzählige Grade, deren beide Extreme man immerhin als Αφροδιτη πανδημος und ουρανια bezeichnen mag: – dem Wesen nach ist sie jedoch überall die selbe. Hingegen dem Grade nach wird sie um so mächtiger seyn, je i n d i v i - du a l i s i r t e r sie ist, d. h. je mehr das geliebte Individuum, vermöge aller seiner Theile und Eigenschaften, ausschließlich geeignet ist, den Wunsch und das durch seine eigene Individualität festgestellte Bedürfniß des liebenden zu befriedigen. Worauf es nun aber hiebei ankommt, wird uns im weiteren Verfolge deutlich werden. Zunächst und wesentlich ist die verliebte Neigung gerichtet auf Gesundheit, Kraft und Schönheit, folglich auch auf Jugend; weil der Wille zuvörderst den Gattungscharakter der Menschenspecies, als die Basis aller Individualität, darzustellen verlangt: die alltägliche Liebelei (Αφροδιτη πανδημος) geht nicht viel weiter. Daran knüpfen sich sodann speciellere Anforderungen, die wir weiterhin im Einzelnen untersuchen werden, und mit denen, wo sie Befriedigung vor sich sehen, die Leidenschaft steigt. Die höchsten Grade dieser aber entspringen aus derjenigen Angemessenheit beider Individualitäten zu einander, vermöge welcher der Wille, d. i. der Charakter, des Vaters und der Intellekt der Mutter, in ihrer Verbindung, gerade dasjenige Individuum vollenden, nach welchem der Wille zum Leben überhaupt, welcher in der ganzen Gattung sich darstellt, eine dieser seiner Größe angemessene, daher das Maaß eines sterblichen Herzens übersteigende Sehnsucht empfindet, deren Motive eben so über den Bereich des individuellen Intellekts hinausliegen. Dies also ist die Seele einer eigentlichen, großen Leidenschaft. – Je vollkommener nun die gegenseitige Angemessenheit zweier Individuen zu einander, in jeder der so mannigfachen, weiterhin zu betrachtenden Rücksichten ist, desto stärker wird ihre gegenseitige Leidenschaft ausfallen. Da es nicht zwei ganz gleiche Individuen giebt, muß jedem bestimmten Mann ein bestimmtes Weib, – stets in

Hinsicht auf das zu Erzeugende, – am vollkommensten entsprechen. So selten, wie der Zufall ihres Zusammentreffens, ist
die eigentlich leidenschaftliche Liebe. Weil inzwischen die Möglichkeit einer solchen in Jedem vorhanden ist, sind uns die Dar-
5 stellungen derselben in den Dichterwerken verständlich. – Eben
weil die verliebte Leidenschaft sich eigentlich um das zu Erzeugende und dessen Eigenschaften dreht und hier ihr Kern liegt,
kann zwischen zwei jungen und wohlgebildeten Leuten verschiedenen Geschlechts, vermöge der Uebereinstimmung ihrer
10 Gesinnung, ihres Charakters, ihrer Geistesrichtung, Freundschaft bestehen, ohne daß Geschlechtsliebe sich einmischte; ja
sogar kann in dieser Hinsicht eine gewisse Abneigung zwischen
ihnen vorhanden seyn. Der Grund hievon ist darin zu suchen,
daß ein von ihnen erzeugtes Kind körperlich oder geistig dis-
15 harmonirende Eigenschaften haben, kurz, seine Existenz und
Beschaffenheit den Zwecken des Willens zum Leben, wie er
sich in der Gattung darstellt, nicht entsprechen würde. Im entgegengesetzten Fall kann, bei Heterogeneität der Gesinnung,
des Charakters und der Geistesrichtung, und bei der daraus
20 hervorgehenden Abneigung, ja Feindsäligkeit, doch die Geschlechtsliebe aufkommen und bestehen; wo sie dann über jenes Alles verblendet: verleitet sie hier zur Ehe, so wird es eine
sehr unglückliche. –

Jetzt zur gründlicheren Untersuchung der Sache. – Der Ego-
25 ismus ist eine so tief wurzelnde Eigenschaft aller Individualität
überhaupt, daß, um die Thätigkeit eines individuellen Wesens
zu erregen, egoistische Zwecke die einzigen sind, auf welche
man mit Sicherheit rechnen kann. Zwar hat die Gattung auf
das Individuum ein früheres, näheres und größeres Recht, als
30 die hinfällige Individualität selbst: jedoch kann, wann das Individuum für den Bestand und die Beschaffenheit der Gattung thätig seyn und sogar Opfer bringen soll, seinem Intellekt, als welcher bloß auf individuelle Zwecke berechnet ist, die Wichtigkeit
der Angelegenheit nicht so faßlich gemacht werden, daß sie

derselben gemäß wirkte. Daher kann, in solchem Fall, die Natur ihren Zweck nur dadurch erreichen, daß sie dem Individuo einen gewissen W a h n einpflanzt, vermöge dessen ihm als ein Gut für sich selbst erscheint, was in Wahrheit bloß eines für die Gattung ist, so daß dasselbe dieser dient, während es sich selber zu dienen wähnt; bei welchem Hergang eine bloße, gleich darauf verschwindende Chimäre ihm vorschwebt und als Motiv die Stelle einer Wirklichkeit vertritt. Dieser W a h n ist der I n - s t i n k t. Derselbe ist, in den allermeisten Fällen, anzusehen als der Sinn der G a t t u n g, welcher das i h r Frommende dem Willen darstellt. Weil aber der Wille hier individuell geworden; so muß er dergestalt getäuscht werden, daß er Das, was der Sinn der G a t t u n g ihm vorhält, durch den Sinn des I n d i v i - d u i wahrnimmt, also individuellen Zwecken nachzugehen wähnt, während er in Wahrheit bloß generelle (dies Wort hier im eigentlichsten Sinn genommen) verfolgt. Die äußere Erscheinung des Instinkts beobachten wir am besten an den Thieren, als wo seine Rolle am bedeutendesten ist; aber den innern Hergang dabei können wir, wie alles Innere, allein an uns selbst kennen lernen. Nun meint man zwar, der Mensch habe fast gar keinen Instinkt, allenfalls bloß den, daß das Neugeborene die Mutterbrust sucht und ergreift. Aber in der That haben wir einen sehr bestimmten, deutlichen, ja komplicirten Instinkt, nämlich den der so feinen, ernstlichen und eigensinnigen Auswahl des andern Individuums zur Geschlechtsbefriedigung. Mit dieser Befriedigung an sich selbst, d. h. sofern sie ein auf dringendem Bedürfniß des Individuums beruhender sinnlicher Genuß ist, hat die Schönheit oder Häßlichkeit des andern Individuums gar nichts zu schaffen. Die dennoch so eifrig verfolgte Rücksicht auf diese, nebst der daraus entspringenden sorgsamen Auswahl, bezieht sich also offenbar nicht auf den Wählenden selbst, obschon er es wähnt, sondern auf den wahren Zweck, auf das zu Erzeugende, als in welchem der Typus der Gattung möglichst rein und richtig erhalten werden soll. Nämlich durch

tausend physische Zufälle und moralische Widerwärtigkeiten
entstehen gar vielerlei Ausartungen der menschlichen Gestalt:
dennoch wird der ächte Typus derselben, in allen seinen Theilen, immer wieder hergestellt; welches geschieht unter der Lei-
5 tung des Schönheitssinnes, der durchgängig dem Geschlechtstriebe vorsteht, und ohne welchen dieser zum ekelhaften Bedürfniß herabsinkt. Demgemäß wird Jeder, erstlich, die schönsten Individuen, d. h. solche, in welchen der Gattungscharakter
am reinsten ausgeprägt ist, entschieden vorziehen und heftig be-
10 gehren; zweitens aber wird er am andern Individuo besonders
d i e Vollkommenheiten verlangen, welche ihm selbst abgehen,
ja sogar die Unvollkommenheiten, welche das Gegentheil seiner
eigenen sind, schön finden: daher suchen z. B. kleine Männer
große Frauen, die Blonden lieben die Schwarzen u. s. w. – Das
15 schwindelnde Entzücken, welches den Mann beim Anblick eines Weibes von ihm angemessener Schönheit ergreift und ihm
die Vereinigung mit ihr als das höchste Gut vorspiegelt, ist eben
d e r S i n n d e r G a t t u n g, welcher den deutlich ausge-
drückten Stämpel derselben erkennend, sie mit diesem perpetu-
20 iren möchte. Auf diesem entschiedenen Hange zur Schönheit
beruht die Erhaltung des Typus der Gattung: daher wirkt derselbe mit so großer Macht. Wir werden die Rücksichten, welche er befolgt, weiter unten speciell betrachten. Was also den
Menschen hiebei leitet, ist wirklich ein Instinkt, der auf das Be-
25 ste der Gattung gerichtet ist, während der Mensch selbst bloß
den erhöhten eigenen Genuß zu suchen wähnt. – In der That
haben wir hieran einen lehrreichen Aufschluß über das innere
Wesen a l l e s Instinkts, als welcher fast durchgängig, wie hier,
das Individuum für das Wohl der Gattung in Bewegung setzt.
30 Denn offenbar ist die Sorgfalt, mit der ein Insekt eine bestimmte Blume, oder Frucht, oder Mist, oder Fleisch, oder, wie die
Ichneumonien, eine fremde Insektenlarve aufsucht, um seine
Eier n u r d o r t zu legen, und um dieses zu erreichen weder
Mühe noch Gefahr scheut, derjenigen sehr analog, mit welcher

ein Mann zur Geschlechtsbefriedigung ein Weib von bestimmter, ihm individuell zusagender Beschaffenheit sorgsam auswählt und so eifrig nach ihr strebt, daß er oft, um diesen Zweck zu erreichen, aller Vernunft zum Trotz, sein eigenes Lebensglück opfert, durch thörichte Heirath, durch Liebeshändel, die ihm 5 Vermögen, Ehre und Leben kosten, selbst durch Verbrechen, wie Ehebruch, oder Nothzucht; Alles nur, um, dem überall souveränen Willen der Natur gemäß, der Gattung auf das Zweckmäßigste zu dienen, wenn gleich auf Kosten des Individuums. Ueberall nämlich ist der Instinkt ein Wirken wie nach 10 einem Zweckbegriff, und doch ganz ohne denselben. Die Natur pflanzt ihn da ein, wo das handelnde Individuum den Zweck zu verstehen unfähig, oder ihn zu verfolgen unwillig seyn würde: daher ist er, in der Regel, nur den Thieren, und zwar vorzüglich den untersten, als welche den wenigsten Ver- 15 stand haben, beigegeben, aber fast allein in dem hier betrachteten Fall auch dem Menschen, als welcher den Zweck zwar verstehen könnte, ihn aber nicht mit dem nöthigen Eifer, nämlich sogar auf Kosten seines individuellen Wohls, verfolgen würde. Also nimmt hier, wie bei allem Instinkt, die Wahrheit die Ge- 20 stalt des Wahnes an, um auf den Willen zu wirken. Ein wollüstiger Wahn ist es, der dem Manne vorgaukelt, er werde in den Armen eines Weibes von der ihm zusagenden Schönheit einen größern Genuß finden, als in denen eines jeden andern; oder der gar, ausschließlich auf ein e i n z i g e s Individuum gerichtet, 25 ihn fest überzeugt, daß dessen Besitz ihm ein überschwängliches Glück gewähren werde. Demnach wähnt er, für seinen eigenen Genuß, Mühe und Opfer zu verwenden, während es bloß für die Erhaltung des regelrechten Typus der Gattung geschieht, oder gar eine ganz bestimmte Individualität, die nur 30 von diesen Eltern kommen kann, zum Daseyn gelangen soll. So völlig ist hier der Charakter des Instinkts, also ein Handeln wie nach einem Zweckbegriff und doch ganz ohne denselben, vorhanden, daß der von jenem Wahn Getriebene den Zweck,

welcher allein ihn leitet, die Zeugung, oft sogar verabscheut
und verhindern möchte: nämlich bei fast allen unehelichen
Liebschaften. Dem dargelegten Charakter der Sache gemäß
wird, nach dem endlich erlangten Genuß, jeder Verliebte eine
wundersame Enttäuschung erfahren, und darüber erstaunen,
daß das so sehnsuchtsvoll Begehrte nichts mehr leistet, als jede
andere Geschlechtsbefriedigung; so daß er sich nicht sehr dadurch gefördert sieht. Jener Wunsch nämlich verhielt sich zu allen seinen übrigen Wünschen, wie sich die Gattung verhält zum
Individuo, also wie ein Unendliches zu einem Endlichen. Die
Befriedigung hingegen kommt eigentlich nur der Gattung zu
Gute und fällt deshalb nicht in das Bewußtseyn des Individuums, welches hier, vom Willen der Gattung beseelt, mit jeglicher Aufopferung, einem Zwecke diente, der gar nicht sein eigener war. Daher also findet jeder Verliebte, nach endlicher
Vollbringung des großen Werkes, sich angeführt: denn der
Wahn ist verschwunden, mittelst dessen hier das Individuum
der Betrogene der Gattung war. Demgemäß sagt P l a t o sehr
treffend: ἡδονη ἁπαντων αλαζονεσтατον *(voluptas omnium
maxime vaniloqua). Phileb. 319.*

Dies Alles aber wirft seinerseits wieder Licht zurück auf die
Instinkte und Kunsttriebe der Thiere. Ohne Zweifel sind auch
diese von einer Art Wahn, der ihnen den eigenen Genuß vorgaukelt, befangen, während sie so emsig und mit Selbstverleugnung für die Gattung arbeiten, der Vogel sein Nest baut, das
Insekt den allein passenden Ort für die Eier sucht, oder gar
Jagd auf Raub macht, der, ihm selber ungenießbar, als Futter für
die künftigen Larven neben die Eier gelegt werden muß, die
Biene, die Wespe, die Ameise ihrem künstlichen Bau und ihrer
höchst komplicirten Oekonomie obliegen. Sie Alle leitet sicher-
lich ein Wahn, welcher dem Dienste der Gattung die Maske eines egoistischen Zweckes vorsteckt. Um uns den i n n e r n
oder subjektiven Vorgang, der den Aeußerungen des Instinkts
zum Grunde liegt, faßlich zu machen, ist dies wahrscheinlich

der einzige Weg. Aeußerlich aber, oder objektiv, stellt sich uns, bei den vom Instinkt stark beherrschten Thieren, namentlich den Insekten, ein Ueberwiegen des Ganglien- d. i. des s u b - j e k t i v e n Nervensystems über das o b j e k t i v e oder Cere- bral-System dar; woraus zu schließen ist, daß sie nicht sowohl 5 von der objektiven, richtigen Auffassung, als von subjektiven, Wunsch erregenden Vorstellungen, welche durch die Einwir- kung des Gangliensystems auf das Gehirn entstehen, und dem- zufolge von einem gewissen W a h n getrieben werden: und dies wird der p h y s i o l o g i s c h e Hergang bei allem Instinkt 10 seyn. – Zur Erläuterung erwähne ich noch, als ein anderes, wie- wohl schwächeres Beispiel vom Instinkt im Menschen, den ka- priziösen Appetit der Schwangeren: er scheint daraus zu ent- springen, daß die Ernährung des Embryo bisweilen eine beson- dere oder bestimmte Modifikation des ihm zufließenden Blutes 15 verlangt; worauf die solche bewirkende Speise sich sofort der Schwangeren als Gegenstand heißer Sehnsucht darstellt, also auch hier ein W a h n entsteht. Demnach hat das Weib einen Instinkt mehr als der Mann: auch ist das Gangliensystem beim Weibe viel entwickelter. – Aus dem großen Uebergewicht des 20 Gehirns beim Menschen erklärt sich, daß er wenigere Instinkte hat, als die Thiere, und daß selbst diese wenigen leicht irre ge- leitet werden können. Nämlich der die Auswahl zur Ge- schlechtsbefriedigung instinktiv leitende Schönheitssinn wird irre geführt, wenn er in Hang zur Päderastie ausartet; Dem 25 analog, wie die Schmeißfliege (*Musca vomitoria*), statt ihre Eier, ihrem Instinkt gemäß, in faulendes Fleisch zu legen, sie in die Blüthe des *Arum dracunculus* legt, verleitet durch den kadavero- sen Geruch dieser Pflanze.

Daß nun aller Geschlechtsliebe ein durchaus auf das zu Er- 30 zeugende gerichteter Instinkt zum Grunde liegt, wird seine vol- le Gewißheit durch genauere Zergliederung desselben erhalten, der wir uns deshalb nicht entziehen können. – Zuvörderst ge- hört hieher, daß der Mann von Natur zur Unbeständigkeit in

der Liebe, das Weib zur Beständigkeit geneigt ist. Die Liebe des
Mannes sinkt merklich, von dem Augenblick an, wo sie Befriedigung erhalten hat: fast jedes andere Weib reizt ihn mehr als
das, welches er schon besitzt: er sehnt sich nach Abwechselung.
5 Die Liebe des Weibes hingegen steigt von eben jenem Augenblick an. Dies ist eine Folge des Zwecks der Natur, welche auf
Erhaltung und daher auf möglichst starke Vermehrung der Gattung gerichtet ist. Der Mann nämlich kann, bequem, über hundert Kinder im Jahre zeugen, wenn ihm eben so viele Weiber
10 zu Gebote stehen; das Weib hingegen könnte, mit noch so vielen Männern, doch nur e i n Kind im Jahr (von Zwillingsgeburten abgesehen) zur Welt bringen. Daher sieht e r sich stets nach
andern Weibern um; s i e hingegen hängt fest dem Einen an:
denn die Natur treibt sie, instinktmäßig und ohne Reflexion,
15 sich den Ernährer und Beschützer der künftigen Brut zu erhalten. Demzufolge ist die eheliche Treue dem Manne künstlich,
dem Weibe natürlich, und also Ehebruch des Weibes, wie objektiv, wegen der Folgen, so auch subjektiv, wegen der Naturwid-
rigkeit, viel unverzeihlicher als der des Mannes.
20   Aber um gründlich zu seyn und die volle Ueberzeugung zu
gewinnen, daß das Wohlgefallen am andern Geschlecht, so objektiv es uns dünken mag, doch bloß verlarvter Instinkt, d. i.
Sinn der Gattung, welche ihren Typus zu erhalten strebt, ist,
müssen wir sogar die bei diesem Wohlgefallen uns leitenden
25 Rücksichten näher untersuchen und auf das Specielle derselben
eingehen, so seltsam auch die hier zu erwähnenden Specialitä-
ten in einem philosophischen Werke figuriren mögen. Diese
Rücksichten zerfallen in solche, welche unmittelbar den Typus
der Gattung, d. i. die Schönheit, betreffen, in solche, welche auf
30 psychische Eigenschaften gerichtet sind, und endlich in bloß relative, welche aus der erforderten Korrektion oder Neutralisation der Einseitigkeiten und Abnormitäten der beiden Individu-
en durch einander hervorgehen. Wir wollen sie einzeln durchgehen.

Die oberste, unsere Wahl und Neigung leitende Rücksicht ist das A l t e r. Im Ganzen lassen wir es gelten von den Jahren der eintretenden bis zu denen der aufhörenden Menstruation, geben jedoch der Periode vom achtzehnten bis achtundzwanzigsten Jahre entschieden den Vorzug. Außerhalb jener Jahre hingegen kann kein Weib uns reizen: ein altes, d. h. nicht mehr menstruirtes Weib erregt unsern Abscheu. Jugend ohne Schönheit hat immer noch Reiz; Schönheit ohne Jugend keinen. – Offenbar ist die hiebei uns unbewußt leitende Absicht die Möglichkeit der Zeugung überhaupt: daher verliert jedes Individuum an Reiz für das andere Geschlecht in dem Maaße, als es sich von der zur Zeugung oder zur Empfängniß tauglichsten Periode entfernt. – Die zweite Rücksicht ist die der G e s u n d h e i t : akute Krankheiten stören nur vorübergehend, chronische, oder gar Kachexien, schrecken ab; – weil sie auf das Kind übergehen. – Die dritte Rücksicht ist das S k e l e t t : weil es die Grundlage des Typus der Gattung ist. Nächst Alter und Krankheit stößt nichts uns so sehr ab, wie eine verwachsene Gestalt: sogar das schönste Gesicht kann nicht dafür entschädigen; vielmehr wird selbst das häßlichste, bei geradem Wuchse, unbedingt vorgezogen. Ferner empfinden wir jedes Mißverhältniß des S k e l e t t s am stärksten, z. B. eine verkürzte, gestauchte, kurzbeinige Figur u. dgl. m., auch hinkenden Gang, wo er nicht Folge eines äußern Zufalls ist. Hingegen kann ein auffallend schöner Wuchs alle Mängel ersetzen: er bezaubert uns. Hieher gehört auch der hohe Werth, den alle auf die Kleinheit der Füße legen: er beruht darauf, daß diese ein wesentlicher Charakter der Gattung sind, indem kein Thier Tarsus und Metatarsus zusammengenommen so klein hat, wie der Mensch, welches mit dem aufrechten Gange zusammenhängt: er ist ein Plantigrade. Demgemäß sagt auch J e s u s S i r a c h (26, 23: nach der verbesserten Uebersetzung von K r a u s): »Ein Weib, das gerade gebaut ist und schöne Füße hat, ist wie die goldenen Säulen auf den silbernen Stühlen.« Auch die Zähne sind uns

wichtig; weil sie für die Ernährung wesentlich und ganz besonders erblich sind. – Die vierte Rücksicht ist eine gewisse F ü l -
l e d e s F l e i s c h e s ; also ein Vorherrschen der vegetativen
Funktion, der Plasticität; weil diese dem Fötus reichliche Nahrung verspricht: daher stößt große Magerkeit uns auffallend ab.
Ein voller weiblicher Busen übt einen ungemeinen Reiz auf das
männliche Geschlecht aus: weil er, mit den Propagationsfunk-
tionen des Weibes in direktem Zusammenhange stehend, dem
Neugeborenen reichliche Nahrung verspricht. Hingegen erregen ü b e r m ä ß i g fette Weiber unsern Widerwillen: die Ursache ist, daß diese Beschaffenheit auf Atrophie des Uterus, also
auf Unfruchtbarkeit deutet; welches nicht der Kopf, aber der
Instinkt weiß. – Erst die letzte Rücksicht ist die auf die S c h ö n -
h e i t d e s G e s i c h t s . Auch hier kommen vor Allem die
Knochentheile in Betracht; daher hauptsächlich auf eine schöne
Nase gesehen wird, und eine kurze, aufgestülpte Nase Alles
verdirbt. Ueber das Lebensglück unzähliger Mädchen hat eine
kleine Biegung der Nase, nach unten oder nach oben, entschieden, und mit Recht: denn es gilt den Typus der Gattung. Ein
kleiner Mund, mittelst kleiner Maxillen, ist sehr wesentlich, als
specifischer Charakter des Menschenantlitzes, im Gegensatz der
Thiermäuler. Ein zurückliegendes, gleichsam weggeschnittenes
Kinn ist besonders widerlich; weil *mentum prominulum* ein aus-
schließlicher Charakterzug unserer Species ist. Endlich kommt
die Rücksicht auf schöne Augen und Stirn: sie hängt mit den
psychischen Eigenschaften zusammen, zumal mit den intellektuellen, welche von der Mutter erben.

Die unbewußten Rücksichten, welche andererseits die Neigung der Weiber befolgt, können wir natürlich nicht so genau angeben. Im Ganzen läßt sich Folgendes behaupten. Sie
geben dem Alter von 30 bis 35 Jahren den Vorzug, namentlich auch vor dem der Jünglinge, die doch eigentlich die
höchste menschliche Schönheit darbieten. Der Grund ist, daß
sie nicht vom Geschmack, sondern vom Instinkt geleitet

werden, welcher im besagten Alter die Akme der Zeugungskraft erkennt. Ueberhaupt sehen sie wenig auf Schönheit, namentlich des Gesichts: es ist als ob sie diese dem Kinde zu
geben allein auf sich nähmen. Hauptsächlich gewinnt sie die
Kraft und der damit zusammenhängende Muth des Mannes: 5
denn diese versprechen die Zeugung kräftiger Kinder und zugleich einen tapfern Beschützer derselben. Jeden körperlichen
Fehler des Mannes, jede Abweichung vom Typus, kann, in
Hinsicht auf das Kind, das Weib bei der Zeugung aufheben,
dadurch daß sie selbst in den nämlichen Stücken untadelhaft 10
ist, oder gar auf der entgegengesetzten Seite excedirt. Hievon
ausgenommen sind allein d i e Eigenschaften des Mannes,
welche seinem Geschlecht eigenthümlich sind und welche daher die Mutter dem Kinde nicht geben kann: dahin gehört
der männliche Bau des Skeletts, breite Schultern, schmale 15
Hüften, gerade Beine, Muskelkraft, Muth, Bart u. s. w. Daher kommt es, daß Weiber oft häßliche Männer lieben, aber
nie einen unmännlichen Mann: weil sie dessen Mängel nicht
neutralisiren können.

Die zweite Art der Rücksichten, welche der Geschlechtslie- 20
be zum Grunde liegen, ist die auf die psychischen Eigenschaften. Hier werden wir finden, daß das Weib durchgängig von
den Eigenschaften des Herzens oder Charakters im Manne an-
gezogen wird, – als welche vom Vater erben. Vorzüglich ist es
Festigkeit des Willens, Entschlossenheit und Muth, vielleicht 25
auch Redlichkeit und Herzensgüte, wodurch das Weib gewonnen wird. Hingegen üben intellektuelle Vorzüge keine direkte
und instinktmäßige Gewalt über sie aus; eben weil sie n i c h t
vom Vater erben. Unverstand schadet bei Weibern nicht: eher
noch könnte überwiegende Geisteskraft, oder gar Genie, als 30
eine Abnormität, ungünstig wirken. Daher sieht man oft einen
häßlichen, dummen und rohen Menschen einen wohlgebildeten, geistreichen und liebenswürdigen Mann bei Weibern
ausstechen. Auch werden Ehen aus Liebe bisweilen geschlos-

sen zwischen geistig höchst heterogenen Wesen: z. B. e r roh, kräftig und beschränkt, s i e zart empfindend, fein denkend, gebildet, ästhetisch u. s. w., oder e r gar genial und gelehrt, s i e eine Gans:

5   *Sic visum Veneri; cui placet impares*
    Formas atque animos sub juga aënea
    Saevo mittere cum joco.

Der Grund ist, daß hier ganz andere Rücksichten vorwalten, als die intellektuellen: – die des Instinkts. Bei der Ehe ist es
10 nicht auf geistreiche Unterhaltung, sondern auf die Erzeugung der Kinder abgesehen: sie ist ein Bund der Herzen, nicht der Köpfe. Es ist ein eitles und lächerliches Vorgeben, wenn Weiber behaupten, in den Geist eines Mannes sich verliebt zu haben, oder es ist die Ueberspannung eines entarteten Wesens. – Män-
15 ner hingegen werden in der instinktiven Liebe nicht durch die C h a r a k t e r - E i g e n s c h a f t e n des Weibes bestimmt; da- her so viele Sokratesse ihre Xanthippen gefunden haben, z. B. Shakespeare, Albrecht Dürer, Byron u. s. w. Wohl aber wirken hier die i n t e l l e k t u e l l e n Eigenschaften ein; weil sie von
20 der Mutter erben: jedoch wird ihr Einfluß von dem der körper- lichen Schönheit, als welche, wesentlichere Punkte betreffend, unmittelbarer wirkt, leicht überwogen. Inzwischen geschieht es, im Gefühl oder nach der Erfahrung jenes Einflusses, daß Müt- ter ihre Töchter schöne Künste, Sprachen u. dgl. erlernen las-
25 sen, um sie für Männer anziehend zu machen; wobei sie dem Intellekt durch künstliche Mittel nachhelfen wollen, eben wie vorkommenden Falls den Hüften und Busen. – Wohl zu mer- ken, daß hier überall die Rede allein ist von der ganz unmittel- baren, instinktartigen Anziehung, aus welcher allein die eigentli-
30 che V e r l i e b t h e i t erwächst. Daß ein verständiges und gebil- detes Weib Verstand und Geist an einem Manne schätzt, daß ein Mann, aus vernünftiger Ueberlegung, den Charakter seiner

Braut prüft und berücksichtigt, thut nichts zu der Sache, wovon es sich hier handelt: dergleichen begründet eine vernünftige Wahl bei der Ehe, aber nicht die leidenschaftliche Liebe, welche unser Thema ist.

Bis hieher habe ich bloß die a b s o l u t e n Rücksichten, d. h. solche, die für Jeden gelten, in Betracht genommen: ich komme jetzt zu den r e l a t i v e n, welche individuell sind; weil bei ihnen es darauf abgesehen ist, den bereits sich mangelhaft darstellenden Typus der Gattung zu rektifiziren, die Abweichungen von demselben, welche die eigene Person des Wählenden schon an sich trägt, zu korrigiren und so zur reinen Darstellung des Typus zurückzuführen. Hier liebt daher Jeder, was ihm abgeht. Von der individuellen Beschaffenheit ausgehend und auf die individuelle Beschaffenheit gerichtet, ist die auf solchen r e l a t i - v e n Rücksichten beruhende Wahl viel bestimmter, entschiedener und exklusiver, als die bloß von den absoluten ausgehende; daher der Ursprung der eigentlich leidenschaftlichen Liebe, in der Regel, in diesen relativen Rücksichten liegen wird, und nur der der gewöhnlichen, leichteren Neigung in den absoluten. Demgemäß pflegen es nicht gerade die regelmäßigen, vollkommenen Schönheiten zu seyn, welche die großen Leidenschaften entzünden. Damit eine solche wirklich leidenschaftliche Neigung entstehe, ist etwas erfordert, welches sich nur durch eine chemische Metapher ausdrücken läßt: beide Personen müssen einander neutralisiren, wie Säure und Alkali zu einem Mittelsalz. Die hiezu erforderlichen Bestimmungen sind im Wesentlichen folgende. Erstlich: alle Geschlechtlichkeit ist Einseitigkeit. Diese Einseitigkeit ist in Einem Individuo entschiedener ausgesprochen und in höherm Grade vorhanden, als im Andern: daher kann sie in jedem Individuo besser durch Eines als das Andere vom andern Geschlecht ergänzt und neutralisirt werden, indem es einer der seinigen individuell entgegengesetzten Einseitigkeit bedarf, zur Ergänzung des Typus der Menschheit im neu zu erzeugenden Individuo, als auf dessen Beschaffenheit immer

Alles hinausläuft. Die Physiologen wissen, daß Mannheit und Weiblichkeit unzählige Grade zulassen, durch welche jene bis zum widerlichen Gynander und Hypospadäus sinkt, diese bis zur anmuthigen Androgyne steigt: von beiden Seiten aus kann der vollkommene Hermaphroditismus erreicht werden, auf welchem Individuen stehen, welche, die gerade Mitte zwischen beiden Geschlechtern haltend, keinem beizuzählen, folglich zur Fortpflanzung untauglich sind. Zur in Rede stehenden Neutralisation zweier Individualitäten durch einander ist dem zu Folge erfordert, daß der bestimmte Grad s e i n e r Mannheit dem bestimmten Grad i h r e r Weiblichkeit genau entspreche; damit beide Einseitigkeiten einander gerade aufheben. Demnach wird der männlichste Mann das weiblichste Weib suchen und *vice versa*, und eben so jedes Individuum das ihm im Grade der Geschlechtlichkeit entsprechende. Inwiefern nun hierin zwischen Zweien das erforderliche Verhältniß Statt habe, wird instinktmäßig von ihnen gefühlt, und liegt, nebst den andern r e l a t i - v e n Rücksichten, den höhern Graden der Verliebtheit zum Grunde. Während daher die Liebenden pathetisch von der Harmonie ihrer Seelen reden, ist meistens die hier nachgewiesene, das zu erzeugende Wesen und seine Vollkommenheit betreffende Zusammenstimmung der Kern der Sache, und an derselben auch offenbar viel mehr gelegen, als an der Harmonie ihrer Seelen, – welche oft, nicht lange nach der Hochzeit, sich in eine schreiende Disharmonie auflöst. Hieran schließen sich nun die ferneren relativen Rücksichten, welche darauf beruhen, daß Jedes seine Schwächen, Mängel und Abweichungen vom Typus durch das Andere aufzuheben trachtet, damit sie nicht im zu erzeugenden Kinde sich perpetuiren, oder gar zu völligen Abnormitäten anwachsen. Je schwächer in Hinsicht auf Muskelkraft ein Mann ist, desto mehr wird er kräftige Weiber suchen: eben so das Weib ihrerseits. Da nun aber dem Weibe eine schwächere Muskelkraft naturgemäß und in der Regel ist; so werden auch in der Regel die Weiber den kräftigeren Männern

den Vorzug geben. – Ferner ist eine wichtige Rücksicht die
Größe. Kleine Männer haben einen entschiedenen Hang zu
großen Weibern, und *vice versa*: und zwar wird in einem kleinen Mann die Vorliebe für große Weiber um so leidenschaftlicher seyn, als er selbst von einem großen Vater gezeugt und 5
nun durch den Einfluß der Mutter klein geblieben ist; weil er
vom Vater das Gefäßsystem und die Energie desselben, die einen großen Körper mit Blut zu versehen vermag, überkommen
hat: waren hingegen sein Vater und Großvater schon klein; so
wird jener Hang sich weniger fühlbar machen. Der Abneigung 10
eines großen Weibes gegen große Männer liegt die Absicht der
Natur zum Grunde, eine zu große Rasse zu vermeiden, wenn
sie, mit den von d i e s e m Weibe zu ertheilenden Kräften, zu
schwach ausfallen würde, um lange zu leben. Wählt dennoch
ein solches Weib einen großen Gatten, etwan um sich in der 15
Gesellschaft besser zu präsentiren; so wird, in der Regel, die
Nachkommenschaft die Thorheit büßen. – Sehr entschieden ist
ferner die Rücksicht auf die Komplexion. Blonde verlangen
durchaus Schwarze oder Braune; aber nur selten diese jene.
Der Grund hievon ist, daß blondes Haar und blaue Augen 20
schon eine Spielart, fast eine Abnormität ausmachen: den weißen Mäusen, oder wenigstens den Schimmeln analog. In keinem andern Welttheil sind sie, selbst nicht in der Nähe der
Pole, einheimisch, sondern allein in Europa, und offenbar von
Skandinavien ausgegangen. Beiläufig sei hier meine Meinung 25
ausgesprochen, daß dem Menschen die weiße Hautfarbe nicht
natürlich ist, sondern er von Natur schwarze, oder braune
Haut hat, wie unsere Stammväter die Hindu; daß folglich nie
ein weißer Mensch ursprünglich aus dem Schooße der Natur
hervorgegangen ist, und es also keine weiße Rasse giebt, so viel 30
auch von ihr geredet wird, sondern jeder weiße Mensch ein ab-
geblichener ist. In den ihm fremden Norden gedrängt, wo er
nur so besteht, wie die exotischen Pflanzen, und, wie diese, im
Winter des Treibhauses bedarf, wurde der Mensch, im Laufe

der Jahrtausende, weiß. Die Zigeuner, ein Indischer, erst seit ungefähr vier Jahrhunderten eingewanderter Stamm, zeigen den Uebergang von der Komplexion der Hindu zur unsrigen[*]. In der Geschlechtsliebe strebt daher die Natur zum dunkeln Haar
5 und braunen Auge, als zum Urtypus, zurück: die weiße Hautfarbe aber ist zur zweiten Natur geworden; wiewohl nicht so, daß die braune der Hindu uns abstieße. – Endlich sucht auch in den einzelnen Körpertheilen Jedes das Korrektiv seiner Mängel und Abweichungen, und um so entschiedener, je wichtiger
10 der Theil ist. Daher haben stumpfnäsige Individuen ein unaussprechliches Wohlgefallen an Habichtsnasen, an Papagaiengesichtern: eben so ist es rücksichtlich aller übrigen Theile. Menschen von übermäßig schlankem, lang gestrecktem Körper- und Gliederbau können sogar einen über die Gebühr gedrungenen
15 und verkürzten schön finden. – Analog walten die Rücksichten auf das Temperament: Jeder wird das entgegengesetzte vorziehen; jedoch nur in dem Maaß als das seinige ein entschiedenes ist. – Wer selbst, in irgend einer Rücksicht, sehr vollkommen ist, sucht und liebt zwar nicht die Unvollkommenheit in eben
20 dieser Rücksicht, söhnt sich aber leichter als Andere damit aus; weil er selbst die Kinder vor großer Unvollkommenheit in diesem Stücke sichert. Z. B. wer selbst sehr weiß ist, wird sich an einer gelblichen Gesichtsfarbe nicht stoßen: wer aber diese hat, wird die blendende Weiße göttlich schön finden. – Der seltene
25 Fall, daß ein Mann sich in ein entschieden häßliches Weib verliebt, tritt ein, wann, bei der oben erörterten genauen Harmonie des Grades der Geschlechtlichkeit, ihre sämmtlichen Abnormitäten gerade die entgegengesetzten, also das Korrektiv, der seinigen sind. Die Verliebtheit pflegt alsdann einen hohen Grad
30 zu erreichen.

Der tiefe Ernst, mit welchem wir jeden Körpertheil des Wei-

---

[*] Das Ausführlichere hierüber findet man in Parerga, Bd. 2, § 92 der ersten Auflage.

bes prüfend betrachten, und sie ihrerseits das Selbe thut, die kritische Skrupulosität, mit der wir ein Weib, das uns zu gefallen anfängt, mustern, der Eigensinn unserer Wahl, die gespannte Aufmerksamkeit, womit der Bräutigam die Braut beobachtet, seine Behutsamkeit, um in keinem Theile getäuscht zu werden, und der große Werth, den er auf jedes Mehr oder Weniger, in den wesentlichen Theilen, legt, – Alles dieses ist der Wichtigkeit des Zweckes ganz angemessen. Denn das Neuzuerzeugende wird, ein ganzes Leben hindurch, einen ähnlichen Theil zu tragen haben: ist z. B. das Weib nur ein wenig schief; so kann dies leicht ihrem Sohn einen Puckel aufladen, und so in allem Uebrigen. – Bewußtseyn von dem Allen ist freilich nicht vorhanden; vielmehr wähnt Jeder nur im Interesse seiner eigenen Wollust (die im Grunde gar nicht dabei betheiligt seyn kann) jene schwierige Wahl zu treffen: aber er trifft sie genau so, wie es, unter Voraussetzung seiner eigenen Korporisation, dem Interesse der Gattung gemäß ist, deren Typus möglichst rein zu erhalten die geheime Aufgabe ist. Das Individuum handelt hier, ohne es zu wissen, im Auftrage eines Höheren, der Gattung: daher die Wichtigkeit, welche es Dingen beilegt, die ihm, als solchem, gleichgültig seyn könnten, ja müßten. – Es liegt etwas ganz Eigenes in dem tiefen, unbewußten Ernst, mit welchem zwei junge Leute verschiedenen Geschlechts, die sich zum ersten Male sehen, einander betrachten; dem forschenden und durchdringenden Blick, den sie auf einander werfen; der sorgfältigen Musterung, die alle Züge und Theile ihrer beiderseitigen Personen zu erleiden haben. Dieses Forschen und Prüfen nämlich ist die M e d i t a t i o n d e s G e n i u s d e r G a t t u n g über das durch sie Beide mögliche Individuum und die Kombination seiner Eigenschaften. Nach dem Resultat derselben fällt der Grad ihres Wohlgefallens an einander und ihres Begehrens nach einander aus. Dieses kann, nachdem es schon einen bedeutenden Grad erreicht hatte, plötzlich wieder erlöschen, durch die Entdeckung von Etwas, das vorhin unbemerkt geblie-

ben war. – Dergestalt also meditirt in Allen, die zeugungsfähig sind, der Genius der Gattung das kommende Geschlecht. Die Beschaffenheit desselben ist das große Werk, womit K u p i d o, unablässig thätig, spekulirend und sinnend, beschäftigt ist. Ge-
5 gen die Wichtigkeit seiner großen Angelegenheit, als welche die Gattung und alle kommenden Geschlechter betrifft, sind die Angelegenheiten der Individuen, in ihrer ganzen ephemeren Gesammtheit, sehr geringfügig: daher ist er stets bereit, diese rücksichtslos zu opfern. Denn er verhält sich zu ihnen wie ein
10 Unsterblicher zu Sterblichen, und seine Interessen zu den ihren wie unendliche zu endlichen. Im Bewußtseyn also, Angelegen- heiten höherer Art, als alle solche, welche nur individuelles Wohl und Wehe betreffen, zu verwalten, betreibt er dieselben, mit erhabener Ungestörtheit, mitten im Getümmel des Krieges,
15 oder im Gewühl des Geschäftslebens, oder zwischen dem Wü- then einer Pest, und geht ihnen nach bis in die Abgeschieden- heit des Klosters.

   Wir haben im Obigen gesehen, daß die Intensität der Ver- liebtheit mit ihrer Individualisirung wächst, indem wir nach-
20 wiesen, wie die körperliche Beschaffenheit zweier Individuen eine solche seyn kann, daß, zum Behuf möglichster Herstel- lung des Typus der Gattung, das eine die ganz specielle und vollkommene Ergänzung des andern ist, welches daher seiner ausschließlich begehrt. In diesem Fall tritt schon eine bedeu-
25 tende Leidenschaft ein, welche eben dadurch, daß sie auf ei- nen einzigen Gegenstand und nur auf diesen gerichtet ist, also gleichsam im s p e c i e l l e n Auftrag der Gattung auftritt, so- gleich einen edleren und erhabeneren Anstrich gewinnt. Aus dem entgegengesetzten Grunde ist der bloße Geschlechtstrieb,
30 weil er, ohne Individualisirung, auf Alle gerichtet ist und die Gattung bloß der Quantität nach, mit wenig Rücksicht auf die Qualität, zu erhalten strebt, gemein. Nun aber kann die Indi- vidualisirung, und mit ihr die Intensität der Verliebtheit, einen so hohen Grad erreichen, daß, ohne ihre Befriedigung, alle

Güter der Welt, ja, das Leben selbst seinen Werth verliert. Sie
ist alsdann ein Wunsch, welcher zu einer Heftigkeit anwächst,
wie durchaus kein anderer, daher zu jedem Opfer bereit
macht und, im Fall die Erfüllung unabänderlich versagt bleibt,
zum Wahnsinn, oder zum Selbstmord führen kann. Die einer 5
solchen überschwänglichen Leidenschaft zum Grunde liegenden unbewußten Rücksichten müssen, außer den oben nachgewiesenen, noch andere seyn, welche wir nicht so vor Augen
haben. Wir müssen daher annehmen, daß hier nicht nur die
Korporisation, sondern auch der W i l l e des Mannes und der 10
I n t e l l e k t des Weibes eine specielle Angemessenheit zu einander haben, in Folge welcher von ihnen allein ein ganz bestimmtes Individuum erzeugt werden kann, dessen Existenz
der Genius der Gattung hier beabsichtigt, aus Gründen, die,
als im Wesen des Dinges an sich liegend, uns unzugänglich 15
sind. Oder eigentlicher zu reden: der Wille zum Leben verlangt hier, sich in einem genau bestimmten Individuo zu objektiviren, welches nur von diesem Vater mit dieser Mutter gezeugt werden kann. Dieses metaphysische Begehr des Willens
an sich hat zunächst keine andere Wirkungssphäre in der Rei- 20
he der Wesen, als die Herzen der künftigen Eltern, welche
demnach von diesem Drange ergriffen werden und nun ihrer
selbst wegen zu wünschen wähnen, was bloß einen für jetzt
noch rein metaphysischen, d. h. außerhalb der Reihe wirklich
vorhandener Dinge liegenden Zweck hat. Also der aus der 25
Urquelle aller Wesen hervorgehende Drang des künftigen, hier
erst möglich gewordenen Individuums, ins Daseyn zu treten,
ist es, was sich in der Erscheinung darstellt als die hohe, Alles
außer sich gering achtende Leidenschaft der künftigen Eltern
für einander, in der That als ein Wahn ohne Gleichen, vermö- 30
ge dessen ein solcher Verliebter alle Güter der Welt hingeben
würde, für den Beischlaf mit diesem Weibe, – der ihm doch in
Wahrheit nicht mehr leistet, als jeder andere. Daß es dennoch
bloß hierauf abgesehen sei, geht daraus hervor, daß auch diese

hohe Leidenschaft, so gut wie jede andere, im Genuß erlischt, – zur großen Verwunderung der Theilnehmer. Sie erlischt auch dann, wann, durch etwanige Unfruchtbarkeit des Weibes (welche, nach Hufeland, aus 19 zufälligen Konstitutionsfehlern entspringen kann), der eigentliche metaphysische Zweck vereitelt wird; eben so, wie er es täglich wird in Millionen zertretener Keime, in denen doch auch das selbe metaphysische Lebensprincip zum Daseyn strebt; wobei kein anderer Trost ist, als daß dem Willen zum Leben eine Unendlichkeit von Raum, Zeit, Materie und folglich unerschöpfliche Gelegenheit zur Wiederkehr offen steht.

Dem Theophrastus Paracelsus, der dieses Thema nicht behandelt hat und dem mein ganzer Gedankengang fremd ist, muß doch ein Mal die hier dargelegte Einsicht, wenn auch nur flüchtig, vorgeschwebt haben, indem er, in ganz anderem Kontext und in seiner desultorischen Manier, folgende merkwürdige Aeußerung hinschrieb: *Hi sunt, quos Deus copulavit, ut eam, quae fuit Uriae et David; quamvis ex diametro (sic enim sibi humana mens persuadebat) cum justo et legitimo matrimonio pugnaret hoc. – – – sed propter Salomonem, qui aliunde nasci non potuit, nisi ex Bathsebea, conjuncto David semine, quamvis meretrice, conjunxit eos Deus (De vita longa, I, 5).*

Die Sehnsucht der Liebe, der ἵμερος, welchen in zahllosen Wendungen auszudrücken die Dichter aller Zeiten unablässig beschäftigt sind und den Gegenstand nicht erschöpfen, ja, ihm nicht genug thun können, diese Sehnsucht, welche an den Besitz eines bestimmten Weibes die Vorstellung einer unendlichen Säligkeit knüpft und einen unaussprechlichen Schmerz an den Gedanken, daß er nicht zu erlangen sei, – diese Sehnsucht und dieser Schmerz der Liebe können nicht ihren Stoff entnehmen aus den Bedürfnissen eines ephemeren Individuums; sondern sie sind der Seufzer des Geistes der Gattung, welcher hier ein unersetzliches Mittel zu seinen Zwecken zu gewinnen, oder zu verlieren sieht und daher tief aufstöhnt. Die Gattung allein hat unendliches Leben und ist daher unendlicher Wünsche, unendlicher Befriedigung und unendlicher Schmerzen fähig. Diese aber sind hier in der engen Brust eines Sterblichen eingekerkert: kein Wunder daher, wenn eine solche bersten zu wollen scheint und keinen Ausdruck finden kann für die sie erfüllende Ahndung unendlicher Wonne oder unendlichen Wehes. Dies also giebt den Stoff zu aller erotischen Poesie erhabener Gattung, die sich demgemäß in transscendente, alles Irdische überfliegende Metaphern versteigt. Dies ist das Thema des P e t r a r k a, der Stoff zu den St. Preuxs, Werthern und Jakopo Ortis, die außerdem nicht zu verstehen, noch zu erklären seyn würden. Denn auf etwanigen geistigen, überhaupt auf objektiven, realen Vorzügen der Geliebten kann jene unendliche Werthschätzung derselben nicht beruhen; schon weil sie dazu dem Liebenden oft nicht genau genug bekannt ist; wie dies Petrarka's Fall war. Der Geist der Gattung allein vermag mit Einem Blicke zu sehen, welchen Werth sie für i h n, zu seinen Zwecken hat. Auch entstehen die großen Leidenschaften in der Regel beim ersten Anblick:

> *Who ever lov'd, that lov'd not at first sight?*[*]
> Shakespeare, *As you like it*, III, 5.

Merkwürdig ist in dieser Hinsicht eine Stelle in dem seit 250 Jahren berühmten Roman *Guzman de Alfarache*, von Mateo Alleman: *No es necessario, para que uno ame, que pase distancia de tiempo, que siga discurso, ni haga eleccion, sino que con aquella primera y sola vista, concurran juntamente cierta correspondencia ó consonancia, ó lo que acá solemos vulgarmente decir, una c o n f r o n t a c i o n   d e   s a n g r e, à que por particular influxo suelen mover*

---

[*]   Wer liebte je, der nicht beim ersten Anblick liebte?

las estrellas. (Damit Einer liebe, ist es nicht nöthig, daß viel Zeit
verstreiche, daß er Ueberlegung anstelle und eine Wahl treffe;
sondern nur, daß bei jenem ersten und alleinigen Anblick eine
gewisse Angemessenheit und Uebereinstimmung gegenseitig zu-
5 sammentreffe, oder Das, was wir hier im gemeinen Leben eine
S y m p a t h i e d e s B l u t e s zu nennen pflegen, und wozu
ein besonderer Einfluß der Gestirne anzutreiben pflegt.) *P. II, L.
III, c. 5.* Demgemäß ist auch der Verlust der Geliebten, durch
einen Nebenbuhler, oder durch den Tod, für den leidenschaft-
10 lich Liebenden ein Schmerz, der jeden andern übersteigt; eben
weil er transscendenter Art ist, indem er ihn nicht bloß als Individuum trifft, sondern ihn in seiner *essentia aeterna,* im Leben
der Gattung angreift, in deren speciellem Willen und Auftrage
er hier berufen war. Daher ist Eifersucht so quaalvoll und so
15 grimmig, und ist die Abtretung der Geliebten das größte aller
Opfer. – Ein Held schämt sich aller Klagen, nur nicht der Lie-
besklagen; weil in diesen nicht er, sondern die Gattung winselt.
– In der »großen Zenobia« des C a l d e r o n ist im zweiten
Akt eine Scene zwischen der Zenobia und dem Decius, wo die-
20 ser sagt:

> *Cielos, luego tu me quieres?*
> *Perdiera cien mil victorias,*
> *Volviérame, etc.*

(Himmel! also Du liebst mich?! dafür würde ich hun-
25 derttausend Siege aufgeben, würde umkehren, u. s. w.)

Hier wird die Ehre, welche bisher jedes Interesse überwog, aus
dem Felde geschlagen, sobald die Geschlechtsliebe, d. i. das Interesse der Gattung, ins Spiel kommt und einen entschiedenen
Vortheil vor sich sieht: denn dieses ist gegen jedes, auch noch
30 so wichtige Interesse bloßer Individuen unendlich überwiegend.
Ihm allein weichen daher Ehre, Pflicht und Treue, nachdem sie

jeder andern Versuchung, selbst der Drohung des Todes, widerstanden haben. – Eben so finden wir im Privatleben, daß in keinem Punkte Gewissenhaftigkeit so selten ist, wie in diesem: sie wird hier bisweilen sogar von sonst redlichen und gerechten Leuten bei Seite gesetzt, und der Ehebruch rücksichtslos begangen, wann die leidenschaftliche Liebe, d. h. das Interesse der Gattung, sich ihrer bemächtigt hat. Es scheint sogar, als ob sie dabei einer höheren Berechtigung sich bewußt zu seyn glaubten, als die Interessen der Individuen je verleihen können; eben weil sie im Interesse der Gattung handeln. Merkwürdig ist in dieser Hinsicht C h a m f o r t s Aeußerung: *Quand un homme et une femme ont l'un pour l'autre une passion violente, il me semble toujours que, quelque soient les obstacles qui les séparent, un mari, des parens etc., les deux amans sont l'un à l'autre, d e p a r l a N a t u r e , qu'ils s'appartiennent d e d r o i t d i v i n , malgré les lois et les conventions humaines.* Wer sich hierüber ereifern wollte, wäre auf die auffallende Nachsicht zu verweisen, welche der Heiland im Evangelio der Ehebrecherin widerfahren läßt, indem er zugleich die selbe Schuld bei allen Anwesenden voraussetzt. – Der größte Theil des D e k a m e r o n erscheint, von diesem Gesichtspunkt aus, als bloßer Spott und Hohn des Genius der Gattung über die von ihm mit Füßen getretenen Rechte und Interessen der Individuen. – Mit gleicher Leichtigkeit werden Standesunterschiede und alle ähnlichen Verhältnisse, wann sie der Verbindung leidenschaftlich Liebender entgegenstehen, beseitigt und für nichtig erklärt vom Genius der Gattung, der seine, endlosen Generationen angehörenden Zwecke verfolgend solche Menschensatzungen und Bedenken wie Spreu wegbläst. Aus dem selben tief liegenden Grunde wird, wo es die Zwecke verliebter Leidenschaft gilt, jede Gefahr willig übernommen und selbst der sonst Zaghafte wird hier muthig. – Auch im Schauspiele und im Roman sehen wir, mit freudigem Antheil, die jungen Leute, welche ihre Liebeshändel, d. i. das Interesse der Gattung, verfechten, den Sieg davontragen über

die Alten, welche nur auf das Wohl der Individuen bedacht sind. Denn das Sterben der Liebenden scheint uns um so viel wichtiger, erhabener und deshalb gerechter, als jedes ihm etwan entgegenstehende, wie die Gattung bedeutender ist, als das Indi-
5 viduum. Demgemäß ist das Grundthema fast aller Komödien das Auftreten des Genius der Gattung mit seinen Zwecken, welche dem persönlichen Interesse der dargestellten Individuen zuwiderlaufen und daher das Glück derselben zu untergraben drohen. In der Regel setzt er es durch, welches, als der poeti-
10 schen Gerechtigkeit gemäß, den Zuschauer befriedigt; weil die-ser fühlt, daß die Zwecke der Gattung denen der Individuen weit vorgehen. Daher verläßt er, am Schluß, die sieggekrönten Liebenden ganz getrost, indem er mit ihnen den Wahn theilt, sie hätten ihr eigenes Glück gegründet, welches sie vielmehr
15 dem Wohl der Gattung zum Opfer gebracht haben, dem Wil-len der vorsorglichen Alten entgegen. In einzelnen, abnormen Lustspielen hat man versucht, die Sache umzukehren und das Glück der Individuen, auf Kosten der Zwecke der Gattung, durchzusetzen: allein da empfindet der Zuschauer den
20 Schmerz, den der Genius der Gattung erleidet, und wird durch die dadurch gesicherten Vortheile der Individuen nicht getröstet. Als Beispiele dieser Art fallen mir ein Paar sehr bekannte kleine Stücke bei: *La reine de 16 ans*, und *Le mariage de raison*. In Trauerspielen mit Liebeshändeln gehen meistens, indem die
25 Zwecke der Gattung vereitelt werden, die Liebenden, welche deren Werkzeug waren, zugleich unter: z. B. in Romeo und Julia, Tankred, Don Karlos, Wallenstein, Braut von Messina u. a. m.

Das Verliebtseyn eines Menschen liefert oft komische, mitun-
30 ter auch tragische Phänomene; Beides, weil er, vom Geiste der Gattung in Besitz genommen, jetzt von diesem beherrscht wird und nicht mehr sich selber angehört: dadurch wird sein Han-deln dem Individuo unangemessen. Was, bei den höheren Gra-den des Verliebtseyns, seinen Gedanken einen so poetischen

und erhabenen Anstrich, sogar eine transscendente und hyperphysische Richtung giebt, vermöge welcher er seinen eigentlichen, sehr physischen Zweck ganz aus den Augen zu verlieren
scheint, ist im Grunde Dieses, daß er jetzt vom Geiste der Gattung, dessen Angelegenheiten unendlich wichtiger, als alle,
bloße Individuen betreffende sind, beseelt ist, um, in dessen speciellem Auftrag, die ganze Existenz einer indefinit langen Nachkommenschaft, von d i e s e r individuell und genau bestimmten
Beschaffenheit, welche sie ganz allein von i h m als Vater und
seiner Geliebten als Mutter erhalten kann, zu begründen, und
die außerdem, als eine s o l c h e, nie zum Daseyn gelangt, während die Objektivation des Willens zum Leben dieses Daseyn
ausdrücklich erfordert. Das Gefühl, in Angelegenheiten von so
transscendenter Wichtigkeit zu handeln, ist es, was den Verliebten so hoch über alles Irdische, ja über sich selbst emporhebt
und seinen sehr physischen Wünschen eine so hyperphysische
Einkleidung giebt, daß die Liebe eine poetische Episode sogar
im Leben des prosaischesten Menschen wird; in welchem letzteren Fall die Sache bisweilen einen komischen Anstrich gewinnt. – Jener Auftrag des in der Gattung sich objektivirenden
Willens stellt, im Bewußtseyn des Verliebten, sich dar unter der
Maske der Anticipation einer unendlichen Säligkeit, welche für
ihn in der Vereinigung mit diesem weiblichen Individuo zu finden wäre. In den höchsten Graden der Verliebtheit wird nun
diese Chimäre so strahlend, daß, wenn sie nicht erlangt werden
kann, das Leben selbst allen Reiz verliert und nunmehr so freudenleer, schaal und ungenießbar erscheint, daß der Ekel davor
sogar die Schrecken des Todes überwindet; daher es dann bisweilen freiwillig abgekürzt wird. Der Wille eines solchen Menschen ist in den Strudel des Willens der Gattung gerathen, oder
dieser hat so sehr das Uebergewicht über den individuellen Willen erhalten, daß, wenn solcher in ersterer Eigenschaft nicht
wirksam seyn kann, er verschmäht, es in letzterer zu seyn. Das
Individuum ist hier ein zu schwaches Gefäß, als daß es die, auf

ein bestimmtes Objekt koncentrirte, unendliche Sehnsucht des Willens der Gattung ertragen könnte. In diesem Fall ist daher der Ausgang Selbstmord, bisweilen doppelter Selbstmord beider Liebenden; es sei denn, daß die Natur, zur Rettung des Lebens, Wahnsinn eintreten ließe, welcher dann mit seinem Schleier das Bewußtseyn jenes hoffnungslosen Zustandes umhüllt. – Kein Jahr geht hin, ohne durch mehrere Fälle aller dieser Arten die Realität des Dargestellten zu belegen.

Aber nicht allein hat die unbefriedigte verliebte Leidenschaft bisweilen einen tragischen Ausgang, sondern auch die befriedigte führt öfter zum Unglück, als zum Glück. Denn ihre Anforderungen kollidiren oft so sehr mit der persönlichen Wohlfahrt des Betheiligten, daß sie solche untergraben, indem sie mit seinen übrigen Verhältnissen unvereinbar sind und den darauf gebauten Lebensplan zerstören. Ja, nicht allein mit den äußeren Verhältnissen ist die Liebe oft im Widerspruch, sondern sogar mit der eigenen Individualität, indem sie sich auf Personen wirft, welche, abgesehen vom Geschlechtsverhältniß, dem Liebenden verhaßt, verächtlich, ja zum Abscheu seyn würden. Aber so sehr viel mächtiger ist der Wille der Gattung als der des Individuums, daß der Liebende über alle jene ihm widerlichen Eigenschaften die Augen schließt, Alles übersieht, Alles verkennt und sich mit dem Gegenstande seiner Leidenschaft auf immer verbindet: so gänzlich verblendet ihn jener Wahn, welcher, sobald der Wille der Gattung erfüllt ist, verschwindet und eine verhaßte Lebensgefährtinn übrig läßt. Nur hieraus ist es erklärlich, daß wir oft sehr vernünftige, ja ausgezeichnete Männer mit Drachen und Eheteufeln verbunden sehen, und nicht begreifen, wie sie eine solche Wahl haben treffen können. Dieserhalb stellten die Alten den Amor blind dar. Ja, ein Verliebter kann sogar die unerträglichen Temperaments- und Charakterfehler seiner Braut, welche ihm ein gequältes Leben verheißen, deutlich erkennen und bitter empfinden, und doch nicht abgeschreckt werden:

I ask not, I care not,
If guilt's in thy heart;
I know that I love thee,
Whatever thou art[*].

Denn im Grunde sucht er nicht s e i n e Sache, sondern die ei- 5
nes Dritten, der erst entstehen soll; wiewohl ihn der Wahn um-
fängt, als wäre was er sucht seine Sache. Aber gerade dieses
Nichts-s e i n e -Sache-suchen, welches überall der Stämpel der
Größe ist, giebt auch der leidenschaftlichen Liebe den Anstrich
des Erhabenen und macht sie zum würdigen Gegenstande der 10
Dichtung. – Endlich verträgt sich die Geschlechtsliebe sogar mit
dem äußersten Haß gegen ihren Gegenstand; daher schon Plato
sie der Liebe der Wölfe zu den Schaafen verglichen hat. Dieser
Fall tritt nämlich ein, wann ein leidenschaftlich Liebender, trotz
allem Bemühen und Flehen, unter keiner Bedingung Erhörung 15
finden kann:

I love and hate her.[**]
Shakespeare, *Cymb.*, III, 5.

Der Haß gegen die Geliebte, welcher sich dann entzündet, geht
bisweilen so weit, daß er sie ermordet und darauf sich selbst. 20
Ein Paar Beispiele dieser Art pflegen sich jährlich zu ereignen:
man wird sie in den Zeitungen finden. Ganz richtig ist daher
der Goethe'sche Vers:

Bei aller verschmähten Liebe! beim höllischen Elemente!
Ich wollt', ich wüßt' was ärger's, daß ich's fluchen könnte! 25

---

[*]   Ich frag' nicht, ich sorg' nicht,
      Ob Schuld in dir ist:
      Ich lieb' dich, das weiß ich,
      Was immer du bist.
[**] Ich liebe und hasse sie.

Es ist wirklich keine Hyperbel, wenn ein Liebender die Kälte der Geliebten und die Freude ihrer Eitelkeit, die sich an seinem Leiden weidet, als G r a u s a m k e i t bezeichnet. Denn er steht unter dem Einfluß eines Triebes, der, dem Instinkt der Insekten ver-
5 wandt, ihn zwingt, allen Gründen der Vernunft zum Trotz, seinen Zweck unbedingt zu verfolgen, und alles Andere hintanzusetzen: er kann nicht davon lassen. Nicht Einen, sondern schon manchen P e t r a r k a hat es gegeben, der unerfüllten Liebesdrang, wie eine Fessel, wie einen Eisenblock am Fuß, sein Leben
10 hindurch schleppen mußte und in einsamen Wäldern seine Seufzer aushauchte: aber nur dem e i n e n Petrarka wohnte zugleich die Dichtergabe ein; so daß von ihm Goethe's schöner Vers gilt:

> Und wenn der Mensch in seiner Quaal verstummt,
> Gab mir ein Gott, zu sagen, wie ich leide.

15 In der That führt der Genius der Gattung durchgängig Krieg mit den schützenden Genien der Individuen, ist ihr Verfolger und Feind, stets bereit das persönliche Glück schonungslos zu zerstören, um seine Zwecke durchzusetzen; ja, das Wohl ganzer Nationen ist bisweilen das Opfer seiner Launen geworden:
20 ein Beispiel dieser Art führt uns Shakespeare vor in Heinrich VI., Th. 3, A. 3, Sc. 2 und 3. Dies Alles beruht darauf, daß die Gattung, als in welcher die Wurzel unsers Wesens liegt, ein näheres und früheres Recht auf uns hat, als das Individuum; daher ihre Angelegenheiten vorgehen. Im Gefühl hievon haben
25 die Alten den Genius der Gattung im Kupido personifizirt, einem, seines kindischen Aussehens ungeachtet, feindsäligen, grausamen und daher verschrienen Gott, einem kapriziosen, despotischen Dämon, aber dennoch Herrn der Götter und Menschen:

30 συ δ'ω θεων τυραννε κ'ανθρωπων, Ερως!
(Tu, deorum hominumque tyranne, Amor!)

Mörderisches Geschoß, Blindheit und Flügel sind seine Attribute. Die letzteren deuten auf den Unbestand: dieser tritt, in der Regel, erst mit der Enttäuschung ein, welche die Folge der Befriedigung ist.

Weil nämlich die Leidenschaft auf einem Wahn beruhte, der Das, was nur für die Gattung Werth hat, vorspiegelte als für das Individuum werthvoll, muß, nach erlangtem Zwecke der Gattung, die Täuschung verschwinden. Der Geist der Gattung, welcher das Individuum in Besitz genommen hatte, läßt es wieder frei. Von ihm verlassen fällt es zurück in seine ursprüngliche Beschränkung und Armuth, und sieht mit Verwunderung, daß nach so hohem, heroischen und unendlichen Streben, für seinen Genuß nichts abgefallen ist, als was jede Geschlechtsbefriedigung leistet: es findet sich, wider Erwarten, nicht glücklicher als zuvor. Es merkt, daß es der Betrogene des Willens der Gattung gewesen ist. Daher wird, in der Regel, ein beglückter Theseus seine Ariadne verlassen. Wäre P e t r a r k a's Leidenschaft befriedigt worden; so wäre von Dem an sein Gesang verstummt, wie der des Vogels, sobald die Eier gelegt sind.

Hier sei es beiläufig bemerkt, daß, so sehr auch meine Metaphysik der Liebe gerade den in dieser Leidenschaft Verstrickten mißfallen wird, dennoch, wenn gegen dieselbe Vernunftsbetrachtungen überhaupt etwas vermöchten, die von mir aufgedeckte Grundwahrheit, vor allem Andern, zur Ueberwältigung derselben befähigen müßte. Allein es wird wohl beim Ausspruch des alten Komikers bleiben: *Quae res in se neque consilium, neque modum habet ullum, eam consilio regere non potes.*

Ehen aus Liebe werden im Interesse der Gattung, nicht der Individuen geschlossen. Zwar wähnen die Betheiligten ihr eigenes Glück zu fördern: allein ihr wirklicher Zweck ist ein ihnen selbst fremder, indem er in der Hervorbringung eines nur durch sie möglichen Individuums liegt. Durch diesen Zweck zusammengeführt sollen sie fortan suchen, so gut als möglich

mit einander auszukommen. Aber sehr oft wird das durch jenen instinktiven Wahn, welcher das Wesen der leidenschaftlichen Liebe ist, zusammengebrachte Paar im Uebrigen von der heterogensten Beschaffenheit seyn. Dies kommt an den Tag,
5 wann der Wahn, wie er nothwendig muß, verschwindet. Demgemäß fallen die aus Liebe geschlossenen Ehen in der Regel unglücklich aus: denn durch sie wird für die kommende Generation auf Kosten der gegenwärtigen gesorgt. *Quien se casa por amores, ha de vivir con dolores* (Wer aus Liebe heirathet, hat
10 unter Schmerzen zu leben) sagt das Spanische Sprichwort. – Umgekehrt verhält es sich mit den aus Konvenienz, meistens nach Wahl der Eltern, geschlossenen Ehen. Die hier waltenden Rücksichten, welcher Art sie auch seyn mögen, sind wenigstens reale, die nicht von selbst verschwinden können. Durch
15 sie wird für das Glück der Vorhandenen, aber freilich zum Nachtheil der Kommenden, gesorgt; und jenes bleibt doch problematisch. Der Mann, welcher, bei seiner Verheirathung, auf Geld, statt auf Befriedigung seiner Neigung sieht, lebt mehr im Individuo, als in der Gattung; welches der Wahrheit gerade
20 entgegengesetzt ist, daher es sich als naturwidrig darstellt und eine gewisse Verachtung erregt. Ein Mädchen, welches, dem Rath seiner Eltern entgegen, den Antrag eines reichen und nicht alten Mannes ausschlägt, um mit Hintansetzung aller Konvenienzrücksichten, allein nach seinem instinktiven Hange
25 zu wählen, bringt sein individuelles Wohl dem der Gattung zum Opfer. Aber eben deswegen kann man ihm einen gewissen Beifall nicht versagen: denn es hat das Wichtigere vorgezogen und im Sinne der Natur (näher, der Gattung) gehandelt; während die Eltern im Sinne des individuellen Egoismus riethen. – Dem Allen zufolge gewinnt es den Anschein, als müßte, bei Abschließung einer Ehe, entweder das Individuum oder das Interesse der Gattung zu kurz kommen. Meistens steht es auch so: denn daß Konvenienz und leidenschaftliche Liebe Hand in Hand giengen, ist der seltenste Glücksfall. Die phy-

sisch, moralisch, oder intellektuell elende Beschaffenheit der meisten Menschen mag zum Theil ihren Grund darin haben, daß die Ehen gewöhnlich nicht aus reiner Wahl und Neigung, sondern aus allerlei äußeren Rücksichten und nach zufälligen Umständen geschlossen werden. Wird jedoch neben der Kon- 5 venienz auch die Neigung in gewissem Grade berücksichtigt; so ist dies gleichsam eine Abfindung mit dem Genius der Gattung. Glückliche Ehen sind bekanntlich selten; eben weil es im Wesen der Ehe liegt, daß ihr Hauptzweck nicht die gegenwärtige, sondern die kommende Generation ist. Indessen sei zum 10 Troste zarter und liebender Gemüther noch hinzugefügt, daß bisweilen der leidenschaftlichen Geschlechtsliebe sich ein Gefühl ganz andern Ursprungs zugesellt, nämlich wirkliche, auf Uebereinstimmung der Gesinnung gegründete Freundschaft, welche jedoch meistens erst dann hervortritt, wann die eigentli- 15 che Geschlechtsliebe in der Befriedigung erloschen ist. Jene wird alsdann meistens daraus entspringen, daß die einander ergänzenden und entsprechenden physischen, moralischen und intellektuellen Eigenschaften beider Individuen, aus welchen, in Rücksicht auf das zu Erzeugende, die Geschlechtsliebe ent- 20 stand, eben auch in Beziehung auf die Individuen selbst, als entgegengesetzte Temperamentseigenschaften und geistige Vorzüge sich zu einander ergänzend verhalten und dadurch eine Harmonie der Gemüther begründen.

Die ganze hier abgehandelte Metaphysik der Liebe steht mit 25 meiner Metaphysik überhaupt in genauer Verbindung, und das Licht, welches sie auf diese zurückwirft, läßt sich in Folgendem resumiren.

Es hat sich ergeben, daß die sorgfältige und durch unzählige Stufen bis zur leidenschaftlichen Liebe steigende Auswahl bei 30 der Befriedigung des Geschlechtstriebes auf dem höchst ernsten Antheil beruht, welchen der Mensch an der speciellen persönlichen Beschaffenheit des kommenden Geschlechts nimmt. Dieser überaus merkwürdige Antheil nun bestätigt zwei in den

vorhergegangenen Kapiteln dargethane Wahrheiten: 1) Die Unzerstörbarkeit des Wesens an sich des Menschen, als welches in
jenem kommenden Geschlechte fortlebt. Denn jener so lebhafte und eifrige, nicht aus Reflexion und Vorsatz, sondern aus
5 dem innersten Zuge und Triebe unsers Wesens entspringende
Antheil könnte nicht so unvertilgbar vorhanden seyn und so
große Macht über den Menschen ausüben, wenn dieser absolut
vergänglich wäre und ein von ihm wirklich und durchaus verschiedenes Geschlecht bloß der Zeit nach auf ihn folgte. 2)
10 Daß sein Wesen an sich mehr in der Gattung als im Individuo
liegt. Denn jenes Interesse an der speciellen Beschaffenheit der
Gattung, welches die Wurzel aller Liebeshändel, von der flüchtigsten Neigung bis zur ernstlichsten Leidenschaft, ausmacht,
ist Jedem eigentlich die höchste Angelegenheit, nämlich die, de-
15 ren Gelingen oder Mißlingen ihn am empfindlichsten berührt;
daher sie vorzugsweise die H e r z e n s a n g e l e g e n h e i t genannt wird: auch wird diesem Interesse, wann es sich stark
und entschieden ausgesprochen hat, jedes bloß die eigene Person betreffende nachgesetzt und nöthigenfalls aufgeopfert. Da-
20 durch also bezeugt der Mensch, daß ihm die Gattung näher
liegt, als das Individuum, und er unmittelbarer in Jener, als in
Diesem lebt. – Warum demnach hängt der Verliebte mit gänzlicher Hingebung an den Augen seiner Auserkorenen und ist
bereit, ihr jedes Opfer zu bringen? – Weil sein u n s t e r b l i c h e r
25 Theil es ist, der nach ihr verlangt; nach allem Sonstigen immer
nur der sterbliche. – Jenes lebhafte, oder gar inbrünstige, auf
ein bestimmtes Weib gerichtete Verlangen ist sonach ein unmit-
telbares Unterpfand der Unzerstörbarkeit des Kerns unsers
Wesens und seines Fortbestandes in der Gattung. Diesen Fort-
30 bestand nun aber für etwas Geringfügiges und Ungenügendes
zu halten, ist ein Irrthum, der daraus entspringt, daß man unter dem Fortleben der Gattung sich nichts weiter denkt, als das
künftige Daseyn uns ähnlicher, jedoch in keinem Betracht mit
uns identischer Wesen, und dies wieder, weil man, von der

nach Außen gerichteten Erkenntniß ausgehend, nur die äußere Gestalt der Gattung, wie wir diese anschaulich auffassen, und nicht ihr inneres Wesen in Betracht zieht. Dieses innere Wesen aber gerade ist es, was unserm eigenen Bewußtseyn, als dessen Kern, zum Grunde liegt, daher sogar unmittelbarer, als dieses 5 selbst ist und, als Ding an sich, frei vom *principio individuationis*, eigentlich das Selbe und Identische ist in allen Individuen, sie mögen neben, oder nach einander daseyn. Dieses nun ist der Wille zum Leben, also gerade Das, was Leben und Fortdauer so dringend verlangt. Dies eben bleibt demnach vom 10 Tode verschont und unangefochten. Aber auch: es kann es zu keinem bessern Zustande bringen, als sein gegenwärtiger ist: mithin ist ihm, mit dem Leben, das beständige Leiden und Sterben der Individuen gewiß. Von diesem es zu befreien, ist der V e r n e i n u n g des Willens zum Leben vorbehalten, als 15 durch welche der individuelle Wille sich vom Stamm der Gattung losreißt und jenes Daseyn in derselben aufgiebt. Für Das, was er sodann ist, fehlt es uns an Begriffen, ja, an allen Datis zu solchen. Wir können es nur bezeichnen als Dasjenige, welches die Freiheit hat, Wille zum Leben zu seyn, oder nicht. 20 Für den letztern Fall bezeichnet der Buddhaismus es mit dem Worte N i r w a n a, dessen Etymologie in der Anmerkung zum Schlusse des 41. Kapitels gegeben worden. Es ist der Punkt, welcher aller menschlichen Erkenntniß, eben als solcher, auf immer unzugänglich bleibt. – 25

Wenn wir nun, vom Standpunkte dieser letzten Betrachtung aus, in das Gewühl des Lebens hineinschauen, erblicken wir Alle mit der Noth und Plage desselben beschäftigt, alle Kräfte anstrengend, die endlosen Bedürfnisse zu befriedigen und das vielgestaltete Leiden abzuwehren, ohne jedoch etwas Anderes 30 dafür hoffen zu dürfen, als eben die Erhaltung dieses geplagten, individuellen Daseyns, eine kurze Spanne Zeit hindurch. Dazwischen aber, mitten in dem Getümmel, sehen wir die Blicke zweier Liebenden sich sehnsüchtig begegnen: – jedoch warum

so heimlich, furchtsam und verstohlen? – Weil diese Liebenden die Verräther sind, welche heimlich danach trachten, die ganze Noth und Plackerei zu perpetuiren, die sonst ein baldiges Ende erreichen würde, welches sie vereiteln wollen, wie ihres Glei-
5 chen es früher vereitelt haben. Diese Betrachtung greift nun schon in das folgende Kapitel hinüber.

Anhang zum vorstehenden Kapitel.

Οὕτως ἀναιδῶς ἐξεκίνησας τόδε
τὸ ῥῆμα· καὶ ποῦ τοῦτο φεύξεσθαι δοκεῖς;
10 Πεφευγα· τ'ἀληθὲς γὰρ ἰσχυρον τρέφω.
Soph.

Auf Seite 618 [S. 718 unserer Ausgabe] habe ich der Päderastie beiläufig erwähnt und sie als einen irre geleiteten Instinkt bezeichnet. Dies schien mir, als ich die zweite Auflage bearbeite-
15 te, genügend. Seitdem hat weiteres Nachdenken über diese Verirrung mich in derselben ein merkwürdiges Problem, jedoch auch dessen Lösung entdecken lassen. Diese setzt das vorstehende Kapitel voraus, wirft aber auch wieder Licht auf dasselbe zurück, gehört also zur Vervollständigung, wie zum
20 Beleg der dort dargelegten Grundansicht.

An sich selbst betrachtet nämlich stellt die Päderastie sich dar als eine nicht bloß widernatürliche, sondern auch im höchsten Grade widerwärtige und Abscheu erregende Monstrosität, eine Handlung, auf welche allein eine völlig perverse, verschrobene
25 und entartete Menschennatur irgend ein Mal hätte gerathen können, und die sich höchstens in ganz vereinzelten Fällen wiederholt hätte. Wenden wir nun aber uns an die Erfahrung; so finden wir das Gegentheil hievon: wir sehen nämlich dieses Laster, trotz seiner Abscheulichkeit, zu allen Zeiten und in allen

Ländern der Welt, völlig im Schwange und in häufiger Ausübung. Allbekannt ist, daß dasselbe bei Griechen und Römern
allgemein verbreitet war, und ohne Scheu und Schaam öffent-
lich eingestanden und getrieben wurde. Hievon zeugen alle alten Schriftsteller, mehr als zur Genüge. Zumal sind die Dichter 5
sammt und sonders voll davon: nicht ein Mal der keusche Vir-
gil ist auszunehmen (*Ecl. 2*). Sogar den Dichtern der Urzeit,
dem Orpheus (den deshalb die Mänaden zerrissen) und dem
Thamyris, ja, den Göttern selbst, wird es angedichtet. Ebenfalls
reden die Philosophen viel mehr von dieser, als von der Wei- 10
berliebe: besonders scheint Plato fast keine andere zu kennen,
und eben so die Stoiker, welche sie als des Weisen würdig erwähnen (*Stob. ecl. eth., L. II, c. 7*). Sogar dem Sokrates rühmt
Plato, im Symposion, es als eine beispiellose Heldenthat nach,
daß er den, sich ihm dazu anbietenden Alkibiades verschmäht 15
habe. Auch Aristoteles (*Pol. II, 9*) spricht von der Päderastie als
etwas Gewöhnlichem, ohne sie zu tadeln, führt an, daß sie bei
den Kelten in öffentlichen Ehren gestanden habe, und bei den
Kretern die Gesetze sie begünstigt hätten, als Mittel gegen
Uebervölkerung, erzählt (*c. 10*) die Männerliebschaft des Ge- 20
setzgebers Philolaos u. s. w. C i c e r o sagt sogar: *Apud Graecos
opprobrio fuit adolescentibus, si amatores non haberent.* Für gelehrte Leser bedarf es hier überhaupt keiner Belege: sie erinnern
sich deren zu Hunderten: denn bei den Alten ist Alles voll davon. Aber selbst bei den roheren Völkern, namentlich bei den 25
Galliern, war das Laster sehr im Schwange. Wenden wir uns
nach Asien, so sehen wir alle Länder dieses Welttheils, und
zwar von den frühesten Zeiten an, bis zur gegenwärtigen herab,
von dem Laster erfüllt, und zwar ebenfalls ohne es sonderlich
zu verhehlen: Hindu und Chinesen nicht weniger, als die Is- 30
lamitischen Völker, deren Dichter wir ebenfalls viel mehr mit
der Knaben-, als mit der Weiberliebe beschäftigt finden; wie
denn z. B. im Gulistan des Sadi das Buch »von der Liebe« ausschließlich von jener redet. Auch den Hebräern war dies Laster

746

nicht unbekannt; da Altes und Neues Testament desselben als strafbar erwähnen. Im Christlichen Europa endlich hat Religion, Gesetzgebung und öffentliche Meinung ihm mit aller Macht entgegenarbeiten müssen: im Mittelalter stand überall
5 Todesstrafe darauf, in Frankreich noch im 16. Jahrhundert der Feuertod, und in England wurde noch während des ersten Drittels dieses Jahrhunderts die Todesstrafe dafür unnachläßlich vollzogen; jetzt ist es Deportation auf Lebenszeit. So gewaltiger Maaßregeln also bedurfte es, um dem Laster Einhalt zu thun;
10 was denn zwar in bedeutendem Maaße gelungen ist, jedoch keineswegs bis zur Ausrottung desselben; sondern es schleicht, unter dem Schleier des tiefsten Geheimnisses, allezeit und überall umher, in allen Ländern und unter allen Ständen, und kommt, oft wo man es am wenigsten erwartete, plötzlich zu
15 Tage. Auch ist es in den früheren Jahrhunderten, trotz allen Todesstrafen, nicht anders damit gewesen: dies bezeugen die Erwähnungen desselben und Anspielungen darauf in den Schriften aus allen jenen Zeiten. – Wenn wir nun alles Dieses uns vergegenwärtigen und wohl erwägen; so sehen wir die Päderastie
20 zu allen Zeiten und in allen Ländern auf eine Weise auftreten, die gar weit entfernt ist von der, welche wir zuerst, als wir sie bloß an sich selbst betrachteten, also *a priori*, vorausgesetzt hatten. Nämlich die gänzliche Allgemeinheit und beharrliche Unausrottbarkeit der Sache beweist, daß sie irgendwie aus der
25 menschlichen Natur selbst hervorgeht; da sie nur aus diesem Grunde jederzeit und überall unausbleiblich auftreten kann als ein Beleg zu dem

Naturam expelles furca, tamen usque recurret.

Dieser Folgerung können wir daher uns schlechterdings nicht
30 entziehen, wenn wir redlich verfahren wollen. Ueber diesen Thatbestand aber hinwegzugehen und es beim Schelten und Schimpfen auf das Laster bewenden zu lassen, wäre freilich

747

leicht, ist jedoch nicht meine Art mit den Problemen fertig zu werden; sondern, meinem angeborenen Beruf, überall der Wahrheit nachzuforschen und den Dingen auf den Grund zu kommen, auch hier getreu, erkenne ich zunächst das sich darstellende und zu erklärende Phänomen, nebst der unvermeidlichen Folgerung daraus, an. Daß nun aber etwas so von Grund aus Naturwidriges, ja, der Natur gerade in ihrem wichtigsten und angelegensten Zweck Entgegentretendes aus der Natur selbst hervorgehen sollte, ist ein so unerhörtes Paradoxon, daß dessen Erklärung sich als ein schweres Problem darstellt, welches ich jedoch jetzt, durch Aufdeckung des ihm zum Grunde liegenden Naturgeheimnisses lösen werde.

Zum Ausgangspunkt diene mir eine Stelle des Aristoteles in *Polit., VII, 16.* – Daselbst setzt er auseinander, erstlich: daß zu junge Leute schlechte, schwache, mangelhafte und klein bleibende Kinder zeugen; und weiterhin daß das Selbe von den Erzeugnissen der zu alten gilt: τα γαρ των πρεσβυτερων εκγονα, καθαπερ τα των νεωτερων, ατελη γιγνεται, και τοις σωμασι, και ταις διανοιαις, τα δε των γεγηρακοτων ασθενη (*nam, ut juniorum, ita et grandiorum natu foetus inchoatis atque imperfectis corporibus, mentibusque nascuntur: eorum vero, qui senio confecti sunt, suboles infirma et imbecilla est*). Was nun dieserhalb Aristoteles als Regel für den Einzelnen, das stellt Stobäos als Gesetz für die Gemeinschaft auf, am Schlusse seiner Darlegung der peripatetischen Philosophie (*Ecl. eth., L. II, c. 7 in fine*): προς την ρωμην των σωματων και τελειοτητα δειν μητε νεωτερων αγαν, μητε πρεσβυτερων τους γαμους ποιεσθαι, ατεηλ γαρ γιγνεται, κατ' αμφοτερας τας ηλικιας, και τελειως ασθενη τα εκγονα (*oportet, corporum roboris et perfectionis causa, nec juniores justo, nec seniores matrimonio jungi, quia circa utramque aetatem proles fieret imbecillis et imperfecta*). Aristoteles schreibt daher vor, daß wer 54 Jahr alt ist, keine Kinder mehr in die Welt setzen soll; wiewohl er den Beischlaf noch immer, seiner Gesundheit, oder sonst einer Ursache hal-

ber, ausüben mag. Wie Dies zu bewerkstelligen sei, sagt er
nicht: seine Meinung geht aber offenbar dahin, daß die in solchem Alter erzeugten Kinder durch Abortus wegzuschaffen
sind; da er diesen, wenige Zeilen vorher, anempfohlen hat. –
5 Die Natur nun ihrerseits kann die der Vorschrift des Aristoteles zum Grunde liegende Thatsache nicht leugnen, aber auch
nicht aufheben. Denn, ihrem Grundsatz *natura non facit saltus*
zufolge, konnte sie die Saamenabsonderung des Mannes nicht
plötzlich einstellen; sondern auch hier, wie bei jedem Abster-
10 ben, mußte eine allmälige Deterioration vorhergehen. Die
Zeugung während dieser nun aber würde schwache, stumpfe,
sieche, elende und kurzlebende Menschen in die Welt setzen.
Ja, sie thut es nur zu oft: die in späterm Alter gezeugten Kinder sterben meistens früh weg, erreichen wenigstens nie das
15 hohe Alter, sind, mehr oder weniger, hinfällig, kränklich,
schwach, und die von ihnen Erzeugten sind von ähnlicher Beschaffenheit. Was hier von der Zeugung im deklinirenden Alter gesagt ist, gilt eben so von der im unreifen. Nun aber liegt
der Natur nichts so sehr am Herzen, wie die Erhaltung der
20 Species und ihres ächten Typus; wozu wohlbeschaffene, tüch-
tige, kräftige Individuen das Mittel sind: nur solche will sie. Ja,
sie betrachtet und behandelt (wie im Kapitel 41 gezeigt worden) im Grunde die Individuen nur als Mittel; als Zweck bloß
die Species. Demnach sehen wir hier die Natur, in Folge ihrer
25 eigenen Gesetze und Zwecke, auf einen mißlichen Punkt gerathen und wirklich in der Bedrängniß. Auf gewaltsame und
von fremder Willkür abhängige Auskunftsmittel, wie das von
Aristoteles angedeutete, konnte sie, ihrem Wesen zufolge, unmöglich rechnen, und eben so wenig darauf, daß die Men-
30 schen, durch Erfahrung belehrt, die Nachtheile zu früher und
zu später Zeugung erkennen und demgemäß ihre Gelüste zügeln würden, in Folge vernünftiger, kalter Ueberlegung. Auf
Beides also konnte, in einer so wichtigen Sache, die Natur es
nicht ankommen lassen. Jetzt blieb ihr nichts Anderes übrig,

als von zwei Uebeln das kleinere zu wählen. Zu diesem
Zweck nun aber mußte sie ihr beliebtes Werkzeug, den Instinkt, welcher, wie in vorstehendem Kapitel gezeigt, das so
wichtige Geschäft der Zeugung überall leitet und dabei so seltsame Illusionen schafft, auch hier in ihr Interesse ziehen; wel- 5
ches nun aber hier nur dadurch geschehen konnte, daß sie ihn
irre leitete (*lui donna le change*). Die Natur kennt nämlich nur
das Physische, nicht das Moralische: sogar ist zwischen ihr
und der Moral entschiedener Antagonismus. Erhaltung des Individui, besonders aber der Species, in möglichster Vollkom- 10
menheit, ist ihr alleiniger Zweck. Zwar ist nun auch physisch
die Päderastie den dazu verführten Jünglingen nachtheilig; jedoch nicht in so hohem Grade, daß es nicht von zweien Uebeln das kleinere wäre, welches sie demnach wählt, um dem
sehr viel größern, der Depravation der Species, schon von 15
Weitem auszuweichen und so das bleibende und zunehmende
Unglück zu verhüten.

Dieser Vorsicht der Natur zufolge stellt, ungefähr in dem von
Aristoteles angegebenen Alter, in der Regel, eine päderastische
Neigung sich leise und allmälig ein, wird immer deutlicher und 20
entschiedener, in dem Maaße, wie die Fähigkeit, starke und gesunde Kinder zu zeugen, abnimmt. So veranstaltet es die Natur. Wohl zu merken jedoch, daß von diesem eintretenden
Hange bis zum Laster selbst noch ein sehr weiter Weg ist.
Zwar wenn, wie im alten Griechenland und Rom, oder zu al- 25
len Zeiten in Asien, ihm kein Damm entgegengesetzt ist, kann
er, vom Beispiel ermuthigt, leicht zum Laster führen, welches
dann, in Folge hievon, große Verbreitung erhält. In Europa hingegen stehen demselben so überaus mächtige Motive der Religion, der Moral, der Gesetze und der Ehre entgegen, daß fast 30
Jeder schon vor dem bloßen Gedanken zurückbebt, und wir
demgemäß annehmen dürfen, daß unter etwan drei Hundert,
welche jenen Hang spüren, höchstens Einer so schwach und
hirnlos seyn wird, ihm nachzugeben; um so gewisser, als dieser

Hang erst in dem Alter eintritt, wo das Blut abgekühlt und der Geschlechtstrieb überhaupt gesunken ist, und er andererseits an der gereiften Vernunft, an der durch Erfahrung erlangten Umsicht und der vielfach geübten Festigkeit so starke Gegner findet, daß nur eine von Haus aus schlechte Natur ihm unterliegen wird.

Inzwischen wird der Zweck, den die Natur dabei hat, dadurch erreicht, daß jene Neigung Gleichgültigkeit gegen die Weiber mit sich führt, welche mehr und mehr zunimmt, zur Abneigung wird und endlich bis zum Widerwillen anwächst. Hierin erreicht die Natur ihren eigentlichen Zweck um so sicherer, als, je mehr im Manne die Zeugungskraft abnimmt, desto entschiedener ihre widernatürliche Richtung wird. – Diesem entsprechend finden wir die Päderastie durchgängig als ein Laster alter Männer. Nur solche sind es, welche dann und wann, zum öffentlichen Skandal, darauf betroffen werden. Dem eigentlich männlichen Alter ist sie fremd, ja, unbegreiflich. Wenn ein Mal eine Ausnahme hievon vorkommt; so glaube ich, daß es nur in Folge einer zufälligen und vorzeitigen Depravation der Zeugungskraft seyn kann, welche nur schlechte Zeugungen liefern könnte, denen vorzubeugen, die Natur sie ablenkt. Daher auch richten die in großen Städten leider nicht seltenen Kinäden ihre Winke und Anträge stets an ältere Herren, niemals an die im Alter der Kraft stehenden, oder gar an junge Leute. Auch bei den Griechen, wo Beispiel und Gewohnheit hin und wieder eine Ausnahme von dieser Regel herbeigeführt haben mag, finden wir von den Schriftstellern, zumal den Philosophen, namentlich Plato und Aristoteles, in der Regel, den Liebhaber ausdrücklich als ältlich dargestellt. Insbesondere ist in dieser Hinsicht eine Stelle des Plutarch bemerkenswerth im *Liber amatorius, c. 5*: Ὁ παιδικος ερως, οψε γεγονως, και παρ᾽ ὡραν τω βιω, νοθος και σκοτιος, εξελαυνει τον γνησιον ερωτα και πρεσβυτερον. (*Puerorum amor, qui, quum tarde in vita et intempestive, quasi spuri-*

us et occultus, exstitisset, germanum et natu majorem amorem expellit.) Sogar unter den Göttern finden wir nur die ältlichen, den Zeus und den Herakles, mit männlichen Geliebten versehen, nicht den Mars, Apollo, Bacchus, Merkur. – Inzwischen kann im Orient der in Folge der Polygamie entstehende Mangel an Weibern hin und wieder gezwungene Ausnahmen zu dieser Regel veranlassen: eben so in noch neuen und daher weiberlosen Kolonien, wie Kalifornien u. s. w. – Dem entsprechend nun ferner, daß das unreife Sperma, eben so wohl wie das durch Alter depravirte, nur schwache, schlechte und unglückliche Zeugungen liefern kann, ist, wie im Alter, so auch in der Jugend eine erotische Neigung solcher Art zwischen Jünglingen oft vorhanden, führt aber wohl nur höchst selten zum wirklichen Laster, indem ihr, außer den oben genannten Motiven, die Unschuld, Reinheit, Gewissenhaftigkeit und Verschämtheit des jugendlichen Alters entgegensteht.

Aus dieser Darstellung ergiebt sich, daß, während das in Betracht genommene Laster den Zwecken der Natur, und zwar im Allerwichtigsten und ihr Angelegensten, gerade entgegenzuarbeiten scheint, es in Wahrheit eben diesen Zwecken, wiewohl nur mittelbar, dienen muß, als Abwendungsmittel größerer Uebel. Es ist nämlich ein Phänomen der absterbenden und dann wieder der unreifen Zeugungskraft, welche der Species Gefahr drohen: und wiewohl sie alle Beide aus moralischen Gründen pausiren sollten; so war hierauf doch nicht zu rechnen; da überhaupt die Natur das eigentlich Moralische bei ihrem Treiben nicht in Anschlag bringt. Demnach griff die, in Folge ihrer eigenen Gesetze, in die Enge getriebene Natur, mittelst Verkehrung des Instinkts, zu einem Nothbehelf, einem Stratagem, ja, man möchte sagen, sie bauete sich eine Eselsbrücke, um wie oben dargelegt, von zweien Uebeln dem größern zu entgehen. Sie hat nämlich den wichtigen Zweck im Auge, unglücklichen Zeugungen vorzubeugen, welche allmälig die ganze Species depraviren könnten, und da ist sie, wie wir

gesehen haben, nicht skrupulös in der Wahl der Mittel. Der
Geist, in welchem sie hier verfährt, ist der selbe, in welchem
sie, wie oben, Kapitel 27, angeführt, die Wespen antreibt, ihre
Jungen zu erstechen: denn in beiden Fällen greift sie zum
5 Schlimmen, um Schlimmerem zu entgehen: sie führt den Geschlechtstrieb irre, um seine verderblichsten Folgen zu vereiteln.

Meine Absicht bei dieser Darstellung ist zunächst die Lösung des oben dargelegten auffallenden Problems gewesen; so-
10 dann aber auch die Bestätigung meiner, im vorstehenden Kapitel ausgeführten Lehre, daß bei aller Geschlechtsliebe der Instinkt die Zügel führt und Illusionen schafft, weil der Natur
das Interesse der Gattung allen andern vorgeht, und daß Dies
sogar bei der hier in Rede stehenden, widerwärtigen Verirrung
15 und Ausartung des Geschlechtstriebes gültig bleibt; indem
auch hier, als letzter Grund, die Zwecke der Gattung sich ergeben, wiewohl sie, in diesem Fall, bloß negativer Art sind,
indem die Natur dabei prophylaktisch verfährt. Diese Betrachtung wirft daher auf meine gesammte Metaphysik der Ge-
20 schlechtsliebe Licht zurück. Ueberhaupt aber ist durch diese
Darstellung eine bisher verborgene Wahrheit zu Tage gebracht,
welche, bei aller ihrer Seltsamkeit, doch neues Licht auf das
innere Wesen, den Geist und das Treiben der Natur wirft.
Demgemäß hat es sich dabei nicht um moralische Verwarnung
25 gegen das Laster, sondern um das Verständniß des Wesens der
Sache gehandelt. Uebrigens ist der wahre, letzte, tief metaphysische Grund der Verwerflichkeit der Päderastie dieser, daß,
während der Wille zum Leben sich darin bejaht, die Folge solcher Bejahung, welche den Weg zur Erlösung offen hält, also
30 die Erneuerung des Lebens, gänzlich abgeschnitten ist. – Endlich habe ich auch, durch Darlegung dieser paradoxen Gedanken, den durch das immer weitere Bekanntwerden meiner
von ihnen so sorgfältig verhehlten Philosophie jetzt sehr de-
concertirten Philosophieprofessoren eine kleine Wohlthat zu-

fließen lassen wollen, indem ich ihnen Gelegenheit eröffnete zu der Verläumdung, daß ich die Päderastie in Schutz genommen und anempfohlen hätte.

Kapitel 45[*].
Von der Bejahung des Willens zum Leben. 5

Wenn der Wille zum Leben sich bloß darstellte als Trieb zur Selbsterhaltung; so würde dies nur eine Bejahung der individuellen Erscheinung, auf die Spanne Zeit ihrer natürlichen Dauer seyn. Die Mühen und Sorgen eines solchen Lebens würden nicht groß, mithin das Daseyn leicht und heiter ausfallen. Weil 10 hingegen der Wille das Leben schlechthin und auf alle Zeit will, stellt er sich zugleich dar als Geschlechtstrieb, der es auf eine endlose Reihe von Generationen abgesehen hat. Dieser Trieb hebt jene Sorglosigkeit, Heiterkeit und Unschuld, die ein bloß individuelles Daseyn begleiten würden, auf, indem er in das Be- 15 wußtseyn Unruhe und Melancholie, in den Lebenslauf Unfälle, Sorge und Noth bringt. – Wenn er hingegen, wie wir es an seltenen Ausnahmen sehen, freiwillig unterdrückt wird; so ist dies die Wendung des Willens, als welcher umkehrt. Er geht alsdann im Individuo auf, und nicht über dasselbe hinaus. Dies kann je- 20 doch nur durch eine schmerzliche Gewalt geschehen, die jenes sich selber anthut. Ist es aber geschehen; so wird dem Bewußtseyn jene Sorglosigkeit und Heiterkeit des bloß individuellen Daseyns wiedergegeben, und zwar auf einer erhöhten Potenz. Hingegen an die Befriedigung jenes heftigsten aller Triebe und 25 Wünsche knüpft sich der Ursprung eines neuen Daseyns, also die Durchführung des Lebens, mit allen seinen Lasten, Sorgen, Nöthen und Schmerzen, von Neuem; zwar in einem andern Individuo: jedoch wenn Beide, wie sie in der Erscheinung ver-

---

[*]   Dieses Kapitel bezieht sich auf §. 60 des ersten Bandes.

schieden sind, es auch schlechthin und an sich wären, wo bliebe dann die ewige Gerechtigkeit? – Das Leben stellt sich dar als
eine Aufgabe, ein Pensum zum Abarbeiten, und daher, in der
Regel, als ein steter Kampf gegen die Noth. Demnach sucht Je-
5 der durch und davon zu kommen, so gut es gehen will: er thut
das Leben ab, wie einen Frohndienst, welchen er schuldig war.
Wer aber hat diese Schuld kontrahirt? – Sein Erzeuger, im Genuß der Wollust. Also dafür, daß der Eine diese genossen hat,
muß der Andere leben, leiden und sterben. Inzwischen wissen
10 wir und sehen hier darauf zurück, daß die Verschiedenheit des
Gleichartigen durch Raum und Zeit bedingt ist, welche ich in
diesem Sinne das *principium individuationis* genannt habe. Sonst
wäre die ewige Gerechtigkeit nicht zu retten. Eben darauf, daß
der Erzeuger im Erzeugten sich selbst wiedererkennt, beruht
15 die Vaterliebe, vermöge welcher der Vater bereit ist, für sein
Kind mehr zu thun, zu leiden und zu wagen, als für sich selbst,
und zugleich dies als seine Schuldigkeit erkennt.

Das Leben eines Menschen, mit seiner endlosen Mühe, Noth
und Leiden, ist anzusehen als die Erklärung und Paraphrase des
20 Zeugungsaktes, d. i. der entschiedenen Bejahung des Willens
zum Leben: zu derselben gehört auch noch, daß er der Natur
einen Tod schuldig ist, und er denkt mit Beklemmung an diese
Schuld. – Zeugt dies nicht davon, daß unser Daseyn eine Verschuldung enthält? – Allerdings aber sind wir, gegen den peri-
25 odisch zu entrichtenden Zoll, Geburt und Tod, immerwährend
da, und genießen successiv alle Leiden und Freuden des Lebens; sodaß uns keine entgehen kann: dies eben ist die Frucht
der Bejahung des Willens zum Leben. Dabei ist also die Furcht
vor dem Tode, welche uns, trotz allen Plagen des Lebens, darin
30 festhält, eigentlich illusorisch: aber eben so illusorisch ist der
Trieb, der uns hineingelockt hat. Diese Lockung selbst kann
man objektiv anschauen in den sich sehnsüchtig begegnenden
Blicken zweier Liebenden: sie sind der reinste Ausdruck des
Willens zum Leben in seiner Bejahung. Wie ist er hier so sanft

und zärtlich! Wohlseyn will er, und ruhigen Genuß und sanfte
Freude, für sich, für Andere, für Alle. Es ist das Thema des
Anakreon. So lockt und schmeichelt er sich selbst ins Leben
hinein. Ist er aber darin, dann zieht die Quaal das Verbrechen,
und das Verbrechen die Quaal herbei: Gräuel und Verwüstung 5
füllen den Schauplatz. Es ist das Thema des Aeschylos.

Der Akt nun aber, durch welchen der Wille sich bejaht und
der Mensch entsteht, ist eine Handlung, deren Alle sich im Innersten schämen, die sie daher sorgfältig verbergen, ja, auf welcher betroffen sie erschrecken, als wären sie bei einem Verbre- 10
chen ertappt worden. Es ist eine Handlung, deren man bei kalter Ueberlegung meistens mit Widerwillen, in erhöhter Stimmung mit Abscheu gedenkt. Näher auf dieselbe in diesem
Sinne eingehende Betrachtungen liefert M o n t a i g n e , im 5.
Kapitel des dritten Buches, unter der Randglosse: *ce que c'est* 15
que l'amour. Eine eigenthümliche Betrübniß und Reue folgt ihr
auf dem Fuße, ist jedoch am fühlbarsten nach der erstmaligen
Vollziehung derselben, überhaupt aber um so deutlicher, je edler
der Charakter ist. Selbst P l i n i u s , der Heide, sagt daher: *Ho-*
mini tantum primi coitus poenitentia: augurium scilicet vitae, a 20
poenitenda origine (Hist. nat., X, 83). Und andererseits, was treiben und singen, in Goethe's »Faust«, Teufel und Hexen auf ihrem Sabbath? Unzucht und Zoten. Was docirt eben daselbst (in
den vortrefflichen Paralipomenis zum Faust), vor der versam-
melten Menge, der leibhaftige Satan? – Unzucht und Zoten; 25
nichts weiter. – Aber einzig und allein mittelst der fortwährenden Ausübung einer so beschaffenen Handlung besteht das
Menschengeschlecht. – Hätte nun der Optimismus Recht, wäre
unser Daseyn das dankbar zu erkennende Geschenk höchster,
von Weisheit geleiteter Güte, und demnach an sich selbst preis- 30
würdig, rühmlich und erfreulich; da müßte doch wahrlich der
Akt, welcher es perpetuirt, eine ganz andere Physiognomie tragen. Ist hingegen dieses Daseyn eine Art Fehltritt, oder Irrweg;
ist es das Werk eines ursprünglich blinden Willens, dessen

glücklichste Entwickelung die ist, daß er zu sich selbst komme, um sich selbst aufzuheben; so muß der jenes Daseyn perpetuirende Akt gerade so aussehen, wie er aussieht.

Hinsichtlich auf die erste Grundwahrheit meiner Lehre verdient hier die Bemerkung eine Stelle, daß die oben berührte Schaam über das Zeugungsgeschäft sich sogar auf die demselben dienenden Theile erstreckt, obschon diese, gleich allen übrigen, angeboren sind. Dies ist abermals ein schlagender Beweis davon, daß nicht bloß die Handlungen, sondern schon der Leib des Menschen die Erscheinung, Objektivation seines Willens und als das Werk desselben zu betrachten ist. Denn einer Sache, die ohne seinen Willen dawäre, könnte er sich nicht schämen.

Der Zeugungsakt verhält sich ferner zur Welt, wie das Wort zum Räthsel. Nämlich, die Welt ist weit im Raume und alt in der Zeit und von unerschöpflicher Mannichfaltigkeit der Gestalten. Jedoch ist dies Alles nur die Erscheinung des Willens zum Leben; und die Koncentration, der Brennpunkt dieses Willens, ist der Generationsakt. In diesem Akt also spricht das innere Wesen der Welt sich am deutlichsten aus. Es ist, in dieser Hinsicht, sogar beachtenswerth, daß er selbst auch schlechthin »der Wille« genannt wird, in der sehr bezeichnenden Redensart: »er verlangte von ihr, sie sollte ihm zu Willen seyn.« Als der deutlichste Ausdruck des Willens also ist jener Akt der Kern, das Kompendium, die Quintessenz der Welt. Daher geht uns durch ihn ein Licht auf über ihr Wesen und Treiben: er ist das Wort zum Räthsel. Demgemäß ist er verstanden unter dem »Baum der Erkenntniß«: denn nach der Bekanntschaft mit ihm gehen Jedem über das Leben die Augen auf, wie es auch Byron sagt:

The tree of knowledge has been pluck'd – all's known[*]
D. Juan, I, 128.

---

[*] Vom Baum der Erkenntniß ist gepflückt worden: – Alles ist bekannt.

Nicht weniger entspricht dieser Eigenschaft, daß er das große αρρητον, das öffentliche Geheimniß ist, welches nie und nirgends deutlich erwähnt werden darf, aber immer und überall sich, als die Hauptsache, von selbst versteht und daher den Gedanken Aller stets gegenwärtig ist, weshalb auch die leiseste Anspielung darauf augenblicklich verstanden wird. Die Hauptrolle, die jener Akt und was ihm anhängt in der Welt spielt, indem überall Liebesintriguen einerseits betrieben und andererseits vorausgesetzt werden, ist der Wichtigkeit dieses *punctum saliens* des Welteies ganz angemessen. Das Belustigende liegt nur in der steten Verheimlichung der Hauptsache.

Aber nun seht, wie der junge, unschuldige, menschliche Intellekt, wann ihm jenes große Geheimniß der Welt zuerst bekannt wird, erschrickt über die Enormität! Der Grund hievon ist, daß auf dem weiten Wege, den der ursprünglich erkenntnißlose Wille zu durchlaufen hatte, ehe er sich zum Intellekt, zumal zum menschlichen, vernünftigen, Intellekt steigerte, er sich selber so entfremdet wurde, daß er seinen Ursprung, jene *poenitenda origo*, nicht mehr kennt und nun vom Standpunkt des lauteren, daher unschuldigen Erkennens aus, sich darüber entsetzt.

Da nun also der Brennpunkt des Willens, d. h. die Koncentration und der höchste Ausdruck desselben, der Geschlechtstrieb und seine Befriedigung ist; so ist es sehr bezeichnend und in der symbolischen Sprache der Natur naiv ausgedrückt, daß der individualisirte Wille, also der Mensch und das Thier, seinen Eintritt in die Welt durch die Pforte der Geschlechtstheile macht. –

Die Bejahung des Willens zum Leben, welche demnach ihr Centrum im Generationsakt hat, ist beim Thiere unausbleiblich. Denn allererst im Menschen kommt der Wille, welcher die *natura naturans* ist, zur Besinnung. Zur Besinnung kommen heißt: nicht bloß zur augenblicklichen Nothdurft des individuellen Willens, zu seinem Dienst in der dringenden Gegenwart, erkennen; – wie dies im Thiere, nach

Maaßgabe seiner Vollkommenheit und seiner Bedürfnisse, welche Hand in Hand gehen, der Fall ist; sondern eine größere
Breite der Erkenntniß erlangt haben, vermöge einer deutlichen
Erinnerung des Vergangenen, ungefähren Anticipation des Zukünftigen und eben dadurch allseitigen Uebersicht des individuellen Lebens, des eigenen, des fremden, ja des Daseyns überhaupt. Wirklich ist das Leben jeder Thierspecies, die Jahrtausende ihrer Existenz hindurch, gewissermaaßen einem einzigen
Augenblicke gleich: denn es ist bloßes Bewußtseyn der G e -
g e n w a r t , ohne das der Vergangenheit und der Zukunft, mithin des Todes. In diesem Sinne ist es anzusehen als ein behar-
render Augenblick, ein *Nunc stans.* – Hier sehen wir, beiläufig,
am deutlichsten, daß überhaupt die Form des Lebens, oder der
Erscheinung des Willens mit Bewußtseyn, zunächst und unmittelbar bloß die G e g e n w a r t ist: Vergangenheit und Zukunft
kommen allein beim Menschen und zwar bloß im Begriff hinzu, werden *in abstracto* erkannt und allenfalls durch Bilder der
Phantasie erläutert. – Nachdem also der Wille zum Leben, d. i.
das innere Wesen der Natur, in rastlosem Streben nach vollkommener Objektivation und vollkommenem Genuß, die ganze Reihe der Thiere durchlaufen hat, – welches oft in den
mehrfachen Absätzen successiver, stets von Neuem anhebender
Thierreihen auf dem selben Planeten geschieht; – kommt er zuletzt in dem mit Vernunft ausgestatteten Wesen, im Menschen,
zur B e s i n n u n g . Hier nun fängt die Sache an ihm bedenk-
lich zu werden, die Frage dringt sich ihm auf, woher und wozu
das Alles sei, und hauptsächlich, ob die Mühe und Noth seines
Lebens und Strebens wohl durch den Gewinn belohnt werde?
le jeu vaut-il bien la chandelle? – Demnach ist hier der Punkt,
wo er, beim Lichte deutlicher Erkenntniß, sich zur Bejahung
oder Verneinung des Willens zum Leben entscheidet; wiewohl
er sich Letztere, in der Regel, nur in einem mythischen Gewande zum Bewußtseyn bringen kann. – Wir haben demzufolge
keinen Grund, anzunehmen, daß es irgendwo noch zu höher

gesteigerten Objektivationen des Willens komme; da er hier schon an seinem Wendepunkte angelangt ist.

Kapitel 46[*].
Von der Nichtigkeit und dem Leiden des Lebens.

Aus der Nacht der Bewußtlosigkeit zum Leben erwacht findet der Wille sich als Individuum, in einer end- und gränzenlosen Welt, unter zahllosen Individuen, alle strebend, leidend, irrend; und wie durch einen bangen Traum eilt er zurück zur alten Bewußtlosigkeit. – Bis dahin jedoch sind seine Wünsche gränzenlos, 10 seine Ansprüche unerschöpflich, und jeder befriedigte Wunsch gebiert einen neuen. Keine auf der Welt mögliche Befriedigung könnte hinreichen, sein Verlangen zu stillen, seinem Begehren ein endliches Ziel zu setzen und den bodenlosen Abgrund seines Herzens auszufüllen. Daneben nun betrachte man, was dem 15 Menschen, an Befriedigungen jeder Art, in der Regel, wird: es ist meistens nicht mehr, als die, mit unablässiger Mühe und steter Sorge, im Kampf mit der Noth, täglich errungene, kärgliche Erhaltung dieses Daseyns selbst, den Tod im Prospekt. – Alles im Leben giebt kund, daß das irdische Glück bestimmt ist, vereitelt 20 oder als eine Illusion erkannt zu werden. Hiezu liegen tief im Wesen der Dinge die Anlagen. Demgemäß fällt das Leben der meisten Menschen trübsälig und kurz aus. Die komparativ Glücklichen sind es meistens nur scheinbar, oder aber sie sind, wie die Langlebenden, seltene Ausnahmen, zu denen eine Mög- 25 lichkeit übrig bleiben mußte, – als Lockvogel. Das Leben stellt sich dar als ein fortgesetzter Betrug, im Kleinen, wie im Großen.

---

[*] Dieses Kapitel bezieht sich auf §§. 56–59 des ersten Bandes. Auch ist damit zu vergleichen Kapitel 11 und 12 des zweiten Bandes der Parerga und Paralipomena.

Hat es versprochen, so hält es nicht; es sei denn, um zu zeigen, wie wenig wünschenswerth das Gewünschte war: so täuscht uns also bald die Hoffnung, bald das Gehoffte. Hat es gegeben; so war es, um zu nehmen. Der Zauber der Entfernung zeigt uns Paradiese, welche wie optische Täuschungen verschwinden, wann wir uns haben hinäffen lassen. Das Glück liegt demgemäß stets in der Zukunft, oder auch in der Vergangenheit, und die Gegenwart ist einer kleinen dunkeln Wolke zu vergleichen, welche der Wind über die besonnte Fläche treibt: vor ihr und hinter ihr ist Alles hell, nur sie selbst wirft stets einen Schatten. Sie ist demnach allezeit ungenügend, die Zukunft aber ungewiß, die Vergangenheit unwiederbringlich. Das Leben, mit seinen stündlichen, täglichen, wöchentlichen und jährlichen, kleinen, größern und großen Widerwärtigkeiten, mit seinen getäuschten Hoffnungen und seinen alle Berechnung vereitelnden Unfällen, trägt so deutlich das Gepräge von etwas, das uns verleidet werden soll, daß es schwer zu begreifen ist, wie man dies hat verkennen können und sich überreden lassen, es sei da, um dankbar genossen zu werden, und der Mensch, um glücklich zu seyn. Stellt doch vielmehr jene fortwährende Täuschung und Enttäuschung, wie auch die durchgängige Beschaffenheit des Lebens, sich dar, als darauf abgesehen und berechnet, die Ueberzeugung zu erwecken, daß gar nichts unsers Strebens, Treibens und Ringens werth sei, daß alle Güter nichtig seien, die Welt an allen Enden bankrott, und das Leben ein Geschäft, das nicht die Kosten deckt; – auf daß unser Wille sich davon abwende.

Die Art, wie diese Nichtigkeit aller Objekte des Willens sich dem im Individuo wurzelnden Intellekt kund giebt und faßlich macht, ist zunächst d i e Z e i t. Sie ist die Form, mittelst derer jene Nichtigkeit der Dinge als Vergänglichlichkeit derselben erscheint; indem, vermöge dieser, alle unsere Genüsse und Freuden unter unsern Händen zu Nichts werden und wir nachher verwundert fragen, wo sie geblieben seien. Jene Nichtigkeit selbst ist daher das alleinige O b j e k t i v e d e r Z e i t, d. h.

das ihr im Wesen an sich der Dinge Entsprechende, also Das, dessen Ausdruck sie ist. Deshalb eben ist die Zeit die *a priori* nothwendige Form aller unserer Anschauungen: in ihr muß sich Alles darstellen, auch wir selbst. Demzufolge gleicht nun zunächst unser Leben einer Zahlung, die man in lauter Kupfer-pfennigen zugezählt erhält und dann doch quittiren muß: es sind die Tage; die Quittung ist der Tod. Denn zuletzt verkün-digt die Zeit den Urtheilsspruch der Natur über den Werth aller in ihr erscheinenden Wesen, indem sie sie vernichtet:

> Und das mit Recht: denn Alles was entsteht,
> Ist werth, daß es zu Grunde geht.
> Drum besser wär's, daß nichts entstünde.

So sind denn Alter und Tod, zu denen jedes Leben nothwendig hineilt, das aus den Händen der Natur selbst erfolgende Verdam-mungsurtheil über den Willen zum Leben, welches aussagt, daß dieser Wille ein Streben ist, das sich selbst vereiteln muß. »Was du gewollt hast,« sprich es »endigt so: wolle etwas Besseres.« – Also die Belehrung, welche Jedem sein Leben giebt, besteht im Ganzen darin, daß die Gegenstände seiner Wünsche beständig täuschen, wanken und fallen, sonach mehr Quaal als Freude bringen, bis endlich sogar der ganze Grund und Boden, auf dem sie sämmtlich stehen, einstürzt, indem sein Leben selbst vernich-tet wird und er so die letzte Bekräftigung erhält, daß all sein Stre-ben und Wollen eine Verkehrtheit, ein Irrweg war:

> *The old age und experience, hand in hand,*
> *Lead him to death, and make him understand,*
> After a search so painful and so long,
> *That all his life he has been in the wrong*[*].

---

[*] Bis Alter und Erfahrung, Hand in Hand,
Zum Tod' ihn führen und er hat erkannt,

Wir wollen aber noch auf das Specielle der Sache eingehen; da diese Ansichten es sind, in denen ich den meisten Widerspruch erfahren habe. – Zuvörderst habe ich die im Texte gegebene Nachweisung der Negativität aller Befriedigung, also alles Ge-
5 nusses und alles Glückes, im Gegensatz der Positivität des Schmerzes noch durch Folgendes zu bekräftigen.

Wir fühlen den Schmerz, aber nicht die Schmerzlosigkeit; wir fühlen die Sorge, aber nicht die Sorglosigkeit; die Furcht, aber nicht die Sicherheit. Wir fühlen den Wunsch, wie wir
10 Hunger und Durst fühlen; sobald er aber erfüllt worden, ist es damit, wie mit dem genossenen Bissen, der in dem Augenblick, da er verschluckt wird, für unser Gefühl dazuseyn aufhört. Ge-nüsse und Freuden vermissen wir schmerzlich, sobald sie aus-bleiben: aber Schmerzen, selbst wenn sie nach langer Anwesen-
15 heit ausbleiben, werden nicht unmittelbar vermißt, sondern höchstens wird absichtlich, mittelst der Reflexion, ihrer gedacht. Denn nur Schmerz und Mangel können positiv empfunden werden und kündigen daher sich selbst an: das Wohlseyn hinge-gen ist bloß negativ. Daher eben werden wir der drei größten
20 Güter des Lebens, Gesundheit, Jugend und Freiheit, nicht als solcher inne, so lange wir sie besitzen; sondern erst nachdem wir sie verloren haben: denn auch sie sind Negationen. Daß Tage unsers Lebens glücklich waren, merken wir erst, nachdem sie unglücklichen Platz gemacht haben. – In dem Maaße, als die
25 Genüsse zunehmen, nimmt die Empfänglichkeit für sie ab: das Gewohnte wird nicht mehr als Genuß empfunden. Eben da-durch aber nimmt die Empfänglichkeit für das Leiden zu: denn das Wegfallen des Gewohnten wird schmerzlich gefühlt. Also wächst durch den Besitz das Maaß des Nothwendigen, und da-
30 durch die Fähigkeit Schmerz zu empfinden. – Die Stunden ge-hen desto schneller hin, je angenehmer; desto langsamer, je

Daß, nach so langem, mühevollen Streben,
Er Unrecht hatte, durch sein ganzes Leben.

peinlicher sie zugebracht werden: weil der Schmerz, nicht der Genuß das Positive ist, dessen Gegenwart sich fühlbar macht. Eben so werden wir bei der Langenweile der Zeit inne, bei der Kurzweil nicht. Beides beweist, daß unser Daseyn dann am glücklichsten ist, wann wir es am wenigsten spüren: woraus 5 folgt, daß es besser wäre, es nicht zu haben. Große, lebhafte Freude läßt sich schlechterdings nur denken als Folge großer vorhergegangener Noth: denn zu einem Zustande dauernder Zufriedenheit kann nichts hinzukommen, als etwas Kurzweil, oder auch Befriedigung der Eitelkeit. Darum sind alle Dichter 10 genöthigt, ihre Helden in ängstliche und peinliche Lagen zu bringen, um sie daraus wieder befreien zu können: Drama und Epos schildern demnach durchgängig nur kämpfende, leidende, gequälte Menschen, und jeder Roman ist ein Guckkasten, darin man die Spasmen und Konvulsionen des geängstigten menschli- 15 chen Herzens betrachtet. Diese ästhetische Nothwendigkeit hat W a l t e r S c o t t naiv dargelegt in der »Konklusion« zu seiner Novelle *Old mortality.* – Ganz in Uebereinstimmung mit der von mir bewiesenen Wahrheit sagt auch der von Natur und Glück so begünstigte V o l t a i r e : *le bonheur n'est qu'un rêve, et* 20 *la douleur est réelle*; und setzt hinzu: *il y a quatre-vingts ans que je l'éprouve. Je n'y sais autre chose que me résigner, et me dire que les mouches sont nées pour être mangées par les araignées, et les hommes pour être dévorés par les chagrins.*

Ehe man so zuversichtlich ausspricht, daß das Leben ein 25 wünschenswerthes, oder dankenswerthes Gut sei, vergleiche man ein Mal gelassen die Summe der nur irgend möglichen Freuden, welche ein Mensch in seinem Leben genießen kann, mit der Summe der nur irgend möglichen Leiden, die ihn in seinem Leben treffen können. Ich glaube, die Bilanz wird 30 nicht schwer zu ziehen seyn. Im Grunde aber ist es ganz überflüssig, zu streiten, ob des Guten oder des Uebeln mehr auf der Welt sei: denn schon das bloße Daseyn des Uebels entscheidet die Sache; da dasselbe nie durch das daneben oder danach vorhandene Gut getilgt, mithin auch nicht ausgeglichen werden kann:

> *Mille piacer' non vagliono un tormento*[*].
> Petr.

5 Denn, daß Tausende in Glück und Wonne gelebt hätten, höbe ja nie die Angst und Todesmarter eines Einzigen auf: und eben so wenig macht mein gegenwärtiges Wohlseyn meine frühern Leiden ungeschehen. Wenn daher des Uebeln auch hundert Mal weniger auf der Welt wäre, als der Fall ist; so wäre dennoch das
10 bloße Daseyn desselben hinreichend, eine Wahrheit zu begründen, welche sich auf verschiedene Weise, wiewohl immer nur etwas indirekt ausdrücken läßt, nämlich, daß wir über das Daseyn der Welt uns nicht zu freuen, vielmehr zu betrüben haben; – daß ihr Nichtseyn ihrem Daseyn vorzuziehen wäre; – daß sie
15 etwas ist, das im Grunde nicht seyn sollte; u. s. f. Ueberaus schön ist B y r o n s Ausdruck der Sache:

> Our life is a false nature, – 'tis not in
> *The harmony of things, this hard decree,*
> *This uneradicable taint of sin,*
> 20 *This boundless Upas, this all-blasting tree*
> *Whose root is earth, whose leaves and branches be*
> *The skies, which rain their plagues on men like dew –*
> *Disease, death, bondage – all the woes we see –*
> *And worse, the woes we see not – which throb through*
> 25 *The immedicable soul, with heart-aches ever new*[**].

* Tausend Genüsse sind nicht e i n e Quaal werth.
** Unser Leben ist falscher Art: in der Harmonie der Dinge kann es nicht liegen, dieses harte Verhängniß, diese unausrottbare Seuche der Sünde, dieser gränzenlose Upas, dieser Alles vergiftende Baum, dessen Wurzel die Erde ist, dessen Blätter und Zweige die Wolken sind, welche ihre Plagen auf die Menschen herabregnen, wie Thau, – Krankheit, Tod, Knechtschaft, – all das Wehe, welches

Wenn die Welt und das Leben Selbstzweck seyn und demnach theoretisch keiner Rechtfertigung, praktisch keiner Entschädigung oder Gutmachung bedürfen sollten, sondern dawären, etwan wie S p i n o z a und die heutigen Spinozisten es darstellen, als die einzige Manifestation eines Gottes, der *animi causa,* oder auch um sich zu spiegeln, eine solche Evolution mit sich selber vornähme, mithin ihr Daseyn weder durch Gründe gerechtfertigt, noch durch Folgen ausgelöst zu werden brauchte; – dann müßten nicht etwan die Leiden und Plagen des Lebens durch die Genüße und das Wohlseyn in demselben völlig ausgeglichen werden; – da dies, wie gesagt, unmöglich ist, weil mein gegenwärtiger Schmerz durch künftige Freuden nie aufgehoben wird, indem diese ihre Zeit füllen, wie er seine; – sondern es müßte ganz und gar keine Leiden geben und auch der Tod nicht seyn, oder nichts Schreckliches für uns haben. Nur so würde das Leben für sich selbst bezahlen.

Weil nun aber unser Zustand vielmehr etwas ist, das besser nicht wäre; so trägt Alles, was uns umgiebt, die Spur hievon – gleich wie in der Hölle Alles nach Schwefel riecht, – indem Jegliches stets unvollkommen und trüglich, jedes Angenehme mit Unangenehmem versetzt, jeder Genuß immer nur ein halber ist, jedes Vergnügen seine eigene Störung, jede Erleichterung neue Beschwerde herbeiführt, jedes Hülfsmittel unserer täglichen und stündlichen Noth uns alle Augenblicke im Stich läßt und seinen Dienst versagt, die Stufe, auf welche wir treten, so oft unter uns bricht, ja, Unfälle, große und kleine, das Element unsers Lebens sind, und wir, mit Einem Wort, dem P h i n e u s gleichen, dem die Harpyen alle Speisen besudelten und ungenießbar machten. Zwei Mittel werden dagegen versucht: erstlich die ευλαβεια, d. i. Klugheit, Vorsicht, Schlauheit: sie lernt nicht aus und reicht nicht aus und wird zu Schanden. Zwei-

wir sehen, – und, was schlimmer, das Wehe, welches wir nicht sehen, – und welches die unheilbare Seele durchwallt, mit immer neuem Gram.

tens, der Stoische Gleichmuth, welcher jeden Unfall entwaffnen will, durch Gefaßtseyn auf alle und Verschmähen von Allem: praktisch wird er zur kynischen Entsagung, die lieber, einer für alle Mal, alle Hülfsmittel und Erleichterungen von sich wirft: sie macht uns zu Hunden, wie den Diogenes in der Tonne. Die Wahrheit ist: wir sollen elend seyn, und sind's. Dabei ist die Hauptquelle der ernstlichsten Uebel, die den Menschen treffen, der Mensch selbst: *homo homini lupus.* Wer dies Letztere recht ins Auge faßt, erblickt die Welt als eine Hölle, welche die des Dante dadurch übertrifft, daß Einer der Teufel des Andern seyn muß; wozu denn freilich Einer vor dem Andern geeignet ist, vor Allen wohl ein Erzteufel, in Gestalt eines Eroberers auftretend, der einige Hundert Tausend Menschen einander gegenüberstellt und ihnen zuruft: »Leiden und Sterben ist euere Bestimmung: jetzt schießt mit Flinten und Kanonen auf einander los!« und sie thun es. – Ueberhaupt aber bezeichnen, in der Regel, Ungerechtigkeit, äußerste Unbilligkeit, Härte, ja Grausamkeit, die Handlungsweise der Menschen gegen einander: eine entgegengesetzte tritt nur ausnahmsweise ein. Hierauf beruht die Nothwendigkeit des Staates und der Gesetzgebung, und nicht auf euern Flausen. Aber in allen Fällen, die nicht im Bereich der Gesetze liegen, zeigt sich sogleich die dem Menschen eigene Rücksichtslosigkeit gegen seines Gleichen, welche aus seinem gränzenlosen Egoismus, mitunter auch aus Bosheit entspringt. Wie der Mensch mit dem Menschen verfährt, zeigt z. B. die Negersklaverei, deren Endzweck Zucker und Kaffee ist. Aber man braucht nicht so weit zu gehen: im Alter von fünf Jahren eintreten in die Garnspinnerei, oder sonstige Fabrik, und von Dem an erst 10, dann 12, endlich 14 Stunden täglich darin sitzen und die selbe mechanische Arbeit verrichten, heißt das Vergnügen, Athem zu holen, theuer erkaufen. Dies aber ist das Schicksal von Millionen, und viele andere Millionen haben ein analoges.

Uns Andere inzwischen vermögen geringe Zufälle vollkommen unglücklich zu machen; vollkommen glücklich, nichts auf der Welt. Was man auch sagen mag, der glücklichste Augenblick des Glücklichen ist doch der seines Einschlafens, wie der unglücklichste des Unglücklichen der seines Erwachens. – Einen indirekten, aber sichern Beweis davon, daß die Menschen sich unglücklich fühlen, folglich es sind, liefert, zum Ueberfluß, auch noch der Allen einwohnende, grimmige Neid, der, in allen Lebensverhältnissen, auf Anlaß jedes Vorzugs, welcher Art er auch seyn mag, rege wird und sein Gift nicht zu halten vermag. Weil sie sich unglücklich fühlen, können die Menschen den Anblick eines vermeinten Glücklichen nicht ertragen: wer sich momentan glücklich fühlt, möchte sogleich Alles um sich herum beglücken, und sagt:

Que tout le monde ici soit heureux de ma joie.

Wenn das Leben an sich selbst ein schätzbares Gut und dem Nichtseyn entschieden vorzuziehen wäre; so brauchte die Ausgangspforte nicht von so entsetzlichen Wächtern, wie der Tod mit seinen Schrecken ist, besetzt zu seyn. Aber wer würde im Leben, wie es ist, ausharren, wenn der Tod minder schrecklich wäre? – Und wer könnte auch nur den Gedanken des Todes ertragen, wenn das Leben eine Freude wäre! So aber hat jener immer noch das Gute, das Ende des Lebens zu seyn, und wir trösten uns über die Leiden des Lebens mit dem Tode, und über den Tod mit den Leiden des Lebens. Die Wahrheit ist, daß Beide unzertrennlich zusammengehören, indem sie ein Irrsal ausmachen, von welchem zurückzukommen so schwer, wie wünschenswerth ist.

Wenn die Welt nicht etwas wäre, das, p r a k t i s c h ausgedrückt, nicht seyn sollte; so würde sie auch nicht t h e o r e t i s c h ein Problem seyn: vielmehr würde ihr Daseyn entweder gar keiner Erklärung bedürfen, indem es sich so gänzlich von selbst verstände, daß eine Verwunderung darüber und Frage danach

in keinem Kopfe aufsteigen könnte; oder der Zweck desselben
würde sich unverkennbar darbieten. Statt dessen aber ist sie sogar ein unauflösliches Problem; indem selbst die vollkommenste
Philosophie stets noch ein unerklärtes Element enthalten wird,
5 gleich einem unauflöslichen Niederschlag, oder dem Rest, welchen das irrationale Verhältniß zweier Größen stets übrig läßt.
Daher, wenn Einer wagt, die Frage aufzuwerfen, warum nicht
lieber gar nichts sei, als diese Welt; so läßt die Welt sich nicht
aus sich selbst rechtfertigen, kein Grund, keine Endursache ih-
10 res Daseyns in ihr selbst finden, nicht nachweisen, daß sie ihrer
selbst wegen, d. h. zu ihrem eigenen Vortheil dasei. – Dies ist,
meiner Lehre zufolge, freilich daraus erklärlich, daß das Princip
ihres Daseyns ausdrücklich ein grundloses ist, nämlich blinder
Wille zum Leben, welcher als Ding an sich, dem Satz vom
15 Grunde, der bloß die Form der Erscheinungen ist und durch
den allein jedes Warum berechtigt ist, nicht unterworfen seyn
kann. Dies stimmt aber auch zur Beschaffenheit der Welt: denn
nur ein blinder, kein sehender Wille konnte sich selbst in die
Lage versetzen, in der wir uns erblicken. Ein sehender Wille
20 würde vielmehr bald den Ueberschlag gemacht haben, daß das
Geschäft die Kosten nicht deckt, indem ein so gewaltiges Streben und Ringen, mit Anstrengung aller Kräfte, unter steter Sorge, Angst und Noth, und bei unvermeidlicher Zerstörung jedes
individuellen Lebens, keine Entschädigung findet in dem so er-
25 rungenen, ephemeren, unter unsern Händen zu nichts werdenden Daseyn selbst. Daher eben verlangt die Erklärung der Welt
aus einem Anaxagorischen νοῦς, d. h. aus einem von E r -
k e n n t n i ß geleiteten Willen, zu ihrer Beschönigung, nothwendig den Optimismus, der alsdann, dem laut schreienden
30 Zeugniß einer ganzen Welt voll Elend zum Trotz, aufgestellt
und verfochten wird. Da wird denn das Leben für ein Geschenk ausgegeben, während am Tage liegt, daß Jeder, wenn er
zum voraus das Geschenk hätte besehen und prüfen dürfen,
sich dafür bedankt haben würde; wie denn auch L e s s i n g

den Verstand seines Sohnes bewunderte, der, weil er durchaus nicht in die Welt hineingewollt hätte, mit der Geburtszange gewaltsam hineingezogen werden mußte, kaum aber darin, sich eilig wieder davonmachte. Dagegen wird dann wohl gesagt, das Leben solle, von einem Ende zum andern, auch nur eine Lektion seyn, worauf aber Jeder antworten könnte: »so wollte ich eben deshalb, daß man mich in der Ruhe des allgenugsamen Nichts gelassen hätte, als wo ich weder Lektionen, noch sonst etwas nöthig hatte.« Würde nun aber gar noch hinzugefügt, er solle einst von jeder Stunde seines Lebens Rechenschaft ablegen; so wäre er vielmehr berechtigt, selbst erst Rechenschaft zu fordern darüber, daß man ihn, aus jener Ruhe weg, in eine so mißliche, dunkele, geängstete und peinliche Lage versetzt hat. – Dahin also führen falsche Grundansichten. Denn das menschliche Daseyn, weit entfernt den Charakter eines G e s c h e n k s zu tragen, hat ganz und gar den einer kontrahirten S c h u l d. Die Einforderung derselben erscheint in Gestalt der, durch jenes Daseyn gesetzten, dringenden Bedürfnisse, quälenden Wünsche und endlosen Noth. Auf Abzahlung dieser Schuld wird, in der Regel, die ganze Lebenszeit verwendet: doch sind damit erst die Zinsen getilgt. Die Kapitalabzahlung geschieht durch den Tod. – Und wann wurde diese Schuld kontrahirt? – Bei der Zeugung. –

Wenn man demgemäß den Menschen ansieht als ein Wesen, dessen Daseyn eine Strafe und Buße ist; – so erblickt man ihn in einem schon richtigeren Lichte. Der Mythos vom Sündenfall (obwohl wahrscheinlich, wie das ganze Judenthum, dem Zend-Avesta entlehnt: Bun-Dehesch, 15) ist das Einzige im A. T., dem ich eine metaphysische, wenngleich nur allegorische Wahrheit zugestehen kann; ja, er ist es allein, was mich mit dem A. T. aussöhnt. Nichts Anderem nämlich sieht unser Daseyn so ähnlich, wie der Folge eines Fehltritts und eines strafbaren Gelüstens. Das neutestamentliche Christenthum, dessen ethischer Geist der des Brahmanismus und Buddhaismus, daher dem

übrigens optimistischen des Alten Testaments sehr fremd ist,
hat auch, höchst weise, gleich an jenen Mythos angeknüpft:
ja, ohne diesen hätte es im Judenthum gar keinen Anhalts-
punkt gefunden. – Will man den Grad von Schuld, mit dem
5 unser Daseyn selbst behaftet ist, ermessen; so blicke man auf
das Leiden, welches mit demselben verknüpft ist. Jeder große
Schmerz, sei er leiblich oder geistig, sagt aus, was wir verdienen: denn er könnte nicht an uns kommen, wenn wir ihn nicht
verdienten. Daß auch das Christenthum unser Daseyn in die-
10 sem Lichte erblickt, bezeugt eine Stelle aus Luther's Kommentar zu Galat., c. 3, die mir nur lateinisch vorliegt: *Sumus autem*
nos omnes corporibus et rebus subjecti Diabolo, et hospites sumus in
mundo, cujus ipse princeps et Deus est. Ideo panis, quem edimus,
potus, quem bibimus, vestes, quibus utimur, imo aër et totum quo
15 *vivimus in carne, sub ipsius imperio est.* – Man hat geschrieen
über das Melancholische und Trostlose meiner Philosophie: es
liegt jedoch bloß darin, daß ich, statt als Aequivalent der Sünden eine künftige Hölle zu fabeln, nachwies, daß wo die Schuld
liegt, in der Welt, auch schon etwas Höllenartiges sei: wer aber
20 dieses leugnen wollte, – kann es leicht ein Mal erfahren.

Und dieser Welt, diesem Tummelplatz gequälter und geäng-
stigter Wesen, welche nur dadurch bestehen, daß eines das andere verzehrt, wo daher jedes reißende Thier das lebendige
Grab tausend anderer und seine Selbsterhaltung eine Kette von
25 Martertoden ist, wo sodann mit der Erkenntniß die Fähigkeit
Schmerz zu empfinden wächst, welche daher im Menschen ihren höchsten Grad erreicht und einen um so höheren, je intelli-
genter er ist, – dieser Welt hat man das System des O p t i m i s -
m u s anpassen und sie uns als die beste unter den möglichen
30 andemonstriren wollen. Die Absurdität ist schreiend. – Inzwischen heißt ein Optimist mich die Augen öffnen und hineinse-
hen in die Welt, wie sie so schön sei, im Sonnenschein, mit ihren Bergen, Thälern, Strömen, Pflanzen, Thieren u. s. f. – Aber
ist denn die Welt ein Guckkasten? Z u s e h e n sind diese Din-

ge freilich schön; aber sie zu s e y n ist ganz etwas Anderes. – Dann kommt ein Teolog und preist mir die weise Einrichtung an, vermöge welcher dafür gesorgt sei, daß die Planeten nicht mit den Köpfen gegeneinander rennen, Land und Meer nicht zum Brei gemischt, sondern hübsch auseinandergehalten seien, auch nicht Alles in beständigem Froste starre, noch von Hitze geröstet werde, imgleichen, in Folge der Schiefe der Ekliptik, kein ewiger Frühling sei, als in welchem nichts zur Reife gelangen könnte, u. dgl. m. – Aber Dieses und alles Aehnliche sind ja bloße *conditiones sine quibus non.* Wenn es nämlich überhaupt eine Welt geben soll, wenn ihre Planeten wenigstens so lange, wie der Lichtstrahl eines entlegenen Fixsterns braucht, um zu ihnen zu gelangen, bestehen und nicht, wie Lessings Sohn, gleich nach der Geburt wieder abfahren sollen; – da durfte sie freilich nicht so ungeschickt gezimmert seyn, daß schon ihr Grundgerüst den Einsturz drohte. Aber wenn man zu den R e - s u l t a t e n des gepriesenen Werkes fortschreitet, die S p i e l e r betrachtet, die auf der so dauerhaft gezimmerten Bühne agiren, und n u n sieht, wie mit der Sensibilität der Schmerz sich einfindet und in dem Maaße, wie jene sich zur Intelligenz entwickelt, steigt, wie sodann, mit dieser gleichen Schritt haltend, Gier und Leiden immer stärker hervortreten und sich steigern, bis zuletzt das Menschenleben keinen andern Stoff darbietet, als den zu Tragödien und Komödien, – da wird, wer nicht heuchelt, schwerlich disponirt seyn, Hallelujahs anzustimmen. Den eigentlichen, aber verheimlichten Ursprung dieser letzteren hat übrigens, schonungslos, aber mit siegender Wahrheit, D a v i d H u m e aufgedeckt, in seiner *Natural history of religion, Sect. 6, 7, 8 and 13.* Derselbe legt auch im zehnten und elften Buch seiner *Dialogues on natural religion*, unverhohlen, mit sehr triftigen und dennoch ganz anderartigen Argumenten als die meinigen, die trübsälige Beschaffenheit dieser Welt und die Unhaltbarkeit alles Optimismus dar; wobei er diesen zugleich in seinem Ursprung angreift. Beide Werke Hume's sind so lesenswerth, wie

sie in Deutschland heut zu Tage unbekannt sind, wo man dagegen, patriotisch, am ekelhaften Gefasel einheimischer, sich sprei-
zender Alltagsköpfe unglaubliches Genügen findet und sie als
große Männer ausschreit. Jene *Dialogues* aber hat H a m a n n
5 übersetzt, K a n t hat die Uebersetzung durchgesehen und noch
im späten Alter Hamanns Sohn zur Herausgabe derselben bewegen wollen, weil die von Platner ihm nicht genügte (siehe
Kants Biographie von F. W. Schubert, S. 81 und 165). – Aus
jeder Seite von D a v i d H u m e ist mehr zu lernen, als aus
10 Hegels, Herbarts und Schleiermachers sämmtlichen philosophischen Werken zusammengenommen.

Der Begründer des systematischen O p t i m i s m u s hingegen ist L e i b n i t z , dessen Verdienste um die Philosophie zu
leugnen ich nicht gesonnen bin, wiewohl mich in die Monado-
15 logie, prästabilirte Harmonie und *identitas indiscernibilium* eigentlich hineinzudenken, mir nie hat gelingen wollen. Seine
Nouveaux essays sur l'entendement aber sind bloß ein Excerpt,
mit ausführlicher, auf Berichtigung abgesehener, jedoch schwa-
cher Kritik des mit Recht weltberühmten Werkes L o c k e 's,
20 welchem er hier mit eben so wenig Glück sich entgegenstellt,
wie, durch sein gegen das Gravitationssystem gerichtetes *Tenta-
men de motuum coelestium causis*, dem N e u t o n . Gegen diese
Leibnitz-Wolfische Philosophie ist die Kritik der reinen Vernunft
ganz speciell gerichtet und hat zu ihr ein polemisches, ja, ver-
25 nichtendes Verhältniß; wie zu L o c k e und H u m e das der
Fortsetzung und Weiterbildung. Daß heut zu Tage die Philosophieprofessoren allseitig bemüht sind, den L e i b n i t z , mit seinen Flausen, wieder auf die Beine zu bringen, ja, zu verherrli-
chen, und andererseits K a n t e n möglichst gering zu schätzen
30 und bei Seite zu schieben, hat seinen guten Grund im *primum
vivere*: die Kritik der reinen Vernunft läßt nämlich nicht zu,
daß man Jüdische Mythologie für Philosophie ausgebe, noch
auch, daß man, ohne Umstände, von der »Seele« als einer gegebenen Realität, einer wohlbekannten und gut ackreditirten Per-

son, rede, ohne Rechenschaft zu geben, wie man denn zu diesem Begriff gekommen sei und welche Berechtigung man habe, ihn wissenschaftlich zu gebrauchen. Aber *primum vivere, deinde philosophari!* Herunter mit dem Kant, *vivat* unser L e i b n i t z ! – Auf diesen also zurückzukommen, kann ich der Theodicee, dieser methodischen und breiten Entfaltung des Optimismus, in solcher Eigenschaft, kein anderes Verdienst zugestehen, als dieses, daß sie später Anlaß gegeben hat zum unsterblichen C a n - d i d e des großen Vo l t a i r e ; wodurch freilich Leibnitzens so oft wiederholte, lahme Exküse für die Uebel der Welt, daß nämlich das Schlechte bisweilen das Gute herbeiführt, einen ihm unerwarteten Beleg erhalten hat. Schon durch den Namen seines Helden deutete Voltaire an, daß es nur der Aufrichtigkeit bedarf, um das Gegentheil des Optimismus zu erkennen. Wirklich macht auf diesem Schauplatz der Sünde, des Leidens und des Todes der Optimismus eine so seltsame Figur, daß man ihn für Ironie halten müßte, hätte man nicht an der von H u m e , wie oben erwähnt, so ergötzlich aufgedeckten geheimen Quelle desselben (nämlich heuchelnde Schmeichelei, mit beleidigendem Vertrauen auf ihren Erfolg) eine hinreichende Erklärung seines Ursprungs.

Sogar aber läßt sich den handgreiflich sophistischen Beweisen L e i b n i t z e n s , daß diese Welt die beste unter den möglichen sei, ernstlich und ehrlich der Beweis entgegenstellen, daß sie die s c h l e c h t e s t e unter den möglichen sei. Denn Möglich heißt nicht was Einer etwan sich vorphantasiren mag, sondern was wirklich existiren und bestehen kann. Nun ist diese Welt so eingerichtet, wie sie seyn mußte, um mit genauer Noth bestehen zu können: wäre sie aber noch ein wenig schlechter, so könnte sie schon nicht mehr bestehen. Folglich ist eine schlechtere, da sie nicht bestehen könnte, gar nicht möglich, sie selbst also unter den möglichen die schlechteste. Denn nicht bloß wenn die Planeten mit den Köpfen gegen einander rennten, sondern auch wenn von den wirklich eintre-

tenden Perturbationen ihres Laufes irgend eine, statt sich
durch andere allmälig wieder auszugleichen, in der Zunahme
beharrte, würde die Welt bald ihr Ende erreichen: die Astro-
nomen wissen, von wie zufälligen Umständen, nämlich zu-
5 meist vom irrationalen Verhältniß der Umlaufszeiten zu einander, Dieses abhängt, und haben mühsam herausgerechnet, daß
es immer noch gut abgehen wird, mithin die Welt so eben stehen und gehen kann. Wir wollen, wiewohl N e u t o n entge-
gengesetzter Meinung war, hoffen, daß sie sich nicht verrech-
10 net haben, und mithin das in so einem Planetensystem ver-
wirklichte mechanische *perpetuum mobile* nicht auch, wie die
übrigen, zuletzt in Stillstand gerathen werde. – Unter der fe-
sten Rinde des Planeten nun wieder hausen die gewaltigen
Naturkräfte, welche, sobald ein Zufall ihnen Spielraum gestat-
15 tet, jene, mit allem Lebenden darauf, zerstören müssen; wie
dies auf dem unserigen wenigstens schon drei Mal eingetreten
ist und wahrscheinlich noch öfter eintreten wird. Ein Erdbe-
ben von Lissabon, von Haity, eine Verschüttung von Pompeji
sind nur kleine, schalkhafte Anspielungen auf die Möglichkeit.
20 – Eine geringe, chemisch gar nicht ein Mal nachweisbare Alteration der Atmosphäre verursacht Cholera, gelbes Fieber,
schwarzen Tod u. s. w., welche Millionen Menschen wegraf-
fen: eine etwas größere würde alles Leben auslöschen. Eine
sehr mäßige Erhöhung der Wärme würde alle Flüsse und
25 Quellen austrocknen. – Die Thiere haben an Organen und
Kräften genau und knapp so viel erhalten, wie zur Herbei-
schaffung ihres Lebensunterhalts und Auffütterung der Brut,
unter äußerster Anstrengung, ausreicht; daher ein Thier, wenn
es ein Glied, oder auch nur den vollkommenen Gebrauch des-
30 selben, verliert, meistens umkommen muß. Selbst vom Menschengeschlecht, so mächtige Werkzeuge es an Verstand und
Vernunft auch hat, leben neun Zehntel in beständigem Kampf-
fe mit dem Mangel, stets am Rande des Untergangs, sich mit
Noth und Anstrengung über demselben balancirend. Also

775

durchweg, wie zum Bestande des Ganzen, so auch zu dem jedes Einzelwesens sind die Bedingungen knapp und kärglich gegeben, aber nichts darüber: daher geht das individuelle Leben in unaufhörlichem Kampfe um die Existenz selbst hin; während bei jedem Schritt ihm Untergang droht. Eben weil diese Drohung so oft vollzogen wird, mußte, durch den unglaublich großen Ueberschuß der Keime, dafür gesorgt seyn, daß der Untergang der Individuen nicht den der Geschlechter herbeiführe, als an welchen allein der Natur ernstlich gelegen ist. – Die Welt ist folglich so schlecht, wie sie möglicherweise seyn kann, wenn sie überhaupt noch seyn soll. W. z. b. w. – Die Versteinerungen der den Planeten ehemals bewohnenden, ganz anderartigen Thiergeschlechter liefern uns, als Rechnungsprobe, die Dokumente von Welten, deren Bestand nicht mehr möglich war, die mithin noch etwas schlechter waren, als die schlechteste unter den möglichen.

Der Optimismus ist im Grunde das unberechtigte Selbstlob des eigentlichen Urhebers der Welt, des Willens zum Leben, der sich wohlgefällig in seinem Werke spiegelt: und demgemäß ist er nicht nur eine falsche, sondern auch eine verderbliche Lehre. Denn er stellt uns das Leben als einen wünschenswerthen Zustand, und als Zweck desselben das Glück des Menschen dar. Davon ausgehend glaubt dann Jeder den gerechtesten Anspruch auf Glück und Genuß zu haben: werden nun diese, wie es zu geschehen pflegt, ihm nicht zu Theil; so glaubt er, ihm geschehe Unrecht, ja, er verfehle den Zweck seines Daseyns; – während es viel richtiger ist, Arbeit, Entbehrung, Noth und Leiden, gekrönt durch den Tod, als Zweck unsers Leben zu betrachten (wie dies Brahmanismus und Buddhaismus, und auch das ächte Christenthum thun); weil diese es sind, die zur Verneinung des Willens zum Leben leiten. Im Neuen Testamente ist die Welt dargestellt als ein Jammerthal, das Leben als ein Läuterungsproceß, und ein Marterinstrument ist das Symbol des Christenthums. Daher beruhte, als L e i b n i t z , S h a f t s b u r y , B o -

lingbroke und Pope mit dem Optimismus hervortra-
ten, der Anstoß, den man allgemein daran nahm, hauptsächlich
darauf, daß der Optimismus mit dem Christenthum unvereinbar
sei; wie dies Voltaire, in der Vorrede zu seinem vortrefflichen Gedichte *Le désastre de Lisbonne,* welches ebenfalls ausdrücklich gegen den Optimismus gerichtet ist, berichtet und
erläutert. Was diesen großen Mann, den ich, den Schmähun-
gen feiler Deutscher Tintenklexer gegenüber, so gern lobe, entschieden höher als Rousseau stellt, indem es die größere
Tiefe seines Denkens bezeugt, sind drei Einsichten, zu denen
er gelangt war: 1) die von der überwiegenden Größe des Uebels und vom Jammer des Daseyns, davon er tief durchdrungen ist; 2) die von der strengen Necessitation der Willensakte;
3) die von der Wahrheit des Locke'schen Satzes, daß möglicherweise das Denkende auch materiell seyn könne; während
Rousseau alles Dieses durch Deklamationen bestreitet, in
seiner *Profession de foi du vicaire Savoyard,* einer flachen, protestantischen Pastorenphilosophie; wie er denn auch, in eben diesem Geiste, gegen das soeben erwähnte, schöne Gedicht Voltaire's, mit einem schiefen, seichten und logisch falschen Rä-
sonnement, zu Gunsten des Optimismus, polemisirt, in seinem, bloß diesem Zweck gewidmeten, langen Briefe an
Voltaire, vom 18. August 1756. Ja, der Grundzug und das
πρῶτον ψεῦδος der ganzen Philosophie Rousseau's ist
Dieses, daß er an die Stelle der christlichen Lehre von der Erbsünde und der ursprünglichen Verderbtheit des Menschengeschlechts, eine ursprüngliche Güte und unbegränzte Perfektibi-
lität desselben setzt, welche bloß durch die Civilisation und deren Folgen auf Abwege gerathen wäre, und nun darauf seinen
Optimismus und Humanismus gründet.

Wie gegen den Optimismus Voltaire, im Candide,
den Krieg in seiner scherzhaften Manier führt, so hat es in seiner ernsten und tragischen Byron gethan, in seinem unsterblichen Meisterwerke Kain, weshalb er auch durch die Invekti-

ven des Obskuranten Friedrich Schlegel verherrlicht worden ist.
– Wollte ich nun schließlich, zur Bekräftigung meiner Ansicht,
die Aussprüche großer Geister aller Zeiten in diesem, dem Optimismus entgegengesetzten Sinne, hersetzen; so würde der Anführungen kein Ende seyn; da fast jeder derselben seine Er- 5
kenntniß des Jammers dieser Welt in starken Worten ausgesprochen hat. Also nicht zur Bestätigung, sondern bloß zur Verzie-
rung dieses Kapitels mögen am Schlusse desselben einige
Aussprüche dieser Art Platz finden.

Zuvörderst sei hier erwähnt, daß die Griechen, so weit sie 10
auch von der Christlichen und Hochasiatischen Weltansicht entfernt waren und entschieden auf dem Standpunkt der Bejahung
des Willens standen, dennoch von dem Elend des Daseyns tief
ergriffen waren. Dies bezeugt schon die Erfindung des Trauerspiels, welche ihnen angehört. Einen andern Beleg dazu giebt 15
uns die, nachmals oft erwähnte, zuerst von H e r o d o t *(V, 4)*
erzählte Sitte der Thrakier, den Neugeborenen mit Wehklagen
zu bewillkommnen, und alle Uebel, denen er jetzt entgegenge-
he, herzuzählen; dagegen den Todten mit Freude und Scherz
zu bestatten, weil er so vielen und großen Leiden nunmehr ent- 20
gangen sei; welches in einem schönen, von Plutarch *(De audi-*
end. poët. in fine) uns aufbehaltenen Verse, so lautet:

Τον φυντα θρηνειν, εις ὁσ᾽ ερχεται κακα·
Τον δ᾽ αυ θανοντα και πονων πεπαυμενον
Χαιροντας ευφημουντας εκπεμπειν δομων. 25
(Lugere genitum, tanta qui intrarit mala:
At morte si quis finiisset miserias,
Hunc laude amicos atque laetitia exsequi.)

Nicht historischer Verwandschaft, sondern moralischer Identität
der Sache ist es beizumessen, daß die Mexikaner das Neugebore- 30
ne mit den Worten bewillkommneten: »Mein Kind, du bist zum
Dulden geboren: also dulde, leide und schweig.« Und dem sel-

ben Gefühle folgend hat S w i f t (wie Walter Scott in dessen Leben berichtet) schon früh die Gewohnheit angenommen, seinen
Geburtstag nicht als einen Zeitpunkt der Freude, sondern der
Betrübniß zu begehen, und an demselben die Bibelstelle zu lesen,
in welcher Hiob den Tag bejammert und verflucht, an welchem
es in seines Vaters Hause hieß: es sei ein Sohn geboren.

Bekannt und zum Abschreiben zu lang ist die Stelle in der
Apologie des Sokrates, wo P l a t o diesen weisesten der Sterbli-
chen sagen läßt, daß der Tod, selbst wenn er uns auf immer das
Bewußtseyn raubte, ein wundervoller Gewinn seyn würde, da
ein tiefer, traumloser Schlaf jedem Tage, auch des beglücktesten
Lebens vorzuziehen sei.

Ein Spruch des H e r a k l e i t o s lautete:

Τῷ ουν βιῳ ονομα μεν βιος, εργον δε θανατος.

(Vitae nomen quidem est vita, opus autem mors.

Etymologicum magnum, voce βιος; auch *Eustath. ad. Iliad.,
I, p. 31.)*

Berühmt ist der schöne Vers des T h e o g n i s :

Αρχην μεν μη φυναι επιχθονιοισιν αριστον,
    Μηδ᾽ εισιδειν αυγας οξεος ηελιου·
Φυντα δ᾽ ὁπως ωκιστα πυλας Ἀΐδαο περησαι,
Και κεισθαι πολλην γην επαμησαμενον.
*(Optima sors homini natum non esse, nec unquam
    Adspexisse diem, flammiferumque jubar.*
*Altera jam genitum demitti protinus Orco,
    Et pressum multa mergere corpus humo.)*

S o p h o k l e s , im Oedipus zu Kolona (1225), hat folgende
Abkürzung desselben:

Μη φυναι τον ἁπαντα νι –
κᾳ λογον˙ το δ᾽ επει φανῃ,
βηναι κειθεν, ὁθεν περ ἡκει,
πολυ δευτερον, ὡς ταχιστα.

(*Natum non esse sortes vincit alias omnes: proxima autem est,* 5
ubi quis in lucem editus fuerit, eodem redire, unde venit, quam
ocissime.)

E u r i p i d e s sagt:

Πας δ᾽ οδυνηρος βιος ανθρωπον,
Κ᾽ ουκ εστι πονων αναπαυσις. 10
(*Omnis hominum vita est plena dolore,*
Nec datur laborum remissio.
　　　　　　　　　　　Hippol. 189.)

Und hat es doch schon H o m e r gesagt:

Ου μεν γαρ τι που εστιν οϊζυρωτερον ανδρος 15
Παντων, ὁσσα δε γαιαν επι πνεει τε και ἑρπει.
(*Non enim quidquam alicubi est calamitosius homine*
Omnium, quotquot super terram spirantque et moventur.
　　　　　　　　　　　Il. XVII, 446.)

Selbst P l i n i u s sagt: *Quapropter hoc primum quisque in reme-* 20
diis animi sui habeat, ex omnibus bonis, quae homini natura, tri-
buit, nullum melius esse tempestiva morte. (*Hist. nat. 28, 2.*)

S h a k e s p e a r e legt dem alten König Heinrich IV. die
Worte in den Mund:

O heaven! that one might read the book of fate, 25
And see the revolution of the times,
– – – – – – – – how chances mock,
And changes fill the cup of alteration

> *With divers liquors! O, if this were seen,*
> *The happiest youth, – viewing his progress through,*
> *What perils past, what crosses to ensue, –*
> *Would shut the book, and sit him down and die.*[*]

5 Endlich B y r o n :

> *Count o'er the joys thine hours have seen,*
> *Count o'er thy days from anguish free.*
> *And know, whatever thou hast been,*
> *'Tis something better not to be.*[**]

10 Keiner jedoch hat diesen Gegenstand so gründlich und erschöpfend behandelt, wie, in unsern Tagen, L e o p a r d i . Er ist von demselben ganz erfüllt und durchdrungen: überall ist der Spott und Jammer dieser Existenz sein Thema, auf jeder Seite seiner Werke stellt er ihn dar, jedoch in einer solchen Mannigfaltigkeit
15 von Formen und Wendungen, mit solchem Reichthum an Bildern, daß er nie Ueberdruß erweckt, vielmehr durchweg unterhaltend und erregend wirkt.

---

[*] O, könnte man im Schicksalsbuche lesen,
     Der Zeiten Umwälzung, des Zufalls Hohn
     Darin ersehn, und wie Veränderung
     Bald diesen Trank, bald jene uns kredenzet, –
     O, wer es säh! und wär's der frohste Jüngling,
     Der, seines Lebens Lauf durchmusternd,
     Das Ueberstandene, das Drohende erblickte, –
     Er schlüg' es zu, und setzt' sich hin, und stürbe.
[**] Ueberzähle die Freuden, welche deine Stunden gesehen haben; überzähle die
     Tage, die von Angst frei gewesen; und wisse, daß, was immer du gewesen seyn
     magst, es etwas Besseres ist, nicht zu seyn.

Kapitel 47*.
Zur Ethik.

Hier ist nun die große Lücke, welche in diesen Ergänzungen dadurch entsteht, daß ich die Moral im engern Sinne bereits abgehandelt habe in den unter dem Titel: »Die Grundprobleme der Ethik« herausgegebenen zwei Preisschriften, die Bekanntschaft mit welchen ich, wie gesagt, voraussetze, um unnütze Wiederholungen zu vermeiden. Daher bleibt mir hier nur eine kleine Nachlese vereinzelter Betrachtungen, die dort, wo der Inhalt, der Hauptsache nach, von den Akademien vorgeschrieben war, nicht zur Sprache kommen konnten, und zwar am wenigsten die, welche einen höhern Standpunkt erfordern, als den Allen gemeinsamen, auf welchem ich dort stehen zu bleiben genöthigt war. Demzufolge wird es den Leser nicht befremden, dieselben hier in einer sehr fragmentarischen Zusammenstellung zu finden. Diese nun wieder hat ihre Fortsetzung erhalten im achten und neunten Kapitel des zweiten Bandes der Parerga. –

Daß moralische Untersuchungen ungleich wichtiger sind, als physikalische, und überhaupt als alle andern, folgt daraus, daß sie fast unmittelbar das Ding an sich betreffen, nämlich diejenige Erscheinung desselben, an der es, vom Lichte der Erkenntniß unmittelbar getroffen, sein Wesen offenbart als Wille. Physikalische Wahrheiten hingegen bleiben ganz auf dem Gebiete der Vorstellung, d. i. der Erscheinung, und zeigen bloß, wie die niedrigsten Erscheinungen des Willens sich in der Vorstellung gesetzmäßig darstellen. – Ferner bleibt die Betrachtung der Welt von der physischen Seite, so weit und so glücklich man sie auch verfolgen mag, in ihren Resultaten für uns trostlos: auf der moralischen Seite allein ist Trost zu finden; indem hier die Tiefen unsers eigenen Innern sich der Betrachtung aufthun.

---

* Dieses Kapitel bezieht sich auf §§. 55, 62, 67 des ersten Bandes.

Meine Philosophie ist aber die einzige, welche der Moral ihr volles und ganzes Recht angedeihen läßt: denn nur wenn das Wesen des Menschen sein eigener W i l l e , mithin er, im strengsten Sinne, sein eigenes Werk ist, sind seine Thaten wirklich
5 ganz sein und ihm zuzurechnen. Sobald er hingegen einen andern Ursprung hat, oder das Werk eines von ihm verschiedenen Wesens ist, fällt alle seine Schuld zurück auf diesen Ursprung, oder Urheber. Denn *operari sequitur esse.*

Die Kraft, welche das Phänomen der Welt hervorbringt, mit-
10 hin die Beschaffenheit derselben bestimmt, in Verbindung zu setzen mit der Moralität der Gesinnung, und dadurch eine m o r a l i s c h e Weltordnung als Grundlage der p h y s i s c h e n nachzuweisen, – dies ist seit S o k r a t e s das Problem der Philosophie gewesen. Der T h e i s m u s leistete es auf eine kindli-
15 che Weise, welche der herangereiften Menschheit nicht genügen konnte. Daher stellte sich ihm der P a n t h e i s m u s , sobald er irgend es wagen durfte, entgegen, und wies nach, daß die Natur die Kraft, vermöge welcher sie hervortritt, in sich selbst trägt. Dabei mußte nun aber die E t h i k verloren gehen. S p i -
20 n o z a versucht zwar, stellenweise, sie durch Sophismen zu retten, meistens aber giebt er sie geradezu auf und erklärt, mit einer Dreistigkeit, die Erstaunen und Unwillen hervorruft, den Unterschied zwischen Recht und Unrecht, und überhaupt zwischen Gutem und Bösem, für bloß konventionell, also an sich
25 selbst nichtig (z. B. *Eth., IV, prop. 37, schol. 2*). Ueberhaupt ist Spinoza, nachdem ihn, über hundert Jahre hindurch, unverdiente Geringschätzung getroffen hatte, durch die Reaktion im Pendelschwung der Meinung, in diesem Jahrhundert wieder überschätzt worden. – Aller Pantheismus nämlich muß an den
30 unabweisbaren Forderungen der Ethik, und nächst dem am Uebel und dem Leiden der Welt, zuletzt scheitern. Ist die Welt eine Theophanie; so ist Alles, was der Mensch, ja, auch das Thier thut, gleich göttlich und vortrefflich: nichts kann zu tadeln und nichts vor dem Andern zu loben seyn: also keine

Ethik. Daher eben ist man in Folge des erneuerten Spinozismus unserer Tage, also des Pantheismus, in der Ethik so tief herabgesunken und so platt geworden, daß man aus ihr eine bloße Anleitung zu einem gehörigen Staats- und Familienleben machte, als in welchem, also im methodischen, vollendeten, genießenden und behaglichen Philisterthum, der letzte Zweck des menschlichen Daseyns bestehen sollte. Zu dergleichen Plattheiten hat der Pantheismus freilich erst dadurch geführt, daß man (das *e quovis ligno fit Mercurius* arg mißbrauchend) einen gemeinen Kopf, H e g e l , durch die allbekannten Mittel, zu einem großen Philosophen falschmünzte und eine Schaar Anfangs subornirter, dann bloß bornirter Jünger desselben das große Wort erhielt. Dergleichen Attentate gegen den menschlichen Geist bleiben nicht ungestraft: die Saat ist aufgegangen. Im gleichen Sinne wurde dann behauptet, die Ethik solle nicht das Thun der Einzelnen, sondern das der Volksmassen zum Stoffe haben, nur dieses sei ein Thema ihrer würdig. Nichts kann verkehrter seyn, als diese, auf dem plattesten Realismus beruhende Ansicht. Denn in jedem Einzelnen erscheint der ganze ungetheilte Wille zum Leben, das Wesen an sich, und der Mikrokosmos ist dem Makrokosmos gleich. Die Massen haben nicht mehr Inhalt als jeder Einzelne. Nicht vom Thun und Erfolg, sondern vom W o l l e n handelt es sich in der Ethik, und das Wollen selbst geht stets nur im Individuo vor. Nicht das Schicksal der Völker, welches nur in der Erscheinung da ist, sondern das des Einzelnen entscheidet sich m o r a l i s c h . Die Völker sind eigentlich bloße Abstraktionen: die Individuen allein existiren wirklich. – So also verhält sich der Pantheismus zur Ethik. – Die Uebel aber und die Quaal der Welt stimmten schon nicht zum T h e i s m u s : daher dieser durch allerlei Ausreden, Theodiceen, sich zu helfen suchte, welche jedoch den Argumenten H u m e 's und V o l t a i r e 's unrettbar unterlagen. Der P a n t h e - i s m u s nun aber ist jenen schlimmen Seiten der Welt gegenüber vollends unhaltbar. Nur dann nämlich, wann man die

Welt ganz v o n A u ß e n und allein von der p h y s i k a l i s c h e n
Seite betrachtet und nichts Anderes, als die sich immer wieder
herstellende Ordnung und dadurch komparative Unvergänglichkeit des Ganzen im Auge behält, geht es allenfalls, doch im-
5 mer nur sinnbildlich an, sie für einen Gott zu erklären. Tritt
man aber ins Innere, nimmt also die s u b j e k t i v e und die
m o r a l i s c h e Seite hinzu, mit ihrem Uebergewicht von
Noth, Leiden und Quaal, von Zwiespalt, Bosheit, Verruchtheit
und Verkehrtheit; da wird man bald mit Schrecken inne, daß
10 man nichts weniger, als eine Theophanie vor sich hat. – Ich
nun aber habe gezeigt und habe es zumal in der Schrift »Vom
Willen in der Natur« bewiesen, daß die in der Natur treibende
und wirkende Kraft identisch ist mit dem W i l l e n in uns. Dadurch tritt nun wirklich die m o r a l i s c h e Weltordnung in
15 unmittelbaren Zusammenhang mit der das Phänomen der Welt
hervorbringenden Kraft. Denn der Beschaffenheit des W i l l e n s
muß seine E r s c h e i n u n g genau entsprechen: hierauf beruht
die, §§. 63, 64 des ersten Bandes, gegebene Darstellung der e w i -
g e n G e r e c h t i g k e i t, und die Welt, obgleich aus eigener
20 Kraft bestehend, erhält durchweg eine m o r a l i s c h e Tendenz. Sonach ist jetzt allererst das seit S o k r a t e s angeregte
Problem wirklich gelöst und die Forderung der denkenden, auf
das Moralische gerichteten Vernunft befriedigt. – Nie jedoch
habe ich mich vermessen, eine Philosophie aufzustellen, die kei-
25 ne Fragen mehr übrig ließe. In diesem Sinne ist Philosophie
wirklich unmöglich: sie wäre Allwissenheitslehre. Aber *est qua-
dam prodire tenus, si non datur ultra:* es giebt eine Gränze, bis zu
welcher das Nachdenken vordringen und s o w e i t die Nacht
unsers Daseyns erhellen kann, wenngleich der Horizont stets
30 dunkel bleibt. Diese Gränze erreicht meine Lehre im Willen
zum Leben, der, auf seine eigene Erscheinung, sich bejaht oder
verneint. Darüber aber noch hinausgehen wollen ist, in meinen
Augen, wie über die Atmosphäre hinausfliegen wollen. Wir
müssen dabei stehen bleiben; wenn gleich aus gelösten Proble-

men neue hervorgehen. Zudem aber ist darauf zu verweisen, daß die Gültigkeit des Satzes vom Grunde sich auf die Erscheinung beschränkt: dies war das Thema meiner ersten, schon 1813 herausgegebenen Abhandlung über jenen Satz. –

Jetzt gehe ich an die Ergänzungen einzelner Betrachtungen, und will damit anfangen, meine §. 67 des ersten Bandes gegebene Erklärung des W e i n e n s, daß es nämlich aus dem Mitleid, dessen Gegenstand man selbst ist, entspringt, durch ein Paar klassischer Dichterstellen zu belegen. – Am Schlusse des achten Gesanges der Odyssee bricht Odysseus, der bei seinen vielen Leiden nie weinend dargestellt wird, in Thränen aus, als er, noch ungekannt, beim Phäaken-König vom Sänger Demodokos sein früheres Heldenleben und Thaten besingen hört, indem dieses Andenken an seine glänzende Lebenszeit in Kontrast tritt mit seinem gegenwärtigen Elend. Also nicht dieses selbst unmittelbar, sondern die objektive Betrachtung desselben, das Bild seiner Gegenwart, hervorgehoben durch die Vergangenheit, ruft seine Thränen hervor: er fühlt Mitleid mit sich selbst. – Die selbe Empfindung läßt E u r i p i d e s den unschuldig verdammten und sein eigenes Schicksal beweinenden Hippolytos aussprechen:

Φευ· ειθ’ ην εμαυτον προσβλεπειν εναντιον
στανθ’, ὡς εδακρυσ’, οἱα πασχομεν κακα. (*1084.*)
(*Heu, si liceret mihi, me ipsum extrinsecus spectare, quantopere deflerem mala, quae patior.*)

Endlich mag, als Beleg zu meiner Erklärung, hier noch eine Anekdote Platz finden, die ich der Englischen Zeitung »*Herald*« vom 16. Juli 1836 entnehme. Ein Klient, als er vor Gericht die Darlegung seines Falls durch seinen Advokaten angehört hatte, brach in einen Strom von Thränen aus und rief: »Nicht halb so viel glaubte ich gelitten zu haben, bis ich es heute hier angehört habe!« –

Wie, bei der Unveränderlichkeit des Charakters, d. h. des eigentlichen Grundwollens des Menschen, eine wirklich moralische R e u e dennoch möglich sei, habe ich zwar §. 55 des ersten Bandes dargelegt, will jedoch noch die folgende Erläuterung hinzufügen, der ich ein Paar Definitionen voranschicken muß. – N e i g u n g ist jede stärkere Empfänglichkeit des Willens für Motive einer gewissen Art. L e i d e n s c h a f t ist eine so starke Neigung, daß die sie anregenden Motive eine Gewalt über den Willen ausüben, welche stärker ist, als die jedes möglichen, ihnen entgegenwirkenden Motivs, wodurch ihre Herrschaft über den Willen eine absolute wird, dieser folglich gegen sie sich p a s s i v, l e i d e n d verhält. Hiebei ist jedoch zu bemerken, daß Leidenschaften den Grad, wo sie der Definition vollkommen entsprechen, selten erreichen, vielmehr als bloße Approximationen zu demselben ihren Namen führen; daher es alsdann doch noch Gegenmotive giebt, die ihre Wirkung allenfalls zu hemmen vermögen, wenn sie nur deutlich ins Bewußtseyn treten. Der A f f e k t ist eine eben so unwiderstehliche, jedoch nur vorübergehende Erregung des Willens, durch ein Motiv, welches seine Gewalt nicht durch eine tief wurzelnde Neigung, sondern bloß dadurch erhält, daß es, plötzlich eintretend, die Gegenwirkung aller andern Motive, für den Augenblick, ausschließt, indem es in einer Vorstellung besteht, die, durch ihre übermäßige Lebhaftigkeit, die andern völlig verdunkelt, oder gleichsam durch ihre zu große Nähe sie ganz verdeckt, so daß sie nicht ins Bewußtseyn treten und auf den Willen wirken können, wodurch daher die Fähigkeit der Ueberlegung und damit die i n t e l l e k t u e l l e F r e i - h e i t * in gewissem Grade aufgehoben wird. Demnach verhält sich der Affekt zur Leidenschaft wie die Fieberphantasie zum Wahnsinn.

---

* Diese ist erörtert im Anhang zu meiner Preisschrift über die Freiheit des Willens.

Eine moralische R e u e ist nun dadurch bedingt, daß, vor der That, die Neigung zu dieser dem Intellekt nicht freien Spielraum ließ, indem sie ihm nicht gestattete, die ihr entgegenstehenden Motive deutlich und vollständig ins Auge zu fassen, vielmehr ihn immer wieder auf die zu ihr auffordernden hinlenkte. Diese nun aber sind, nach vollbrachter That, durch diese selbst neutralisirt, mithin unwirksam geworden. Jetzt bringt die Wirklichkeit die entgegenstehenden Motive, als bereits eingetretene Folgen der That, vor den Intellekt, der nunmehr erkennt, daß sie die stärkern gewesen wären, wenn er sie nur gehörig ins Auge gefaßt und erwogen hätte. Der Mensch wird also inne, daß er gethan hat, was seinem Willen eigentlich nicht gemäß war: diese Erkenntniß ist die Reue. Denn er hat nicht mit völliger intellektueller Freiheit gehandelt, indem nicht alle Motive zur Wirksamkeit gelangten. Was die der That entgegenstehenden ausschloß, war, bei der übereilten, der Affekt, bei der überlegten, die Leidenschaft. Oft hat es auch daran gelegen, daß seine Vernunft ihm die Gegenmotive zwar *in abstracto* vorhielt, aber nicht von einer hinlänglich starken Phantasie unterstützt wurde, die ihm den vollen Gehalt und die wahre Bedeutung derselben in Bildern vorgehalten hätte. Beispiele zu dem Gesagten sind die Fälle, wo Rachsucht, Eifersucht, Habsucht zum Morde riethen: nachdem er vollbracht ist, sind diese erloschen, und jetzt erheben Gerechtigkeit, Mitleid, Erinnerung früherer Freundschaft, ihre Stimme und sagen Alles, was sie vorhin gesagt haben würden, wenn man sie hätte zum Worte kommen lassen. Da tritt die bittere Reue ein, welche spricht: »Wär' es nicht geschehen, es geschähe nimmermehr.« Eine unvergleichliche Darstellung derselben liefert die berühmte, alte Schottische, auch von H e r d e r übersetzte Ballade: »Edward, Edward!« – Auf analoge Art kann die Vernachlässigung des eigenen Wohls eine egoistische Reue herbeiführen: z. B. wann eine übrigens unrathsame Ehe geschlossen ist, in Folge verliebter Leidenschaft, welche jetzt eben dadurch erlischt, wonach

nun erst die Gegenmotive des persönlichen Interesses, der verlorenen Unabhängigkeit u. s. w. ins Bewußtseyn treten und so
reden, wie sie vorher geredet haben würden, wenn man sie hätte zum Worte kommen lassen. – Alle dergleichen Handlungen
5 entspringen demnach im Grunde aus einer relativen Schwäche
des Intellekts, sofern nämlich dieser sich vom Willen da über-
meistern läßt, wo er, ohne sich von ihm stören zu lassen, seine
Funktion des Vorhaltens der Motive hätte unerbittlich vollzie-
hen sollen. Die Vehemenz des Willens ist dabei nur m i t t e l b a r
10 die Ursache, sofern sie nämlich den Intellekt hemmt und dadurch sich Reue bereitet. – Die der Leidenschaftlichkeit entgegengesetzte V e r n ü n f t i g k e i t des Charakters, σωφροσυνη,
besteht eigentlich darin, daß der Wille nie den Intellekt der-
maaßen überwältigt, daß er ihn verhindere, seine Funktion der
15 deutlichen, vollständigen und klaren Darlegung der Motive, *in
abstracto* für die Vernunft, *in concreto* für die Phantasie, richtig
auszuüben. Dies kann nun sowohl auf der Mäßigkeit und Ge-
lindigkeit des Willens, als auf der Stärke des Intellekts beruhen.
Es ist nur erfordert, daß der letztere r e l a t i v , für den vorhan-
20 denen Willen, stark genug sei, also Beide im angemessenen Verhältniß zu einander stehen. –

Den, §. 62 des ersten Bandes, wie auch in der Preisschrift
über die Grundlage der Moral, §. 17, dargelegten Grundzügen
der R e c h t s l e h r e sind noch folgende Erläuterungen beizu-
25 fügen.

Die, welche, mit S p i n o z a , leugnen, daß es außer dem
Staat ein R e c h t gebe, verwechseln die Mittel, das Recht geltend zu machen, mit dem Rechte. Des S c h u t z e s ist das
Recht freilich nur im Staate versichert, aber es selbst ist von die-
30 sem unabhängig vorhanden. Denn durch Gewalt kann es bloß
unterdrückt, nie aufgehoben werden. Demgemäß ist der S t a a t
nichts weiter als e i n e S c h u t z a n s t a l t , nothwendig geworden durch die mannigfachen Angriffe, welchen der Mensch aus-

gesetzt ist und die er nicht einzeln, sondern nur im Verein mit Andern abzuwehren vermag. Sonach bezweckt der Staat:

1) Zuvörderst Schutz nach Außen, welcher nöthig werden kann sowohl gegen leblose Naturkräfte, oder auch wilde Thiere, als gegen Menschen, mithin gegen andere Völkerschaften; wiewohl dieser Fall der häufigste und wichtigste ist: denn der schlimmste Feind des Menschen ist der Mensch: *homo homini lupus.* Indem, in Folge dieses Zwecks, die Völker den Grundsatz, stets nur defensiv, nie aggressiv gegen einander sich verhalten zu wollen, mit Worten, wenn auch nicht mit der That, aufstellen, erkennen sie das V ö l k e r r e c h t. Dieses ist im Grunde nichts Anderes, als das Naturrecht, auf dem ihm allein gebliebenen Gebiet seiner praktischen Wirksamkeit, nämlich zwischen Volk und Volk, als wo es allein walten muß, weil sein stärkerer Sohn, das positive Recht, da es eines Richters und Vollstreckers bedarf, nicht sich geltend machen kann. Demgemäß besteht dasselbe in einem gewissen Grad von Moralität im Verkehr der Völker mit einander, dessen Aufrechthaltung Ehrensache der Menschheit ist. Der Richterstuhl der Processe auf Grund desselben ist die öffentliche Meinung.

2) Schutz nach Innen, also Schutz der Mitglieder eines Staates gegen einander, mithin Sicherung des P r i v a t r e c h t s, mittelst Aufrechthaltung eines r e c h t l i c h e n Z u s t a n d e s, welcher darin besteht, daß die koncentrirten Kräfte Aller jeden Einzelnen schützen, woraus ein Phänomen hervorgeht, als ob Alle rechtlich, d. h. gerecht wären, also Keiner den Andern verletzen wollte.

Aber, wie durchgängig in menschlichen Dingen die Beseitigung eines Uebels einem neuen den Weg zu eröffnen pflegt; so führt die Gewährung jenes zwiefachen Schutzes das Bedürfniß eines dritten herbei, nämlich:

3) Schutz gegen den Beschützer, d. h. gegen Den, oder Die, welchen die Gesellschaft die Handhabung des Schutzes übertragen hat, also Sicherstellung des ö f f e n t l i c h e n R e c h t e s.

Diese scheint am vollkommensten dadurch erreichbar, daß man
die Dreieinigkeit der schützenden Macht, also die Legislative,
die Judikative und die Exekutive von einander sondert und
trennt, so daß jede von Andern und unabhängig von den übrigen verwaltet wird. – Der große Werth, ja die Grundidee des
Königthums scheint mir darin zu liegen, daß, weil Menschen
Menschen bleiben, Einer so hoch gestellt, ihm so viel Macht,
Reichthum, Sicherheit und absolute Unverletzlichkeit gegeben
werden muß, daß ihm f ü r   s i c h nichts zu wünschen, zu hoffen und zu fürchten bleibt; wodurch der ihm, wie Jedem, einwohnende Egoismus, gleichsam durch Neutralisation, vernichtet
wird, und er nun, gleich als wäre er kein Mensch, befähigt ist,
Gerechtigkeit zu üben und nicht mehr sein, sondern allein das
öffentliche Wohl im Auge zu haben. Dies ist der Ursprung des
gleichsam übermenschlichen Wesens, welches überall die Kö-
nigswürde begleitet und sie so himmelweit von der bloßen Prä-
sidentur unterscheidet. Daher muß sie auch erblich, nicht wähl-
bar seyn: theils damit Keiner im König seines Gleichen sehen
könne; theils damit dieser für seine Nachkommen nur dadurch
sorgen kann, daß er für das Wohl des Staates sorgt, als welches
mit dem seiner Familie ganz Eines ist.

Wenn man dem Staat, außer dem hier dargelegten Zweck
des Schutzes, noch andere andichtet; so kann dies leicht den
wahren in Gefahr setzen.

Das E i g e n t h u m s r e c h t entsteht, nach meiner Darstellung, allein durch die B e a r b e i t u n g der Dinge. Diese schon
oft ausgesprochene Wahrheit findet eine beachtenswerthe Bestätigung darin, daß sie sogar in praktischer Hinsicht geltend gemacht wird, in einer Aeußerung des Nordamerikanischen Ex-
Präsidenten Q u i n c y   A d a m s , welche zu finden ist in der
Quarterly Review v. 1840, Nr. 130, wie auch, Französisch, in
der *Bibliothèque universelle de Genêve 1840, Juillet, No. 55.* Ich
will sie hier Deutsch wiedergeben: »Einige Moralisten haben
das Recht der Europäer, in den Landstrichen der Amerikani-

schen Urvölker sich niederzulassen, in Zweifel gezogen. Aber haben sie die Frage reiflich erwogen? In Bezug auf den größten Theil des Landes, beruht das Eigenthumsrecht der Indianer selbst auf einer zweifelhaften Grundlage. Allerdings würde das Naturrecht ihnen ihre angebauten Felder, ihre Wohngebäude, hinreichendes Land für ihren Unterhalt und Alles, was persönliche Arbeit einem Jeden noch außerdem verschafft hätte, zusichern. Aber welches Recht hat der Jäger auf den weiten Wald, den er, seine Beute verfolgend, zufällig durchlaufen hat?« u. s. f. – Eben so haben Die, welche in unsern Tagen sich veranlaßt sahen, den Kommunismus mit Gründen zu bekämpfen (z. B. der Erzbischof von Paris, in einem Hirtenbriefe, im Juni 1851), stets das Argument vorangestellt, daß das Eigenthum der Ertrag der Arbeit, gleichsam nur die verkörperte Arbeit sei. – Dies beweist abermals, daß das Eigenthumsrecht allein durch die auf die Dinge verwendete Arbeit zu begründen ist, indem es nur in dieser Eigenschaft freie Anerkennung findet und sich moralisch geltend macht.

Einen ganz anderartigen Beleg der selben Wahrheit liefert die moralische Thatsache, daß, während das Gesetz die Wilddieberei eben so schwer, in manchen Ländern sogar noch schwerer, als den Gelddiebstahl bestraft, dennoch die bürgerliche Ehre, welche durch diesen unwiederbringlich verloren geht, durch jene eigentlich nicht verwirkt wird, sondern der »Wilderer«, sofern er nichts Anderes sich hat zu Schulden kommen lassen, zwar mit einem Makel behaftet ist, aber doch nicht, wie der Dieb, als unehrlich betrachtet und von Allen gemieden wird. Denn die Grundsätze der bürgerlichen Ehre beruhen auf dem moralischen und nicht auf dem bloß positiven Recht: das Wild aber ist kein Gegenstand der Bearbeitung, also auch nicht des moralisch gültigen Besitzes: das Recht darauf ist daher gänzlich ein positives und wird moralisch nicht anerkannt.

Dem S t r a f r e c h t sollte, nach meiner Ansicht, das Princip zum Grunde liegen, daß eigentlich nicht der M e n s c h , son-

dern nur die T h a t gestraft wird, damit sie nicht wiederkehre: der Verbrecher ist bloß der Stoff, a n d e m die That gestraft wird; damit dem Gesetze, welchem zu Folge die Strafe eintritt, die Kraft abzuschrecken bleibe. Dies bedeutet der Ausdruck:
5 »Er ist dem Gesetze verfallen«. Nach K a n t s Darstellung, die auf ein *jus talionis* hinausläuft, ist es nicht die That, sondern der Mensch, welcher gestraft wird. – Auch das Pönitentiarsystem will nicht sowohl die That, als den Menschen strafen, damit er nämlich sich bessere: dadurch setzt es den eigentlichen Zweck
10 der Strafe, Abschreckung von der That, zurück, um den sehr problematischen der Besserung zu erreichen. Ueberall aber ist es eine mißliche Sache, durch e i n Mittel zwei verschiedene Zwecke erreichen zu wollen; wie viel mehr, wenn beide, in irgend einem Sinne, entgegengesetzte sind. Erziehung ist eine
15 Wohlthat, Strafe soll ein Uebel seyn: das Pönitentiargefängniß soll Beides zugleich leisten. – So groß ferner auch der Antheil seyn mag, den Rohheit und Unwissenheit, im Verein mit der äußern Bedrängniß, an vielen Verbrechen haben; so darf man jene doch nicht als die Hauptursache derselben betrachten; in-
20 dem Unzählige in derselben Rohheit und unter ganz ähnlichen Umständen lebend, keine Verbrechen begehen. Die Hauptsache fällt also doch auf den persönlichen, moralischen Charakter zurück: dieser aber ist, wie ich in der Preisschrift über die Freiheit des Willens dargethan habe, schlechterdings unveränderlich.
25 Daher ist eigentliche moralische Besserung gar nicht möglich; sondern nur Abschreckung von der That. Daneben läßt sich Berichtigung der Erkenntniß und Erweckung der Arbeitslust allerdings erreichen: es wird sich zeigen, wie weit dies wirken kann. Ueberdies erhellt aus dem von mir im Text aufgestellten
30 Zweck der Strafe, daß, wo möglich, das scheinbare Leiden derselben das wirkliche übersteigen solle: die einsame Einsperrung leistet aber das Umgekehrte. Die große Pein derselben hat keine Zeugen und wird von Dem, der sie noch nicht erfahren hat, keineswegs anticipirt, schreckt also nicht ab. Sie bedroht den

durch Mangel und Noth zum Verbrechen Versuchten mit dem entgegengesetzten Pol des menschlichen Elends, mit der Langenweile: aber, wie G o e t h e richtig bemerkt:

> Wird uns eine rechte Quaal zu Theil,
> Dann wünschen wir uns Langeweil. 5

Die Aussicht darauf wird ihn daher so wenig abschrecken, wie der Anblick der palastartigen Gefängnisse, welche von den ehrlichen Leuten für die Spitzbuben erbaut werden. Will man aber diese Pönitentiargefängnisse als Erziehungsanstalten betrachten; so ist zu bedauern, daß der Eintritt dazu nur durch Verbrechen 10 erlangt wird; statt daß sie hätten diesen zuvorkommen sollen. –
Daß, wie B e c c a r i a gelehrt hat, die Strafe ein richtiges Verhältniß zum Verbrechen haben soll, beruht nicht darauf, daß sie eine Buße für dasselbe wäre; sondern darauf, daß das Pfand dem Werthe Dessen, wofür es haftet, angemessen seyn muß. 15 Daher ist Jeder berechtigt, als Garantie der Sicherheit seines Lebens fremdes Leben zum Pfande zu fordern; nicht aber eben so für die Sicherheit seines Eigenthums, als für welches fremde Freiheit u. s. w. Pfand genug ist. Zur Sicherstellung des Lebens der Bürger ist daher die Todesstrafe schlechterdings nothwen- 20 dig. Denen, welche sie aufheben möchten, ist zu antworten: »schafft erst den Mord aus der Welt: dann soll die Todesstrafe nachfolgen«. Auch sollte sie den entschiedenen Mordversuch eben so wie den Mord selbst treffen: denn das Gesetz will die That strafen, nicht den Erfolg rächen. Ueberhaupt giebt der zu 25 verhütende Schaden den richtigen Maaßstab für die anzudrohende Strafe, nicht aber giebt ihn der moralische Unwerth der verbotenen Handlung. Daher kann das Gesetz, mit Recht, auf das Fallenlassen eines Blumentopfes vom Fenster Zuchthausstrafe, auf das Tabakrauchen im Walde, während des Sommers, 30 Karrenstrafe setzen, dasselbe jedoch im Winter erlaubt seyn lassen. Aber, wie in Polen, auf das Schießen eines Auerochsen den

Tod zu setzen, ist zu viel, da die Erhaltung des Geschlechts der Auerochsen nicht mit Menschenleben erkauft werden darf. Neben der Größe des zu verhütenden Schadens kommt, bei Bestimmung des Maaßes der Strafe, die Stärke der zur verbotenen Handlung antreibenden Motive in Betracht. Ein ganz anderer Maaßstab würde für die Strafe gelten, wenn Buße, Vergeltung, *jus talionis*, der wahre Grund derselben wäre. Aber der Kriminalkodex soll nichts Anderes seyn, als ein Verzeichniß von Gegenmotiven zu möglichen verbrecherischen Handlungen: daher muß jedes derselben die Motive zu diesen letzteren entschieden überwiegen, und zwar um so mehr, je größer der Nachtheil ist, welcher aus der zu verhütenden Handlung entspringen würde, je stärker die Versuchung dazu und je schwieriger die Ueberführung des Thäters; – stets unter der richtigen Voraussetzung, daß der Wille nicht frei, sondern durch Motive bestimmbar ist; – außerdem ihm gar nicht beizukommen wäre. – Soviel zur Rechtslehre. –

In meiner Preisschrift über die Freiheit des Willens habe ich (S. 50 ff.) die Ursprünglichkeit und Unveränderlichkeit des angeborenen Charakters, aus welchem der moralische Gehalt des Lebenswandels hervorgeht, nachgewiesen. Sie steht als Thatsache fest. Aber um die Probleme in ihrer Größe zu erfassen, ist es nöthig, die Gegensätze bisweilen hart an einander zu stellen. An diesen also vergegenwärtige man sich, wie unglaublich groß der angeborene Unterschied zwischen Mensch und Mensch ausfällt, im Moralischen und im Intellektuellen. Hier Edelmuth und Weisheit; dort Bosheit und Dummheit. Dem Einen leuchtet die Güte des Herzens aus den Augen, oder auch der Stämpel des Genies thront auf seinem Antlitz. Der niederträchtigen Physiognomie eines Andern ist das Gepräge moralischer Nichtswürdigkeit und intellektueller Stumpfheit, von den Händen der Natur selbst, unverkennbar und unauslöschlich aufgedrückt: er sieht darein, als müßte er sich seines Daseyns schämen. Diesem Aeußern aber entspricht wirklich das Innere. Unmöglich können wir annehmen, daß solche Unterschiede, die das ganze Wesen des Menschen umgestalten und durch nichts aufzuheben sind, welche ferner, im Konflikt mit den Umständen, seinen Lebenslauf bestimmen, ohne Schuld oder Verdienst der damit Behafteten vorhanden seyn könnten und das bloße Werk des Zufalls wären. Schon hieraus ist evident, daß der Mensch, in gewissem Sinne, sein eigenes Werk seyn muß. Nun aber können wir andererseits den Ursprung jener Unterschiede empirisch nachweisen in der Beschaffenheit der Eltern; und noch dazu ist das Zusammentreffen und die Verbindung dieser Eltern offenbar das Werk höchst zufälliger Umstände gewesen. – Durch solche Betrachtungen nun werden wir mächtig hingewiesen auf den Unterschied zwischen der Erscheinung und dem Wesen an sich der Dinge, als welcher allein die Lösung jenes Problems enthalten kann. Nur mittelst der Formen der Erscheinung offenbart sich das Ding an sich: was daher aus diesem selbst hervorgeht, muß dennoch in jenen Formen, also auch am Bande der Ursächlichkeit auftreten: demzufolge wird es hier sich uns darstellen als das Werk einer geheimen, uns unbegreiflichen Leitung der Dinge, deren bloßes Werkzeug der äußere, erfahrungsmäßige Zusammenhang wäre, in welchem inzwischen Alles was geschieht durch Ursachen herbeigeführt, also nothwendig und von außen bestimmt eintritt, während der wahre Grund davon im Innern des also erscheinenden Wesens liegt. Freilich können wir hier die Lösung des Problems nur ganz von Weitem absehen, und gerathen, indem wir ihm nachdenken, in einen Abgrund von Gedanken, recht eigentlich, wie Hamlet sagt, *thoughts beyond the reaches of our souls.* Ueber diese geheime, ja selbst nur gleichnißweise zu denkende Leitung der Dinge habe ich meine Gedanken dargelegt in dem Aufsatz »über die anscheinende Absichtlichkeit im Schicksale des Einzelnen«, im ersten Bande der Parerga. –

Im §. 14 meiner Preisschrift über die Grundlage der Moral findet man eine Darstellung des E g o i s m u s , seinem Wesen

nach, als deren Ergänzung folgender Versuch, seine Wurzel auf-
zudecken, zu betrachten ist. – Die Natur selbst widerspricht
sich geradezu, je nachdem sie vom Einzelnen oder vom Allgemeinen aus, von Innen oder von Außen, vom Centro oder von
5 der Peripherie aus redet. Ihr Centrum nämlich hat sie in jedem
Individuo: denn jedes ist der ganze Wille zum Leben. Daher,
sei dasselbe auch nur ein Insekt, oder ein Wurm, die Natur
selbst aus ihm also redet: »Ich allein bin Alles in Allem: an meiner Erhaltung ist Alles gelegen, das Uebrige mag zu Grunde ge-
10 hen, es ist eigentlich nichts.« So redet die Natur vom b e s o n -
d e r n Standpunkte, also von dem des Selbstbewußtseyns aus,
und hierauf beruht der E g o i s m u s jedes Lebenden. Hingegen vom a l l g e m e i n e n Standpunkt aus, – welches der des
B e w u ß t s e y n s   v o n   a n d e r n   D i n g e n , also der des ob-
15 jektiven Erkennens ist, das für den Augenblick absieht von dem
Individuo, an dem die Erkenntniß haftet, – also von Außen,
von der Peripherie aus, redet die Natur so: »Das Individuum
ist nichts und weniger als nichts. Millionen Individuen zerstöre
ich tagtäglich, zum Spiel und Zeitvertreib: ich gebe ihr Ge-
20 schick dem launigsten und muthwilligsten meiner Kinder preis,
dem Zufall, der nach Belieben auf sie Jagd macht. Millionen
neuer Individuen schaffe ich jeden Tag, ohne alle Verminderung
meiner hervorbringenden Kraft; so wenig, wie die Kraft eines
Spiegels erschöpft wird, durch die Zahl der Sonnenbilder, die er
25 nach einander auf die Wand wirft. Das Individuum ist nichts.«
– Nur wer diesen offenbaren Widerspruch der Natur wirklich
zu vereinen und auszugleichen weiß, hat eine wahre Antwort
auf die Frage nach der Vergänglichkeit oder Unvergänglichkeit
seines eigenen Selbst. Ich glaube in den ersten vier Kapiteln die-
30 ses vierten Buches der Ergänzungen eine förderliche Anleitung
zu solcher Erkenntniß gegeben zu haben. Das Obige läßt übrigens sich auch folgendermaßen erläutern. Jedes Individuum,
indem es nach Innen blickt, erkennt in seinem Wesen, welches
sein Wille ist, das Ding an sich, daher das überall allein Reale.

Demnach erfaßt es sich als den Kern und Mittelpunkt der Welt, und findet sich unendlich wichtig. Blickt es hingegen nach Außen; so ist es auf dem Gebiete der Vorstellung, der bloßen Erscheinung, wo es sich sieht als ein Individuum unter unendlich vielen Individuen, sonach als ein höchst Unbedeutendes, ja gänzlich Verschwindendes. Folglich ist jedes, auch das unbedeutendeste Individuum, jedes Ich, von Innen gesehen, Alles in Allem; von Außen gesehen hingegen, ist es nichts, oder doch so viel wie nichts. Hierauf also beruht der große Unterschied zwischen Dem, was nothwendig Jeder in seinen eigenen Augen, und Dem, was er in den Augen aller Andern ist, mithin der E g o i s m u s , den Jeder Jedem vorwirft. –

In Folge dieses Egoismus ist unser Aller Grundirrthum dieser, daß wir einander gegenseitig Nicht-Ich sind. Hingegen ist gerecht, edel, menschenfreundlich seyn, nichts Anderes, als meine Metaphysik in Handlungen übersetzen. – Sagen, daß Zeit und Raum bloße Formen unserer Erkenntniß, nicht Bestimmungen der Dinge an sich sind, ist das Selbe, wie sagen, daß die Metempsychosenlehre, »Du wirst einst als Der, den du jetzt verletzest, wiedergeboren werden und die gleiche Verletzung erleiden«, identisch ist mit der oft erwähnten Brahmanenformel *Tat twam asi,* »Dies bist Du«. – Aus der unmittelbaren und i n t u i t i v e n Erkenntniß der metaphysischen Identität aller Wesen geht, wie ich öfter, besonders §. 22 der Preisschrift über die Grundl. der Moral, gezeigt habe, alle ächte Tugend hervor. Sie ist aber deswegen nicht die Folge einer besondern Ueberlegenheit des Intellekts; vielmehr ist selbst der schwächste hinreichend, das *principium individuationis* zu durchschauen, als worauf es dabei ankommt. Demgemäß kann man den vortrefflichsten Charakter sogar bei einem schwachen Verstande finden, und ist ferner die Erregung unsers Mitleids von keiner Anstrengung unsers Intellekts begleitet. Es scheint vielmehr, daß die erforderte Durchschauung des *principii individuationis* in Jedem vorhanden seyn würde, wenn nicht sein W i l l e sich ihr

widersetzte, als welcher, vermöge seines unmittelbaren, geheimen und despotischen Einflusses auf den Intellekt, sie meistens
nicht aufkommen läßt; so daß alle Schuld zuletzt doch auf den
W i l l e n zurückfällt; wie es auch der Sache angemessen ist.

5   Die oben berührte Lehre von der Metempsychose entfernt
sich bloß dadurch von der Wahrheit, daß sie in die Zukunft
verlegt, was schon jetzt ist. Sie läßt nämlich mein inneres Wesen an sich selbst erst nach meinem Tode in Andern daseyn,
während, der Wahrheit nach, es schon jetzt auch in ihnen lebt,
10 und der Tod bloß die Täuschung, vermöge deren ich dessen
nicht inne werde, aufhebt; gleichwie das zahllose Heer der Ster-
ne allezeit über unserm Haupte leuchtet, aber uns erst sichtbar
wird, wann die e i n e nahe Erdensonne untergegangen ist. Von
diesem Standpunkt aus erscheint meine individuelle Existenz,
15 so sehr sie auch, jener Sonne gleich, mir Alles überstrahlt, im
Grunde doch nur als ein Hinderniß, welches zwischen mir und
der Erkenntniß des wahren Umfangs meines Wesens steht. Und
weil jedes Individuum, in seiner Erkenntniß, diesem Hindernisse unterliegt; so ist es eben die Individuation, welche den Wil-
20 len zum Leben über sein eigenes Wesen im Irrthum erhält: sie
ist die M a j a des Brahmanismus. Der Tod ist eine Widerlegung
dieses Irrthums und hebt ihn auf. Ich glaube, wir werden im
Augenblicke des Sterbens inne, daß eine bloße Täuschung unser Daseyn auf unsere Person beschränkt hatte. Sogar empiri-
25 sche Spuren hievon lassen sich nachweisen in manchen dem
Tode, durch Aufhebung der Koncentration des Bewußtseyns
im Gehirn, verwandten Zuständen, unter denen der magneti-
sche Schlaf der hervorstechendeste ist, als in welchem, wenn er
die höheren Grade erreicht, unser Daseyn, über unsere Person
30 hinaus und in andern Wesen, sich durch mancherlei Symptome
kund giebt, am auffallendsten durch unmittelbare Theilnahme
an den Gedanken eines andern Individuums, zuletzt sogar
durch die Fähigkeit, das Abwesende, Entfernte, ja, das Zukünftige zu erkennen, also durch eine Art von Allgegenwart.

Auf dieser metaphysischen Identität des Willens, als des Dinges an sich, bei der zahllosen Vielheit seiner Erscheinungen, beruhen überhaupt drei Phänomene, welche man unter den gemeinsamen Begriff der S y m p a t h i e bringen kann: 1) das M i t l e i d, welches, wie ich dargethan habe, die Basis der Gerechtigkeit und Menschenliebe, *caritas*, ist; 2) die G e - s c h l e c h t s l i e b e mit eigensinniger Auswahl, *amor*, welche das Leben der Gattung ist, das seinen Vorrang vor dem der Individuen geltend macht; 3) die M a g i e, zu welcher auch der animalische Magnetismus und die sympathetischen Kuren gehören. Demnach ist S y m p a t h i e zu definiren: das empirische Hervortreten der metaphysischen Identität des Willens, durch die physische Vielheit seiner Erscheinungen hindurch, wodurch sich ein Zusammenhang kund giebt, der gänzlich verschieden ist von dem durch die Formen der Erscheinung vermittelten, den wir unter dem Satze vom Grunde begreifen.

Kapitel 48[*].
Z u r L e h r e v o n d e r V e r n e i n u n g d e s W i l l e n s z u m L e b e n.

Der Mensch hat sein Daseyn und Wesen entweder m i t seinem Willen, d. h. seiner Einwilligung, oder o h n e diese: im letztern Falle wäre eine solche, durch vielfache und unausbleibliche Leiden verbitterte Existenz eine schreiende Ungerechtigkeit. – Die Alten, namentlich die Stoiker, auch die Peripatetiker und Akademiker, bemühten sich vergeblich, zu beweisen, daß die Tugend hinreiche, das Leben glücklich zu machen: die Erfahrung schrie laut dagegen. Was dem Bemühen jener Philosophen, wenn gleich ihnen nicht deutlich bewußt, eigentlich zum Grun-

---

[*] Dieses Kapitel bezieht sich auf §. 68 des ersten Bandes. Auch ist damit zu vergleichen Kap. 14 des zweiten Bandes der Parerga.

de lag, war die vorausgesetzte G e r e c h t i g k e i t der Sache:
wer s c h u l d l o s war, sollte auch frei von Leiden, also glücklich seyn. Allein die ernstliche und tiefe Lösung des Problems
liegt in der christlichen Lehre, daß die Werke nicht rechtfertigen; demnach ein Mensch, wenn er auch alle Gerechtigkeit und
Menschenliebe, mithin das αγαθον, *honestum,* ausgeübt hat,
dennoch nicht, wie C i c e r o meint, *culpa omni carens (Tusc. V,
1)* ist: sondern *el delito mayor del hombre es haber nacido* (des
Menschen größte Schuld ist, daß er geboren ward), wie es, aus
viel tieferer Erkenntniß, als jene Weisen, der durch das Christenthum erleuchtete Dichter C a l d e r o n ausgedrückt hat.
Daß demnach der Mensch schon verschuldet auf die Welt
kommt, kann nur Dem widersinnig erscheinen, der ihn für erst
soeben aus Nichts geworden und für das Werk eines Andern
hält. In Folge d i e s e r Schuld also, die daher von seinem Willen ausgegangen seyn muß, bleibt der Mensch, mit Recht, auch
wenn er alle jene Tugenden geübt hat, den physischen und geistigen Leiden preisgegeben, ist also n i c h t glücklich. Dies folgt
aus der e w i g e n G e r e c h t i g k e i t, von der ich §. 63 des
ersten Bandes geredet habe. Daß aber, wie St. P a u l u s
(Röm. 3, 21 ff.), A u g u s t i n u s und L u t h e r lehren, die
Werke nicht rechtfertigen können, indem wir Alle wesentlich
Sünder sind und bleiben, – beruht zuletzt darauf, daß, weil *operari sequitur esse,* wenn wir handelten, wie wir sollten, wir auch
seyn müßten, was wir sollten. Dann aber bedürften wir keiner
E r l ö s u n g aus unserm jetzigen Zustande, wie solche nicht
nur das Christenthum, sondern auch Brahmanismus und Buddhaismus (unter dem auf Englisch durch *final emancipation* aus-
gedrückten Namen) als das höchste Ziel darstellen: d. h. wir
brauchten nicht etwas ganz Anderes, ja, Dem was wir sind Ent-
gegengesetztes, zu werden. Weil wir aber sind was wir n i c h t
seyn sollten, thun wir auch nothwendig was wir n i c h t thun
sollten. Darum also bedürfen wir einer völligen Umgestaltung
unsers Sinnes und Wesens, d. i. der Wiedergeburt, als deren

Folge die Erlösung eintritt. Wenn auch die Schuld im Handeln, im *operari*, liegt; so liegt doch die Wurzel der Schuld in unserer *essentia et existentia*, da aus dieser das *operari* nothwendig hervorgeht, wie ich in der Preisschrift über die Freiheit des Willens dargethan habe. Demnach ist eigentlich unsere einzige wahre Sünde die Erbsünde. Diese nun läßt der Christliche Mythos zwar erst, nachdem der Mensch schon da war, entstehen, und dichtet ihm dazu, *per impossibile*, einen freien Willen an: dies thut er aber eben als Mythos. Der innerste Kern und Geist des Christenthums ist mit dem des Brahmanismus und Buddhaismus der selbe: sämmtlich lehren sie eine schwere Verschuldung des Menschengeschlechts durch sein Daseyn selbst; nur daß das Christenthum hiebei nicht, wie jene älteren Glaubenslehren, direkt und unumwunden verfährt, also nicht die Schuld geradezu durch das Daseyn selbst gesetzt seyn, sondern sie durch eine That des ersten Menschenpaares entstehen läßt. Dies war nur unter der Fiktion eines *liberi arbitrii indifferentiae* möglich, und nur wegen des Jüdischen Grunddogmas, dem jene Lehre hier eingepflanzt werden sollte, nöthig. Weil, der Wahrheit nach, eben das Entstehen des Menschen selbst die That seines freien Willens und demnach mit dem Sündenfall Eins ist, und daher mit der *essentia* und *existentia* des Menschen die Erbsünde, von der alle andern Sünden die Folge sind, schon eintrat, das Jüdische Grunddogma aber eine solche Darstellung nicht zuließ; so lehrte A u g u s t i n u s , in seinen Büchern *de libero arbitrio*, daß der Mensch nur als Adam vor dem Sündenfalle schuldlos gewesen und einen freien Willen gehabt habe, von dem an aber in der Nothwendigkeit der Sünde verstrickt sei. – Das Gesetz, ὁ νομος, im biblischen Sinn, fordert immerfort, daß wir unser Thun ändern sollen, während unser Wesen unverändert bliebe. Weil aber dies unmöglich ist; so sagt P a u l u s , daß Keiner vor dem Gesetz gerechtfertigt sei: die Wiedergeburt in Jesu Christo allein, in Folge der Gnadenwirkung, vermöge welcher ein neuer Mensch entsteht und der alte aufgehoben wird (d. h. eine fundamentale Sinnesänderung), könne uns aus dem Zustande der Sündhaftigkeit in den der Freiheit und Erlösung versetzen. Dies ist der Christliche Mythos, in Hinsicht auf die Ethik. Aber freilich hat der Jüdische Theismus, auf den er gepfropft wurde, gar wundersame Zusätze erhalten müssen, um sich jenem Mythos anzufügen: dabei bot die Fabel vom Sündenfall die einzige Stelle dar für das Pfropfreis Alt-Indischen Stammes. Jener gewaltsam überwundenen Schwierigkeit eben ist es zuzuschreiben, daß die Christlichen Mysterien ein so seltsames, dem gemeinen Verstande widerstrebendes Ansehen erhalten haben, welches den Proselytismus erschwert, und wegen dessen, aus Unfähigkeit den tiefen Sinn derselben zu fassen, der Pelagianismus, oder heutige Rationalismus, sich gegen sie auflehnt und sie wegzuexegesiren sucht, dadurch aber das Christenthum zum Judenthum zurückführt.

Aber ohne Mythos zu reden: so lange unser Wille der selbe ist, kann unsere Welt keine andere seyn. Zwar wünschen Alle erlöst zu werden aus dem Zustande des Leidens und des Todes: sie möchten, wie man sagt, zur ewigen Säligkeit gelangen, ins Himmelreich kommen; aber nur nicht auf eigenen Füßen; sondern hingetragen möchten sie werden, durch den Lauf der Natur. Allein das ist unmöglich. Denn die Natur ist nur das Abbild, der Schatten unsers Willens. Daher wird sie zwar uns nie fallen und zu nichts werden lassen: aber sie kann uns nirgends hinbringen, als immer nur wieder in die Natur. Wie mißlich es jedoch sei, als ein Theil der Natur zu existiren, erfährt Jeder an seinem eigenen Leben und Sterben. – Demnach ist allerdings das Daseyn anzusehen als eine Verirrung, von welcher zurückzukommen Erlösung ist: auch trägt es durchweg diesen Charakter. In diesem Sinne wird es daher von den alten Samanäischen Religionen aufgefaßt, und auch, wiewohl mit einem Umschweif, vom eigentlichen und ursprünglichen Christenthum: sogar das Judenthum selbst enthält wenigstens im Sündenfall (dieser seiner *redeeming feature*) den Keim zu solcher

Ansicht. Bloß das Griechische Heidenthum und der Islam sind ganz optimistisch; daher im Ersteren die entgegengesetzte Tendenz sich wenigstens im Trauerspiel Luft machen mußte: im Islam aber, der, wie die neueste, so auch die schlechteste aller Religionen ist, trat sie als S u f i s m u s auf, diese sehr schöne Erscheinung, welche durchaus Indischen Geistes und Ursprungs ist und jetzt schon über tausend Jahre fortbesteht. Als Zweck unsers Daseyns ist in der That nichts Anderes anzugeben, als die Erkenntniß, daß wir besser nicht dawären. Dies aber ist die wichtigste aller Wahrheiten, die daher ausgesprochen werden muß; so sehr sie auch mit der heutigen Europäischen Denkweise im Kontrast steht: ist sie doch dagegen im ganzen nicht-islamisirten Asien die anerkannteste Grundwahrheit, heute so gut, wie vor dreitausend Jahren.

Wenn wir nun den Willen zum Leben im Ganzen und objektiv betrachten; so haben wir, dem Gesagten gemäß, ihn uns zu denken als in einem W a h n begriffen, von welchem zurückzukommen, also sein ganzes vorhandenes Streben zu verneinen. Das ist, was die Religionen als die Selbstverläugnung, *abnegatio sui ipsius,* bezeichnen: denn das eigentliche Selbst ist der Wille zum Leben. Die moralischen Tugenden, also Gerechtigkeit und Menschenliebe, da sie, wie ich gezeigt habe, wenn lauter, daraus entspringen, daß der Wille zum Leben, das *principium individuationis* durchschauend, sich selbst in allen seinen Erscheinungen wiedererkennt, sind demzufolge zuvörderst ein Anzeichen, ein Symptom, daß der erscheinende Wille in jenem Wahn nicht mehr ganz fest befangen ist, sondern die Enttäuschung schon eintritt; so, daß man gleichnißweise sagen könnte, er schlage bereits mit den Flügeln, um davon zu fliegen. Umgekehrt, sind Ungerechtigkeit, Bosheit, Grausamkeit, Anzeichen des Gegentheils, also der tiefsten Befangenheit in jenem Wahn. Nächstdem aber sind jene moralischen Tugenden ein Beförderungsmittel der Selbstverläugnung und demnach der Verneinung des Willens zum Leben. Denn die wahre Rechtschaffenheit, die un-

verbrüchliche Gerechtigkeit, diese erste und wichtigste Kardi-
naltugend, ist eine so schwere Aufgabe, daß, wer sich unbedingt und aus Herzensgrunde zu ihr bekennt, Opfer zu bringen
hat, die dem Leben bald die Süße, welche das Genügen an ihm
5 erfordert, benehmen und dadurch den Willen von demselben
abwenden, also zur Resignation leiten. Sind doch eben was die
Rechtschaffenheit ehrwürdig macht die Opfer, welche sie ko-
stet: in Kleinigkeiten wird sie nicht bewundert. Ihr Wesen besteht eigentlich darin, daß der Gerechte die Lasten und Leiden,
10 welche das Leben mit sich bringt, nicht, durch List oder Gewalt, auf Andere wälzt, wie es der Ungerechte thut, sondern
selbst trägt, was ihm beschieden ist; wodurch er die volle Last
des dem Menschenleben aufgelegten Uebels unvermindert zu
tragen bekommt. Dadurch wird die Gerechtigkeit ein Beförde-
15 rungsmittel der Verneinung des Willens zum Leben, indem
Noth und Leiden, diese eigentliche Bestimmung des Menschenlebens, ihre Folge sind, diese aber zur Resignation hinleiten.
Noch schneller führt allerdings die weiter gehende Tugend der
Menschenliebe, *caritas*, eben dahin: denn vermöge ihrer über-
20 nimmt man sogar die ursprünglich den Andern zugefallenen
Leiden, eignet sich daher von diesen einen größern Theil an,
als, nach dem Gange der Dinge, das eigene Individuum treffen
würde. Wer von dieser Tugend beseelt ist, hat sein eigenes Wesen in jedem Andern wiedererkannt. Dadurch nun identificirt
25 er sein eigenes Loos mit dem der Menschheit überhaupt: dieses
nun aber ist ein hartes Loos, das des Mühens, Leidens und
Sterbens. Wer also, indem er jedem zufälligen Vortheil entsagt,
für sich kein anderes, als das Loos der Menschheit überhaupt
will, kann auch dieses nicht lange mehr wollen: die Anhänglich-
30 keit an das Leben und seine Genüsse muß jetzt bald weichen
und einer allgemeinen Entsagung Platz machen: mithin wird
die Verneinung des Willens eintreten. Weil nun diesem gemäß
Armuth, Entbehrungen und eigenes Leiden vielfacher Art
schon durch die vollkommenste Ausübung der moralischen

Tugenden herbeigeführt werden, wird von Vielen, und vielleicht mit Recht, die A s k e s e im allerengsten Sinne, also das Aufgeben jedes Eigenthums, das absichtliche Aufsuchen des Unangenehmen und Widerwärtigen, die Selbstpeinigung, das Fasten, das härene Hemd und die Kasteiung, als überflüssig verworfen. Die Gerechtigkeit selbst ist das härene Hemd, welches dem Eigner stete Beschwerde bereitet, und die Menschenliebe, die das Nöthige weggiebt, das immerwährende Fasten*. Eben deshalb ist der B u d d h a i s m u s frei von jener strengen und übertriebenen Askese, welche im Brahmanismus eine so große Rolle spielt, also von der absichtlichen Selbstpeinigung. Er läßt es bei dem Cölibat, der freiwilligen Armuth, Demuth und Gehorsam der Mönche und Enthaltung von thierischer Nahrung, wie auch von aller Weltlichkeit, bewenden. Weil ferner das Ziel, zu welchem die moralischen Tugenden führen, das hier nachgewiesene ist; so sagt die Vedantaphilosophie** mit Recht, daß, nachdem die wahre Erkenntniß und in ihrem Gefolge die gänzliche Resignation, also die Wiedergeburt, eingetreten ist, alsdann die Moralität oder Immoralität des frühern Wandels gleichgültig wird, und gebraucht auch hier wieder den von den Brahmanen so oft angeführten Spruch: *Finditur nodus cordis, dissolvuntur omnes dubitationes, ejusque opera evanescunt, viso supremo illo (Sancara, sloca 32).* So anstößig nun diese Ansicht Manchen seyn mag, denen eine Belohnung im Himmel, oder Bestrafung in der Hölle, eine viel befriedigendere Erklärung der ethischen Be-

---

* Sofern man hingegen die Askese gelten läßt, wäre die in meiner Preisschrift über das Fundament der Moral gegebene Aufstellung der letzten Triebfedern des menschlichen Handelns, nämlich 1) eigenes Wohl, 2) fremdes Wehe und 3) fremdes Wohl, noch durch eine vierte zu ergänzen: eigenes Wehe: welches ich hier bloß im Interesse der systematischen Konsequenz beiläufig bemerke. Dort nämlich mußte, da die Preisfrage im Sinn der im protestantischen Europa geltenden philosophischen Ethik gestellt war, diese vierte Triebfeder stillschweigend übergangen werden.

** Siehe F. H. H. Windischmann's *Sancara, sive de theologumenis Vedanticorum, p. 116, 117 et 121–23:* wie auch *Oupnekhat, Vol. I, p. 340, 356, 360.*

deutsamkeit des menschlichen Handelns ist, wie denn auch der gute W i n d i s c h m a n n jene Lehre, indem er sie darlegt, perhorrescirt, so wird doch, wer auf den Grund der Sachen zu gehen vermag, finden, daß dieselbe am Ende übereinstimmt mit
5 jener Christlichen, zumal von Luther urgirten, daß nicht die Werke, sondern nur der durch Gnadenwirkung eintretende Glaube sälig mache, und daß wir daher durch unser Thun nie gerechtfertigt werden können, sondern nur vermöge der Verdienste des Mittlers Vergebung der Sünden erlangen. Es ist so-
10 gar leicht abzusehen, daß, ohne solche Annahmen, das Christenthum endlose Strafen für Alle, und der Brahmanismus endlose Wiedergeburten für Alle aufstellen müßte, es also in Beiden zu keiner Erlösung käme. Die sündlichen Werke und ihre Folgen müssen, sei es nun durch fremde Begnadigung, oder durch
15 Eintritt eigener besserer Erkenntniß, ein Mal getilgt und vernichtet werden; sonst hat die Welt kein Heil zu hoffen: nachher aber werden sie gleichgültig. Dies ist auch die μετανοια και αφεσις ἁμαρτιων, deren Verkündigung der bereits auferstandene Christus seinen Aposteln, als die Summe ihrer Mission, schließ-
20 lich auflegt (*Luc. 24, 47*). Die moralischen Tugenden sind eben nicht der letzte Zweck, sondern nur eine Stufe zu demselben. Diese Stufe ist im Christlichen Mythos bezeichnet durch das Essen vom Baum der Erkenntniß des Guten und Bösen, mit welchem die moralische Verantwortlichkeit zugleich mit der
25 Erbsünde eintritt. Diese selbst ist in Wahrheit die Bejahung des Willens zum Leben; die Verneinung desselben hingegen, in Folge aufgegangener besserer Erkenntniß, ist die Erlösung. Zwischen diesen Beiden also liegt das Moralische: es begleitet den Menschen als eine Leuchte auf seinem Wege von der Bejahung
30 zur Verneinung des Willens, oder, mythisch, vom Eintritt der Erbsünde bis zur Erlösung durch den Glauben an die Mittlerschaft des inkarnirten Gottes (Avatars); oder, nach der Veda-Lehre, durch alle Wiedergeburten, welche die Folge der jedesmaligen Werke sind, bis die rechte Erkenntniß und mit ihr die

Erlösung (*final emancipation*), M o k s c h a , d. i. Wiedervereini-
gung mit dem B r a h m , eintritt. Die Buddhaisten aber bezeichnen, mit voller Redlichkeit, die Sache bloß negativ, durch N i r -
w a n a , welches die Negation dieser Welt, oder des S a n s a r a
ist. Wenn N i r w a n a als das Nichts definirt wird; so will dies 5
nur sagen, daß der S a n s a r a kein einziges Element enthält,
welches zur Definition, oder Konstruktion des Nirwana dienen
könnte. Eben dieserhalb nennen die J a i n a s , welche nur dem
Namen nach von den Buddhaisten verschieden sind, die veda-
gläubigen Brahmanen Sabdapramans, welcher Spottname be- 10
zeichnen soll, daß sie auf Hörensagen glauben, was sich nicht
wissen, noch beweisen läßt (*Asiat. researches, Vol. 6, p. 474*).

Wenn manche alte Philosophen, wie Orpheus, die Pythagoreer, Plato (z. B. in *Phaedone, p. 151, 183 sq. Bip.*, und siehe
Clem. Alex. strom., III, p. 400 sq.), ganz so wie der Apostel Pau- 15
lus, die Gemeinschaft der Seele mit dem Leibe bejammern und
von derselben befreit zu werden wünschen; so verstehen wir
den eigentlichen und wahren Sinn dieser Klage, sofern wir, im
zweiten Buch, erkannt haben, daß der Leib der Wille selbst ist,
objektiv angeschaut, als räumliche Erscheinung. 20

In der Stunde des Todes entscheidet sich, ob der Mensch in
den Schooß der Natur zurückfällt, oder aber dieser nicht mehr
angehört, sondern – – –: für diesen Gegensatz fehlt uns Bild,
Begriff und Wort, eben weil diese sämmtlich aus der Objektivation des Willens genommen sind, daher dieser angehören, folg- 25
lich das absolute Gegentheil desselben auf keine Weise ausdrücken können, welches demnach für uns als eine bloße Negation stehen bleibt. Inzwischen ist der Tod des Individuums
die jedesmalige und unermüdlich wiederholte Anfrage der Natur an den Willen zum Leben: »Hast du genug? Willst du aus 30
mir hinaus?« Damit sie oft genug geschehe, ist das individuelle
Leben so kurz. In diesem Sinne gedacht sind die Ceremonien,
Gebete und Ermahnungen der Brahmanen zur Zeit des Todes,
wie man sie im Upanischad an mehreren Stellen aufbewahrt

findet, und eben so die Christliche Fürsorge für gehörige Benutzung der Sterbestunde, mittelst Ermahnung, Beichte, Kommunion und letzte Oelung: daher auch die Christlichen Gebete um Bewahrung vor einem plötzlichen Ende. Daß heut zu Tage
Viele gerade dieses sich wünschen, beweist eben nur, daß sie nicht mehr auf dem Christlichen Standpunkt stehen, welcher der der Verneinung des Willens zum Leben ist, sondern auf dem der Bejahung, welcher der heidnische ist.

Der aber wird am wenigsten fürchten im Tode zu nichts zu
werden, der erkannt hat, daß er schon jetzt nichts ist, und der mithin keinen Antheil mehr an seiner individuellen Erscheinung nimmt, indem in ihm die Erkenntniß den Willen gleichsam verbrannt und verzehrt hat, so daß kein Wille, also keine Sucht nach individualem Daseyn in ihm mehr übrig ist.

Die Individualität inhärirt zwar zunächst dem Intellekt, der, die Erscheinung abspiegelnd, der Erscheinung angehört, welche das *principium individuationis* zur Form hat. Aber sie inhärirt auch dem Willen, sofern der Charakter individuell ist: dieser selbst jedoch wird in der Verneinung des Willens aufgehoben.
Die Individualität inhärirt also dem Willen nur in seiner Bejahung, nicht aber in seiner Verneinung. Schon die Heiligkeit, welche jeder rein moralischen Handlung anhängt, beruht darauf, daß eine solche, im letzten Grunde, aus der unmittelbaren Erkenntniß der numerischen Identität des innern Wesens alles
Lebenden entspringt[*]. Diese Identität ist aber eigentlich nur im Zustande der Verneinung des Willens (Nirwana) vorhanden, da seine Bejahung (Sansara) die Erscheinung desselben in der Vielheit zur Form hat. Bejahung des Willens zum Leben, Erscheinungswelt, Diversität aller Wesen, Individualität, Egoismus,
Haß, Bosheit entspringen aus e i n e r Wurzel; und eben so andererseits Welt des Dinges an sich, Identität aller Wesen, Gerechtigkeit, Menschenliebe, Verneinung des Willens zum Leben.

---

[*] Vergl. die beiden Grundprobleme der Ethik, S. 274.

Wenn nun, wie ich genugsam gezeigt habe, schon die moralischen Tugenden aus dem Innewerden jener Identität aller Wesen entstehen, diese aber nicht in der Erscheinung, sondern nur
im Dinge an sich, in der Wurzel aller Wesen liegt; so ist die tugendhafte Handlung ein momentaner Durchgang durch den 5
Punkt, zu welchem die bleibende Rückkehr die Verneinung des
Willens zum Leben ist.

Ein Folgesatz des Gesagten ist, daß wir keinen Grund haben
anzunehmen, daß es noch vollkommenere Intelligenzen, als die
menschliche gebe. Denn wir sehen, daß schon diese hinreicht, 10
dem Willen diejenige Erkenntniß zu verleihen, in Folge welcher
er sich selbst verneint und aufhebt, womit die Individualität
und folglich die Intelligenz, als welche bloß ein Werkzeug individueller, mithin animalischer Natur ist, wegfällt. Dies wird uns
weniger anstößig erscheinen, wenn wir erwägen, daß wir sogar 15
die möglichst vollkommenen Intelligenzen, welche wir hiezu
versuchsweise annehmen mögen, uns doch nicht wohl eine
endlose Zeit hindurch bestehend denken können, als welche
nämlich viel zu arm ausfallen würde, um jenen stets neue und
ihrer würdige Objekte zu liefern. Weil nämlich das Wesen aller 20
Dinge im Grunde Eines ist, so ist alle Erkenntniß desselben
nothwendig tautologisch: ist es nun ein Mal gefaßt, wie es von
jenen vollkommensten Intelligenzen bald gefaßt seyn würde;
was bliebe ihnen übrig, als bloße Wiederholung und deren Lan-
geweile, eine endlose Zeit hindurch? Auch von dieser Seite also 25
werden wir dahin gewiesen, daß der Zweck aller Intelligenz
nur Reaktion auf einen Willen seyn kann: weil aber alles Wollen Irrsal ist; so bleibt das letzte Werk der Intelligenz die Aufhebung des Wollens, dem sie bis dahin zu seinen Zwecken ge-
dient hatte. Demnach kann selbst die vollkommenste mögliche 30
Intelligenz nur eine Uebergangsstufe seyn zu Dem, wohin gar
keine Erkenntniß je reichen kann: ja, eine solche kann im Wesen der Dinge nur die Stelle des Augenblicks erlangter, vollkommener Einsicht einnehmen.

In Uebereinstimmung mit allen diesen Betrachtungen und mit dem, im zweiten Buche nachgewiesenen, Ursprung der Erkenntniß aus dem Willen, den sie, indem sie ihm zu seinen Zwecken dienstbar ist, eben dadurch in seiner Bejahung abspiegelt, während das wahre Heil in seiner Verneinung liegt, sehen wir alle Religionen, auf ihrem Gipfelpunkte, in Mystik und Mysterien, d. h. in Dunkel und Verhüllung auslaufen, welche eigentlich bloß einen für die Erkenntniß leeren Fleck, nämlich den Punkt andeuten, wo alle Erkenntniß nothwendig aufhört; daher derselbe für das Denken nur durch Negationen ausgedrückt werden kann, für die sinnliche Anschauung aber durch symbolische Zeichen, in den Tempeln durch Dunkelheit und Schweigen bezeichnet wird, im Brahmanismus sogar durch die geforderte Einstellung alles Denkens und Anschauens, zum Behuf der tiefsten Einkehr in den Grund des eigenen Selbst, unter mentaler Aussprechung des mysteriösen O u m . – Mystik, im weitesten Sinne, ist jede Anleitung zum unmittelbaren Innewerden Dessen, wohin weder Anschauung noch Begriff, also überhaupt keine Erkenntniß reicht. Der Mystiker steht zum Philosophen dadurch im Gegensatz, daß er von Innen anhebt, dieser aber von Außen. Der Mystiker nämlich geht aus von seiner innern, positiven, individuellen Erfahrung, in welcher er sich findet als das ewige, alleinige Wesen u. s. f. Aber mittheilbar ist hievon nichts, als eben Behauptungen, die man auf sein Wort zu glauben hat: folglich kann er nicht überzeugen. Der Philosoph hingegen geht aus von dem Allen Gemeinsamen, von der objektiven, Allen vorliegenden Erscheinung, und von den Thatsachen des Selbstbewußtseyns, wie sie sich in Jedem vorfinden. Seine Methode ist daher die Reflexion über alles Dieses und die Kombination der darin gegebenen Data: deswegen kann er überzeugen. Er soll sich daher hüten, in die Weise der Mystiker zu gerathen und etwan, mittelst Behauptung intellektualer Anschauungen, oder vorgeblicher unmittelbarer Vernunftvernehmungen, positive Erkenntniß von Dem vorspiegeln zu wollen,

was, aller Erkenntniß ewig unzugänglich, höchstens durch eine
Negation bezeichnet werden kann. Die Philosophie hat ihren
Werth und ihre Würde darin, daß sie alle nicht zu begründen-
den Annahmen verschmäht und in ihre Data nur das auf-
nimmt, was sich in der anschaulich gegebenen Außenwelt, in
den unsern Intellekt konstituirenden Formen zur Auffassung
derselben und in dem Allen gemeinsamen Bewußtseyn des eigenen Selbst sicher nachweisen läßt. Dieserhalb muß sie Kos-
mologie bleiben und kann nicht Theologie werden. Ihr Thema
muß sich auf die Welt beschränken: w a s diese s e i, im tiefsten
Innern s e i, allseitig auszusprechen, ist Alles, was sie redlicher-
weise leisten kann. – Diesem nun entspricht es, daß meine Lehre, wann auf ihrem Gipfelpunkte angelangt, einen n e g a t i -
v e n Charakter annimmt, also mit einer Negation endigt. Sie
kann hier nämlich nur von Dem reden, was verneint, aufgegeben wird: was dafür aber gewonnen, ergriffen wird, ist sie genöthigt (am Schlusse des vierten Buchs) als Nichts zu bezeichnen, und kann bloß den Trost hinzufügen, daß es nur ein relatives, kein absolutes Nichts sei. Denn, wenn etwas nichts ist von
allem Dem, was wir kennen; so ist es allerdings für uns überhaupt nichts. Dennoch folgt hieraus noch nicht, daß es absolut
nichts sei, daß es nämlich auch von jedem möglichen Standpunkt aus und in jedem möglichen Sinne nichts seyn müsse;
sondern nur, daß wir auf eine völlig negative Erkenntniß desselben beschränkt sind; welches sehr wohl an der Beschränkung
unsers Standpunkts liegen kann. – Hier nun gerade ist es, wo
der Mystiker positiv verfährt, und von wo an daher nichts, als
Mystik übrig bleibt. Wer inzwischen zu der negativen Erkenntniß, bis zu welcher allein die Philosophie ihn leiten kann, diese
Art von Ergänzung wünscht, der findet sie am schönsten und
reichlichsten im O u p n e k h a t, sodann in den Enneaden des
P l o t i n o s, im S c o t u s E r i g e n a, stellenweise im J a k o b
B ö h m, besonders aber in dem wundervollen Werk der
G u i o n, *Les torrens*, und im A n g e l u s S i l e s i u s, endlich

noch in den Gedichten der S u f i , von denen T h o l u k uns
eine Sammlung in Lateinischer und eine andere in Deutscher
Uebersetzung geliefert hat, auch noch in manchen andern Werken. Die S u f i sind die Gnostiker des Islams; daher auch
S a d i sie mit einem Worte bezeichnet, welches durch »Ein-
sichtsvolle« übersetzt wird. Der Theismus, auf die Kapacität
der Menge berechnet, setzt den Urquell des Daseyns außer uns,
als ein Objekt: alle Mystik, und so auch der Sufismus, zieht
ihn, auf den verschiedenen Stufen ihrer Weihe, allmälig wieder
ein, in uns, als das Subjekt, und der Adept erkennt zuletzt, mit
Verwunderung und Freude, daß er es selbst ist. Diesen, aller
Mystik gemeinsamen Hergang finden wir von M e i s t e r
E c k h a r d , dem Vater der Deutschen Mystik, nicht nur in
Form einer Vorschrift für den vollendeten Asketen ausgesprochen, »daß er Gott außer sich selbst nicht suche« (Eckhards
Werke, herausgegeben von Pfeiffer, Bd. 1, S. 626); sondern
auch höchst naiv dadurch dargestellt, daß Eckhards geistige
Tochter, nachdem sie jene Umwandelung an sich erfahren, ihn
aufsucht, um ihm jubelnd entgegenzurufen: »Herr, freuet Euch
mit mir, ich bin Gott geworden!« (Ebendas. S. 465). Eben diesem Geiste gemäß äußert sich durchgängig auch die Mystik der
S u f i hauptsächlich als ein Schwelgen in dem Bewußtseyn, daß
man selbst der Kern der Welt und die Quelle alles Daseyns ist,
zu der Alles zurückkehrt. Zwar kommt dabei die Aufforderung
zum Aufgeben alles Wollens, als wodurch allein die Befreiung
von der individuellen Existenz und ihren Leiden möglich ist,
auch oft vor, jedoch untergeordnet und als etwas Leichtes ge-
fordert. In der Mystik der Hindu hingegen tritt die letztere Seite viel stärker hervor, und in der Christlichen Mystik ist diese
ganz vorherrschend, so daß jenes pantheistische Bewußtseyn,
welches aller Mystik wesentlich ist, hier erst sekundär, in Folge
des Aufgebens alles Wollens, als Vereinigung mit Gott eintritt.
Dieser Verschiedenheit der Auffassung entsprechend hat die
Mohammedanische Mystik einen sehr heitern Charakter, die

Christliche einen düstern und schmerzlichen, die der Hindu, über Beiden stehend, hält auch in dieser Hinsicht die Mitte.

Quietismus, d. i. Aufgeben alles Wollens, Askesis, d. i. absichtliche Ertödtung des Eigenwillens, und Mysticismus, d. i. Bewußtseyn der Identität seines eigenen Wesens mit dem aller Dinge, oder dem Kern der Welt, stehen in genauester Verbindung; so daß wer sich zu einem derselben bekennt allmälig auch zur Annahme der andern, selbst gegen seinen Vorsatz, geleitet wird. – Nichts kann überraschender seyn, als die Uebereinstimmung der jene Lehren vortragenden Schriftsteller unter einander, bei der allergrößten Verschiedenheit ihrer Zeitalter, Länder und Religionen, begleitet von der felsenfesten Sicherheit und innigen Zuversicht, mit der sie den Bestand ihrer innern Erfahrung vortragen. Sie bilden nicht etwan eine S e k t e , die ein theoretisch beliebtes und ein Mal ergriffenes Dogma festhält, vertheidigt und fortpflanzt; vielmehr wissen sie meistentheils nicht von einander; ja, die Indischen, Christlichen, Mohammedanischen Mystiker, Quietisten und Asketen sind sich in Allem heterogen, nur nicht im innern Sinn und Geiste ihrer Lehren. Ein höchst auffallendes Beispiel hievon liefert die Vergleichung der *Torrens* der Guion mit der Lehre der Veden, namentlich mit der Stelle im Oupnekhat, Bd. 1, S. 63, welche den Inhalt jener Französischen Schrift in größter Kürze, aber genau und sogar mit den selben Bildern enthält, und dennoch der Frau von Guion, um 1680, unmöglich bekannt seyn konnte. In der »Deutschen Theologie« (alleinige unverstümmelte Ausgabe, Stuttgart 1851) wird Kapitel 2 und 3 gesagt, daß sowohl der Fall des Teufels, als der Adams, darin bestanden hätte, daß der Eine, wie der Andere, sich das Ich und Mich, das Mein und Mir beigelegt hätte; und S. 89 heißt es: »In der wahren Liebe bleibt weder Ich, noch Mich, Mein, Mir, Du, Dein und desgleichen.« Diesem nun entsprechend heißt es im »Kural«, aus dem Tamulischen von Graul, S. 8: »Die nach Außen gehende Leidenschaft des Mein und die nach Innen gehende des Ich hören

auf« (vgl. Vers 346). Und im *Manual of Buddhism by Spence Hardy,* S. 258, spricht Buddha: »Meine Schüler verwerfen den Gedanken, dies bin Ich, oder dies ist Mein.« Ueberhaupt, wenn man von den Formen, welche die äußeren Umstände herbei-
5 führen, absieht und den Sachen auf den Grund geht, wird man finden, daß Schakia Muni und Meister Eckhard das Selbe lehren; nur daß Jener seine Gedanken geradezu aussprechen durfte, Dieser hingegen genöthigt ist, sie in das Gewand des Christlichen Mythos zu kleiden und diesem seine Ausdrücke anzu-
10 passen. Es geht aber hiemit so weit, daß bei ihm der Christliche Mythos fast nur noch eine Bildersprache ist, beinahe wie den Neuplatonikern der Hellenische: er nimmt ihn durchweg allegorisch. In der selben Hinsicht ist es beachtenswerth, daß der Uebertritt des heiligen Franciscus aus dem Wohlstande zum
15 Bettlerleben ganz ähnlich ist dem noch größern Schritte des Buddha Schakia Muni vom Prinzen zum Bettler, und daß dem entsprechend das Leben, wie auch die Stiftung des Franciscus eben nur eine Art Saniassithum war. Ja, es verdient erwähnt zu werden, daß seine Verwandschaft mit dem Indischen Geiste
20 auch hervortritt in seiner großen Liebe zu den Thieren und häufigen Umgang mit ihnen, wobei er sie durchgängig seine Schwestern und Brüder nennt; wie denn auch sein schöner *Cantico,* durch als Lob der Sonne, des Mondes, der Gestirne, des Windes, des Wassers, des Feuers, der Erde, seinen angebo-
25 renen Indischen Geist bekundet[*].

Sogar werden die Christlichen Quietisten oft wenig, oder keine Kunde von einander gehabt haben, z. B. Molinos und die Guion von Taulern und der »Deutschen Theologie«, oder Gichtel von jenen Ersteren. Ebenfalls hat der große Unter-
30 schied ihrer Bildung, indem Einige, wie M o l i n o s , gelehrt, andere, wie G i c h t e l und Viele mehr, ungelehrt waren, kei-

---

[*] *S. Bonaventurae vita S. Francisci, c. 8.* – K. Hase, Franz von Assisi, Kap. 10. – *I cantici di S. Francesco, editi da Schlosser e Steinle. Francoforto s. M. 1842.*

nen wesentlichen Einfluß auf ihre Lehren. Um so mehr beweist ihre große, innere Uebereinstimmung, bei der Festigkeit
und Sicherheit ihrer Aussagen, daß sie aus wirklicher, innerer
Erfahrung reden, einer Erfahrung, die zwar nicht Jedem zugänglich ist, sondern nur wenigen Begünstigten zu Theil wird,
daher sie den Namen Gnadenwirkung erhalten hat, an deren
Wirklichkeit jedoch aus obigen Gründen nicht zu zweifeln ist.
Um dies Alles zu verstehen, muß man sie aber selbst lesen und
nicht mit Berichten aus zweiter Hand sich begnügen: denn Jeder muß selbst vernommen werden, ehe man über ihn urtheilt.
Zur Bekanntschaft mit dem Quietismus also empfehle ich besonders den Meister Eckhard, die Deutsche Theologie, den
Tauler, die Guion, die Antoinette Bourignon, den Engländer
Bunyan, den Molinos[*], den Gichtel: imgleichen sind, als praktische Belege und Beispiele des tiefen Ernstes der Askese, das
von R e u c h l i n herausgegebene Leben Pascals, nebst dessen
Geschichte von Port-royal, wie auch die *Histoire de Sainte Eli-*
sabeth par le comte de Montalembert und *La vie de Rancé par*
Châteaubriand sehr lesenswerth, womit jedoch alles Bedeutende in dieser Gattung keineswegs erschöpft seyn soll. Wer solche Schriften gelesen und ihren Geist mit dem der Askese und
des Quietismus, wie er alle Werke des Brahmanismus und
Buddhaismus durchwebt und aus jeder Seite spricht, verglichen
hat, wird zugeben, daß jede Philosophie, welche konsequenter-
weise jene ganze Denkungsart verwerfen muß, was nur geschehen kann, indem sie die Repräsentanten derselben für Betrüger oder Verrückte erklärt, schon dieserhalb nothwendig
falsch seyn muß. In diesem Falle nun aber befinden sich alle
Europäischen Systeme, mit Ausnahme des meinigen. Wahrlich
eine seltsame Verrücktheit müßte es seyn, die sich, unter den

---

[*] *Michaelis de Molinos manuductio spiritualis: hispanice 1675, italice 1680, latine*
1687, gallice in libro non adeo raro, cui titulus: Recueil de diverses pièces concernant
le quiétisme, ou Molinos et ses disciples. Amstd. 1688.

möglichst weit verschiedenen Umständen und Personen, mit
solcher Uebereinstimmung aussprüche und dabei von den ältesten und zahlreichsten Völkern der Erde, nämlich von etwan
drei Viertel aller Bewohner Asiens, zu einer Hauptlehre ihrer
5 Religion erhoben wäre. Das Thema des Quietismus und Asketismus aber dahingestellt seyn lassen darf keine Philosophie,
wenn man ihr die Frage vorlegt; weil dasselbe mit dem aller
Metaphysik und Ethik, dem Stoffe nach, identisch ist. Hier ist
also ein Punkt, wo ich jede Philosophie, mit ihrem Optimis-
10 mus, erwarte und verlange, daß sie sich darüber ausspreche.
Und wenn, im Urtheil der Zeitgenossen, die paradoxe und beispiellose Uebereinstimmung meiner Philosophie mit dem
Quietismus und Asketismus als ein offenbarer Stein des Ansto-
ßes erscheint; so sehe ich hingegen gerade darin einen Beweis
15 ihrer alleinigen Richtigkeit und Wahrheit, wie auch einen Erklärungsgrund des klugen Ignorirens und Sekretirens derselben
auf den p r o t e s t a n t i s c h e n Universitäten.

Denn nicht allein die Religionen des Orients, sondern auch
das wahre Christenthum hat durchaus jenen asketischen
20 Grundcharakter, den meine Philosophie als Verneinung des
Willens zum Leben verdeutlicht; wenn gleich der Protestantismus, zumal in seiner heutigen Gestalt, dies zu vertuschen
sucht. Haben doch sogar die in neuester Zeit aufgetretenen offenen Feinde des Christenthums ihm die Lehren der Entsa-
25 gung, Selbstverleugnung, vollkommenen Keuschheit und überhaupt Mortifikation des Willens, welche sie ganz richtig mit
dem Namen der »a n t i k o s m i s c h e n T e n d e n z« bezeichnen, nachgewiesen und daß solche dem ursprünglichen
und ächten Christenthum wesentlich eigen sind gründlich dar-
30 gethan. Hierin haben sie unleugbar Recht. Daß sie aber eben
Dieses als einen offenbaren und am Tage liegenden Vorwurf
gegen das Christenthum geltend machen, während gerade hierin seine tiefste Wahrheit, ein hoher Werth und sein erhabener
Charakter liegt, dies zeugt von einer Verfinsterung des Geistes,

die nur daraus erklärlich ist, daß jene Köpfe, wie leider heut zu
Tage tausend andere in Deutschland, völlig verdorben und auf
immer verschroben sind durch die miserable Hegelei, diese
Schule der Plattheit, diesen Heerd des Unverstandes und der
Unwissenheit, diese kopfverderbende Afterweisheit, welche
man jetzt endlich als solche zu erkennen anfängt und die Verehrung derselben bald der Dänischen Akademie allein überlassen wird, in deren Augen ja jener plumpe Scharlatan ein *sum-*
mus philosophus ist, für den sie ins Feld tritt:

> *Car ils suivront la créance et estude,*
> *De l'ignorante et sotte multitude,*
> *Dont le plus lourd sera reçu pour juge.*
> Rabelais.

Allerdings ist im ächten und ursprünglichen Christenthum, wie
es sich, vom Kern des Neuen Testaments aus, in den Schriften
der Kirchenväter entwickelte, die asketische Tendenz unverkennbar: sie ist der Gipfel, zu welchem Alles emporstrebt. Als
die Hauptlehre derselben finden wir die Empfehlung des ächten
und reinen Cölibats (diesen ersten und wichtigsten Schritt in
der Verneinung des Willens) schon im Neuen Testament ausgesprochen[*]. Auch S t r a u ß , in seinem »Leben Jesu« (Bd. 1, S.
618 der ersten Auflage), sagt hinsichtlich der, Math. 19, 11 fg.
gegebenen, Empfehlung der Ehelosigkeit: »Man hat, um Jesum
nichts den jetzigen Vorstellungen Zuwiderlaufendes sagen zu
lassen, sich beeilt, den Gedanken e i n z u s c h w ä r z e n , daß
Jesus nur mit Rücksicht auf die Zeitumstände und um die apo-
stolische Thätigkeit ungehindert zu lassen, die Ehelosigkeit an-
rühme: allein im Zusammenhange liegt davon noch weniger
eine Andeutung, als in der verwandten Stelle 1. Cor. 7, 25 fg.;

---

[*] Math. 19, 11 fg. – Luc. 20, 35–37. – 1. Cor. 7, 1–11 und 25–40. – (1. Thess. 4, 3.
– 1. Joh. 3, 3. –) Apokal. 14, 4. –

sondern es ist auch hier wieder einer der Orte, wo a s k e t i s c h e
G r u n d s ä t z e , wie sie unter den Essenern und wahrscheinlich auch weiter unter den Juden verbreitet waren, auch bei
Jesu durchscheinen.« – Diese asketische Richtung tritt später
⁵ entschiedener auf, als Anfangs, wo das Christenthum, noch Anhänger suchend, seine Forderungen nicht zu hoch spannen
durfte: und mit dem Eintritt des dritten Jahrhunderts wird sie
nachdrücklich urgirt. Die Ehe gilt, im eigentlichen Christenthum, bloß als ein Kompromiß mit der sündlichen Natur des
¹⁰ Menschen, als ein Zugeständniß, ein Erlaubtes für Die, welchen
die Kraft das Höchste anzustreben mangelt, und als ein Aus-
weg, größerem Verderben vorzubeugen: in diesem Sinne erhält
sie die Sanktion der Kirche, damit das Band unauflösbar sei.
Aber als die höhere Weihe des Christenthums, durch welche
¹⁵ man in die Reihe der Auserwählten tritt, wird das Cölibat und
die Virginität aufgestellt: durch diese allein erlangt man die Sie-
gerkrone, welche sogar noch heut zu Tage durch den Kranz
auf dem Sarge der Unverehelichten angedeutet wird, wie eben
auch durch den, welchen die Braut am Tage der Verehelichung
²⁰ ablegt.

Ein jedenfalls aus der Urzeit des Christenthums stammendes
Zeugniß über diesen Punkt ist die von Clemens Alexandrinus
(*Strom., III, 6 et 9*) aus dem Evangelio der Aegypter angeführte
prägnante Antwort des Herrn: Τη Σαλωμη ὁ κυριος πυνθανο-
²⁵ μενῃ, μεχρι ποτε θανατος ισχυσει; μεχρις αν, ειπεν, ὑμεις,
αἱ γυναικες, τικτητε (*Salomae interroganti »quousque vigebit
mors?« Dominus »quoadusque«, inquit, »vos, mulieres, paritis.«*
τουτ' εστι, μεχρις αν αἱ επιθυμιαι ενεργωσι (*hoc est, quamdiu
operabuntur cupiditates*), setzt Clemens *c. 9* hinzu, woran er so-
³⁰ gleich die berühmte Stelle Röm. 5, 12 knüpft. Weiterhin, *c. 13,*
führt er die Worte des Kassianus an: Πυνθανομενης της
Σαλωμης, ποτε γνωσθησεται τα περι ὡν ηρετο, εφη ὁ
κυριος, Ὁταν της αισχυνης ενδυμα πατησητε, και ὁταν
γενηται τα δυο ἑν, και το αρρεν μετα της θηλειας ουτε αρ-

ρεν, ουτε θηλυ (*Cum interrogaret Salome, quando cognoscentur ea, de quibus interrogabat, ait Dominus: »quando pudoris indumentum conculcaveritis, et quando duo facta fuerint unum, et masculum cum foemina nec masculum nec foemineum«*), d. h. wann ihr den Schleier der Schaamhaftigkeit nicht mehr braucht, indem aller Geschlechtsunterschied weggefallen seyn wird.

Am weitesten sind in diesem Punkte allerdings die Ketzer gegangen: schon im zweiten Jahrhundert die Tatianiten oder Enkratiten, die Gnostiker, die Marcioniten, die Montanisten, Valentinianer und Kassianer; jedoch nur indem sie, mit rücksichtsloser Konsequenz, der Wahrheit die Ehre gaben, und demnach, dem Geiste des Christenthums gemäß, völlige Enthaltsamkeit, εγκρατεια lehrten; während die Kirche Alles, was ihrer weitsehenden Politik zuwiderlief, klüglich für Ketzerei erklärte. Von den Tatianiten berichtet A u g u s t i n u s : *Nuptias damnant, atque omnino pares eas fornicationibus aliisque corruptionibus faciunt: nec recipiunt in suum numerum conjugio utentem, sive marem, sive foeminam. Non vescuntur carnibus, easque abominantur. (De haeresi ad quod vult Deum. haer. 25.)* Allein auch die orthodoxen Väter betrachten die Ehe in dem oben bezeichneten Lichte und predigen eifrig die gänzliche Enthaltsamkeit, die άγνεια. A t h a n a s i u s giebt als Ursache der Ehe an: ότι ὑποπιπτοντες εσμεν τη του προπατορος καταδικη· – – επειδη ὁ προηγουμενος σκοπος του θεου ην, το μη δια γαμου γενεσθαι ἡμας και φθορας· ἡ δε παραβασις της εντολης τον γομον εισηγαγεν δια το ανομησαι τον Αδαμ. (*Quia subjacemus condemnationi propatoris nostri; – – – nam finis, a Deo praelatus, erat, nos non per nuptias et corruptionem fieri: sed transgressio mandati nuptias introduxit, propter legis violationem Adae. – Exposit. in psalm. 50.*) T e r t u l l i a n nennt die Ehe *genus mali inferioris, ex indulgentia ortum (de pudicitia, c. 16)* und sagt: *Matrimonium et stuprum est commixtio carnis; scilicet cujus concupiscentiam dominus stupro adaequavit. Ergo, inquis, jam et primas, id est unas nuptias destruis? Nec immerito: quoniam et ipsae ex eo con-*

stant, quod est stuprum (de exhort. castit. c. 9). Ja, A u g u s t i - n u s selbst bekennt sich ganz und gar zu dieser Lehre und al- len ihren Folgen, indem er sagt: *Novi quosdam, qui murmurent: quid, si, inquiunt, omnes velint ab omni concubitu abstinere, unde* 5 *subsistet genus humanum? – Utinam omnes hoc vellent! dumtaxat in caritate, de corde puro, et conscientia bona, et fide non ficta: multo citius Dei civitas compleretur, ut acceleraretur terminus mundi (de bono conjugali c. 10)*. – Und abermals: *Non vos ab hoc studio, quo multos ad imitandum vos excitatis, frangat querela* 10 *vanorum, qui dicunt: quomodo subsistet genus humanum, si omnes fuerint continentes? Quasi propter aliud retardetur hoc seculum, nisi ut impleatur praedestinatus numerus ille sanctorum, quo citius im- pleto, profecto nec terminus seculi differetur (de bono viduitatis, c. 23)*. Man sieht zugleich, daß er das Heil mit dem Ende der 15 Welt identificirt. – Die übrigen diesen Punkt betreffenden Stel- len aus den Werken Augustins findet man zusammengestellt in der *Confessio Augustiniana e D. Augustini operibus compilata a Hieronymo Torrense, 1610*, unter den Rubriken *de matrimonio, de coelibatu* u. s. w., und kann sich dadurch überzeugen, daß 20 im alten, ächten Christenthum die Ehe eine bloße Koncession war, welche überdies auch nur die Kinderzeugung zum Zweck haben sollte, daß hingegen die gänzliche Enthaltsamkeit die je- ner weit vorzuziehende eigentliche Tugend war. Denen aber, welche nicht selbst auf die Quellen zurückgehen wollen, emp- 25 fehle ich, zur Beseitigung aller etwanigen Zweifel über die in Rede stehende Tendenz des Christenthums, zwei Schriften: Ca- rové, Ueber das Cölibatgesetz, 1832, und *Lind, De coelibatu Christianorum per tria priora secula, Havniae* 1839. Es sind je- doch keineswegs die eigenen Ansichten dieser Schriftsteller, auf 30 die ich verweise, da solche der meinigen entgegengesetzt sind, sondern ganz allein die von ihnen sorgfältig gesammelten Be- richte und Anführungen, welche gerade darum, als ganz unver- fänglich, volles Zutrauen verdienen, daß beide Schriftsteller Gegner des Cölibats sind, der Erstere ein rationalistischer Katholik, der Andere ein protestantischer Kandidat, welcher ganz und gar als ein solcher redet. In der zuerst genannten Schrift finden wir, Bd. 1, S. 166, in jener Rücksicht folgendes Resultat ausgesprochen: »Der kirchlichen Ansicht zufolge, – wie bei den kanonischen Kirchenvätern, in den Synodal- und den päpstli- 5 chen Belehrungen und in unzähligen Schriften rechtgläubiger Katholiken zu lesen, – wird die immerwährende Keuschheit eine göttliche, himmlische, englische Tugend genannt und die Erwerbung der göttlichen Gnadenhülfe dazu vom ernsten Bit- ten um dieselbe abhängig gemacht. – Daß diese Augustinische 10 Lehre sich bei Canisius und im Tridentinum als immer gleicher Kirchenglaube ausgesprochen findet, haben wir bereits nachge- wiesen. Daß sie aber bis auf den heutigen Tag als Glaubenslehre festgehalten worden, dafür mag das Juniheft, 1831, der Zeit- schrift ›Der Katholik‹ hinreichendes Zeugniß ablegen: daselbst, 15 S. 263, heißt es: ›Im Katholicismus erscheint die Beobachtung einer e w i g e n K e u s c h h e i t, um Gotteswillen, an s i c h als das h ö c h s t e Verdienst des Menschen. Die Ansicht, daß die Beobachtung der beständigen Keuschheit als S e l b s t z w e c k den Menschen h e i l i g e und erhöhe, ist, wie hievon jeder un- 20 terrichtete Katholik die Ueberzeugung hat, in dem Christen- thum, seinem Geist und seiner ausdrücklichen Vorschrift nach, tief gegründet. Das Tridentinum hat allen möglichen Zweifel hierüber abgeschnitten.‹ – – – Es muß allerdings von jedem Unbefangenen zugestanden werden, nicht nur, daß die vom 25 ›Katholiken‹ ausgesprochene Lehre wirklich katholisch ist, son- dern auch, daß die vorgebrachten Erweisgründe für eine katho- lische Vernunft durchaus unwiderleglich seyn mögen, da sie so recht aus der kirchlichen Grundansicht der Kirche vom Leben und seiner Bestimmung geschöpft sind.« – Ferner heißt es da- 30 selbst S. 270: »Wenn gleich sowohl P a u l u s das Eheverbot als Irrlehre bezeichnet und der noch jüdischere Verfasser des He- bräerbriefes gebietet, ›die Ehe solle in Ehren gehalten werden bei Allen und das Ehebett unbefleckt‹ (Hebr. 13, 4); so ist darum doch die Hauptrichtung dieser beiden Hagiographen nicht zu verkennen. Die Jungfräulichkeit war Beiden das Vollkommene, die Ehe nur ein Nothbedarf für die Schwächeren, und nur als solcher unverletzt zu halten. Das höchste Streben dagegen war auf völlige, materielle Entselbstung gerichtet. Das Selbst soll sich von Allem abwenden und enthalten, was nur i h m und was ihm n u r z e i t l i c h zur Freude gereicht.« – Endlich noch S. 288: »Wir stimmen dem Abte Z a c c a r i a bei, welcher den Cölibat (nicht das Cölibatsgesetz) vor Allem aus der Lehre Christi und des Apostels Paulus abgeleitet wissen will.«

Was dieser eigentlich Christlichen Grundansicht entgegengestellt wird, ist überall und immer nur das Alte Testament mit seinem παντα καλα λιαν. Dies erhellt besonders deutlich aus jenem wichtigen dritten Buch der Stromata des K l e m e n s, woselbst er, gegen die oben genannten enkratistischen Ketzer polemisirend, ihnen stets nur das Judenthum, mit seiner optimistischen Schöpfungsgeschichte, entgegenstellt, mit welcher die neutestamentliche, weltverneinende Richtung allerdings in Widerspruch steht. Allein die Verbindung des Neuen Testaments mit dem Alten ist im Grunde nur eine äußerliche, eine zufällige, ja erzwungene, und den einzigen Anknüpfungspunkt für die Christliche Lehre bot dieses, wie gesagt, nur in der Geschichte vom Sündenfall dar, welcher übrigens im Alten Testament isolirt dasteht und nicht weiter benutzt wird. Sind es doch, der evangelischen Darstellung zufolge, gerade die orthodoxen Anhänger des Alten Testaments, welche den Kreuzestod des Stifters herbeiführen, weil sie seine Lehren im Widerstreit mit den ihrigen finden. Im besagten dritten Buche der Stromata des K l e - m e n s tritt der Antagonismus zwischen Optimismus, nebst Theismus, einerseits, und Pessimismus, nebst asketischer Moral, andererseits, mit überraschender Deutlichkeit hervor. Dasselbe ist gegen die Gnostiker gerichtet, welche eben Pessimismus und Askese, namentlich εγκρατεια (Enthaltsamkeit jeder Art, be-

sonders aber von aller Geschlechtsbefriedigung) lehrten; weshalb Klemens sie lebhaft tadelt. Dabei schimmert aber zugleich
durch, daß schon der Geist des Alten Testaments mit dem des
Neuen Testaments in diesem Antagonismus steht. Denn, abgesehen vom Sündenfall, der im Alten Testament wie ein *hors* 5
d'oeuvre dasteht, ist der Geist des Alten Testaments dem des
Neuen Testaments diametral entgegengesetzt: jener optimistisch, dieser pessimistisch. Diesen Widerspruch hebt Klemens
selbst hervor, am Schlusse des elften Kapitels (προσαποτεινομε-
νον τον Παυλον τω Κτιστη κ. τ. λ., obwohl er ihn nicht gel- 10
ten lassen will, sondern für scheinbar erklärt, – als ein guter
Jude, der er ist. Ueberhaupt ist es interessant zu sehen, wie
dem Klemens überall das Neue und das Alte Testament durch-
einanderlaufen und er sie zu vereinbaren bemüht ist, jedoch
meistens mit dem Alten Testament das Neue austreibt. Gleich 15
am Eingang des dritten Kapitels wirft er den Markioniten vor,
daß sie, nach dem Vorgang des Plato und Pythagoras, die
Schöpfung schlecht befunden hätten, indem Markion lehre, es
sei eine schlechte Natur, aus schlechtem Stoff (φυσις κακη, εκ
τε ὑλης καης); daher man diese Welt nicht bevölkern, sondern 20
der Ehe sich enthalten solle (μη βουλομενοι τον κοσμον
συμπληρουν, απεχεσθαι γαμου). Dies nimmt nun Klemens,
dem überhaupt das Alte Testament viel mehr als das Neue zusagt und einleuchtet, ihnen höchlich übel. Er sieht darin ihren
schreienden Undank, Feindschaft und Empörung gegen Den, 25
der die Welt gemacht hat, den gerechten Demiurgos, dessen
Werk sie selbst seien und dennoch von seinen Schöpfungen Gebrauch zu machen verschmäheten, in gottloser Rebellion »die
naturgemäße Gesinnung verlassend« (αντιτασσομενοι τω
ποιητη τω σφων, – – – εγκρατεις τη προς τον πεποιηκοτα 30
εχθρα μη βουλομενοι χρησθαι τοις ὑπ' αυτου κτισθεισιν, –
– ασεβει θεομαχια των κατα φυσιν εκσταντες λογισμων). –
Dabei will er, in seinem heiligen Eifer, den Markioniten nicht
ein Mal die Ehre der Originalität lassen, sondern, gewaffnet mit

seiner bekannten Gelehrsamkeit, hält er ihnen vor, und belegt es mit den schönsten Anführungen, daß schon die alten Philosophen, daß Herakleitos und Empedokles, Pythagoras und Plato, Orpheus und Pindaros, Herodot und Euripides, und noch
5 die Sibylle dazu, die jammervolle Beschaffenheit der Welt tief beklagt, also den Pessimismus gelehrt haben. In diesem gelehrten Enthusiasmus merkt er nun nicht, daß er gerade dadurch den Markioniten Wasser auf ihre Mühle fördert, indem er ja zeigt, daß

10   »Alle die Weisesten aller der Zeiten«

das Selbe, wie sie, gelehrt und gesungen haben; sondern getrost und beherzt führt er die entschiedensten und energischesten Aussprüche der Alten in jenem Sinne an. Ihn freilich machen sie nicht irre: mögen Weise das Daseyn als traurig bejammern,
15 mögen Dichter sich in den erschütterndesten Klagen darüber ergießen, mag Natur und Erfahrung noch so laut gegen den Optimismus schreien, – dies Alles ficht unsern Kirchenvater nicht an: hält er doch seine Jüdische Offenbarung in der Hand, und bleibt getrost. Der Demiurgos hat die Welt gemacht: hier-
20 aus ist *a priori* gewiß, daß sie vortrefflich sei: und da mag sie aussehen wie sie will. – Eben so geht es sodann mit dem zweiten Punkt, der εγκρατεια, durch welche, nach seiner Ansicht, die Markioniten ihren Undank gegen den Demiurgos (αχαρισ-τειν τω δημιουργω) und die Widerspänstigkeit, mit der sie sei-
25 ne Gaben von sich weisen, an den Tag legen (δι’ αντιταξιν προς τον δημιουργον, την χρησιν των κοσμικων παραιτου-μενοι). Da haben nun auch schon die Tragiker den Enkratiten (zum Nachtheil ihrer Originalität) vorgearbeitet und das Selbe gesagt: nämlich indem auch sie den endlosen Jammer des Da-
30 seyns beklagten, haben sie hinzugefügt, es sei besser, keine Kinder in eine solche Welt zu setzen; – welches er nun wieder mit den schönsten Stellen belegt und zugleich die Pythagoreer be-

825

schuldigt, aus diesem Grunde dem Geschlechtsgenuß entsagt zu haben. Dies Alles aber schadet ihm nichts: er bleibt bei seinem Satz, daß alle Jene sich durch ihre Enthaltsamkeit versündigen an dem Demiurgos, indem sie ja lehren, daß man nicht heirathen, nicht Kinder zeugen, nicht neue Unglückliche in die Welt setzen, nicht dem Tode neues Futter vorwerfen soll (δι' εγκρατειας ασεβουσι εις τε την κτισιν και τον ἁγιον δημιουργον, τον παντοκρατορα μονον θεον, και διδασκουσι, μη δειν παραδεχεσθαι γαμον και παιδοποϊαν, μηδε αντεισαγειν τω κοσμω δυστυχησοντας ἑτερους, μηδε επιχορηγειν θανατω τροφην). – Dem gelehrten Kirchenvater, indem er so die εγκρατεια anklagt, scheint dabei nicht geahndet zu haben, daß gleich nach seiner Zeit die Ehelosigkeit des Christlichen Priesterstandes mehr und mehr eingeführt und endlich im 11. Jahrhundert zum Gesetz erhoben werden sollte, weil sie dem Geiste des Neuen Testaments entspricht. Gerade diesen haben die Gnostiker tiefer aufgefaßt und besser verstanden, als unser Kirchenvater, der mehr Jude, als Christ ist. Die Auffassung der Gnostiker tritt sehr deutlich hervor am Anfang des neunten Kapitels, wo aus dem Evangelio der Aegypter angeführt wird: αυτος ειπεν ὁ Σωτηρ, »ηλθον καταλυσαι τα εργα της θηλειας·« θηλειας μεν, της επιθυμιας· εργα δε, γενεσιν και φθοραν (*ajunt enim dixisse Servatorem: »veni ad dissolvendum opera feminae«: feminae quidem, cupiditatis; opera autem, generationem et interitum*); – ganz besonders aber am Schlusse des dreizehnten und Anfang des vierzehnten Kapitels. Die Kirche freilich mußte darauf bedacht seyn, eine Religion auf die Beine zu bringen, die doch auch gehen und stehen könne, in der Welt, wie sie ist, und unter Menschen; daher sie diese Leute für Ketzer erklärte. – Am Schlusse des siebenten Kapitels stellt unser Kirchenvater den Indischen Asketismus, als schlecht, dem Christlich-Jüdischen entgegen; – wobei der fundamentale Unterschied des Geistes beider Religionen deutlich hervortritt. Nämlich im Judenthum und Christenthum läuft Alles zurück auf Gehorsam,

oder Ungehorsam, gegen Gottes Befehl, – ὑπακοη και παρα-
κοη; wie es uns Geschöpfen angemessen ist, ἡμιν, τοις πεπ-
λασμενοις ὑπο του Παντοκρατορος βουλησεως (*nobis, qui ab*
Omnipotentis voluntate effcti sumus) *c. 14.* – Dazu kommt, als
zweite Pflicht, λατρευειν θεῳ ζωντι, dem Herrn dienen, seine
Werke preisen und von Dank überströmen. – Da sieht es denn
freilich im Brahmanismus und Buddhaismus ganz anders aus,
indem in Letzterem alle Besserung, Bekehrung und zu hoffende
Erlösung aus dieser Welt des Leidens, diesem Sansara, ausgeht
von der Erkenntniß der vier Grundwahrheiten: *1) dolor, 2) do-*
loris ortus, 3) doloris interitus, 4) octopartita via ad doloris sedatio-
nem. – *Dammapadam, ed. Fausböll, p. 35 et 347.* Die Erläuterung dieser vier Wahrheiten findet man in *Burnouf, Introduct. à*
l'hist. du Buddhisme, p. 629, und in allen Darstellungen des Buddhaismus.

In Wahrheit ist nicht das Judenthum, mit seinem παντα καλα
λιαν, sondern Brahmanismus und Buddhaismus sind, dem Geiste und der ethischen Tendenz nach, dem Christenthum verwandt. Der Geist und die ethische Tendenz sind aber das Wesentliche einer Religion, nicht die Mythen, in welche sie solche
kleidet. Ich gebe daher den Glauben nicht auf, daß die Lehren
des Christenthums irgendwie aus jenen Urreligionen abzuleiten
sind. Auf einige Spuren hievon habe ich schon im zweiten Bande der Parerga, §. 179, hingewiesen. Ihnen ist hinzuzufügen,
daß E p i p h a n i a s (*Haeretic. XVIII*) berichtet, die ersten Jeru-
salemitischen Juden-Christen, welche sich Nazaräer nannten,
hätten sich aller thierischen Nahrung enthalten. Vermöge dieses
Ursprungs (oder wenigstens dieser Uebereinstimmung) gehört
das Christenthum dem alten, wahren und erhabenen Glauben
der Menschheit an, welcher im Gegensatz steht zu dem falschen, platten und verderblichen O p t i m i s m u s, der sich im
Griechischen Heidenthum, im Judenthum und im Islam darstellt. Die Zendreligion hält gewissermaßen das Mittel, indem
sie, dem Ormuzd gegenüber, am Ahriman ein pessimistisches

Gegengewicht hat. Aus dieser Zendreligion ist, wie J. G. R h o d e , in seinem Buche »Die heilige Sage des Zendvolks«, gründlich nachgewiesen hat, die Judenreligion hervorgegangen: aus Ormuzd ist Jehova und aus Ahriman Satan geworden, der jedoch im Judenthum nur noch eine sehr untergeordnete Rolle spielt, ja, fast ganz verschwindet, wodurch denn der Optimismus die Oberhand gewinnt und nur noch der Mythos vom Sündenfall, der ebenfalls (als Fabel von Meschian und Meschiane) aus dem Zend-Avesta stammt, als pessimistisches Element übrig bleibt, jedoch in Vergessenheit geräth, bis er, wie auch der Satan, vom Christenthum wieder aufgenommen wird. Inzwischen stammt O r m u z d selbst aus dem Brahmanismus, wiewohl aus einer niedrigen Region desselben: er ist nämlich kein Anderer, als I n d r a , jener untergeordnete, oft mit Menschen revalisirende Gott des Firmaments und der Atmosphäre; wie dies sehr richtig nachgewiesen hat der vortreffliche J. J. S c h m i d t , in seiner Schrift »Ueber die Verwandschaft der gnostisch-theosophischen Lehren mit den Religionen des Orients«. Dieser Indra-Ormuzd-Jehova mußte nachmals in das Christenthum, da es in Judäa entstand, übergehen, dessen kosmopolitischem Charakter zufolge er jedoch seinen Eigennamen ablegte, um in der Landessprache jeder bekehrten Nation durch das Appellativum der durch ihn verdrängten übermenschlichen Individuen bezeichnet zu werden, als θεος, *Deus*, welches vom Sanskrit *Deva* kommt (wovon auch *devil*, Teufel), oder bei den Gothisch-Germanischen Völkern durch das von Odin oder Wodan, Guodan, Godan stammende Wort *God*, Gott. Eben so nahm er, in dem gleichfalls aus dem Judenthum stammenden Islam, den in Arabien auch schon früher vorhandenen Namen Allah an. Diesem analog haben auch die Götter des Griechischen Olymps, als sie, in vorhistorischer Zeit, nach Italien verpflanzt wurden, die Namen der vorher herrschenden Götter angenommen; daher Zeus bei den Römern Jupiter, Hera Juno, Hermes Merkur heißt u. s. f. In China erwächst den Missionarien ihre erste Verlegenheit daraus, daß die Chinesische Sprache gar kein Appellativ der Art, wie auch kein Wort für Schaffen hat[*]; da die drei Religionen Chinas keine Götter kennen, weder im Plural, noch im Singular.

5   Wie dem übrigens auch seyn möge, dem eigentlichen Christenthum ist jenes παντα καλα λιαν des Alten Testaments wirklich fremd: denn von der Welt wird im Neuen Testament durchgängig geredet als von etwas, dem man nicht angehört, das man nicht liebt, ja dessen Beherrscher der Teufel ist[**]. Dies
10 stimmt zu dem asketischen Geiste der Verläugnung des eigenen Selbst und der Ueberwindung der Welt, welcher, eben wie die gränzenlose Liebe des Nächsten, selbst des Feindes, der Grundzug ist, welchen das Christenthum mit dem Brahmanismus und Buddhaismus gemein hat, und der ihre Verwandschaft beurkundet. Bei keiner Sache hat man so sehr den Kern von der
15 Schaale zu unterscheiden, wie beim Christenthum. Eben weil ich diesen Kern hoch schätze, mache ich mit der Schaale bisweilen wenig Umstände: sie ist jedoch dicker, als man meistens denkt.

20 Der Protestantismus hat, indem er die Askese und deren Centralpunkt, die Verdienstlichkeit des Cölibats, eliminirte, eigentlich schon den innersten Kern des Christenthums aufgegeben und ist insofern als ein Abfall von demselben anzusehen. Dies hat sich in unsern Tagen herausgestellt in dem allmäligen

---

[*]   Vgl. »Ueber den Willen in der Natur«, zweite Auflage, S. 124.
[**] Z. B. Joh. 12, 25 und 31. – 14, 30. – 15, 18. 19. – 16, 33. – Coloss. 2, 20. – Eph. 2, 1–3. – 1. Joh. 2, 15–17, und 4, 4. 5. Bei dieser Gelegenheit kann man sehen, wie gewisse protestantische Theologen in ihren Bemühungen, den Text des Neuen Testaments ihrer rationalistischen, optimistischen und unsäglich platten Weltansicht gemäß zu mißdeuten, so weit gehen, daß sie diesen Text in ihren Uebersetzungen geradezu verfälschen. So hat denn H. A. Schott, in seiner dem Griesbachischen Texte 1805 beigegebenen neuen lateinischen Version das Wort κοσμος, Joh. 15, 18.19 mit *Judaei* übersetzt, 1. Joh. 4, 4 mit *profani homines*, und Coloss. 2, 20, στοιχεια του κοσμου mit *elementa Judaica*, während Luther überall das Wort ehrlich und richtig durch »Welt« wiedergiebt.

Uebergang desselben in den platten Rationalismus, diesen modernen Pelagianismus, der am Ende hinausläuft auf eine Lehre von einem liebenden Vater, der die Welt gemacht hat, damit es hübsch vergnügt darauf zugehe (was ihm dann freilich mißrathen seyn müßte), und der, wenn man nur in gewissen Stücken sich seinem Willen anbequemt, auch nacher für eine noch viel hübschere Welt sorgen wird (bei der nur zu beklagen ist, daß sie eine so fatale Entree hat). Das mag eine gute Religion für komfortable, verheirathete und aufgeklärte protestantische Pastoren seyn: aber das ist kein Christenthum. Das Christenthum ist die Lehre von der tiefen Verschuldung des Menschengeschlechts durch sein Daseyn selbst und dem Drange des Herzens nach Erlösung daraus, welche jedoch nur durch die schwersten Opfer und durch die Verläugnung des eigenen Selbst, also durch eine gänzliche Umkehrung der menschlichen Natur erlangt werden kann. – L u t h e r mochte, vom praktischen Standpunkte aus, d. h. in Beziehung auf die Kirchengräuel seiner Zeit, die er abstellen wollte, ganz Recht haben; nicht aber ebenso vom theoretischen Standpunkte aus. Je erhabener eine Lehre ist, desto mehr steht sie, der im Ganzen niedrig und schlecht gesinnten Menschennatur gegenüber, dem Mißbrauch offen: darum sind im Katholicismus der Mißbräuche so sehr viel mehr und größere, als im Protestantismus. So z. B. ist das Mönchsthum, diese methodische und, zu gegenseitiger Ermuthigung, gemeinsam betriebene Verneinung des Willens, eine Anstalt erhabener Art, die aber eben darum meistens ihrem Geiste untreu wird. Die empörenden Mißbräuche der Kirche riefen im redlichen Geiste Luthers eine hohe Indignation hervor. Aber in Folge derselben kam er dahin, vom Christenthum selbst möglichst viel abdingen zu wollen, zu welchem Zweck er zunächst es auf die Worte der Bibel beschränkte, dann aber auch im wohlgemeinten Eifer zu weit gieng, indem er, im asketischen Princip, das Herz desselben angriff. Denn nach dem Austreten des asketischen Princips trat nothwendig bald das op-

timistische an seine Stelle. Aber Optimismus ist, in den Religionen, wie in der Philosophie, ein Grundirrthum, der aller Wahrheit den Weg vertritt. Nach dem Allen scheint mir der Katholicismus ein schmählich mißbrauchtes, der Protestantismus aber
5 ein ausgeartetes Christenthum zu seyn, das Christenthum überhaupt also das Schicksal gehabt zu haben, dem alles Edele, Erhabene und Große anheimfällt, sobald es unter Menschen bestehen soll.

Dennoch aber hat, selbst im Schooß des Protestantismus, der
10 wesentlich asketische und enkratistische Geist des Christenthums sich wieder Luft gemacht und ist daraus zu einem in solcher Größe und Bestimmtheit vielleicht nie zuvor dagewesenen
Phänomen hervorgegangen, in der höchst merkwürdigen Sekte
der *Shakers*, in Nord-Amerika, gestiftet durch eine Engländerin
15 Anna Lee, 1774. Diese Sektirer sind bereits auf 6000 angewach-
sen, welche, in 15 Gemeinden getheilt, mehrere Dörfer in den
Staaten Neu-York und Kentucki inne haben, vorzüglich im Di-
strikt Neu-Libanon, bei Nassau-village. Der Grundzug ihrer re-
ligiösen Lebensregel ist Ehelosigkeit und gänzliche Enthaltsam-
20 keit von aller Geschlechtsbefriedigung. Diese Regel wird, wie
selbst die sonst auf alle Weise sie verhöhnenden und verspotten-
den Englischen und Nordamerikanischen Besucher einmüthig
zugeben, streng und mit vollkommener Redlichkeit befolgt; obgleich Brüder und Schwestern bisweilen sogar das selbe Haus
25 bewohnen, am selben Tische essen, ja, in der Kirche beim Gottesdienst gemeinschaftlich t a n z e n . Denn wer jenes schwerste
aller Opfer gebracht hat, darf t a n z e n vor dem Herrn: er ist
der Sieger, er hat überwunden. Ihre Gesänge in der Kirche sind
überhaupt heiter, ja, zum Theil lustige Lieder. So wird denn
30 auch jener, auf die Predigt folgende Kirchen-Tanz vom Gesange
der Uebrigen begleitet: taktmäßig und lebhaft ausgeführt
schließt er mit einer Gallopade, die bis zur Erschöpfung fortge-
setzt wird. Zwischen jedem Tanz ruft einer ihrer Lehrer laut
aus: »Gedenket, daß ihr euch freuet vor dem Herrn, euer

Fleisch ertödtet zu haben! denn Dieses hier ist der alleinige Gebrauch, den wir von unsern widerspänstigen Gliedern machen.« An die Ehelosigkeit knüpfen sich von selbst die meisten
übrigen Bestimmungen. Es giebt keine Familie, daher auch kein
Privateigenthum, sondern Gütergemeinschaft. Alle sind gleich 5
gekleidet, quäkermäßig und mit großer Reinlichkeit. Sie sind in-
dustriell und fleißig: Müßiggang wird nicht geduldet. Auch haben sie die beneidenswerthe Vorschrift, alles unnöthige Ge-
räusch zu vermeiden, wie Schreien, Thürenwerfen, Peitschen-
knallen, starkes Klopfen u. s. w. Ihre Lebensregel sprach Einer 10
von ihnen so aus: »Führet ein Leben der Unschuld und Reinheit, liebt euren Nächsten, wie euch selbst, lebt mit allen Menschen in Frieden und enthaltet euch des Krieges, Blutvergießens
und aller Gewaltthätigkeiten gegen Andere, wie auch alles
Trachtens nach weltlicher Ehre und Auszeichnung. Gebt Jedem 15
das Seine, und beobachtet H e i l i g k e i t: denn ohne diese
kann Keiner den Herrn schauen. Thut Allen Gutes, so weit
Gelegenheit ist und eure Kräfte reichen.« Sie überreden Nie-
manden zum Beitritt, sondern prüfen die sich Meldenden durch
ein mehrjähriges Noviziat. Auch steht Jedem der Austritt frei: 20
höchst selten wird Einer, wegen Vergehungen, ausgestoßen. Zu-
gebrachte Kinder werden sorgfältig erzogen, und erst wann sie
erwachsen sind, thun sie freiwillig Profeß. Es wird angeführt,
daß bei den Kontroversen ihrer Vorsteher mit anglikanischen
Geistlichen diese meistens den Kürzeren ziehen, da die Argu- 25
mente aus neutestamentlichen Bibelstellen bestehen. Ausführlichere Berichte über sie findet man vorzüglich in *Maxwell's Run
through the United states, 1841;* ferner auch in *Benedict's History
of all religions, 1830;* desgleichen in den *Times, Novr. 4, 1837;*
und in der deutschen Zeitschrift Columbus, Mai-Heft, 1831. – 30
Eine ihnen sehr ähnliche Deutsche Sekte in Amerika, welche
ebenfalls in strenger Ehelosigkeit und Enthaltsamkeit lebt, sind
die Rappisten, über welche berichtet wird in F. Löher's »Geschichte und Zustände der Deutschen in Amerika«, 1853. –

Auch in Rußland sollen die Raskolnik eine ähnliche Sekte seyn. Die Gichtelianer leben ebenfalls in strenger Keuschheit. – Aber schon bei den alten Juden finden wir ein Vorbild aller dieser Sekten, die Essener, über welche selbst Plinius berichtet (*Hist.*
5 *nat., V, 15*), und die den *Shakers* sehr ähnlich waren, nicht allein im Cölibat, sondern auch in andern Stücken, sogar im Tanze beim Gottesdienst*, welches auf die Vermuthung führt, daß die Stifterin dieser jene zum Vorbild genommen habe. – Wie nimmt sich, solchen Thatsachen gegenüber, Luthers Behaup-
10 tung aus: *Ubi natura, quemadmodum a Deo nobis insita est, fertur ac rapitur, fieri nullo modo potest, ut extra matrimonium caste vivatur. (Catech. maj.)* –?

Wenn gleich das Christenthum, im Wesentlichen, nur Das gelehrt hat, was ganz Asien damals schon lange und sogar besser
15 wußte; so war dasselbe dennoch für Europa eine neue und große Offenbarung, in Folge welcher daher die Geistesrichtung der Europäischen Völker gänzlich umgestaltet wurde. Denn es schloß ihnen die metaphysische Bedeutung des Daseyns auf und lehrte sie demnach hinwegsehen über das enge, armsälige
20 und ephemere Erdenleben, und es nicht mehr als Selbstzweck, sondern als einen Zustand des Leidens, der Schuld, der Prüfung, des Kampfes und der Läuterung betrachten, aus welchem man, mittelst moralischer Verdienste, schwerer Entsagung und Verläugnung des eigenen Selbst, sich emporschwingen könne
25 zu einem bessern, uns unbegreiflichen Daseyn. Es lehrte nämlich die große Wahrheit der Bejahung und Verneinung des Willens zum Leben, im Gewande der Allegorie, indem es sagte, daß durch Adams Sündenfall der Fluch Alle getroffen habe, die Sünde in die Welt gekommen, die Schuld auf Alle vererbt sei;
30 daß aber dagegen durch Jesu Opfertod Alle entsühnt seien, die Welt erlöst, die Schuld getilgt und die Gerechtigkeit versöhnt.

---

* Bellermann, Geschichtliche Nachrichten über Essäer und Therapeuten. 1821, S. 106.

Um aber die in diesem Mythos enthaltene Wahrheit selbst zu verstehen, muß man die Menschen nicht bloß in der Zeit, als von einander unabhängige Wesen betrachten, sondern die (Platonische) Idee des Menschen auffassen, welche sich zur Menschenreihe verhält, wie die Ewigkeit an sich zu der zur Zeit auseinandergezogenen Ewigkeit; daher eben die, in der Zeit, zur Menschenreihe ausgedehnte ewige Idee M e n s c h durch das sie verbindende Band der Zeugung auch wieder in der Zeit als ein Ganzes erscheint. Behält man nun die Idee des Menschen im Auge; so sieht man, daß Adams Sündenfall die endliche, thierische, sündige Natur des Menschen darstellt, welcher gemäß er eben ein der Endlichkeit, der Sünde, dem Leiden und dem Tode anheim gefallenes Wesen ist. Dagegen stellt Jesu Christi Wandel, Lehre und Tod die ewige, übernatürliche Seite, die Freiheit, die Erlösung des Menschen dar. Jeder Mensch nun ist, als solcher und *potentiâ*, sowohl Adam als Jesus, je nachdem er sich auffaßt und sein Wille ihn danach bestimmt; in Folge wovon er sodann verdammt und dem Tode anheimgefallen, oder aber erlöst ist und das ewige Leben erlangt. – Diese Wahrheiten nun waren, im allegorischen, wie im eigentlichen Sinn, völlig neu, in Bezug auf Griechen und Römer, als welche noch gänzlich im Leben aufgiengen und über dasselbe nicht ernstlich hinausblickten. Wer dies Letztere bezweifelt, sehe wie noch C i - c e r o (*pro Cluentio, c. 61*), und S a l l u s t (*Catil., c. 47*) vom Zustande nach dem Tode reden. Die Alten, obwohl in fast allem Andern weit vorgerückt, waren in der Hauptsache Kinder geblieben, und wurden darin sogar von den Druiden übertroffen, die doch Metempsychose lehrten. Daß ein Paar Philosophen, wie Pythagoras und Plato, anders dachten, ändert hinsichtlich auf das Ganze nichts.

Jene große, im Christenthum, wie im Brahmanismus und Buddhaismus enthaltene Grundwahrheit also, nämlich das Bedürfniß der Erlösung aus einem Daseyn, welches dem Leiden und dem Tode anheimgefallen ist, und die Erreichbarkeit dersel-

ben durch Verneinung des Willens, also durch ein entschiedenes der Natur Entgegentreten, ist ohne allen Vergleich die wichtigste, die es geben kann, zugleich aber der natürlichen Richtung des Menschengeschlechts ganz entgegen und nach ihren wahren
5 Gründen schwer zu fassen; wie denn alles bloß allgemein und abstrakt zu Denkende der großen Mehrzahl der Menschen ganz unzugänglich ist. Daher bedurfte es für diese, um jene große Wahrheit in den Bereich ihrer praktischen Anwendbarkeit zu bringen, überall eines m y t h i s c h e n V e h i k e l s dersel-
10 ben, gleichsam eines Gefäßes, ohne welches jene sich verlieren und verflüchtigen würde. Die Wahrheit muß daher überall das Gewand der Fabel borgen und zudem stets sich an das jedes Mal historisch Gegebene, bereits Bekannte und bereits Verehrte anzuschließen bestrebt seyn. Was, bei der niedrigen Gesinnung,
15 der intellektuellen Stumpfheit und überhaupt Brutalität des großen Haufens aller Zeiten und Länder, ihm *sensu proprio* unzugänglich bliebe, muß ihm, zum praktischen Behuf, *sensu allegorico* beigebracht werden, um sein Leitstern zu seyn. So sind denn die oben genannten Glaubenslehren anzusehen als die hei-
20 ligen Gefäße, in welchen die seit mehreren Jahrtausenden, ja, vielleicht seit dem Beginn des Menschengeschlechts erkannte und ausgesprochene große Wahrheit, die jedoch an sich selbst, in Bezug auf die Masse der Menschheit, stets eine Geheimlehre bleibt, dieser nach Maaßgabe ihrer Kräfte zugänglich gemacht,
25 aufbewahrt und durch die Jahrhunderte weitergegeben wird. Weil jedoch Alles, was nicht durch und durch aus dem unzerstörbaren Stoff der lauteren Wahrheit besteht, dem Untergange ausgesetzt ist; so muß, so oft diesem ein solches Gefäß, durch die Berührung mit einer ihm heterogenen Zeit, entgegengeht,
30 der heilige Inhalt irgendwie, durch ein anderes, gerettet und der Menschheit erhalten werden. Die Philosophie aber hat die Aufgabe, jenen Inhalt, da er mit der lauteren Wahrheit Eins ist, für die allezeit äußerst geringe Anzahl der zu denken Fähigen, rein, unvermischt, also bloß in abstrakten Begriffen, mithin ohne je-

nes Vehikel darzustellen. Dabei verhält sie sich zu den Religionen, wie eine gerade Linie zu mehreren, neben ihr laufenden Kurven: denn sie spricht *sensu proprio* aus, erreicht mithin geradezu, was jene unter Verhüllungen zeigen und auf Umwegen erreichen.

Wollte ich nun noch, um das zuletzt Gesagte durch ein Beispiel zu erläutern und zugleich eine philosophische Mode meiner Zeit mitzumachen, etwan versuchen, das tiefste Mysterium des Christenthums, also das der Trinität, in die Grundbegriffe meiner Philosophie aufzulösen; so könnte Dieses, unter den bei solchen Deutungen zugestandenen Licenzen, auf folgende Weise geschehen. Der heilige Geist ist die entschiedene Verneinung des Willens zum Leben: der Mensch, in welchem solche sich *in concreto* darstellt, ist der Sohn. Er ist identisch mit dem das Leben bejahenden und dadurch das Phänomen dieser anschaulichen Welt hervorbringenden Willen, d. i. dem Vater, sofern nämlich die Bejahung und Verneinung entgegengesetzte Akte des selben Willens sind, dessen Fähigkeit zu Beidem die alleinige wahre Freiheit ist. – Inzwischen ist dies als ein bloßer *lusus ingenii* anzusehen.

Ehe ich dieses Kapitel schließe, will ich einige Belege zu dem beibringen, was ich §. 68 des ersten Bandes durch den Ausdruck Δευτερος πλους bezeichnet habe, nämlich die Herbeiführung der Verneinung des Willens durch das eigene, schwer gefühlte Leiden, also nicht bloß durch das Aneignen des fremden und die durch dieses vermittelte Erkenntniß der Nichtigkeit und Trübsäligkeit unsers Daseyns. Was bei einer Erhebung solcher Art und dem durch sie eingeleiteten Läuterungsproceß im Innern des Menschen vorgeht, kann man sich faßlich machen an Dem, was jeder erregbare Mensch beim Zuschauen eines Trauerspiels erfährt, als womit es verwandter Natur ist. Nämlich etwan im dritten und vierten Akt wird ein Solcher durch den Anblick des mehr und mehr getrübten und bedrohten Glückes des Helden schmerzlich affizirt und beängstigt:

wann hingegen dieses im fünften Akte gänzlich scheitert und zerschellt, da spürt er eine gewisse Erhebung seines Gemüthes, welche ihm ein Genügen unendlich höherer Art gewährt, als der Anblick des noch so sehr beglückten Helden je vermocht
5 hätte. Dieses nun ist, in den schwachen Wasserfarben der Mitempfindung, wie sie eine wohlbewußte Täuschung erregen kann, das Selbe, was mit der Energie der Wirklichkeit in der Empfindung des eigenen Schicksals vorgeht, wann das schwere Unglück es ist, was den Menschen endlich in den Hafen gänzli-
10 cher Resignation treibt. Auf diesem Vorgange beruhen alle den Menschen ganz umwandelnden Bekehrungen, wie ich sie im Texte geschildert habe. Als eine der daselbst erzählten Bekehrungsgeschichte des Raimund Lullius auffallend ähnliche und überdies durch ihren Erfolg denkwürdige mag die des Abbé
15 R a n c é hier in wenigen Worten ihre Stelle finden. Seine Jugend war dem Vergnügen und der Lust gewidmet: er lebte endlich in einem leidenschaftlichen Verhältniß mit einer Frau von Montbazon. Eines Abends, als er diese besuchte, fand er ihre Zimmer leer, in Unordnung und dunkel. Mit dem Fuße stieß er
20 an etwas: es war ihr Kopf, den man vom Rumpfe getrennt hatte, weil der Leichnam der plötzlich Gestorbenen sonst nicht in den bleiernen Sarg, der daneben stand, hätte gehen können. Nach Ueberstehung eines gränzenlosen Schmerzes wurde nunmehr, 1663, R a n c é der Reformator des damals von der
25 Strenge seiner Regeln gänzlich abgewichenen Ordens der Trappisten, in welchen er sofort trat, und der durch ihn zu jener furchtbaren Größe der Entsagung zurückgeführt wurde, in welcher er noch gegenwärtig zu Latrappe besteht und, als die methodisch durchgeführte, durch die schwersten Entsagungen und
30 eine unglaublich harte und peinliche Lebensweise beförderte Verneinung des Willens, den Besucher mit heiligem Schauer erfüllt, nachdem ihn schon bei seinem Empfange die Demuth dieser ächten Mönche gerührt hat, die durch Fasten, Frieren, Nachtwachen, Beten und Arbeiten abgezehrt, vor ihm, dem

Weltkinde und Sünder, niederknien, um seinen Segen zu erbitten. In Frankreich hat von allen Mönchsorden dieser allein sich, nach allen Umwälzungen, vollkommen erhalten; welches dem tiefen Ernst, der bei ihm unverkennbar ist und alle Nebenabsichten ausschließt, zuzuschreiben ist. Sogar vom Verfall der Religion ist er unberührt geblieben; weil seine Wurzel eine tiefer in der menschlichen Natur liegende ist, als irgend eine positive Glaubenslehre.

Daß die hier in Betrachtung genommene, von den Philosophen bisher gänzlich vernachlässigte, große und schnelle Umwälzung des innersten Wesens im Menschen am häufigsten da eintritt, wo er, bei vollem Bewußtseyn, einem gewaltsamen und gewissen Tode entgegengeht, also bei Hinrichtungen, habe ich im Texte erwähnt. Um aber diesen Vorgang viel deutlicher vor Augen zu bringen, halte ich es keineswegs der Würde der Philosophie unangemessen, die Aeußerungen einiger Verbrecher vor der Hinrichtung herzusetzen; wenn ich mir auch den Spott, daß ich auf Galgenpredigten provocire, dadurch zuziehen sollte. Vielmehr glaube ich allerdings, daß der Galgen ein Ort ganz besonderer Offenbarungen und eine Warte ist, von welcher aus dem Menschen, der daselbst seine Besinnung behält, die Aussichten in die Ewigkeit sich oft weiter aufthun und deutlicher darstellen, als den meisten Philosophen über den Paragraphen ihrer rationalen Psychologie und Theologie. – Folgende Galgenpredigt also hielt, am 15. April 1837, zu Glocester, ein gewisser Bartlett, der seine Schwiegermutter gemordet hatte: »Engländer und Landsleute! Nur sehr wenige Worte habe ich zu sagen: aber ich bitte euch, Alle und Jeden, daß ihr diese wenigen Worte tief in eure Herzen dringen laßt, daß ihr sie im Andenken behaltet, nicht nur während ihr dem gegenwärtigen, traurigen Schauspiele zusehet, sondern sie nach Hause nehmt und sie euren Kindern und Freunden wiederholet. Hierum also flehe ich euch an, als ein Sterbender, als Einer, für den das Todeswerkzeug jetzt bereit steht. Und diese wenigen Worte sind: macht

euch los von der Liebe zu dieser sterbenden Welt und ihren ei-
telen Freuden: denkt weniger an sie und mehr an euren Gott.
Das thut! Bekehret euch, bekehret euch! Denn, seid versichert,
daß ohne eine tiefe und wahre Bekehrung, ohne ein Umkehren
5 zu eurem himmlischen Vater, ihr nicht die geringste Hoffnung
haben könnt, jemals jene Gefilde der Säligkeit und jenes Landes
des Friedens zu erreichen, welchem ich jetzt mit schnellen
Schritten entgegenzugehen, die feste Zuversicht habe.« (Nach
den *Times*, vom 18. April 1837.) – Noch merkwürdiger ist eine
10 letzte Aeußerung des bekannten Mörders Greenacre, welcher
am 1. Mai 1837 in London hingerichtet wurde. Die englische
Zeitung *The Post* berichtet darüber Folgendes, welches auch in
Galignani's Messenger vom 6. Mai 1837 abgedruckt ist: »Am
Morgen seiner Hinrichtung empfahl ihm ein Herr, er möge sein
15 Vertrauen auf Gott stellen und um Vergebung durch die Vermittelung Jesu Christi beten. Greenacre erwiderte: um Vergebung durch die Vermittelung Christi bitten sei eine Sache der
Meinung; er, seines Theils glaube, daß, in den Augen des höchsten Wesens, ein Mohammedaner einem Christen gleich gelte
20 und eben so viel Anspruch auf Säligkeit habe. Er habe, seit seiner Gefangenschaft, seine Aufmerksamkeit auf theologische Gegenstände gerichtet, und ihm sei die Ueberzeugung geworden,
daß der Galgen ein Paß (*pass-port*) zum Himmel ist.« Gerade
die hier an den Tag gelegte Gleichgültigkeit gegen positive Reli-
25 gionen giebt dieser Aeußerung größeres Gewicht; indem sie beweist, daß derselben kein fanatischer Wahn, sondern eigene, unmittelbare Erkenntniß zum Grunde liegt. – Noch folgender
Zug sei erwähnt, welchen *Galignani's Messenger* vom 15. August 1837 aus der *Limerick Chronicle* giebt: »Letzten Montag
30 wurde Maria Cooney wegen des empörenden Mordes der Frau
Anna Anderson hingerichtet. So tief war diese Elende von der
Größe ihres Verbrechens durchdrungen, daß sie den Strick, der
an ihren Hals gelegt wurde, küßte, indem sie demüthig Gottes
Gnade anrief.« – Endlich noch dieses: die *Times* vom 29. April

1845 geben mehrere Briefe, welche der als Mörder des D e l a r ü e verurtheilte H o c k e r am Tage vor seiner Hinrichtung geschrieben hat. In einem derselben sagt er: »Ich bin überzeugt, daß, wenn nicht d a s n a t ü r l i c h e H e r z g e b r o c h e n (*the natural heart be broken*) und durch göttliche Gnade erneuert ist, so edel und liebenswürdig dasselbe auch der Welt erscheinen mag, es doch nimmer der Ewigkeit gedenken kann, ohne innerlichen Schauder.« – Dies sind die oben erwähnten Aussichten in die Ewigkeit, die sich von jener Warte aus eröffnen, und ich habe um so weniger Anstand genommen, sie herzusetzen, als auch Shakespeare sagt:

> *out of these convertites*
> *There is much matter to be heard and learn'd*[*]
> (*As you like it, last scene.*).

Daß auch das Christenthum dem Leiden als solchem die hier dargestellte läuternde und heiligende Kraft beilegt und dagegen dem großen Wohlseyn eine entgegengesetzte Wirkung zuschreibt, hat S t r a u ß in seinem »Leben Jesu« nachgewiesen. (Bd. 1, Abschn. 2, Kap. 6, §§. 72 und 74.) Er sagt nämlich, daß die Makarismen in der Bergpredigt einen andern Sinn bei Lukas (6, 21), als bei Matthäus (5, 3) hätten: denn nur Dieser füge zu μακασιο οἱ πτωχοι hinzu τω πνευματι, und zu πεινωντες den Zusatz την δικαιοσυνην: bei ihm allein also seien die Einfältigen und Demüthigen u. s. w. gemeint, hingegen bei Lukas die eigentlich Armen; so daß hier der Gegensatz der sei, zwischen jetzigem Leiden und künftigem Wohlergehn. Bei den Ebioniten sei ein Hauptsatz, daß wer in d i e s e r Zeit sein Theil nehme, in der künftigen leer ausgehe, und umgekehrt. Auf die Makarismen folgen demgemäß bei Lukas eben so viele ουαι, welche den πλουσιοις, εμπεπλησμενοις und γελωσι zu-

---

[*] Von diesen Bekehrten ist gar Vieles zu hören und zu lernen.

gerufen werden, im Ebionitischen Sinn. Im selben Sinn, sagt er
S. 604, sei die Parabel (Luk. 16, 19) vom reichen Mann und
dem Lazarus gegeben, als welche durchaus kein Vergehn Jenes,
noch Verdienst Dieses erzählt, und zum Maaßstab der künfti-
5 gen Vergeltung nicht das in diesem Leben gethane Gute, oder
verübte Böse, sondern das hier erlittene Uebel und genossene
Gute nimmt, im Ebionitischen Sinne. »Eine ähnliche Werthschätzung der äußern Armuth«, fährt S t r a u ß fort, »schreiben
auch die andern Synoptiker (Math. 19, 16; Mark. 10, 17; Luk.
10 18, 18) Jesu zu, in der Erzählung vom reichen Jüngling und der
Gnome vom Kameel und Nadelöhr.«

Wenn man den Sachen auf den Grund geht, wird man erkennen, daß sogar die berühmtesten Stellen der Bergpredigt eine
indirekte Anweisung zur freiwilligen Armuth, und dadurch zur
15 Verneinung des Willens zum Leben, enthalten. Denn die Vorschrift (Math. 5, 40 ff.), allen an uns gemachten Forderungen
unbedingt Folge zu leisten, Dem, der um die Tunika mit uns
rechten will, auch noch das Pallium dazu zu geben, u. s. w.,
imgleichen (ebendaselbst 6, 25–34) die Vorschrift, uns aller Sor-
20 gen für die Zukunft, sogar für den morgenden Tag, zu entschla-
gen und so in den Tag hinein zu leben, sind Lebensregeln, deren Befolgung unfehlbar zur gänzlichen Armuth führt, und die
demnach auf indirekte Weise eben Das besagen, was B u d d h a
den Seinigen geradezu vorschreibt und durch sein eigenes Bei-
25 spiel bekräftigt hat: werfet Alles weg und werdet B i k s c h u ,
d. h. Bettler. Noch entschiedener tritt Dieses hervor in der Stelle Math. 10, 9–15, wo den Aposteln jedes Eigenthum, sogar
Schuhe und Wanderstab, untersagt wird und sie auf das Betteln
angewiesen werden. Diese Vorschriften sind nachmals die
30 Grundlage der Bettelorden des Heil. Franciscus geworden (*Bonaventurae vita S. Francisci, c. 3*). Darum also sage ich, daß der
Geist der Christlichen Moral mit dem des Brahmanismus und
Buddhaismus identisch ist. – In Gemäßheit der ganzen hier dargelegten Ansicht, sagt auch Meister Eckhard (Werke, Bd. I, S.

492): »Das schnellste Thier, das euch trägt zur Vollkommenheit, das ist Leiden.«

Kapitel 49.
Die Heilsordnung.

Es giebt nur e i n e n angeborenen Irrthum, und es ist der, daß
wir da sind, um glücklich zu seyn. Angeboren ist er uns, weil
er mit unserm Daseyn selbst zusammenfällt, und unser ganzes
Wesen eben nur seine Paraphrase, ja unser Leib sein Mono-
gramm ist: sind wir doch eben nur Wille zum Leben; die successive Befriedigung alles unsers Wollens aber ist was man
durch den Begriff des Glückes denkt.

So lange wir in diesem angeborenen Irrthum verharren, auch
wohl gar noch durch optimistische Dogmen in ihm bestärkt
werden, erscheint uns die Welt voll Widersprüche. Denn bei jedem Schritt, im Großen wie im Kleinen, müssen wir erfahren,
daß die Welt und das Leben durchaus nicht darauf eingerichtet
sind, ein glückliches Daseyn zu enthalten. Während nun hiedurch der Gedankenlose sich eben bloß in der Wirklichkeit ge-
plagt fühlt, kommt bei Dem, welcher denkt, zur Pein in der
Realität noch die theoretische Perplexität hinzu, warum eine
Welt und ein Leben, welche doch ein Mal dazu dasind, daß
man darin glücklich sei, ihrem Zwecke so schlecht entsprechen? Sie macht vor der Hand sich Luft in Stoßseufzern, wie:
»Ach, warum sind der Thränen unter'm Mond so viel?« u.
dergl. m., in ihrem Gefolge aber kommen beunruhigende Skru-
pel gegen die Voraussetzungen jener vorgefaßten optimistischen
Dogmen. Immerhin mag man dabei versuchen, die Schuld seiner individuellen Unglücksäligkeit bald auf die Umstände, bald
auf andere Menschen, bald auf sein eigenes Misgeschick, oder
auch Ungeschick, zu schieben, auch wohl erkennen, wie Diese

sämmtlich dazu mitgewirkt haben; Dieses ändert doch nichts in dem Ergebniß, daß man den eigentlichen Zweck des Lebens, der ja im Glücklichseyn bestehe, verfehlt habe; worüber dann die Betrachtung, zumal wann es mit dem Leben schon auf die
5 Neige geht, oft sehr niederschlagend ausfällt: daher tragen fast alle ältlichen Gesichter den Ausdruck Dessen, was man auf Englisch *disappointment* nennt. Ueberdies aber hat uns bis dahin schon jeder Tag unsers Lebens gelehrt, daß die Freuden und Genüsse, auch wenn erlangt, an sich selbst trügerisch sind,
10 nicht leisten was sie versprechen, das Herz nicht zufrieden stellen und endlich ihr Besitz wenigstens durch die sie begleitenden, oder aus ihnen entspringenden Unannehmlichkeiten vergällt wird; während hingegen die Schmerzen und Leiden sich als sehr real erweisen und oft alle Erwartung übertreffen. – So
15 ist denn allerdings im Leben Alles geeignet, uns von jenem ursprünglichen Irrthum zurückzubringen und uns zu überzeugen, daß der Zweck unsers Daseyns nicht der ist, glücklich zu seyn. Ja, wenn näher und unbefangen betrachtet, stellt das Leben sich vielmehr dar, wie ganz eigentlich darauf abgesehen, daß wir uns
20 n i c h t glücklich darin fühlen sollen, indem dasselbe, durch seine ganze Beschaffenheit, den Charakter trägt von etwas, daran uns der Geschmack benommen, das uns verleidet werden soll und davon wir, als von einem Irrthum, zurückzukommen haben, damit unser Herz von der Sucht zu genießen, ja, zu leben,
25 geheilt und von der Welt abgewendet werde. In diesem Sinne wäre es demnach richtiger, den Zweck des Lebens in unser Wehe, als in unser Wohl zu setzen. Denn die Betrachtungen am Schlusse des vorigen Kapitels haben gezeigt, daß, je mehr man leidet, desto eher der wahre Zweck des Lebens erreicht, und je
30 glücklicher man lebt, desto weiter er hinausgeschoben wird. Diesem entspricht sogar der Schluß des letzten Briefes des S e - n e k a : *bonum tunc habebis tuum, quum intelliges infelicissimos esse felices*; welcher allerdings auf einen Einfluß des Christenthums zu deuten scheint. – Auch die eigenthümliche Wirkung

des Trauerspiels beruht im Grunde darauf, daß es jenen angeborenen Irrthum erschüttert, indem es die Vereitelung des
menschlichen Strebens und die Nichtigkeit dieses ganzen Daseyns an einem großen und frappanten Beispiel lebhaft veranschaulicht und hiedurch den tiefsten Sinn des Lebens aufschließt; weshalb es als die erhabenste Dichtungsart anerkannt
ist. – Wer nun, auf dem einen oder dem andern Wege, von jenem uns *a priori* einwohnenden Irrthum, jenem πρῶτος
ψεῦδος unsers Daseyns, zurückgekommen ist, wird bald Alles
in einem andern Lichte sehen und jetzt die Welt, wenn auch
nicht mit seinem Wunsche, doch mit seiner Einsicht in Einklang finden. Die Unfälle, jeder Art und Größe, wenn sie ihn
auch schmerzen, werden ihn nicht mehr wundern; da er eingesehen hat, daß gerade Schmerz und Trübsal auf den wahren
Zweck des Lebens, die Abwendung des Willens von demselben, hinarbeiten. Dies wird ihm sogar, bei Allem was geschehen mag, eine wundersame Gelassenheit geben, der ähnlich,
mit welcher ein Kranker, der eine lange und peinliche Kur gebraucht, den Schmerz derselben als ein Anzeichen ihrer Wirksamkeit erträgt. – Deutlich genug spricht aus dem ganzen
menschlichen Daseyn das Leiden als die wahre Bestimmung
desselben. Das Leben ist tief darin eingesenkt und kann ihm
nicht entgehen: unser Eintritt in dasselbe geschieht unter Thränen, sein Verlauf ist im Grunde immer tragisch, und noch mehr
sein Ausgang. Ein Anstrich von Absichtlichkeit hierin ist nicht
zu verkennen. In der Regel fährt das Schicksal dem Menschen
im Hauptzielpunkt seiner Wünsche und Bestrebungen auf eine
radikale Weise durch den Sinn; wodurch alsdann sein Leben
eine tragische Tendenz erhält, vermöge welcher es geeignet ist,
ihn von der Sucht, deren Darstellung jede individuelle Existenz
ist, zu befreien und ihn dahin zu führen, daß er vom Leben
scheidet, ohne den Wunsch nach ihm und seinen Freuden zu-
rückzubehalten. Das Leiden ist in der That der Läuterungsproceß, durch welchen allein, in den meisten Fällen, der Mensch

geheiligt, d. h. von dem Irrweg des Willens zum Leben zurückgeführt wird. Dem entsprechend wird in den Christlichen Er-
bauungsbüchern so oft die Heilsamkeit des Kreuzes und Leidens erörtert und ist überhaupt sehr passend das Kreuz, ein
5 Werkzeug des Leidens, nicht des Thuns, das Symbol der
Christlichen Religion. Ja, schon der noch jüdische, aber so philosophische Koheleth sagt mit Recht: »Es ist Trauern besser,
denn Lachen: denn durch Trauern wird das Herz gebessert« (7,
4). Unter der Bezeichnung des δευτερος πλονς habe ich das
10 Leiden gewissermaßen als ein Surrogat der Tugend und Heiligkeit dargestellt: hier aber muß ich das kühne Wort aussprechen,
daß wir, Alles wohl erwogen, für unser Heil und Erlösung
mehr zu hoffen haben von Dem, was wir leiden, als von Dem,
was wir thun. Gerade in diesem Sinne sagt L a m a r t i n e , in
15 seiner *Hymne à la douleur,* den Schmerz anredend, sehr schön:

> *Tu me traites sans doute en favori des cieux,*
> *Car tu n'épargnes pas les larmes à mes yeux.*
> *Eh bien! je les reçois comme tu les envoies,*
> *Tes maux seront mes biens, et tes soupirs mes joies.*
> 20 *Je sens qu'il est en toi, sans avoir combattu,*
> *Une vertu divine au lieu de ma vertu,*
> *Que tu n'es pas la mort de l'âme, mais sa vie,*
> *Que ton bras, en frappant, guérit et vivifie.*

Hat also schon das Leiden eine solche heiligende Kraft, so wird
25 diese in noch höherm Grade dem mehr als alles Leiden ge-
fürchteten Tode zukommen. Dem entsprechend wird eine der
Ehrfurcht, welche großes Leiden uns abnöthigt, verwandte vor
jedem Gestorbenen gefühlt, ja, jeder Todesfall stellt sich gewissermaßen als eine Art Apotheose oder Heiligsprechung dar;
30 daher wir den Leichnam auch des unbedeutendesten Menschen
nicht ohne Ehrfurcht betrachten, und sogar, so seltsam an dieser Stelle die Bemerkung klingen mag, vor jeder Leiche die Wa-

che ins Gewehr tritt. Das Sterben ist allerdings als der eigentliche Zweck des Lebens anzusehen: im Augenblick desselben wird alles Das entschieden, was durch den ganzen Verlauf des Lebens nur vorbereitet und eingeleitet war. Der Tod ist das Ergebniß, das Résumé des Lebens, oder die zusammengezogene Summe, welche die gesammte Belehrung, die das Leben vereinzelt und stückweise gab, mit Einem Male ausspricht, nämlich diese, daß das ganze Streben, dessen Erscheinung das Leben ist, ein vergebliches, eitles, sich widersprechendes war, von welchem zurückgekommen zu seyn eine Erlösung ist. Wie die gesammte, langsame Vegetation der Pflanze sich verhält zur Frucht, die mit Einem Schlage jetzt hundertfach leistet, was jene allmälig und stückweise; so verhält sich das Leben, mit seinen Hindernissen, getäuschten Hoffnungen, vereitelten Plänen und stetem Leiden, zum Tode, der Alles, Alles, was der Mensch gewollt hat, mit Einem Schlage zerstört und so der Belehrung, die das Leben ihm gab, die Krone aufsetzt. – Der vollbrachte Lebenslauf, auf welchen man sterbend zurückblickt, hat auf den ganzen, in dieser untergehenden Individualität sich objektivirenden Willen eine Wirkung, welche der analog ist, die ein Motiv auf das Handeln des Menschen ausübt: er giebt nämlich demselben eine neue Richtung, welche sonach das moralische und wesentliche Resultat des Lebens ist. Eben weil ein p l ö t z l i c h e r Tod diesen Rückblick unmöglich macht, sieht die Kirche einen solchen als ein Unglück an, um dessen Abwendung gebetet wird. Weil sowohl dieser Rückblick, wie auch die deutliche Vorhersicht des Todes, als durch Vernunft bedingt, nur im Menschen, nicht im Thiere, möglich ist, und deshalb auch nur er den Becher des Todes wirklich leert, ist die Menschheit die alleinige Stufe, auf welcher der Wille sich verneinen und vom Leben ganz abwenden kann. Dem Willen, der sich nicht verneint, verleiht jede Geburt einen neuen und verschiedenen Intellekt, – bis er die wahre Beschaffenheit des Lebens erkannt hat und in Folge hievon es nicht mehr will.

Bei dem naturgemäßen Verlauf kommt im Alter das Absterben des Leibes dem Absterben des Willens entgegen. Die Sucht nach Genüssen verschwindet leicht mit der Fähigkeit zu denselben. Der Anlaß des heftigsten Wollens, der Brennpunkt des Willens, der Geschlechtstrieb, erlischt zuerst, wodurch der Mensch in einen Stand versetzt wird, der dem der Unschuld, die vor der Entwickelung des Genitalsystems da war, ähnlich ist. Die Illusionen, welche Chimären als höchst wünschenswerthe Güter darstellten, verschwinden, und an ihre Stelle tritt die Erkenntniß der Nichtigkeit aller irdischen Güter. Die Selbstsucht wird durch die Liebe zu den Kindern verdrängt, wodurch der Mensch schon anfängt mehr im fremden Ich zu leben, als im eigenen, welches nun bald nicht mehr seyn wird. Dieser Verlauf ist wenigstens der wünschenswerthe: es ist die Euthanasie des Willens. In Hoffnung auf denselben ist dem Brahmanen verordnet, nach Zurücklegung der besten Lebensjahre, Eigenthum und Familie zu verlassen und ein Einsiedlerleben zu führen. (Menu, B. 6) Aber wenn, umgekehrt, die Gier die Fähigkeit zum Genießen überlebt, und man jetzt einzelne, im Leben verfehlte Genüsse bereuet, statt die Leerheit und Nichtigkeit aller einzusehen; und wenn sodann an die Stelle der Gegenstände der Lüste, für welche der Sinn abgestorben ist, der abstrakte Repräsentant aller dieser Gegenstände, das Geld, tritt, welches nunmehr die selben heftigen Leidenschaften erregt, die ehemals von den Gegenständen wirklichen Genusses, verzeihlicher, erweckt wurden, und also jetzt, bei abgestorbenen Sinnen, ein lebloser aber unzerstörbarer Gegenstand mit gleich unzerstörbarer Gier gewollt wird; oder auch wenn, auf gleiche Weise, das Daseyn in der fremden Meinung die Stelle des Daseyns und Wirkens in der wirklichen Welt vertreten soll und nun die gleichen Leidenschaften entzündet; – dann hat sich, im Geiz, oder in der Ehrsucht, der Wille sublimirt und vergeistigt, dadurch aber sich in die letzte Festung geworfen, in welcher nur noch der Tod ihn belagert. Der Zweck des Daseyns ist verfehlt.

Alle diese Betrachtungen liefern eine nähere Erklärung der im vorigen Kapitel durch den Ausdruck δευτερος πλους bezeichneten Läuterung, Wendung des Willens und Erlösung, welche durch die Leiden des Lebens herbeigeführt wird und ohne Zweifel die häufigste ist. Denn sie ist der Weg der Sünder, wie wir Alle sind. Der andere Weg, der mittelst bloßer Erkenntniß und demnächst Aneignung der Leiden einer ganzen Welt, eben dahin führt, ist die schmale Straße der Auserwählten, der Heiligen, mithin als eine seltene Ausnahme zu betrachten. Ohne jenen erstern würde daher für die Meisten kein Heil zu hoffen seyn. Inzwischen sträuben wir uns, denselben zu betreten, und streben vielmehr, mit allen Kräften, uns ein sicheres und angenehmes Daseyn zu bereiten, wodurch wir unsern Willen immer fester an das Leben ketten. Umgekehrt handeln die Asketen, welche ihr Leben absichtlich möglichst arm, hart und freudenleer machen, weil sie ihr wahres und letztes Wohl im Auge haben. Aber für uns sorgt das Schicksal und der Lauf der Dinge besser, als wir selbst, indem es unsere Anstalten zu einem Schlaraffenleben, dessen Thörichtes schon an seiner Kürze, Bestandlosigkeit, Leerheit und Beschließung durch den bittern Tod erkennbar genug ist, allenthalben vereitelt, Dornen über Dornen auf unsern Pfad streuet und das heilsame Leiden, das Panakeion unsers Jammers, uns überall entgegen bringt. Wirklich ist was unserm Leben seinen wunderlichen und zweideutigen Charakter giebt Dieses, daß darin zwei einander diametral entgegengesetzte Grundzwecke sich beständig kreuzen: der des individuellen Willens, gerichtet auf chimärisches Glück, in einem ephemeren, traumartigen, täuschenden Daseyn, wo hinsichtlich des Vergangenen Glück und Unglück gleichgültig sind, das Gegenwärtige aber jeden Augenblick zum Vergangenen wird; und der des Schicksals, sichtlich genug gerichtet auf Zerstörung unsers Glücks und dadurch auf Mortifikation unsers Willens und

Aufhebung des Wahnes, der uns in den Banden dieser Welt gefesselt hält.

Die gangbare, besonders protestantische Ansicht, daß der Zweck des Lebens ganz allein und unmittelbar in den morali-
5 schen Tugenden, also in der Ausübung der Gerechtigkeit und Menschenliebe liege, verräth ihre Unzulänglichkeit schon dadurch, daß so erbärmlich wenig wirkliche und reine Moralität unter den Menschen angetroffen wird. Ich will gar nicht von hoher Tugend, Edelmuth, Großmuth und Selbstaufopferung re-
10 den, als welchen man schwerlich anders, als in Schauspielen und Romanen begegnen seyn wird; sondern nur von jenen Tugenden, die Jedem zur Pflicht gemacht werden. Wer alt ist, denke zurück an alle Die, mit welchen er zu thun gehabt hat; wie viele auch nur wirklich und wahrhaft e h r l i c h e Leute wer-
15 den ihm wohl vorgekommen seyn? Waren nicht bei Weitem die Meisten, trotz ihrem schaamlosen Auffahren beim leisesten Verdacht einer Unredlichkeit, oder nur Unwahrheit, gerade heraus gesagt, das wirkliche Gegentheil? War nicht niederträchtiger Eigennutz, gränzenlose Geldgier, wohlversteckte Gaunerei,
20 dazu giftiger Neid und teuflische Schadenfreude, so allgemein herrschend, daß die kleinste Ausnahme davon mit Bewunderung aufgenommen wurde? Und die Menschenliebe, wie höchst selten erstreckt sie sich weiter, als bis zu einer Gabe des so sehr Entbehrlichen, daß man es nie vermissen kann? Und in
25 solchen, so überaus seltenen und schwachen Spuren von Moralität sollte der ganze Zweck des Daseyns liegen? Setzt man ihn hingegen in die gänzliche Umkehrung dieses unsers Wesens (welches die eben besagten schlechten Früchte trägt), herbeigeführt durch das Leiden; so gewinnt die Sache ein Ansehen und
30 tritt in Uebereinstimmung mit dem thatsächlich Vorliegenden. Das Leben stellt sich alsdann dar als ein Läuterungsproceß, dessen reinigende Lauge der Schmerz ist. Ist der Proceß vollbracht, so läßt er die ihm vorhergegangene Immoralität und Schlechtigkeit als Schlacke zurück, und es tritt ein, was der Veda sagt:

finditur nodus cordis, dissolvuntur omnes dubitationes, ejusque opera evanescunt.

Kapitel 50.
Epiphilosophie.

Am Schlusse meiner Darstellung mögen einige Betrachtungen über meine Philosophie selbst ihre Stelle finden. – Dieselbe maaßt sich, wie schon gesagt, nicht an, das Daseyn der Welt aus seinen letzten Gründen zu erklären: vielmehr bleibt sie bei dem Thatsächlichen der äußern und innern Erfahrung, wie sie Jedem zugänglich sind, stehen, und weist den wahren und tiefsten Zusammenhang derselben nach, ohne jedoch eigentlich darüber hinauszugehen zu irgend außerweltlichen Dingen und deren Verhältnissen zur Welt. Sie macht demnach keine Schlüsse auf das jenseit aller möglichen Erfahrung Vorhandene, sondern liefert bloß die Auslegung des in der Außenwelt und dem Selbstbewußtseyn Gegebenen, begnügt sich also damit, das Wesen der Welt, seinem innern Zusammenhange mit sich selbst nach, zu begreifen. Sie ist folglich i m m a n e n t, im Kantischen Sinne des Worts. Eben deshalb aber läßt sie noch viele Fragen übrig, nämlich warum das thatsächlich Nachgewiesene so und nicht anders sei, u. s. w. Allein alle solche Fragen, oder vielmehr die Antworten darauf, sind eigentlich transscendent, d. h. sie lassen sich mittelst der Formen und Funktionen unsers Intellekts nicht denken, gehen in diese nicht ein: er verhält sich daher zu ihnen wie unsere Sinnlichkeit zu etwanigen Eigenschaften der Körper, für die wir keine Sinne haben. Man kann z. B., nach allen meinen Auseinandersetzungen, noch fragen, woraus denn dieser Wille, welcher frei ist sich zu bejahen, wovon die Erscheinung die Welt, oder zu verneinen, wovon wir die Erscheinung nicht kennen, entsprungen sei? welches die jenseit al-

ler Erfahrung liegende Fatalität sei, welche ihn in die höchst
mißliche Alternative, als eine Welt, in der Leiden und Tod
herrscht, zu erscheinen, oder aber sein eigenstes Wesen zu verneinen, versetzt habe? oder auch, was ihn vermocht haben
5 möge, die unendlich vorzuziehende Ruhe des säligen Nichts zu
verlassen? Ein individueller Wille, mag man hinzufügen, kann
zu seinem eigenen Verderben allein durch Irrthum bei der
Wahl, also durch Schuld der Erkenntniß, sich hinlenken: aber
der Wille an sich, vor aller Erscheinung, folglich noch ohne Er-
10 kenntniß, wie konnte er irre gehen und in das Verderben seines
jetzigen Zustandes gerathen? woher überhaupt der große Miß-
ton, der diese Welt durchdringt? Ferner kann man fragen, wie
tief, im Wesen an sich der Welt, die Wurzeln der Individualität
gehen? worauf sich allenfalls noch antworten ließe: sie gehen so
15 tief, wie die Bejahung des Willens zum Leben; wo die Verneinung eintritt, hören sie auf: denn mit der Bejahung sind sie entsprungen. Aber man könnte wohl gar die Frage aufwerfen:
»Was wäre ich, wenn ich nicht Wille zum Leben wäre?« und
mehr dergleichen. – Auf alle solche Fragen wäre zunächst zu
20 antworten, daß der Ausdruck der allgemeinsten und durchgän-
gigsten Form unsers Intellekts der Satz vom Grunde ist,
daß aber dieser eben deshalb nur auf die Erscheinung, nicht auf
das Wesen an sich der Dinge Anwendung findet: auf ihm allein
aber beruht alles Woher und Warum. In Folge der Kantischen
25 Philosophie ist er nicht mehr eine *aeterna veritas*, sondern bloß
die Form, d. i. Funktion, unsers Intellekts, der wesentlich ein
cerebraler und ursprünglich ein bloßes Werkzeug zum Dienste
unsers Willens ist, welchen, nebst allen seinen Objektivationen,
er daher voraussetzt. An seine Formen aber ist unser gesammt-
30 tes Erkennen und Begreifen gebunden: demzufolge müssen wir
Alles in der Zeit, mithin als ein Vorher oder Nachher, sodann
als Ursach und Wirkung, wie auch als oben, unten, Ganzes
und Theile u. s. w. auffassen und können aus dieser Sphäre,
worin alle Möglichkeit unsers Erkennens liegt, gar nicht heraus.

Diese Formen nun aber sind den hier aufgeworfenen Problemen durchaus nicht angemessen, noch deren Lösung, gesetzt sie wäre gegeben, zu fassen irgend geeignet und fähig. Darum stoßen wir mit unserm Intellekt, diesem bloßen Willens-Werkzeug, überall an unauflösliche Probleme, wie an die Mauer unsers Kerkers. – Ueberdies aber läßt sich wenigstens als wahrscheinlich annehmen, daß von allem jenen Nachgefragten nicht bloß f ü r u n s keine Erkenntniß möglich sei, sondern überhaupt keine, also nie und nirgends; daß nämlich jene Verhältnisse nicht bloß relativ, sondern absolut unerforschlich seien; daß nicht nur niemand sie wisse, sondern daß sie an sich selbst nicht wißbar seien, indem sie in die Form der Erkenntniß überhaupt nicht eingehen. (Dies entspricht Dem, was S k o t u s E r i g e n a sagt, *de mirabili divina ignorantia, qua Deus non intelligit quid ipse sit. Lib. II.*) Denn die Erkennbarkeit überhaupt, mit ihrer wesentlichsten, daher stets nothwendigen Form von Subjekt und Objekt, gehört bloß der E r s c h e i n u n g an, nicht dem Wesen an sich der Dinge. Wo Erkenntniß, mithin Vorstellung ist, da ist auch nur Erscheinung, und wir stehen daselbst schon auf dem Gebiete der Erscheinung: ja, die Erkenntniß überhaupt ist uns nur als ein Gehirnphänomen bekannt, und wir sind nicht nur unberechtigt, sondern auch unfähig, sie anderweitig zu denken. Was die Welt als Welt sei, läßt sich verstehen: sie ist Erscheinung, und wir können, unmittelbar aus uns selbst, vermöge des wohlzerlegten Selbstbewußtseyns, das darin Erscheinende erkennen: dann aber läßt sich, mittelst dieses Schlüssels zum Wesen der Welt, die ganze Erscheinung, ihrem Zusammenhange nach, entziffern; wie ich glaube dies geleistet zu haben. Aber verlassen wir die Welt, um die oben bezeichneten Fragen zu beantworten; so haben wir auch den ganzen Boden verlassen, auf dem allein nicht nur Verknüpfung nach Grund und Folge, sondern selbst Erkenntniß überhaupt möglich ist: dann ist Alles *instabilis tellus, innabilis unda.* Das Wesen der Dinge vor oder jenseit der Welt und folglich jenseit

des Willens, steht keinem Forschen offen; weil die Erkenntniß
überhaupt selbst nur Phänomen ist, daher nur in der Welt Statt
findet, wie die Welt nur in ihr. Das innere Wesen an sich der
Dinge ist kein erkennendes, kein Intellekt, sondern ein erkennt-
5 nißloses: die Erkenntniß kommt erst als ein Accidenz, ein
Hülfsmittel der Erscheinung jenes Wesens, hinzu, kann daher es
selbst nur nach Maaßgabe ihrer eigenen, auf ganz andere
Zwecke (die des individuellen Willens) berechneten Beschaffenheit, mithin sehr unvollkommen, in sich aufnehmen. Hieran
10 liegt es, daß vom Daseyn, Wesen und Ursprung der Welt ein
vollständiges, bis auf den letzten Grund gehendes und jeder Anforderung genügendes Verständniß unmöglich ist. So viel von
den Gränzen meiner und aller Philosophie. –

Das ἑν και παν, d. h. daß das innere Wesen in allen Dingen
15 schlechthin Eines und dasselbe sei, hatte, nachdem die Eleaten,
Skotus Erigena, Jordan Bruno und Spinoza es ausführlich gelehrt und Schelling diese Lehre aufgefrischt hatte, meine Zeit
bereits begriffen und eingesehen. Aber was dieses Eine sei und
wie es dazu komme sich als das Viele darzustellen, ist ein Pro-
20 blem, dessen Lösung man zuerst bei mir findet. – Ebenfalls hatte man, seit den ältesten Zeiten, den Menschen als Mikrokosmos angesprochen. Ich habe den Satz umgekehrt und die Welt
als Makranthropos nachgewiesen; sofern Wille und Vorstellung
ihr wie sein Wesen erschöpft. Offenbar aber ist es richtiger, die
25 Welt aus dem Menschen verstehen zu lehren, als den Menschen
aus der Welt: denn aus dem unmittelbar Gegebenen, also dem
Selbstbewußtseyn, hat man das mittelbar Gegebene, also das
der äußern Anschauung, zu erklären; nicht umgekehrt.

Mit den P a n t h e i s t e n habe ich nun zwar jenes ἑν και
30 παν gemein, aber nicht das παν θεος; weil ich über die (im
weitesten Sinne genommene) Erfahrung nicht hinausgehe und
noch weniger mich mit den vorliegenden Datis in Widerspruch
setze. S k o t u s E r i g e n a erklärt, im Sinne des Pantheismus
ganz konsequent, jede Erscheinung für eine Theophanie: dann

muß aber dieser Begriff auch auf die schrecklichen und scheuß-
lichen Erscheinungen übertragen werden: saubere Theopha-
nien! Was mich ferner von den Pantheisten unterscheidet, ist
hauptsächlich Folgendes. 1) Daß ihr θεος ein x, eine unbekannte Größe ist, der W i l l e hingegen unter allem Möglichen das
uns am genauesten Bekannte, das allein unmittelbar Gegebene,
daher zur Erklärung des Uebrigen ausschließlich Geeignete.
Denn überall muß das Unbekannte aus dem Bekannteren erklärt werden; nicht umgekehrt. – 2) Daß ihr θεος sich manifestirt *animi causa*, um seine Herrlichkeit zu entfalten, oder gar
sich bewundern zu lassen. Abgesehen von der ihm hiebei unter-
gelegten Eitelkeit, sind sie dadurch in den Fall gesetzt, die ko-
lossalen Uebel der Welt hinwegsophisticiren zu müssen: aber
die Welt bleibt in schreiendem und entsetzlichem Widerspruch
mit jener phantasirten Vortrefflichkeit stehen. Bei mir hingegen
kommt der W i l l e durch seine Objektivation, wie sie auch
immer ausfalle, zur Selbsterkenntniß, wodurch seine Aufhebung, Wendung, Erlösung, möglich wird. Auch hat demgemäß
bei mir allein die Ethik ein sicheres Fundament und wird vollständig durchgeführt, in Uebereinstimmung mit den erhabenen
und tiefgedachten Religionen, also dem Brahmanismus, Buddhaismus und Christenthum, nicht bloß mit dem Judenthum
und Islam. Auch die Metaphysik des Schönen wird erst in Folge meiner Grundwahrheiten vollständig aufgeklärt, und braucht
nicht mehr sich hinter leere Worte zu flüchten. Bei mir allein
werden die Uebel der Welt in ihrer ganzen Größe redlich eingestanden: sie können dies, weil die Antwort auf die Frage nach
ihrem Ursprung zusammenfällt mit der auf die nach dem Ursprung der Welt. Hingegen ist in allen andern Systemen, weil
sie sämmtlich optimistisch sind, die Frage nach dem Ursprung
des Uebels die stets wieder hervorbrechende unheilbare Krankheit, mit welcher behaftet sie sich, unter Palliativen und Quack-
salbereien, dahinschleppen. – 3) Daß ich von der Erfahrung
und dem natürlichen, Jedem gegebenen Selbstbewußtseyn aus-

gehe und auf den Willen als das einzige Metaphysische hinleite, also den aufsteigenden, analytischen Gang nehme. Die Pantheisten hingegen gehen, umgekehrt, den herabsteigenden, den synthetischen: von ihrem θεος, den sie, wenn auch bisweilen unter
5 dem Namen *substantia* oder Absolutum, erbitten oder ertrotzen, gehen sie aus, und dieses völlig Unbekannte soll dann alles Bekanntere erklären. – 4) Daß bei mir die Welt nicht die ganze Möglichkeit alles Seyns ausfüllt, sondern in dieser noch viel Raum bleibt für Das, was wir nur negativ bezeichnen als die
10 Verneinung des Willens zum Leben. Pantheismus hingegen ist wesentlich Optimismus: ist aber die Welt das Beste, so hat es bei ihr sein Bewenden. – 5) Daß den Pantheisten die anschauliche Welt, also die Welt als Vorstellung eben, eine absichtliche Manifestation des ihr inwohnenden Gottes ist, welches keine ei-
15 gentliche Erklärung ihres Hervortretens enthält, vielmehr selbst einer bedarf: bei mir hingegen findet die Welt als Vorstellung sich bloß *per accidens* ein, indem der Intellekt, mit seiner äußern Anschauung, zunächst nur das *medium* der Motive für die vollkommeneren Willenserscheinungen ist, welches sich allmälig zu
20 jener Objektivität der Anschaulichkeit steigert, in welcher die Welt dasteht. In diesem Sinne wird von ihrer Entstehung, als anschaulichen Objektes, wirklich Rechenschaft gegeben, und zwar nicht, wie bei jenen, mittelst unhaltbarer Fiktionen.

Da, in Folge der Kantischen Kritik aller spekulativen Theolo-
25 gie, die Philosophirenden in Deutschland sich fast alle auf den S p i n o z a zurückwarfen, so daß die ganze unter dem Namen der Nachkantischen Philosophie bekannte Reihe verfehlter Versuche bloß geschmacklos aufgeputzter, in allerlei unverständliche Reden gehüllter und noch sonst verzerrter S p i n o z i s -
30 m u s ist; will ich, nachdem ich das Verhältniß meiner Lehre zum Pantheismus überhaupt dargelegt habe, noch das, in welchem sie zum S p i n o z i s m u s insbesondere steht, bezeichnen. Zu diesem also verhält sie sich wie das Neue Testament zum alten. Was nämlich das Alte Testament mit dem neuen ge-

mein hat ist der selbe Gott-Schöpfer. Dem analog, ist bei mir, wie bei Spinoza, die Welt aus ihrer innern Kraft und durch sich selbst da. Allein beim S p i n o z a ist seine *substantia aeterna,* das innere Wesen der Welt, welches er selbst *Deus* betitelt, auch seinem moralischen Charakter und seinem Werthe nach, der Je- 5 hova, der Gott-Schöpfer, der seiner Schöpfung Beifall klatscht und findet, daß Alles vortrefflich gerathen sei, παντα καλα λιαν. S p i n o z a hat ihm weiter nichts, als die Persönlichkeit entzogen. Auch bei ihm also ist die Welt und Alles in ihr ganz vortrefflich und wie es seyn soll: daher hat der Mensch weiter 10 nichts zu thun, als *vivere, agere, suum Esse conservare, ex funda- mento proprium utile quaerendi (Eth. IV, pr. 67):* er soll eben sich seines Lebens freuen, so lange es währt; ganz nach Koheleth, 9, 7–10. Kurz, es ist Optimismus: daher ist die ethische Seite schwach, wie im Alten Testament, ja, sie ist sogar falsch und 15 zum Theil empörend[*]. – Bei mir hingegen ist der Wille, oder das innere Wesen der Welt, keineswegs der Jehova, vielmehr ist es gleichsam der gekreuzigte Heiland, oder aber der gekreuzigte Schächer, je nachdem es sich entscheidet: demzufolge stimmt meine Ethik auch zur Christlichen durchweg und bis zu den 20 höchsten Tendenzen dieser, wie nicht minder zu der des Brah- manismus und Buddhaismus. S p i n o z a hingegen konnte den Juden nicht los werden: *quo semel est imbuta recens servabit odo- rem.* Ganz Jüdisch, und im Verein mit dem Pantheismus oben- drein absurd und abscheulich zugleich, ist seine Verachtung der 25 Thiere, welche auch er, als bloße Sachen zu unserm Gebrauch, für rechtlos erklärt: *Eth. IV, appendix, c. 27.* – Bei dem Allen bleibt S p i n o z a ein sehr großer Mann. Aber um seinen Werth richtig zu schätzen, muß man sein Verhältniß zum C a r-

---

[*]   *Unusquisque tantum juris habet, quantum potentiâ valet. Tract. pol., c. 2, §. 8. – Fides alicui data tamdiu rata manet, quamdiu ejus, qui fidem dedit, non mutatur volun- tas. Ibid. §. 12. – Uniuscujusque jus potentiâ ejus definitur. Eth. IV, pr. 37, schol. 1. –* Besonders ist das 16. Kapitel des *Tractatus theologico-politicus* das rechte Kom- pendium der Immoralität Spinozischer Philosophie.

t e s i u s im Auge behalten. Dieser hatte die Natur in Geist und
Materie, d. i. denkende und ausgedehnte Substanz, scharf ge-
spalten, und eben so Gott und Welt im völligen Gegensatz zu
einander aufgestellt: auch S p i n o z a , so lange er Cartesianer
5 war, lehrte das Alles, in seinen *Cogitatis metaphysicis, c. 12,* i. J.
1665. Erst in seinen letzten Jahren sah er das Grundfalsche jenes zwiefachen Dualismus ein: und demzufolge besteht seine
eigene Philosophie hauptsächlich in der indirekten Aufhebung
jener zwei Gegensätze, welcher er jedoch, theils um seinen Leh-
10 rer nicht zu verletzen, theils um weniger anstößig zu seyn, mittelst einer streng dogmatischen Form, ein positives Ansehen
gab, obgleich der Gehalt hauptsächlich negativ ist. Diesen negativen Sinn allein hat auch seine Identifikation der Welt mit
Gott. Denn die Welt Gott nennen heißt nicht sie erklären: sie
15 bleibt ein Räthsel unter diesem Namen, wie unter jenem. Aber
jene beiden negativen Wahrheiten hatten Werth für ihre Zeit,
wie für jede, in der es noch bewußte, oder unbewußte Cartesianer giebt. Mit allen Philosophen vor L o c k e hat er den großen Fehler gemein, von Begriffen auszugehen, ohne vorher de-
20 ren Ursprung untersucht zu haben, wie da sind Substanz, Ursach u. s. w., die dann bei solchem Verfahren eine viel zu weit
ausgedehnte Geltung erhalten. – Die, welche, in neuester Zeit,
sich zum aufgekommenen Neo-Spinozismus nicht bekennen
wollten, wurden, wie z. B. Jacobi, hauptsächlich durch das
25 Schreckbild des F a t a l i s m u s davon zurückgescheucht. Unter diesem nämlich ist jede Lehre zu verstehen, welche das Daseyn der Welt, nebst der kritischen Lage des Menschengeschlechts in ihr, auf irgend eine absolute, d. h. nicht weiter er-
klärbare Nothwendigkeit zurückführt. Jene hingegen glaubten,
30 es sei Alles daran gelegen, die Welt aus dem freien Willensakt
eines außer ihr befindlichen Wesens abzuleiten; als ob zum voraus gewiß wäre, welches von Beiden richtiger, oder auch nur in
Beziehung auf uns besser wäre. Besonders aber wird dabei das
non datur tertium vorausgesetzt, und demgemäß hat jede bishe-

rige Philosophie das Eine oder das Andere vertreten. Ich zuerst bin hievon abgegangen, indem ich das *Tertium* wirklich aufstellte: der Willensakt, aus welchem die Welt entspringt, ist unser eigener. Er ist frei: denn der Satz vom Grunde, von dem allein alle Nothwendigkeit ihre Bedeutung hat, ist bloß die Form seiner Erscheinung. Eben darum ist diese, wenn ein Mal da, in ihrem Verlauf durchweg nothwendig: in Folge hievon allein können wir aus ihr die Beschaffenheit jenes Willensaktes erkennen und demgemäß *eventualiter* anders wollen.

Übersetzung und Nachweis der Citate.

Seite und Zeile:

3, 9 »Nur auf wenige wird wirken, wer in seinem Denken auf sein Zeitalter Rücksicht nimmt.« (*Seneca, epist. 79, 17.*)

9, 3 (Goethe, Zahme Xenien I, 2, Weimarer Ausgabe Bd. 3, S. 229.)

12, 34 »ich denke, also bin ich«. (*Descartes, Principia philosophiae I, 7* und *10.*)

25, 5 »die Materie ist eine Lüge und doch wahr«. (Angeblich Platonischer Ausspruch.)

26, 7 »das Edle ist schwer«, als Sprichwort angeführt von Platon *Rep. p. 435 C. 497 D* und *Hippias maior p. 304 E,* wo der Scholiast es auf Golon zurückführt.

28, 34. 29, 1. 7 νοῦς, »Intellekt«; δημιουργός, »Weltbildner«; ὕλη, »Materie«.

30, 4 Prabodha Tschandro Daya, richtiger *prabodha-candraudaya,* »der Aufgang des Mondes der Erkenntnis«, allegorisches Drama in sechs Akten des *Krishna-Miçra* (etwa 1200 p. C.), in welchem als Personen philosophische Begriffe auftreten.

35, 31 »Denken heißt Wahrnehmen«.

36, 8 »hirnlos«.

36, 9 eig.: »Krötenkopf«

42, 33 »Gehörgang«.

49, 10 = 12, 34

49, 11 »denn Denken und Sein ist dasselbe«. (Parmenides, bei *Clem. Alex. Strom., VI, 2, 23, p. 144 Dindorf.*)

49, 16 »was nicht ist, hat auch keine Prädikate«.

49, 33 »aus welchem zu welchem« (aus wie Kleinem zu wie Großem).

51, 8 vgl. *Arist. de coelo I, 5 p. 272 a 21:* τὸ ἄπειρον ἀδύνατον κινηθῆναι, »es ist nicht möglich, daß das unendlich Große sich bewege«.

53, 10 »die Zeit ist die Zahl der Bewegung (in Beziehung auf das Früher und Später)« (*Arist. Phys. IV, 11, p. 220 a 24*).

62, 11 »die Ursache steht höher als ihre Wirkung«.

62, 15 »Alles, was aus einer unbeweglichen Ursache entsteht, hat eine unwandelbare Existenz; alles aber, was aus einer beweglichen entsteht, eine wandelbare; denn wenn das Bewirkende in jedem Sinne unbewegt ist, wird es nicht durch eine Bewegung, sondern durch sein bloßes Sein das andere aus sich heraussetzen«. (Proklus, *institutio theologica, § 76, ed. Creuzer, p. 118.*)

63, 26 »die Form gibt der Sache das Sein«.

63, 27 »die Form gibt der Sache das Wesen, der Stoff gibt ihr das Dasein« (wie Schopenhauer den scholastischen Satz präzisiert).

67, 27 »(die Materie) ist kein Körper, jedoch körperartig«. (*Stob. ecl. lib. I, c. 12 [richtiger c. 11], p 86 § 4, Meineke.*)

68, 26 vgl. *Arist. phys. VI, 10, p. 241 a 6:* φανερὸν ὅτι οὔτε στιγμὴν οὔτ' ἄλλο ἀδιαίρετον οὐθὲν ἐνδέχεται κινεῖσθαι, »es ist klar, daß weder der Punkt noch irgend ein anderes Unteilbares imstande ist, sich zu bewegen«.

69, 6 »Er (nicht Xenophanes, sondern Melissos, von dem die Stelle berichtet) behauptet, wenn es überhaupt etwas gebe, so müsse es ewig sein, da es unmöglich ist, daß etwas aus nichts entstehe« (*Artist. de Xenophane, cap. I, p. 974a 2*).

75, 18 »der Wirklichkeit nach«.

75, 19 »der Möglichkeit nach«.

86, 18 »die Natur macht keine Sprünge« (in dieser Form zuerst bei Linné, *philosophia botanica no. 77*).

87, 28 *Si vis tibi omnia* (richtiger *omnia tibi*) *subicere, te subice rationi,* »willst du dir alles unterwerfen, so unterwirf dich der Vernunft« (*Seneca, epist. 37,4*).

91, 7 das Leibnizische *principium identitatis indiscernibilium,* nach welchem zwei nicht unterscheidbare Dinge identisch sein würden; vgl. *Nouveaux Essais, cap. 27, § 1. 3.*

92, 11 *potentiâ* »der Möglichkeit nach«; *actu* »in Wirklichkeit«.

98, 14. 15 *substantiae primae* und *secundae*, primäre und sekundäre Wesenheiten, die πρῶται und δεύεραι οὐσίαι des Aristoteles.

100, 30 »der Stil ist der Mensch selbst«, Worte Buffons, gesprochen in der *Académie française* am 25. August 1753.

104, 2 *balourdise*, »Tölpelei«, von *lourd* »tölpelhaft« mit vorgesetztem pejorativen *ba.*

104, 9 »Untersatz« im Syogismus.

105, 8 »Niemand ist so sehr in Gefahr, Fehler zu begehen wie der, welcher nur nach abstrakten Begriffen handelt.« *(Vauvenargues, Réflexions 131, vol. I, p. 386 der Ausgabe von Gilbert, Paris 1857.)*

105, 27 »im höchsten Sinne«.

108, 9 *I fear, you have sold your own lands, to see other men's.* »Ich fürchte, ihr habt euer eigenes Land verkauft, um anderer Leute Land zu sehen« (sagt Rosalinde zu Jacques, *As you like it IV, 1*).

109, 11 *(A Lumberhouse of books in ev'ry head,)*
for ever reading, never to be read!
(«Ein Rumpelkram von Büchern jeder Kopf,)
stets liest er, nie gelesen wird der Tropf.«
(Pope, The Dunciad, III. v. 193/194.)

109, 16 »gegen den Willen der Minerva«, als Sprichwort schon von Cic. *de off. I, 31, 110* angeführt, welcher erklärend hinzusetzt: *id est adversante et repugnante natura*, »bei Widerstreben der Naturanlage«; vgl. auch *Hor. ars poetica 385.*

109, 30 »Vielwisserei bildet den Geist nicht« (Heraklit bei *Diog. Laert. IX, 1*).

110, 27 Helvetius, *De l'Esprit, Discours III, chap. VIII: Il paraît donc que l'activité de l'esprit dépend de l'activité des passions. C'est aussi dans l'âge des passions, c'est-à-dire depuis vingt-*

cinq jusqu'à trente-cinq et quarante ans, qu'on est capable des plus grans efforts et de vertu et de génie. »Es scheint also, daß die Tätigkeit des Geistes von der Tätigkeit der Leidenschaften abhängt. Daher man auch im Alter der Leidenschaften, d. h. von fünfundzwanzig bis zu fünfunddreißig oder vierzig Jahren zu den größten Anstrengungen der Tatkraft und des Genies befähigt ist.«

111, 8 Abdrücke »*avant la lettre*«, »vor der Schrift«, sind bei Kupferstichen die ersten frischesten Abdrücke, welche noch vor Einfügung der Unterschrift genommen wurden.

111, 32 (Byron, Don Juan I, 214.)

112, 24 »es ist nichts im Intellekt, was nicht vorher in der Sinneswahrnehmung gewesen wäre«.

114, 18 »Eines, Vielheit, Gutes, Hervorbringendes und Hervorgebrachtes, Selbstgenügendes, Ursache, Besseres, Bewegliches, Unbewegliches, Bewegtes« sind Abstrakta, mit welchen Proklus in der *Institutio theologica* operiert.

119, 10 »Jede Ungerechtigkeit ist die Entreißung eines Gutes; was könnte man aber unter einem Gut anders verstehen als die Tugend? Die Tugend aber ist nicht zu entreißen. Entweder kann also der, welcher die Tugend hat, kein Unrecht erleiden, oder man müßte annehmen, daß die Ungerechtigkeit nicht die Entreißung eines Gutes wäre. Denn kein Gut kann entrissen oder verloren oder weggenommen oder geraubt werden. Nun denn, der Tugendhafte kann also kein Unrecht erleiden, auch nicht von dem Bösen; denn man kann ihm nichts entreißen. Es bleibt also nur übrig, daß entweder überhaupt niemand Unrecht erleiden kann, oder nur der Böse von dem Bösen; aber der Böse hat keinen Teil an irgend einem Gut; die Ungerechtigkeit aber, sagten wir, ist die Entreißung eines Gutes; wer aber nichts hat, was ihm entrissen werden könnte, der hat auch nichts, woran ihm Unrecht geschehen könnte«. *(Maximus Tyrius, sermo 2, 11.)*

120, 26 »jede Bestimmung ist Negation« *(Spinoza, epist. 50: figura non aliud, quam determinatio, et determinatio negatio est).*

121, 4 »Land, auf dem man nicht stehen, Wasser, in dem man nicht schwimmen kann« *(Ovid, Met. I, 16).*

124, 11 Vgl. *Cic. de orat. II, 58, 235: Quid sit ipse risus, quo pacto concitetur, ubi sit, quo modo exsistat atque ita repente erumpat, ut eum cupientes tenere nequeamus, et quo modo simul latera, os, venas, oculos, voltum occupet, viderit Democritus.*

126, 34 »Und Sie, mein Herr, stehen Sie auch auf dem Zettel?«

127, 4 (noch nicht nachgewiesen).

128, 18 »das Nützliche mit dem Angenehmen«; vgl. Horaz *ars poet. 343:*
Omne tulit punctum, qui miscuit utile dulci,
»Alles erreicht, wer verbindet was nützlich mit dem was erfreulich«.

130, 18 *Oh gran bontà de' cavalieri antichi!*
Eran rivali, eran di fè diversi,
E si sentian degli aspri colpi iniqui
Per tutta la persona anco dolersi;
E pur per selve oscure e calli obbliqui
Insieme van, senza sospetto aversi.
»O große Trefflichkeit der alten Ritter!
Sie waren Gegner und verschied'nen Glaubens
Und fühlten nach den schweren, harten Schlägen
Von Schmerzen noch den ganzen Leib durchdrungen;
Und dennoch gehen sie durch dunkle Wälder
Auf engem Pfad zusammen ohne Argwohn«.
(Ariost, *Orl. fur. I, 22.*)

130, 26 (Schiller, Wallensteins Tod III, 15.)

131, 23 »Ich glaube im Theater beobachtet zu haben, daß fast niemals ein so allgemeines Gelächter ausbricht, wie bei einer auf Mißverständnis beruhenden Handlung.« (*Voltaire, préface de l'enfant prodigue.* Ausg. Amsterdam 1744. Bd. 5, p. III.)

139, 16 vgl. Aristoteles *Metaph. III, 2, p. 1004 b 25:* Ἔστι δὲ ἡ διαλεκτικὴ πειραστικὴ περὶ ὧν ἡ φιλοσοφία γνωριστική »die Dialektik ist der Versuch, das zu erkennen, was die Philosophie wirklich erkennt«.

147, 24 (Goethe, West-östlicher Divan VI, 4; Hempel IV, S. 95.)

152, 8 »ein Merkmal, welches dem Prädikate zukommt, kommt auch dessen Subjekte zu, und ein Merkmal, welches dem Prädikate nicht zukommt, kommt auch dessen Subjekte nicht zu«. (Logische Regel, auf welcher die erste Figur des Syllogismus beruht.)

152, 28 *sit altera negans,* »die eine Prämisse muß negativ sein«, und: *e meris affirmativis nihil sequitur,* »aus zwei bejahenden Prämissen folgt nichts« (in der zweiten Schlußfigur, welche auf dieser Regel beruht).

153, 19 *cui repugnat nota, etiam repugnat notatum,* »was nicht vom Prädikat gilt, gilt auch nicht vom Subjekt«, und *notato repugnat id, cui nota repugnat,* »vom Subjekt gilt nicht, was nicht vom Prädikat gilt« (Regel für die zweite Schlußfigur).

153, 28 »das zwei verglichenen Objekten Gemeinsame«.

160, 27 *argumenta ad hominem* und *argumenta ad rem,* persönliche und sachliche Beweisgründe.

163, 17 »Als Methoden werden überliefert: als beste diejenige, welche auf analytischem Wege das, was man beweisen will, auf einen zugestandenen Grundsatz zurückführt, welche schon Platon, wie es heißt, dem Laodamas überliefert hat«. *(Proclus, In primun Euclidis librum, 1. III, p. 121* der latein. Übersetzung *Patav. 1516.)*

169, 10 »rühre mich nicht an!« (sprichwörtlich nach Evang. Johannis XX, 17 in der Übersetzung der Vulgata.)

170, 19 englische Redensart für »sparsam im Kleinen, verschwenderisch im Großen«.

173, 32 Die Stelle lautet bei Plutarch *de liberis educandis c. 10:* »Witzig bemerkte auch der Philosoph Bion: wie die Freier, da sie der Penelope nicht beikommen konnten, sich mit ihren Mägden einließen, so mögen diejenigen, welche der Philosophie nicht habhaft werden können, in den anderen minderwertigen Disziplinen ihre Kräfte verbrauchen.«

174, 18 (Schiller, gegen Pufendorfs Theorie des Rechts in dem Gedichte »Die Philosophen«.)

175, 22 »niemand hat Zutritt, der nicht die Geometrie studiert hat«. (Inschrift über der Platonischen Akademie, *Schol. in Arist. ed Brandis, p. 26 a 10.*)

176, 33 »Seine eigene Erfahrung hatte ihn davon überzeugt, wie wenig Nutzen die Mathematik bringt, besonders wenn man sie nur um ihrer selbst willen treibt. Nichts schien ihm weniger solid, als sich mit bloßen Zahlen und eingebildeten Figuren zu beschäftigen.« *(Baillet, Vie de Descartes 1693, Liv. II, ch. 6, p. 54.)*

186, 12 (Goethe, Faust I, 671.)

195, 21 »Es ist eine eigene Sache um den Geist der Leute, die keinen haben.«

196, 3 (Byron, *Proph. of Dante. C. 1.* Zeile 166.)

199, 15 *animi impotentia,* »Mangel an Selbstbeherrschung«, *ratio regendae voluntatis impotens,* »eine Vernunft, welche nicht imstande ist, den Willen zu beherrschen«.

200, 1 »Der Mensch ist ganz und gar dem Zufall preisgegeben,« sagt Solon zu Krösus bei Herodot I, 32.

200, 14 = 87, 28

200, 20 »ertrage und entsage« (Epiktet bei Gellius XVII, 19, 6).

200, 23 »der Weise strebt nach Freiheit von Schmerz, nicht nach Lust«. *(Arist. Eth. Nik. VII, 12. p. 1152 b 15.)*

201, 28 »Es liegt uns ob, die Beweisgründe sterblicher Menschen darzulegen, durch welche sie versucht haben, selber sich eine Glückseligkeit in der Unseligkeit dieses Lebens zu erwirken, damit um so deutlicher werde, wie sehr sich das, worauf wir hoffen, von ihren eitlen Bemühungen unterscheidet. Über das höchste Gut und das höchste Übel haben die Philosophen viel miteinander gestritten; und indem sie diese Frage mit dem größten Eifer behandelten, suchten sie herauszufinden, was den Menschen glücklich mache; denn das ist, was man das höchste Gut nennt.« *(Augustinus de civ. Dei XIX, 1, Corpus Script. Eccles. XL, 2, p. 363, 111.)*

202, 3 »Die Glückseligkeit besteht in dem glücklichen Leben, das glückliche Leben aber in dem tugendhaften Leben.« *(Aristoteles Eth. magna I, 4, p. 1184 b 29.)*

202, 7 »Denn da dieses (das glückliche Leben) die Ursache war, welche die zuerst sich mit dem Studium der Philosophie Beschäftigenden antrieb, alles andere geringer zu achten und sich ganz der Forschung nach der besten Lebensführung hinzugeben, so haben sie wirklich in der Hoffnung, dadurch ein glückseliges Leben zu erreichen, so viel Sorge und Mühe auf dieses Studium verwendet.« *(Cicero, Tusc. V, 1, 2.)*

202, 12 »das unsittliche Leben ist identisch mit dem unglücklichen Leben«. *(Plut de repugn. stoic. c. 18. p. 1042 A.)*

202, 14 »das besonnene Verhalten ist nicht etwas von der Glückseligkeit an sich Verschiedenes, sondern es ist selbst die Glückseligkeit« *(Plut. de repugn. stoic. c. 26. p. 1046 E).*

202, 16 »als höchstes Ziel bezeichnen sie (die Stoiker) die Glückseligkeit, um deren willen man alles tut«.

202, 18 »Glückseligkeit und höchstes Ziel erklären sie für synonym«. (202, 16 bei *Stob. Ecl. II, c. 7, bei Meineke, c. 6, p. 40, 8.)*

202, 20 »die Tugend hat mit sich die Verheißung, die Glückseligkeit zu bewirken«. *(Arrian. diss. Epict. I, 4, 3.)*

202, 22 »übrigens strebt sie (die Weisheit) nach einem glückseligen Zustande; zu diesem führt sie, zu diesem eröffnet sie die Wege«. *(Seneca, epist. 90, 27.)*

202, 24 »nur so viel bringe ich in Erinnerung, daß das Hören und Lesen der Philosophen in dem Plane eines glückseligen Lebens einzubegreifen ist« (lies: *trahendam*). *(Seneca, epist. 108, 35.)*

202, 28 »Für die Philosophie der Kyniker gilt als Ziel und Endzweck, wie ja auch für jede andere Philosophie, das glückliche Leben; das glückselige Leben aber besteht darin, daß man der Natur gemäß lebt und nicht gemäß den Meinungen der Menge.« *(Julian, orat. VI. p. 193 D.)*

203, 16 »Man muß bedenken, wieviel geringer der Schmerz ist, etwas nicht zu haben, als es zu verlieren: und wir begreifen, daß die Armut um so weniger zu leiden hat, je weniger sie zu verlieren hat. Es ist erträglicher und leichter, nicht zu gewinnen als zu verlieren. (Hältst du den für arm oder aber für göttergleich,) der sich von allem Zufälligen freigemacht hat? (Diogenes) kommt mir vor, als wenn er sagte: bekümmere dich um deine Sache, o Schicksal: bei Diogenes gibt es nichts mehr, was du dein nennen könntest«. *(Seneca, de tranquillitate animi VIII, 2, 3, 4, 5, 7.)*

203, 23 »Diogenes sagte, er glaube das Schicksal zu sehen, wie es ihn anblickte und spräche: diesen wütenden Hund bin ich nicht imstande zu treffen«. *(Stob. ecl. II, 7, Meineke p. 98, 9, wo ἐνορούουσαν αὐτῷ gelesen wird.)*

203, 30 »Auch das Eisen verschleißt mit der Zeit, aber nimmermehr werden

Schmälern, Diogenes, dir künftige Zeiten den Ruhm.

Denn du bewiesest allein den Glanz des genügsamen Daseins,

Du zu der Sterblichen Glück zeigtest den leichtesten Weg«.

(Diog. Laert. VI, 2, § 78.)

204, 13 »Diogenes pflegte oft auszurufen, daß den Menschen

von den Göttern verliehen sei, leicht zu leben, daß dies aber denen verborgen bleibe, welche nach Honiggebäck, Salben und derartigem trachteten«. *(Diog. Laert. VI, 2, §44.)*

204, 18 »Diejenigen, welche statt unnützer Mühen sich nur bestreben, naturgemäß zu leben, müssen ein glückliches Leben führen; und nur wegen ihrer Torheit sind die Menschen unglücklich. Und er behauptete, dieselbe Lebensweise zu führen wie Herakles, da er nichts höher schätze als die Freiheit«. *(Diog. Laert. VI, 2, § 71.)*

205, 15 »Krates wurde von den Menschen seiner Zeit wie ein Hausgott verehrt. Kein Haus war ihm jemals verschlossen, und kein Familienvater hatte ein so verborgenes Geheimnis, daß nicht Krates rechtzeitig in dasselbe eingeweiht worden wäre, um alle Streitigkeiten und Händel zwischen Verwandten zu prüfen und zu schlichten.« (Apulejus, *Florida IV, p. 42 ed. Helm.*)

206, 1 »sie bezeichneten daher den Kynismus als den kürzesten Weg zur Tugend« *(Diog. Laert. VI, 9, § 104).*

206, 8 »(Kurz:) es ist wahr, daß der Weise allein dem Jupiter nachsteht,

Reich und frei und geehrt und schön und der Könige König«. (Horaz, *epist. I, 1, 106.*)

207, 6 »Gleichgültiges«; »Vorzuziehendes«.

207, 9 »zu dem gehörig, was nicht in unserer Macht steht«.

208, 27 »(dann aber wird man gefaßt sein), wenn man, was die Wankelmütigkeit der menschlichen Dinge vermag, bedacht hat, ehe man es zu fühlen bekommt.« *(Seneca, epist. 98, 5.)*

208, 29 »es ist dasselbe, der Tugend gemäß zu leben und der Erfahrung dessen, was von Natur zu geschehen pflegt, gemäß zu leben«. (*Chrysippos bei Diog. Laert. VII, 1, (87.)*

209, 1 »Denn dieses ist für die Menschen die Ursache alles Übels, daß sie nicht imstande sind, die allgemeinen Begriffe auf die einzelnen Fälle anzuwenden«. *(Epictet, dissert. IV, 1, 42.)*

209, 6 »Wenn der ein Fremdling in der Welt ist, welcher nicht weiß, was es darin gibt, so ist es nicht weniger der, welcher nicht weiß, wie es darin hergeht« (*Marcus Aurelius*, Selbstbetrachtungen IV, 29).

209, 28 »Es läuft auf dasselbe hinaus, ob man etwas nicht begehrt, oder ob man es hat. Die Hauptsache ist in beiden Fällen die gleiche: man ist frei von Qual«. *(Seneca, epist. 119, 2.)*

209, 30 »daß man etwas nur haben möchte, ist der größte Unverstand« *(Cicero, Tusc. IV, 26, 56).*

209, 31 »Denn nicht durch Erreichung dessen, was man begehrt, wird wahre Freiheit gewonnen, sondern durch Unterdrückung der Begierde« *(Epiktet, dissert. IV, 1, 175).*

210, 1 »übereinstimmend leben«, vgl. den Citatenanhang des I. Bandes, S. 766, Anm. 154, 25.

210, 6 »Die vollkommene Tugend besteht in der Gleichmäßigkeit und der alle Zeit mit sich zusammenstimmenden Lebensführung«. *(Seneca, Epist. 31, 8.)*

210, 8 »Worin besteht das glückliche Leben? In der Sicherheit und der unerschütterlichen Ruhe. Sie wird erreicht durch Seelengröße, wird erreicht durch eine Beständigkeit, welche bei dem richtig Erkannten beharrt«. *(Seneca, epist. 92, 3.)*

211, 19 »Was ist Gott? Die Seele des Weltalls. Was ist Gott? Alles, was du siehst, und alles, was du nicht siehst. So allein wird seine Größe anerkannt, größer als welche nichts gedacht werden kann: wenn er allein alles ist, dann umfaßt er sein Werk und durchdringt es.« *(Seneca. quaest. natur. I, praefatio, 12, richtiger: 13.)*

212, 25 »Denn wegen der Verwunderung haben die Menschen, wie jetzt so auch vordem, angefangen zu philosophieren«. *(Aristot., metaph. I, p. 982 b 12.)*

217, 4 »(wirst du gezogen wie) eine Holzpuppe, die von fremden Kräften bewegt wird«. (Horaz, *sat. II, 7, 82.*)

218, 19 »der letzte Beweisgrund der Theologen«.

221, 15 »es ist durchaus glaubwürdig, weil es unsinnig ist: es ist gewiß, weil es unmöglich ist«. (Tertullian, *de carne Christi, c. 5, ed. Migne II, 2 p. 761.*)

222, 2 »es ist unmöglich, daß die Menge philosophisch gebildet sei«. *(Plato, rep. VI, 8, p. 494 A.)*

225, 4 Zu der von Schopenhauer angeführten und übersetzten Stelle des Csoma Körösi sei bemerkt, daß nach brahmanischer wie buddhistischer Ansicht das Leben eines jeden Menschen die Frucht der von ihm in einer früheren Geburt begangenen Werke ist, und daß von den vier Hauptschulen der Buddhisten die Vaibhâshika's den Realismus, die Sautrântika's einen problematischen, die Yogâcâra's einen dogmatischen Idealismus vertreten, während die Mâdhyamika's als Nihilisten alles für leer *(çûnya)* erklären.

227, 23 »die Verwunderung als ein sehr philosophischer Affekt«. (Vgl. *Theaetet p. 155 D* und Bd. I., Citatenanhang, S. 762, Anm. 73, 22.)

229, 4 »Mittel zu diesem Zweck«.

229, 10 »das quälende Problem« (eigentlich: die juckende Stelle).

233, 6 »Wenn es nun keine andere Wesenheit gibt außer den durch die Natur bestehenden, so würde die Physik die erste Wissenschaft sein; wenn es aber eine unwandelbare Wesenheit gibt, so ist diese die frühere und die Philosophie von ihr ist die erste und darum die allgemeinste, weil sie die erste ist; und ihre Aufgabe würde es sein, nach dem Seienden als solchem zu forschen.« (Aristoteles, *Metaph. V, 1.* richtiger *VI, 1. p. 1026 a 27.*)

238, 18 (Goethe, Faust I, Wald und Höhle, Vers. 32253234.)

243, 31 »eine außerweltliche Wesenheit«.

251, 3 (Goethe, Gott und Welt, in dem Gedichte »Ultimatum«; Weimarer Ausgabe III, 106.)

256, 9 = 25, 5

264, 2 siehe Bd. I, Citatenanhang, S. 781, Anm. 631, 9.

267, 23 πρωτότυπος, »urbildlich, Urbild«, ἔκτυπος, »nachbildlich, Nachbild«.

267, 31 »Nämlich in ihnen allen (in *cupiditas* Begierde, *timor* Furcht, *laetitia* Freude, *tristitia* Traurigkeit) steckt der Wille, ja sie alle sind nichts anders als Willenserregungen: denn was sind Begierde und Freude anders als ein Wille, dem zuzustimmen, was wir wollen? und was sind Furcht und Traurigkeit anders als der Wille, dem nicht zuzustimmen, was wir nicht wollen?« (Augustin, *de civ. Dei, XIV, 6.*)

278, 22 »die Eigenliebe ist gewandter als der gewandteste Weltmann«. *(Larochefoucauld, Réflexions, maxime 4.)*

278, 24 »erkenne dich selbst« (Inschrift auf dem Apollotempel in Delphi).

279, 33 »sich selbst bewegend«.

279, 33 »unermüdlich und nicht alternd in allen (zukünftigen) Tagen«.

280, 7 »Alle diese Leidenschaften, welche so rasch aufeinander folgen, malen sich mit soviel Offenherzigkeit auf dem beweglichen Angesicht der Kinder. Während die schwachen Muskeln ihrer Arme und Beine noch kaum imstande sind, einige unbestimmte Bewegungen auszuführen, wird von den Gesichtsmuskeln durch bestimmte Bewegungen schon fast die ganze Reihe der allgemeinen Affekte ausgedrückt, welche der Menschennatur eigen sind: und der aufmerksame Beobachter erkennt mit Leichtigkeit in diesem Bilde die charakteristischen Züge des künftigen Mannes.« (*Cabanis, Rapports du physique et moral, Vol. I, p. 123* Sch., *Ed. Paris. 1802 p. 122 sq.,* verkürzt.)

281, 29 »mit vieler Gemütsruhe«.

282, 18 »Raserei ohne Wahnsinn«.

282, 27 »Trägheitskraft«.

283, 32 »die heilende Kraft der Natur«.

288, 9 »Was wir als falsch erkennen und doch fürchten,
Weil stets der Wahrheit nahe kommt das Schlimmste.«
(Byron, Lara I, 28, 31.)

289, 5 »Der Intellekt ist kein Licht, welches trocken (ohne Öl)
brennte, sondern er empfängt Zufluß vom Willen und von
den Leidenschaften: und dieses erzeugt die Erkenntnisse, je
nachdem man sie zu haben wünscht: denn, was der
Mensch gern möchte, das glaubt er am liebsten. Auf unzählige und bisweilen unmerkliche Arten beeinflußt die
Leidenschaft den Intellekt und infiziert ihn.« *(Bacon, No-
vum Organum I, 14,* vielmehr *I, 49, vol. 1, p. 167 fg.* der
Ausg. London 1857, gekürzt.)

293, 8 »Die Not verleiht Verstand.« *(Jesaias 28, 19* nach der
Vulgata.)

296, 26 »die erste bewegende Ursache«.

298, 32 »eine kurze Raserei« (nach Horaz, Epist. I, 2, 62: *ira
furor brevis est*).

300, 2 »(So, will ich, soll es sein,) der Wunsch überhebt mich
der Gründe« (Juvenal, VI, 223).

300, 12 »Tut jemand sich bei uns hervor, laßt ihn gehen und
sich bei anderen hervortun« (Helvetius nach *Cicero, Tusc.
V, 36, 105: Nemo de nobis unus excellat: sin quis exstiterit,
alio in loco et apud alios sit,* wie Cicero die Worte des Heraklit bei Strabo XIV, 25, *p. 642* wiedergibt).

302, 11 »Alle Herzensfreude und alle vergnügte Stimmung beruht darauf, daß man einen hat, mit welchem sich verglei-
chend man von sich selbst hoch denken kann« *(Hobbes, de
Cive, I, 5).*

302, 17 »mittelmäßige Menschen haben einen sicheren und hur-
tigen Instinkt dafür, Leute von Geist herauszufinden und
zu meiden« *(Helvetius, de l'Esprit, Disc. II, chap. III, alinea
5,* unwörtlich).

304, 28 »Torheit«.

305, 1 »Bosheit«.

309, 24 »Ich bin ein Mann, gegen den mehr gesündigt worden, als er gesündigt hat«. *(I am a man more sinn'd against than sinning. Shakespeare, King Lear, III, 2.)*

309, 34 = 302, 11

310, 13 »das Leben ist kurz, die Kunst lang«. *(Hippokrates,* Aphorismen 1.)

315, 18 »weder Herz noch Kopf hat er«. *(Seneca. Ludus de morte Claudii Caesaris, c. 8.)*

315, 28 »das liebe Herz« (Homer, *Ilias V.,* 250 und öfter).

316, 29 »aufblähend«; gemeint ist wohl ἄνεμος »Wind«.

319, 5 »gut leben ist besser als leben« *(Aristoteles, Top. III, 2, p. 118a 7).*

319, 28 »Schauder vor dem Tod«.

321, 2 »das verlängerte Mark«.

322, 3 = 283, 32

323, 16 »auch reichlicher Schlaf ist Beschwerde« (Homer, *Od. 15, 394).*

324, 29 (Goethe, Faust II, 4661, Eingangsszene.)

334, 20 »Das Ich denke, muß alle unsere Vorstellungen begleiten können« (Kant, Kritik der reinen Vernunft. Deduktion der Kategorien, 2. Aufl., § 16).

335, 5 »Milchbrustgang«.

337, 1 »eine von hinten treibende Kraft.«

337, 16 »Die Bewegung des Herzens, für sich betrachtet und abgesehen von allem, was nicht wesentlich sie selbst ist, wie z. B. ihre Dauer und Energie, hängt weder unmittelbar noch als Begleiterscheinung vom zentralen Nervensystem ab, und folglich muß man das ursprüngliche und unmittelbare Prinzip dieser Bewegungen an einem ganz anderen Punkte dieses Systems als in den Nervenzentren selbst suchen.« *(Flourens, annales des sciences naturelles 1828, vol. 13, p. 88, gekürzt.)*

337, 23 »der Blutumlauf überdauert die Zerstörung des ganzen Gehirns und des ganzen Rückenmarks«. (*Cuvier, Mém. de l'acad. d. sc., 1823, Vol. 6; Hist. d. l'acad, p. CXXX,* richtiger *CXXXIII,* verkürzt.)

337, 26 »das Herz ist dasjenige, was zuerst lebt und zuletzt stirbt« (Haller, Sch.).

339, 33 = 296, 26

340, 15 »Gehirn des Bauches«.

342, 14 »Schließmuskeln der Entleerungsorgane«.

343, 6 »der empfindende und wollende Nerv«.

343, 7 »der reizende und bewegende Nerv«.

343, 34 »das leitende Vermögen« (bei den Stoikern).

346, 8 »jedes Gleichnis hinkt« (sprichwörtlich).

346, 17 = 283, 32

348, 32 »Es ist sicher erstaunlich, daß die Leidenschaften niemals weder ihren Endpunkt noch ihren Ausgangspunkt in den verschiedenen Organen des animalischen Lebens haben; daß vielmehr diejenigen Teile, welche den inneren Funktionen dienen, beständig durch dieselben affiziert werden und sie sogar bestimmen, je nach dem Zustand, in dem sie sich befinden. Und doch wird dies durch genaue Beobachtung erwiesen. Ich behaupte zunächst, daß die Wirkung von allen Arten der Leidenschaft beständig dem animalischen Leben fremd bleibt und vielmehr darin besteht, in dem organischen Leben eine Veränderung, irgend eine Modifikation gut zu veranlassen.« (*Bichat, Sur la vie et la mort, I,* Artikel 6. *p. 50.*)

349, 27 »Der Gesang ist die Sprache der Leidenschaften, des organischen Lebens, wie das gesprochene Wort die des Verstandes, des animalischen Lebens ist: die Deklamation hält die Mitte, sie belebt die kalte Sprache des Gehirns durch die ausdrucksvolle Sprache der inneren Organe, des Herzens, der Leber, des Magens usw.« (*Bichat* a. a. O.)

349, 32 »Das organische Leben ist der Endpunkt, in welchen

die Leidenschaften auslaufen, und das Zentrum, von welchem sie ausgehen.« *(Bichat* a. a. O.)

350, 16 Die längere, aus *Bichat* a. a. O. Artikel 9 § 2 französisch angeführte Stelle lautet zu deutsch: »Dies ist also der große Unterschied in den beiden Leben des Tieres (dem cerebralen oder animalen und dem organischen Leben) hinsichtlich der Ungleichheit in der Vervollkommnung der verschiedenen Systeme von Funktionen, aus denen jedes der beiden Systeme resultiert; nämlich, daß in dem einen (dem animalen Leben) die Vorherrschaft oder die Inferiorität irgend eines Systemes im Vergleich mit den anderen fast immer bedingt ist durch die größere oder geringere Regsamkeit oder Trägheit dieses Systems, durch die Gewohnheit sich zu betätigen oder nicht zu betätigen; und daß hingegen in dem anderen (dem organischen Leben) diese Vorherrschaft oder Inferiorität unmittelbar mit der Textur der Organe zusammenhängt und niemals mit ihrer Erziehung. Das ist der Grund, warum das physische Temperament und der moralische Charakter durchaus nicht empfänglich dafür sind, sich durch die Erziehung zu ändern, welche doch so erstaunliche Modifikationen in den Betätigungen des animalischen Lebens hervorbringen kann; denn alle beide (das Temperament und der Charakter) gehören, wie wir gesehen haben, zum organischen Leben. Der Charakter ist, wenn ich mich so ausdrücken darf, die Sichtbarkeit *(la physionomie)* der Leidenschaften, und das Temperament ist die der inneren Funktionen. Da nun die einen wie die anderen immer dieselben bleiben und eine Richtung haben, welche durch Gewohnheit und Übung niemals gestört wird, so ist es klar, daß auch das Temperament und der Charakter der Herrschaft der Erziehung entzogen bleiben müssen. Allerdings kann sie den Einfluß des Charakters mildern, das Urteil und das Nachdenken beträchtlich vervollkommnen, und ihre Herrschaft der des

Charakters überlegen zu machen. Sie kann das animalische Leben kräftigen, so daß es den Antrieben des organischen Lebens Widerstand leisten kann. Wer aber durch die Erziehung erreichen wollte, dem Charakter eine andere Natur zu geben, die Leidenschaften, deren stetiger Ausdruck er ist, zu mildern oder zu steigern, ihre Sphäre zu erweitern oder einzuschränken, der würde etwas ähnliches unternehmen wie ein Arzt, der versuchen wollte, die dem Herzen im gesunden Zustande eigene Kraft der Kontraktion um einige Grade und für das ganze Leben zu steigern oder zu mäßigen, oder der die den Arterien natürliche und für ihre Betätigung notwendige Bewegung für die Dauer beschleunigen oder verlangsamen wollte usw. Wir würden diesem Arzte vorhalten, daß Blutumlauf, Atmung usw. nicht unter der Herrschaft der Willkür *(volonté)* stehen, daß sie von dem Menschen nicht abgeändert werden können, ohne in einen krankhaften Zustand zu geraten usw. Wir müssen die nämliche Vorhaltung denen machen, welche glauben, daß man den Charakter und durch ihn sogar die Leidenschaften abändern könne; denn sie sind ein Produkt der Tätigkeit aller inneren Organe oder haben wenigstens in ihnen ihren eigentümlichen Sitz.«

352, 27 »die Willensakte sind Gedanken« (Satz des *Cartesius*).

352, 28 »Alles, was sich auf das Erkennen bezieht, gehört zum animalischen Leben«, sagt *Bichat,* und so weit hat er unzweifelhaft recht; »alles was sich auf die Leidenschaften bezieht, gehört zum organischen Leben«, aber das ist ganz falsch. (*Flourens* in seiner Schrift *De la vie et de l'intelligence II, 134;* verkürzt.)

353, 7 »Das Erste ist, daß man auseinanderhält, auch in den Worten, was zum Körper und was zur Seele gehört« (*Flourens, De la vie et de l'intelligence I, 72;* verkürzt).

353, 9 »(diese) Seele wohnt einzig und allein im Gehirn« (*Flourens,* a. a. O. II, 137).

353, 11 »Lebensgeister« (Termininus des *Cartesius*).

353, 17 zwei Mal a. a. O. II, 33 und II, 135

354, 9 »Der erste Dienst, den Gall der Philosophie erwiesen hat, ist gewesen, daß er das Moralische auf das Intellektuelle zurückführte und zeigte, daß die moralischen und die intellektuellen Fähigkeiten zu derselben Ordnung gehören, und daß er sie alle, die einen so gut wie die anderen, einzig und allein in das Gehirn verlegte« (*Flourens* a. a. O., *p. 144;* fast wörtlich).

354, 18 »wenn ich die Dienste, welche Gall uns erwiesen hat, aufzuzählen hätte, so würde ich sagen, daß der erste darin bestanden hat, die moralischen Eigenschaften in das Gehirn zu verlegen« *(Flourens* a. a. O. *p. 147148).*

354, 20 »Das Gehirn allein ist das Organ der Seele, und zwar der Seele in dem ganzen Umfange ihrer Funktionen; es ist der Sitz aller moralischen wie aller intellektuellen Fähigkeiten. Gall hat das Moralische auf das Intellektuelle zurückgeführt, er hat die moralischen Fähigkeiten auf denselben Sitz, auf dasselbe Organ zurückgeführt wie die intellektuellen.« *(Flourens* a. a. O., *p. 153153;* unwörtlich.)

355, 3 »die Macht der Wahrheit ist groß und wird den Sieg behalten« (Vgl. *Vulgata, III. Esra 4, 41: Magna est veritas et praevalet).*

357, 15 Das Genauere ist, daß nach Aristoteles *(Met. I, 4 p. 985 a 20)* Anaxagoras den Νοῦς nur herbeiruft (παρέλκει), wenn er sich nicht anders zu helfen weiß, während er nach Platon *(Phaaedon 97 B fg. und Leg. XII, 967 BC)* nur zu Anfang den Νοῦς als Weltbildner aufstellt, im Verlaufe aber keinen weiteren Gebrauch von ihm macht (τῷ μὲν νῷ οὐδὲν χρώμενον). Vgl. darüber meine Philosophie der Griechen, S. 131

363, 28 »Nur der Geist vermag den Geist zu vernehmen; er ist eine Saite, welche nur *unisono* mit einer anderen erklingt« (*Helvetius, De l'Esprit, Disc. II, chap. IV, alinea 5*, erweitert).

363, 30 »weise muß man sein, um den Weisen zu erkennen«
(*Xenophanes* bei *Diog. Laert. IX, 20*)

369, 28 Die *lex parsimoniae,* »das Gesetz der Sparsamkeit«, lautet in der von Schopenhauer zitierten Form: *natura nihil agit frustra et nihil facit supervacaneum,* »Die Natur tut nichts vergebens und schafft nichts Überflüssiges«.

373, 23 (Goethe, Hans Sachsens poetische Sendung, Zeile 11 fg.)

379, 28 Die Stelle lautet genauer: »Es sind Sophistikationen, nicht der Menschen, sondern der reinen Vernunft selbst, von denen selbst der Weiseste unter allen Menschen sich nicht losmachen, und vielleicht zwar nach vieler Bemühung den Irrtum verhüten, den Schein aber, der ihn unaufhörlich zwackt und äfft, niemals völlig los werden kann« (Kant, Kritik der reinen Vernunft, Dialektik II. Buch, Eingang: Von den dialektischen Schlüssen der reinen Vernunft).

383, 14 »Fortschreiten bis zu einer gewissen Grenze« (vgl. Bd. I, Citatenanhang, S. 781, Anm. 617, 6).

388, 20 »Der Wille ist ein blindes Vermögen, nach Ansicht der Scholastiker« (Vanini, *Amphitheatrum, Exercitatio XXVIII, p. 181*).

388, 26 »selbstwirkend«.

392, 17 = 86, 18

395, 22 »jedes Naturwesen ist bestrebt, sich selbst zu erhalten« (nach Cicero *de fin. V, 9, 26: omnem naturam esse servatricem sui*).

398, 7 = 337, 1

398, 9 »Kraft der Trägheit«.

411, 28 »der Stoff strebt nach der Form«. (Vgl. *Thomas Aqu. Summa theolog. Pars I, quaestio L, artic. II, 4;* in der Ausg. Venedig 1787 Bd. 20, *p. 238: Materia recipit formam, ut secundum ipsam constituatur in esse alicuius speciei.*)

411, 33 »Urzeugung«, Entstehung des Organischen aus dem Anorganischen.

412, 1 = 369, 28

417, 9 = 364, 2

419, 9 »Das glaube der Jude Apella!« (Horaz, *sat I, 5, 100.*)

419, 32 »Das erlangte Sparta verschöne!«

423, 4 »eines und alles« *(Simplic., ad. phys. 22, 26 D).*

429, 27 = 383, 14

433, 21 Wörtlich nach dem Sanskrit lautet die Stelle: »Ungeteilt wohnt es in den Wesen und doch als wäre es geteilt, es ist zu wissen als die Wesen erhaltend, vernichtend und hervorbringend«. *(Bhagavadgîtâ 13, 16.)*

434, 13 »Wirkung in die Ferne«.

439, 16 »die Ausnahme bestätigt die Regel«.

440, 33 »es gibt zwei Arten von Ursachen, die Zweckursache und die notwendig wirkende Ursache, und man muß bei der Unterredung soviel als möglich beide berücksichtigen« *(Arist., De part. anim. I, 1. p. 642 a 14,* wo die Worte τὸ οὗ ἕνεκα καὶ τὸ ἐξ ἀνάγκης fehlen).

444, 1 »die Natur macht keine Sprünge und schlägt bei allen ihren Operationen den bequemsten Weg ein« *(Aristot., de incessu anim. c. 2. p. 704b 15* und *c. 8. p. 708a 9).*

446, 24 = Citatenanhang des ersten Bandes, S. 768, Anm. 232, 19.

450, 17 »die Endursachen, oder, was dasselbe bedeutet, die Betrachtung der göttlichen Weisheit in der Ordnung der Dinge« (Leibniz, *lettre à M. Nicaise* bei Erdmann, *p. 139a 15).*

452, 15 »daß die Natur nichts vergeblich tut«;

452, 16 »d. h. was nicht zum Nutzen der Menschen dient«;

452, 16 »sie betrachten alles Natürliche als ein Mittel zu ihrem Nutzen und glauben, daß es einen andern gäbe, der diese Mittel bereitet habe«;

452, 18 »daraus haben sie geschlossen, daß die Götter alles zum Nutzen der Menschen geschaffen haben und lenken«;

452, 20 »daß die Natur sich keinen Zweck vorgesetzt hat und daß alle Zweckursachen nichts weiter als menschliche Erdichtungen sind« (452, 1520 aus *Spinoza, Eth. I, prop. 36, appendix* zusammengestellt, *p 306 fg. ed Gfroerer*).

452, 27 »denn das Wahre legt Zeugnis ab für sich selbst und für das Falsche« *(Spinoza, epist. 74, p. 662 ed. Gfroerer)*.

453, 13 »die Natur schafft«, nicht ἡ φύσις πεποίηται, »die Natur ist geschaffen worden«.

453, 16 »wir sehen, daß die Natur nichts vergeblich tut« *(Arist., de respir. c. 10. p. 476a 12)*.

453, 19 »die Natur tut nichts überflüssig und nichts vergebens. Die Natur tut alles um eines Zweckes willen. Überall aber sagen wir, dies geschieht für das, wo ein Zweck sichtbar ist, in welchem die Bewegung ausläuft; so daß klar ist, daß es so etwas gibt, was wir eben auch Natur nennen. Denn der Leib ist ein Werkzeug; denn jeder seiner Teile dient einem Zweck, und ebenso der ganze«. *(Aristot., de gen. an. II, 6. p. 774a 36; de anima II, 4. p. 415b 16; de part. an. I, 1. p. 641 b 23; de part. an. I, 1. p. 642a 11.)*

453, 32 »die Natur tut nichts vergebens, sondern immer dasjenige, was unter dem bei jeder Tierspezies Möglichen für sie das Beste ist« *(Aristot., de incessu anim., c. 2. p. 704b 15)*.

465, 2 »die Natur ist nicht göttlich, sondern dämonisch« *(Aristot., de divinatione per somnum c. 2. p. 463 b 14)*.

474, 29 »das Spiel ist die Beleuchtung nicht wert« (sprichwörtlich).

476, 28 »nicht natürlich, sondern gewaltsam« *(Aristot., de coelo II, 13, p. 294 b 34)*.

485, 4 »Und er ist einem Zuschauer ähnlich, weil er von allem getrennt ein Schauspiel schaut« *(Oupnekhat, Vol. I, p. 304 = Maitri-Upanishad 2, 7; der Sanskrittext hat nur die*

Worte: *prekshakavad avasthitah svasthaçca,* »er steht da wie ein Zuschauer und in sich selbst stehend«).

490, 8 »zum Beispiel ein Haus und ein Ring, von denen sie keine Ideen annehmen« *(Aristot., metaph. XIII, 5. p. 1080a 5).*

490, 11 »Sondern wenn überhaupt (Ideen anzunehmen sind), so nur von den Naturdingen; daher Platon nicht übel sagte, daß es so viel Ideen gibt wie (Arten) in der Natur« *(Aristot., metaph. XII, 3. p. 1070a 17).*

490, 16 »und dieses lehren die, welche Ideen annehmen, auch selbst; denn von Kunstprodukten, sagten sie, gäbe es keine Ideen, sondern nur von den Naturprodukten« *(scholia in Aristotelem ed. Brandis, p. 800 b 22).*

496, 22 »Nacht war es und der Mond erglänzte am heitern Himmel
Von kleinern Sternen rings umkränzt.« (Horaz, *epod. 15, 1.*)

498, 20 (Goethe, Motto zu »Parabolisch«.)

502, 16 (Goethe, Trost in Tränen, Str. 7.)

505, 15 »Mißbildungen aus Übermaß, aus Mangel, aus falscher Lage«.

510, 17 »In Betrübtheit heiter, in Heiterkeit betrübt«. *(Giordano, Bruno,* Motto der Komödie *Il Candelaio.)*

513, 14 »daß alle genialen Menschen melancholisch seien« (*Cic., Tusc. I, 33, 80).*

513, 17 (Goethe, unter »Sprichwörtlich« (Hempel, Bd. II, S. 331.)

514, 14 = 510, 17

517, 3 (Schiller, Wallensteins Tod, Akt I, Szene 4.)

517, 13 (Goethe, Wilhelm Meister, Buch I, Kap. 14, Hempel, Bd. 17, 67).

523, 21 »Es gibt wenig Laster, welche einen Menschen so sehr verhindern viele Freunde zu haben, wie dies zu große Vor-

züge bewirken können.« *(Chamfort, Maximes, chap. II, p.
26 der Ausgabe in der bibl. nat.)*

524, 19 »meine Zeit ist noch nicht da, eure Zeit aber ist immer
vorhanden« (Joh. 7, 6).

524, 31 (Goethe, Wilhelm Meisters Lehrjahre, Bd. 7, Kap. 9.
Lehrbrief.)

524, 34 »Mit dem Werte der Menschen steht es wie mit dem
der Diamanten, welche bis zu einem gewissen Grade ihrer
Größe, Reinheit, vollkommenen Bildung einen bestimmten
und bezeichneten Preis haben, aber welche, wo dieser
Grad überschritten wird, ohne Preis bleiben und keinen
Käufer finden.« *(Chamfort, Maximes, chap. I, bibl. nat., p.
21.)*

525, 5 »Die niedrigsten Tugenden finden bei Volke Lob, die
mittleren Bewunderung, die höchsten kein Verständnis«
(Bacon, de augm. scient. VI, 3 Exempla Antithetorum IX.)

528, 12 »In der Kindheit ist das Nervensystem, verglichen mit
dem Muskelsystem, verhältnismäßig beträchtlicher als in
allen folgenden Lebensaltern, während in der Folge die
meisten andern Systeme über jenes vorherrschen. Um die
Nerven gründlich zu studieren, wählt man bekanntlich immer Kinder« *(Bichat, De la vie et de la mort, Art. 8, § 6
Sch.).*

532, 16 »Die Intelligenz des Orang-Utang, welche so hoch und
so frühzeitig entwickelt ist, nimmt ab mit dem Alter. Solange der Orang-Utang jung ist, überrascht er uns durch
seinen Scharfsinn, seine Schlauheit und Geschicklichkeit;
aber nachdem er erwachsen ist, ist er nichts als ein grobes,
brutales, schwer zu behandelndes Tier. Und ähnlich wie
mit dem Orang-Utang steht es mit allen Affen. Bei allen
nimmt die Intelligenz ab in dem Grade, wie die Kraft zunimmt. Dasjenige Tier, welches die höchste Intelligenz besitzt, hat nur in der Jugend diese ganze Intelligenz. Alle
Affenarten zeigen dieses umgekehrte Verhältnis zwischen

Lebensalter und Intelligenz. So hat z. B. die Entelle (eine Meerkatzenart des Genus der Semnopitheken und einer der heiligen Affen der Brahmanen) in der Jugend eine breite Stirn, eine wenig hervortretende Schnauze und einen hohen, runden Schädel usw. Mit zunehmendem Lebensalter verschwindet die Stirn und tritt zurück, die Schnauze tritt hervor; und die moralischen Eigenschaften ändern sich nicht weniger als die physischen: Apathie, Gewalttätigkeit und das Bedürfnis des Alleinseins treten an die Stelle des Scharfsinns, der Gelehrigkeit und der Zutraulichkeit. ›Diese Unterschiede sind so groß,‹ wie Herr Friedrich Cuvier sagt, ›daß nach unserer Gewohnheit, die Handlungen der Tiere nach den unsern zu beurteilen, wir das junge Tier als ein Individuum in dem Alter ansehen würden, wo alle moralischen Eigenschaften der Spezies sich schon entwickelt haben, und die erwachsene Entelle als ein Individuum, welches nur erst seine physischen Kräfte besäße. Aber die Natur verfährt nicht so mit diesen Tieren, welche den engen Kreis nicht überschreiten dürfen, der ihnen vorgeschrieben ist, und welcher ausreicht, einigermaßen ihr Bestehen zu sichern. Zu diesem Zwecke war die Intelligenz notwendig, als die Kraft noch nicht da war, und nachdem diese sich entwickelt hatte, verliert jede andere Fähigkeit ihren Nutzen. Die Erhaltung der Gattung ist nicht weniger durch die intellektuellen Eigenschaften der Tiere bedingt, als durch ihre organischen Eigenschaften‹.« (*Flourens, Résumé analytique des observations de Fr. Cuvier sur l'instinct et l'intelligence des animaux. 1841. p. 50, 87. 118.* Ausgabe von 1870: *p. 50 fg. 196.*)

534, 25 Die Stelle lautet *Lalitavistara cap. VII*, Ausgabe der *Bibliotheca Indica, p. 98: Vyâdhitânâm sattvânâm vyâdhaya' upaçântâh. Kshutpipâsitânâm sattvânâm kshutpipâsâ prasrastâ abhût. Madya-madamattânâm ca sattvânâm mada-apagamah samvrittah. Unmattaiçca smritih pratilabdhâ. Cakshur-vika-*

laiça sattvaiç-cakshuh pratilabdham. Çroto-vikalaiça satt-vaih çrotah. »Den kranken Wesen wurden ihre Krankheiten geheilt; den von Hunger und Durst gequälten Wesen wurde Hunger und Durst gestillt; den von Rauschtranktrunkenheit trunkenen Wesen wurde ein Aufhören des Rausches zuteil; und von den Wahnsinnigen wurde ihr Gedächtnis wiedererlangt; den der Augen beraubten Wesen wurde das Auge wiedergegeben; und den des Gehörs beraubten Wesen das Gehör.«

539, 10 (indisches Sprichwort).

544, 2 »Die Kunst, langweilig zu sein, besteht darin, daß man alles sagt.« (Genauer: *Le secret d'ennuyer est celui de tout dire; Voltaire, Discours sur l'Homme, VI, 172;* in der Ausg. *Gotha* 1785, Bd. 12, *p. 51; Ed. Moland IX, 419.)*

547, 6 der Vers lautet Horaz, *ars poet, 359:*
Indignor, quandoque bonus dormitat Homerus.
»Ungehalten bin ich, wenn einmal der große Homer schläft.«

553, 25 vgl. oben Anm. 444, 1 und 453, 32

560, 26 Goethe im Gedicht »Kenner und Künstler«.

568, 13 »Falsche Demut bringt nicht Achtung mehr als Lohn; Mich freut, daß ich was bin und wenn man spricht davon«. (*Corneille.* Sch.)

568, 15 (Goethe im Gedicht »Rechenschaft«, Hempel, I, S. 90.)

576, 15 »Nie mehr will singen ich, wie ich gewohnt war.« (*Petrarca, Rime I, Canzone XI.)*

579, 8 »des Lebens sei genug«. (*Aeschylus, Agamemnon 1314. Dind.)*

585, 11 »Die Poesie ist philosophischer und wertvoller als die Geschichte.« (*Aristoteles, Poet. 9. p. 1451b 5.)*

588, 27 »denn der Philosoph ist ein Freund des Allgemeinen«.

592, 33 »dasselbe, aber anders«.

600, 7 »der Welt zwieträchtige Eintracht« (Horaz, *epist. I, 12, 19).*

601, 10 »sie lärmen immerfort gegeneinander«.

604, 28 »die Extreme berühren sich«.

610, 7 »Und wonneartig, welches eine Art der Lust ist, wird der höchste Atman darum genannt, weil überall, wo eine Lust ist, diese ein Teil von seiner Lust ist« (*Oupnekhat I, 215; II, 405;* die entsprechenden *Upanishad*-Stellen *Âtmop. 3* und *Sarvop. 21* enthalten weder im Text noch im Kommentar diese Worte; sie sind wahrscheinlich von den persischen Übersetzern aus Stellen wie *Brih-up. IV, 3, 33* und *Taitt.-up. II, 8,* Sechzig Upanishads S. 472 und 232, kondensiert und herübergenommen worden).

611, 4 »alle Menschen trachten nur danach, sich vom Tode zu befreien, wissen aber nicht, sich vom Leben zu befreien« (*Lao-tseu, Tao-te-king ed. Stan. Julien p. 184* Sch.).

614, 28 »Vorbereitung auf den Tod« *(Plat. Phaedon p. 81A).*

616, 15 »eßt und trinkt, nach dem Tode gibt es keine Lust mehr« (vgl. 1. Kor. 15, 32).

618, 7 »Man liebt das Leben; aber das Nichts hat auch sein Gutes. Ich weiß nicht, was das ewige Leben ist, aber das gegenwärtige ist ein schlechter Spaß.« (Die erste Stelle: *Lettre à Mme la Marquise de Deffant.* 1. Nov. 1769; Ausg. Gotha 1789. Bd. 66 *p. 222; Ed. Moland XLVI, 491.* Vgl. auch *Lettres à la même* 9. Mai 1764 und 24. Mai 1764, Ausg. Gotha 1789 Bd. 63. *p. 344* und Bd. 63 *p. 362.*)

619, 31 »Bei den Gladiatorenkämpfen pflegen wir die Feigen, welche uns bitten und beschwören, sie leben zu lassen, sogar zu verabscheuen. Hingegen die Tapferen, Mutigen und freiwillig mit Ungestüm dem Tode Entgegengehenden wünschen wir am Leben zu erhalten« *(Cicero, pro Mil. 34, 92).*

620, 27 »nach dem Leben«.

620, 28 »vor dem Leben«.

621, 16 »der Tod geht uns gar nichts an« *(Diog. Laert. X. 125).*

624, 7 »die Abtretung des gesamten Vermögens« (Ausdruck der Jurisprudenz).

631, 1 »Taschenspielerstück«.

631, 18 »Provinzialismus«.

632, 13 »wie die Sterblichen jetzt sind« (Homer, Ilias V, 304 u. ö.).

635, 21 »gleich wie Blätter am Baume, so sind die Geschlechter der Menschen« (Homer, Ilias VI, 146).

638, 12 »Parmenides und Melissos leugneten das Entstehen und Vergehen, weil sie glaubten, daß das All unbeweglich sei« *(Stob. Ecl. I, 20, p. 115 Meineke).*

638, 19 »Toren sind sie, ermangelnd des weitausblickenden Denkens,

Die da wähnen, es könne entstehen, was nicht schon gewesen,

Oder es könne vergehen und gänzlich werden zu nichte.

Niemals wird in den Sinn dergleichen kommen dem Weisen,

Daß wir, solange wir leben, was man so als Leben bezeichnet

Nur so lange auch seien behaftet mit Schlimmem und Gutem,

Und daß wir vor der Geburt und nach dem Tode ein Nichts sind.

(Empedokles bei *Plutarch adv. Colot. 12, p. 1113D.)*

639, 3 »ein großes Schloß, über dessen Eingangspforte man las: ›Ich gehöre niemandem an, und ich gehöre aller Welt an: du warst darin, eh' du es noch betreten, und du bleibst auch darin, nachdem du es verlassen«. (*Diderot, Jacques le fataliste.* Werke *Paris 1878, Vol. 6. p. 30*, verkürzt.)

643, 13 »die Zeit ist ein Abbild der Ewigkeit« (vgl. Plotin, *Enn. III, 7, 11* und Bd. I, Citatenanhang, S. 768, Anm. 268, 12).

644, 26 »und sie schenkt nichts«; das übrige oben S. 369, 28.

644, 29 »die Heilkraft der Natur«

647, 14 »wir fühlen es und wir erfahren es, daß wir ewig sind«
(Spinoza, Ethik V, *prop. 23 schol.*).

647, 22 »nichts wird aus nichts, und nichts kann wieder zu
nichts werden« (Lukrez I, 545, unwörtlich).

648, 15 »Wenn man das Haupt eines Menschen verbinden
wollte mit einem Nacken des Pferdes«. (Horaz, *Ars poetica
v. 1.*)

651, 1 »denn das Seiende muß ewig sein« *(Stob. Ecl. I, 43, 6,
richtiger I, 35, 6, p. 199 Meineke).*

658, 29 = 647, 14

665, 16 (Goethe, Faust I, 2334.)

667, 10 (Goethe, Faust I, 1339.)

671, 15 »Dieser alte Glaube hat die Reise um die Welt gemacht
und war im hohen Altertum so weit verbreitet, daß ein
gelehrter Anhänger der anglikanischen Kirche von ihm ur-
teilt, er sei ohne Vater, ohne Mutter und ohne Genealo-
gie«. (Obry, *Du Nirvana Indien, p. 13. Ac. d. sc. Amiens
vol. X. p. 523.*)

671, 31 »gemeinsam ist allen Griechen, welche die Seele für unsterblich erklärten, der Glaube an die Wanderung aus einem Leib in den andern«. (Nemesius, *De nat. hom., c. 2,
p. 83, Oxford 1671.*)

673, 23 »daß irgend einer von den alten Propheten auferstan-
den sei« *(Luk. 9, 19).*

675, 27 *Mundaka-upanishad 2, 2, 8* lautet:
*Bhidyate hridaya-granthiç, chidyante sarva-samçayâh,
Kshîyante ca asya karmâni, tasmin drishte para-avare.*
»Wer jenes Höchst- und Tiefste schaut,
Dem spaltet sich des Herzens Knoten,
Dem lösen alle Zweifel sich,
Und seine Werke werden Nichts

676, 5 »Wiedereinsetzung in den vorigen Stand« (Ausdruck des
römischen Rechts, vgl. Posener, Rechtslexikon I, 805).

676, 21 »Nirvanam bedeutet im Sanskrit wörtlich das Erlöschen, z. B. das eines Feuers« (Obry, *a. a. O. p. 3 Ac. d. sc. Amiens vol. X, p. 517*).

678, 21 »die Ejakulation des Sperma ist die Einbuße eines Teils der Seele« (Celsus Sch.).

681, 19 »Mutter der Aeneaden, der Menschen Lust und der Götter,

Du holdselige Venus«. *(Lucretius I, 1.)*

686, 8 »Jeder den Anlagen folgt, wie sie Natur ihm verliehn«. *(Catull; richtiger Propertius IV, 8, 20.)*

689, 11 »Von Tapfren stammen Tapfre und Gute ab«. (Horaz, *od. IV, 4, 29.*)

690, 3 »Eine Weissagung war auch der Ausspruch seines Vaters Domitius, welcher den ihn beglückwünschenden Freunden versicherte, daß von ihm und der Agrippina nur etwas Abscheuliches und zum allgemeinen Verderben Gereichendes geboren werden könne«. (Sueton, *Nero c. 6.*)

694, 8 »meine Mutter war hervorragend durch ihr Gedächtnis und ihren Geist«. (Cardanus, *De vita propria, c. 3; Ed. Paris. 1643, p. 11.*)

694, 10 »die Schönheit meiner Mutter, ihr Geist und ihre Gaben sie waren allzu glänzend für ihren Stand (trugen ihr Huldigungen ein)«. (Rosseau, *Confessions I, p. 2* und Anmerkung.)

694, 21 »Büffon war im Prinzip überzeugt, daß die Kinder im allgemeinen von ihrer Mutter die geistigen und sittlichen Anlagen erbten: und wenn er dies in der Unterhaltung entwickelt hatte, machte er dann sofort die Anwendung auf sich selbst, wobei er sich in überschwenglichen Lobreden auf seine Mutter erging, welche in der Tat viel Geist, umfassende Kenntnisse und einen sehr wohl organisierten Verstand besaß«. (*Flourens, Histoire des travaux de Buffon, p. 288*, vielmehr *p. 286.* Anm. 3.)

695, 14 Die Stelle steht in Schuberts Kantbiographie S. 14 fg.

696, 32 »Von zwei Patrizierschwestern, welche wegen ihres

Reichtums Gatten erlangt hatten, obgleich sie nahezu blöd-sinnig waren, sind, wie wir wissen, die Keime dieser Krankheit seit einem Jahrhundert in die angesehensten Fa-milien gedrungen, sodaß selbst noch in der vierten oder fünften Generation von allen ihren Nachkommen einige blödsinnig sind« (Haller, *Elementa physiol., lib XXIX, § 8,* vielmehr *1. XXIX, Sectio 2, § 8; Vol. VIII, p. 97.*)

699, 16 Die Übersetzung lautet versuchsweise: »Eine fruchtbare Mutter bringt vor der Zeugung einen lebenden, markarti-gen Grundriß des neuen Tieres hervor, welcher ihr durch-aus gleicht und *carina Malpighiana* heißt; dem Federflaum der Pflanzen ähnlich: diesen gliedert nach der Zeugung das Herz an sich, um ihn in den Körper zu verzweigen. Denn das *punctum saliens* im Ei, welches der Vogel bebrütet, zeigt zu Anfang ein zuckendes Herz und das Gehirn nebst Mark: dieses kleine Herz steht unter dem Einfluß der Kälte still, wird durch den warmen Hauch zur Bewegung angeregt und übt mittelst einer Luftblase, die sich allmäh-lich ausdehnt, einen Druck aus auf die Flüssigkeiten im Laufe der Flüssigkeitskanäle. Der Punkt der Lebensfähig-keit in den lebenden Wesen ist gleichsam eine von der er-sten Zeugung an fortgesetzte markartige Verzweigung des Lebens; denn das Ei ist eine markartige Knospe in der Mutter, welche von Anbeginn an lebt, obgleich sie kein Ei-genleben hat vor dem eigenen vom Vater stammenden Herzen.« (*Linné, Systema Naturae, p. 8; Ed. Hal. p. 9,* mit Abweichungen.)

703, 22 (Bürger, Schön Suschen, Str. 5.)

704, 32 »Die Wahrheit nur ist schön; nur sie ist liebenswert.« *(Boileau, Epîtres, IX, 43.)*

706, 17 »Die Liebe ist ein Kitzel, welcher von der Vorstellung einer äußern Ursache begleitet ist« (Spinoza, *Eth. IV, prop. 44, demonstr.,* frei zitiert).

708, 23 »das Sinnen auf die Zusammensetzung der künftigen

Generation, von welcher wiederum unzählige Generationen abhängig sind«.

712, 3 die vulgäre und die himmlische Liebe. (Plato, Symposion, *c. VIII, p. 180D.*)

717, 19 »(denn) es gibt nichts, was so prahlerisch wäre wie die Lust« (Plato, Philebus, *c. XLI, p. 65C*).

723, 5 »So hat's Venus gewollt, welche an Geist und Form
Ungleichartige oft unter das Joch von Erz,
Grausam scherzend, zu schicken liebt.« (Horaz, *Od. I, 33, 10.*)

731, 17 »Diese sind es, welche Gott verbunden hat, wie z. B. die, welche dem Urias angehörte, und den David; obwohl dieses Verhältnis, so wenigstens glaubte der menschliche Geist überzeugt zu sein, diametral einer gerechten und gesetzmäßigen Ehe widerstritt. Aber um des Salomo willen, der von anderen nicht geboren werden konnte, als von der Bathseba und dem Samen Davids, obgleich im Ehebruch, hat sie doch Gott verbunden.« (Theophrastus Paracelsus, *De vita longa, I, 5; Ed. Genevae 1658, II. p. 56,* ohne *sed.*)

734, 11 »Wenn ein Mann und ein Weib für einander eine heftige Leidenschaft haben, so kommt es mir immer vor, als ob die beiden Liebenden, welche Hindernisse auch immer, ein Gatte, Eltern usw., sie trennen mögen, durch die Natur und nach göttlichem Rechte einander angehören, was auch immer Gesetze und Menschensatzungen dazu sagen mögen.« (*Chamfort, Maximes, chap. VI, bibl. nat. p. 74.*)

738, 1 (*Thomas Moore, Irish melodies,* in dem Lied »*Come, rest in this bosom*«, unwörtlich.)

738, 24 (Goethe, Faust I, 2805.)

739, 13 (Goethe, Torquato Tasso V, 5.)

739, 30 »Du, Eros, der tyrannisch Gott und Mensch beherrscht!«
(Euripides, Andromeda; bei *Nauck, Euripidis Tragoediae, vol. III,* Fragm. 132.)

740, 26 »(O Herr!) was in sich weder Vernunft noch Maß besitzt,

Das läßt unmöglich durch Vernunft regieren sich.« (Terenz, *Eun., v. 5758.*)

745, 8 »›So schamlos hast du auszusprechen dich erkühnt
Ein solches Wort und glaubst der Strafe zu entgehn?‹
»›Entgangen bin ich, denn die Wahrheit zeugt für mich.‹«
(Sophokles, *Oedip. rex. 354.*)

746, 21 »Bei den Griechen galt es als schimpflich für die Jünglinge, keine Liebhaber zu haben.« *(Cicero, de rep. IV, 3, 3 bei Servius ad Verg. Aen. 10, 325.)*

747, 28 »Treib die Natur mit der Heugabel aus, sie kehret doch wieder.« (Horaz, *Epist. I, 10, 24.*)

748, 17 »Denn Kinder von zu alten, wie auch von zu jungen Leuten lassen sowohl in körperlicher wie in geistiger Hinsicht zu wünschen übrig, und die Kinder von Greisen sind Schwächlinge.« *(Aristot., Polit. VII, 16. p. 1335b 29.)*

748, 26 »Um aber kräftige und volkommene Körper zu erzielen, dürften die Ehen weder von zu jungen noch von zu alten geschlossen werden, denn das in diesen beiden Lebensaltern Erzeugte lasse zu wünschen übrig, und zuletzt würden nur noch Schwächlinge geboren.« *(Stob., ecl. eth. II, c. 7*, richtiger *C. 6; p. 965, 6 Meineke.)*

751, 31 »Die Knabenliebe stellt sich spät ein und wenn das Leben verblüht ist, als eine unechte und düstere Liebe, und vertreibt die echte und ursprüngliche.« (Plutarch, *Liber amatorius, c. 5, p. 751F,* unwörtlich.)

756, 19 »nur der Mensch empfindet Reue nach der ersten Begattung: allerdings bezeichnend für das Leben, daß man über seinen Ursprung Reue empfindet.« *(Plinius, Hist. nat., X, 83; ed. Mayhoff, Lpz. 1909, 1. X, 63.)*

759, 29 »Ist der Spielgewinn so viel wert, wie die dabei verbrauchte Kerze?« (sprichwörtlich).

762, 10 (Goethe, Faust I, 1339.)

762, 25 *(A satyr against mankind,* Gedicht von Buckingham oder Rochester, *in* S. Johnsons Werken, *English Poets, X. p. 318326.)*

764, 20 »Das Glück ist nur ein Traum, und der Schmerz ist real; seit achtzig Jahren mache ich diese Erfahrung. Ich weiß nichts besseres, als mich darein zu ergeben und mir zu sagen, daß die Fliegen da sind, um von den Spinnen, und die Menschen, um von den Sorgen verzehrt zu werden.« (Voltaire, Sch.)

765, 3 »Nicht tausend Freuden wiegen einen Schmerz auf.« (Petrarca, Son. 195, nicht 176 wie W. angibt.)

765, 17 »Falsch und zur Harmonie des Seins nicht stimmend
Ist unser Leben und das herbe Schicksal,
Das uns befleckt mit Sünden unaustilgbar,
Der grenzenlose Giftbaum, allversengend,
Der in der Erde wurzelt und zum Himmel
Empor die Zweige streckt, von denen Wehe
Wie Tau hernieder auf die Menschen träufelt,
Tod, Krankheit, Sklaverei und all das Leid,
Schlimm, was wir sehn, und schlimmer, was wir nicht sehn,
Mit stets erneuter Herzensnot und Pein,
Unheilbar zittert es durch unsre Seele.
(Byron, Childe Harold, IV, 126.)

767, 8 = 446, 24

768, 14 »Durch meine Freude hier sei alle Welt beglückt.« *(Helvetius, De L'Esprit, Disc. III, chap. XII,* Anmerkung; *Ed. Paris. 1818, p. 307.)*

770, 28 Im Bundehesch, einer erst nach 600 *p. C.* verfaßten, aber ohne Zweifel auf altpersischen Traditionen beruhenden Schrift, wird *cap. 15* erzählt, wie die beiden ersten Menschen Mashia und Mashiana von dem Ahura Mazda dadurch abfielen, daß sie die Unwahrheit sagten, Fleisch aßen, den Dämonen opferten und sich begatteten.

771, 11 »Wir sind aber alle mit unseren Leibern und Verhältnissen dem Teufel unterworfen und Fremdlinge in dieser Zeit, deren Fürst und Gott er ist. Darum steht alles unter seiner Herrschaft, das Brot, das wir essen, das Getränk, das wir trinken, die Kleidung, die wir gebrauchen, ja selbst die Luft und alles, was wir im Fleische leben.« (Luther, zum Galaterbrief, Kap. 3. Erlanger Ausgabe von 1843, S. 277, wo *insuper* statt *sumus autem* steht.)

773, 15 = 91, 7

773, 30 »erst leben, dann philosophieren« (siehe Bd. I, Citatenanhang, S. 761, Anm. 26, 4).

777, 24 siehe Bd. I, Citatenanhang, S. 781, Anm. 631, 9.

778, 23 »Geborene zu beklagen, weil viel Schlimmem sie
Entgegengehen, aber die Gestorbenen
Mit Freude zu geleiten und mit Segnungen,
Weil sie so vielen Leiden jetzt entronnen sind.«
(Plutarch, *De audiend. poet. c. 14, p. 36 F.*)

779, 14 »Das Leben heißt Leben, ist aber in Wirklichkeit Tod«.
(Eustath. ad. Iliad. I, p. 31 Sch., wo jedoch του βιοῦ, und *Etymol. magn. sub voce* βίος, wo sogar τῷ τόξῳ steht, so daß die Stelle für den echt herakliteischen Gedanken, daß das Leben in Wahrheit ein Tod sei, nicht angeführt werden könnte und nur bedeuten würde, daß der Bogen, βιός, seinen Namen vom Leben βίος, habe, in Wahrheit aber Tod bringe.)

779, 19 »Gar nicht geboren zu werden, das wäre für Menschen das Beste,
Nimmer des Sonnengotts sengende Strahlen zu schaun;
Ist man aber geboren, so schnell wie es geht, in des Hades
Pforten zu dringen und dort unter der Erde zu ruhn«.
(Theognis, Vers 425 fg.)

780, 1 »Nie geboren zu sein, das ist
Weit das Beste; doch wenn man lebt,
Ist das Zweite, woher man kam,

Dorthin zu kehren, so schnell wie möglich.«
(Sophokles, *Oed. Col. 1225.*)

780, 9 »Voll Elend ist, was der Mensch durchlebt,
Und kein Aufhören des Jammers«.
(Euripides, *Hippolytos 189.*)

780, 15 »Denn nicht ist auf der Welt ein jammervolleres Wesen
Als der Mensch, unter allem, was atmet und kriecht auf
der Erde.«
(Homer, Ilias XVII, 446.)

780, 25 (Shakespeare, König Heinrich IV., zweiter Teil 3, 1, verkürzt.)

781, 6 »Zähl' auf die Freuden all, die du genossen,
Zähl' alle Tage, die von Angst du frei warst,
Und wisse, was du auch gewesen bist,
Es war etwas, was besser gar nicht wäre«.
(Byron, *Euthanasia* Strophe 9.)

783, 8 »was man tut, folgt aus dem, was man ist«.

784, 9 »aus jedem Holze läßt ein Gott sich schnitzen« (vgl.
*Apuleius, de magia XLIII: Non enim ex omni ligno, ut Pytha-
goras dicebat, debet Mercurius exsculpi, p. 50 ed. Helm;* Je-
saia, *cap. 44, v. 1417*).

785, 26 = 383, 14

786, 22 »Weh!
Ach wär' es mir vergönnt, mich selber doch zu sehen,
Wie ich da steh' und weine über meine Not.«
(Euripides, *Hippolytos 1084 [1078].*)

794, 4 (Goethe, Sprichwörtlich, Hempel Bd. II, 328.)

801, 7 »von aller Schuld frei« *(Cic. Tusc. V, 1, 4).*

801, 23 = 783, 8

803, 34 »ein Zug, der das Verfehlte wieder gut macht«.

804, 19 »Verleugnung seiner selbst«, nach dem Ausspruch Jesu,
abneget semetipsum (Matth. 16, 24).

807, 17 »Sinnesänderung und Vergebung der Sünden« *(Luc. 24,
47).*

813, 16 Die Stellen lauten in Pfeiffers Ausgabe S. 626, 15: »*daz
er got ûzer sich selber niht ensuoche*« und S. 465, 1: wo
Schwester Katrei, Meister Eckhards geistige Tochter,
spricht: »*herre, vrewet iuch mit mir, ich bin got worden*«.

818, 10 »Denn sie werden dem Glauben und Studium der un-
wissenden und dummen Menge folgen, unter welcher der
Plumpeste als Autorität angenommen wird«. (Rabelais,
Gargantua, chap. 68, vers 4547, Werke *Vol. I, p. 208. Paris
1870*, wo nur *tous* statt *ils* steht.)

819, 19 »Als Salome den Herrn fragte, wielange der Tod herr-
schen werde, antwortete er: solange als ihr Weiber fortfah-
ren werdet zu gebären«; »das heißt, solange die Begierden ihre Macht betätigen werden« (*Clemens Alex., Strom.
III, 6, 45* und *III, 9, 64*, ungenau).

819, 31 »Als Salome fragte, wann das, wonach sie gefragt habe,
offenbar werde, antwortete der Herr: wenn ihr die Hülle
der Schamhaftigkeit unter die Füße treten werdet, und
wenn die beiden Geschlechter eines werden und das
männliche und das weibliche, weder männliches noch
weibliches sein werden.« *(Clemens Alex., Strom. III, 13,
92.)*

820, 15 »Sie verwerfen die Ehe und stellen sie auf eine Linie
mit der Unzucht und anderen Verderbtheiten, nehmen
auch in ihre Zahl keine Verheirateten auf, weder Männer
noch Weiber. Sie essen kein Fleisch und verabscheuen es.«
(Augustin, *De haeresibus* an *Quodvultdeus, 1. I. 25; suum*
statt *suorum*, vor *abominantur* fehlt *omnes*.)

820, 22 »daß wir der Verdammnis unseres Stammvaters anheimgefallen sind; weil der von Gott beabsichtigte Zweck
war, daß wir nicht durch Heirat und Verderbnis geboren
werden sollten; aber die Übertretung des Gebotes veranlaßte die Zeugung, weil Adam ungehorsam gewesen war«
(Athanasius, *Exposit. in psalm. 50*).

820, 30 »eine Art kleineren Übels, auf Duldung beruhend«

(Tertullian, *de pudicitia, c. 16.* Sch.; ist im Buch *de pudicitia* nicht zu finden).

820, 31 »Die Ehe ist wie der Ehebruch eine fleischliche Vermischung; denn der Herr hat das Verlangen nach ihr dem Ehebruch gleichgestellt. Also, mag man einwenden, du verwirfst auch die allererste und damals einzige Ehe? Gewiß, und mit Recht, denn auch sie besteht in dem, was man Ehebruch nennt«. (Tertullian, *de exhort. castit. c. 9*, verkürzt.)

821, 3 »Ich kenne einige, welche murren und sagen: wie nun, wenn alle sich jeder Begattung enthalten wollten, wie könnte dann das Menschengeschlecht bestehen? Möchten sie's doch alle wollen! wofern es nur geschähe in Liebe, aus reinem Herzen, mit gutem Gewissen und aufrichtigem Glauben: dann würde das Reich Gottes weit schneller verwirklicht werden, indem das Ende der Welt beschleunigt würde«. (Augustin, *de bono conjugali c. 10. Corpus Script. Eccles. Vol. XLI, p. 201, 813*, wo *et* st. *ut* und *saeculi* st. *mundi*.)

821, 8 »Möchte euch in diesem Streben, durch welches ihr viele anregt, euch nachzueifern, die eitle Klage derjenigen nicht irre machen, welche fragen, wie denn das Menschengeschlecht bestehen könne, wenn alle Enthaltsamkeit üben wollten? Als wenn dieser Welt noch aus einem andern Grunde Frist gegeben würde, als damit die prädestinierte Zahl der Heiligen voll würde; je schneller sie aber voll wird, um so weniger braucht das Ende der Welt hinausgeschoben zu werden.« (Augustin, *de bono viduitatis, c. 23, 28, multas* statt *multos*.)

823, 14 »(und Gott sah an alles, was er gemacht hatte;) und siehe, es war sehr gut.« (1. Mose 1, 31.)

824, 9 »daß Paulus (durch Worte wie Röm. 7, 18) sich in Gegensatz gegen den Schöpfer stelle« *(Clemens Alex., Strom. III, 11, 76).*

824, 29 »indem sie sich dem widersetzen, der sie geschaffen hat, beharrend in der Feindschaft gegen ihren Schöpfer, indem sie keinen Gebrauch machen wollen von seinen Schöpfungen, und in frevelhaftem Kampfe gegen Gott die naturgemäße Gesinnung verlassen.« *(Clemens Alex., Strom. III, 3, 12.)*

825, 10 (Goethe, Kophtisches Lied, Zeile 3; Weimarer Ausgabe I, 130.)

826, 6 »denn durch ihre Enthaltsamkeit versündigen sie sich gegen die Schöpfung und den heiligen Schöpfer, den allmächtigen, einigen Gott, und lehren, daß man nicht in die Ehe treten und Kinder zeugen, nicht noch weitere unglückliche Wesen in die Welt setzen und dem Tode neues Futter vorwerfen dürfe« *(Clemens Alex., Strom. III, 6, 45).*

826, 20 »Der Heiland selbst hat gesagt: Ich bin gekommen, daß ich die Werke des Weibes auflöse; des Weibes, d. h. der Begierde; die Werke aber sind Zeugung und Vernichtung.« *(Clemens Alex., Strom. III, 9, 63.)*

827, 2 »uns, die wir durch den Willen des Allmächtigen geschaffen worden sind« *(Clemens Alex., Strom. III, 14, 95).*

827, 10 Die vier heiligen Wahrheiten, welche das Credo des Buddhismus ausmachen, lauten in wörtlicher Übersetzung:

1. »Was ist das Leiden? Geburt ist Leiden, Alter auch, Krankheit auch, Tod auch. Auch das Verbundensein mit Nichtlieben und das Getrenntsein von Liebem ist Leiden. Und daß man wünscht und trachtet und nicht erlangt, auch das ist Leiden. In Summa: die fünf Verzweigungen des Anklammerns an das Irdische sind Leiden. Das ist das Leiden.

2. Was ist die Entstehung des Leidens? Es ist jener Durst, der von Wiedergeburt zu Wiedergeburt führende, von Freude und Leidenschaft begleitete, hier und dort seine Freude findende, der Durst nach Lust, der Durst nach Werden, der Durst nach Macht. Dies ist die Entstehung des Leidens.

3. Was ist die Aufhebung des Leidens? Es ist eben jenes Durstes, des von Wiedergeburt zu Wiedergeburt führenden, von Freude und Leidenschaft begleiteten, hier und dort seine Freude findenden, des in der Geburt hervortretenden und beim Tode zurückkehrenden, restlose Unterdrückung und Aufhebung. Dies ist die Aufhebung des Leidens.

4. Welches ist der zur Aufhebung des Leidens führende Weg? Es ist dieser heilige, achtteilige Pfad, der da heißt: rechtes Glauben, rechtes Denken, rechtes Reden, rechtes Handeln, rechtes Leben, rechtes Streben, rechtes Gedenken, rechtes Sichversenken.« (Die Erläuterung in meiner allgemeinen Geschichte der Philosophie I, 3 S. 147 fg.)

827, 16 = 823, 14

829, 6 = 823, 14

833, 10 »Wo die Natur, wie sie uns von Gott eingepflanzt ist, fortgerissen wird, da kann es auf keine Weise geschehen, daß außerhalb der Ehe keusch gelebt werde« (Luther, *Catech. maj. Praeceptum VI, alinea 5*).

836, 23 = Bd. I, Citatenanhang, S. 778, Anm. 569, 12

840, 12 »von den Bekehrten hier
Ist mancherlei zu hören und zu lernen.«
(Shakespeare, *As you like it.* V, 4, gegen Ende.)

842, 24 (Gedicht von Christian Adolf Overbeck, 1755–1821.)

843, 7 »Enttäuschung«.

843, 32 »dann wirst du das dir eigene (Gut) haben, wenn du einsehen wirst, daß die Glücklichen am allerunglücklichsten sind« (*Seneca, epist. 124, 24; bonum von* Sch. aus dem Vorhergehenden ergänzt).

844, 8 = Bd. I, Citatenanhang, S. 781, Anm. 631, 9

845, 9 = Bd. I, Citatenanhang, S. 778, Anm. 569, 12

845, 16 »An dir erkenne ich, daß mir der Himmel hold,
Wenngleich ein Tränenstrom mir aus dem Auge rollt.
Wohlan! willkommen sind die Seufzer, die du schickst,
Weiß ich doch, daß du mich durch Not und Leid be-

glückst.

Ich fühle, wo mir selbst die Kraft zum Kampfe fehlt,

Wie in dir eine Kraft des Himmels mich beseelt.

Nicht Tod der Seele ist's, wenn mich der Schmerz durchdringt,

Der wahres Leben mir, Heil und Genesung bringt.«

(Lamartine, Harmonies poét. et rel. II, 7 vers. 59 fg.)

847, 18 Menu VI, 2 heißt es: »Wenn nun der Hausvater an sich Runzeln und graue Haare bemerkt und die Kinder seiner Kinder sieht, dann soll er als Einsiedler in den Wald ziehen.«

848, 4 = Bd. I, Citatenanhang, S. 778, Anm. 569, 12

850, 1 = 675, 27

852, 14 »über das wunderbare göttliche Nichtwissen, vermöge dessen Gott nicht weiß, was er selbst ist«. (*Scotus Erigena, lib. II*; die angeführten Worte sind das Thema, von welchem in *De Divis. Naturae II* das 28. Kapitel handelt.)

852, 33 = 121, 4

853, 14 = 423, 4

853, 29 = 423, 4

853, 30 »alles ist Gott« (Losung des Pantheismus)

856, 7 = 823, 14

856, 11 »(der Mensch soll) leben, handeln, sein Dasein erhalten, indem er von Grund aus seinen eigenen Nutzen sucht« (Spinoza, Ethik IV, *prop. 67, demon str.*).

856, 23 »(Lange) bewahrt den Geruch von dem, womit es ge-
füllt war, (Ein Riechfläschchen).« (Horaz, *Epist. I, 2, 69.*)

856, 30 »ein jeder hat so viel Recht, wie er Gewalt hat« (Spi-
noza, *Tractat. Polit. II, 8*) »ein gegebenes Versprechen bleibt so lange gültig, als der Wille dessen, der es gegeben, sich nicht ändert!« (*ibid. II, 12*, verkürzt) »jedes Menschen Recht wird bestimmt durch die Macht, welche er hat« (Spinoza, Ethik IV, *prop. 37, schol. 1*, verkürzt).

857, 34 »eine dritte Möglichkeit besteht nicht«.

Editorisches Nachwort

Unter den großen philosophischen Werken deutscher Sprache gehört Schopenhauers »Welt als Wille und Vorstellung« ohne Zweifel zu den lesbarsten. Dafür gibt es inhaltliche und sprachliche Gründe. Schopenhauers Philosophie ist kein Denken, das Begriffe aus Begriffen ableitet und sich in den Sphären der Abstraktion abkapselt, sie ist so anschaulich wie irgend möglich. Denn sie basiert auf dem Anschauen der Welt. Schopenhauer selbst vergleicht sein Philosophieren mit der Tätigkeit des Künstlers: »Mein Denken in Worten, also Begriffen, also die Tätigkeit der Vernunft, ist für meine Philosophie nichts anderes, als was das Technische für den Maler ist, das eigentliche Malen, die *conditio sine qua non*. Aber die Zeit der wahrhaft philosophischen, wahrhaft künstlerischen Thätigkeit sind die Augenblicke, wo ich mit Verstand und Sinnen rein objektiv in die Welt hinaussehe; diese Augenblicke sind nichts Beabsichtigtes, nichts Willkürliches, sie sind das mir Gegebene, mir Eigene, was mich zum Philosophen macht, in ihnen fasse ich das Wesen der Welt auf, ohne gleich zu wissen, daß ich es auffasse; ihr Resultat wird oft erst lange nachher aus der Erinnerung schwach in Begriffen wiederholt und so dauernd befestigt.«

Beim Hinaussehen in die Welt erkennt der Philosoph die Ähnlichkeit des Verschiedenen. Hier setzt sein Denken an. Sein Sehen ist aber nicht nur eines »mit Verstand und Sinnen«, sondern auch ein Sehen mit dem Herzen oder im Sinne des buddhistischen Geistes der Schopenhauerschen Philosophie: ein mitleidendes Sehen. Als Beispiel soll eine Stelle aus dem Kapitel »Über den Tod und sein Verhältnis zur Unzerstörbarkeit der Welt« (S. 634 f. des vorliegenden Bandes) angeführt werden, die auch hinsichtlich ihrer sprachlichen Brillanz die Philosophie Schopenhauers *in nuce* enthält.

»Wenn man im Herbst die kleine Welt der Insekten betrachtet und nun sieht, wie das eine sich sein Bett bereitet, um zu schlafen, den langen, erstarrenden Winterschlaf; das andere sich einspinnt, um als Puppe zu überwintern und einst, im Frühling, verjüngt und vervollkommnet zu erwachen; endlich die meisten, als welche ihre Ruhe in den Armen des Todes zu halten gedenken, bloß ihrem Ei sorgfältig die geeignete Lagerstätte anpassen, um einst aus diesem erneuet hervorzugehen; – so ist dies die große Unsterblichkeitslehre der Natur, welche uns beibringen möchte, daß zwischen Schlaf und Tod kein radikaler Unterschied ist, sondern der Eine so wenig wie der Andere das Daseyn gefährdet. Die Sorgfalt, mit der das Insekt eine Zelle, oder Grube, oder Nest bereitet, sein Ei hineinlegt, nebst Futter für die im kommenden Frühling daraus hervorgehende Larve, und dann ruhig stirbt, – gleicht ganz der Sorgfalt, mit der ein Mensch am Abend sein Kleid und sein Frühstück für den kommenden Morgen bereit legt und dann ruhig schlafen geht, und könnte im Grunde gar nicht Statt haben, wenn nicht, an sich und seinem wahren Wesen nach, das im Herbste sterbende Insekt mit dem im Frühling auskriechenden eben so wohl identisch wäre, wie der sich schlafen legende Mensch mit dem aufstehenden.

Wenn wir nun, nach diesen Betrachtungen, zu uns selbst und unserm Geschlechte zurückkehren und dann den Blick vorwärts, weit hinaus in die Zukunft werfen, die künftigen Generationen, mit den Millionen ihrer Individuen, in der fremden Gestalt ihrer Sitten und Trachten uns zu vergegenwärtigen suchen, dann aber mit der Frage dazwischenfahren: Woher werden diese Alle kommen? Wo sind sie jetzt? – Wo ist der reiche Schooß des weltenschwangeren Nichts, der sie noch birgt, die kommenden Geschlechter? – Wäre darauf nicht die lächelnde und wahre Antwort: Wo anders sollen sie seyn, als dort, wo allein das Reale stets war und seyn wird, in der Gegenwart und ihrem Inhalt, also bei Dir, dem bethörten Frager, der, in diesem

Verkennen seines eigenen Wesens, dem Blatte am Baume gleicht, welches im Herbste welkend und im Begriff abzufallen, jammert über seinen Untergang und sich nicht trösten lassen will durch den Hinblick auf das frische Grün, welches im Frühling den Baum bekleiden wird, sondern klagend spricht: »Das bin ja Ich nicht! Das sind ganz andere Blätter!« – O thörichtes Blatt! Wohin willst du? Und woher sollen andere kommen? Wo ist das Nichts, dessen Schlund du fürchtest? – Erkenne doch dein eigenes Wesen, gerade Das, was vom Durst nach Daseyn so erfüllt ist, erkenne es wieder in der innern, geheimen, treibenden Kraft des Baumes, welche, stets e i n e und dieselbe in allen Generationen von Blättern, unberührt bleibt vom Entstehen und Vergehen.«

Diese Passage wurde hier noch einmal wiederholt, weil sie aufs treffendste belegt, wie unmittelbar und ohne philosophischen Jargon Schopenhauer seinen Leser anspricht. Auch wenn dieser nach der Lektüre nicht davon überzeugt sein mag, auch seinen eigenen Tod in einer so unegozentrischen Weise zu sehen wie hier oder die Liebe ähnlich illusionslos wie im Kapitel »Metaphysik der Geschlechtsliebe«, so wird er sich dem Bann der Schopenhauerschen Ausführungen doch nicht entziehen können. Besonders mit Blick auf diese beiden existentiellen Themen par excellence erscheint es mir unmöglich, von diesem Buch nicht gefesselt zu sein: In ihm werden die zentralen Dinge des Lebens behandelt. Es hat mit dem Tod und seiner Thematisierung in Schopenhauers Philosophie im übrigen keine zufällige Bewandtnis. »Der Tod«, sagt er, »ist der eigentliche inspirierende Genius… der Philosophie… Beim Menschen fand sich, mit der Vernunft, nothwendig die erschreckende Gewißheit des Todes ein. Wie aber durchgängig in der Natur jedem Uebel ein Heilmittel, oder wenigstens ein Ersatz beigegeben ist; so verhilft die selbe Reflexion, welche die Erkenntnis des Todes herbeiführte, auch zu metaphysischen Ansichten, die darüber trösten, und deren das Thier weder bedürftig noch fähig ist. Hauptsächlich auf diesen Zweck sind alle Religionen und philosophischen Systeme gerichtet, sind also zunächst das von der reflektierenden Vernunft aus eigenen Mitteln hervorgebrachte Gegengift des Gewißheit des Todes.« Bei Montaigne heißt es im Titel eines seiner Essays: »Philosophieren heißt sterben lernen«. Er entspricht auch Schopenhauers Verständnis vom Zweck der Philosophie. Unter den Religionen ist es der Buddhismus, dem Schopenhauer für den angegebenen Zweck die stärkste Wirkung zuspricht. Wie lehrreich aber nun seine eigene Philosophie, welche die Welt als Selbsterkenntnis des Willens begreift und schließlich in pessimistische Weltverneinung mündet, für das Leben sein mag, darüber wird jeder Leser ein eigenes Urteil finden.

Schopenhauer selbst war von der Bedeutung seines Hauptwerkes, das er kurz nach seinem dreißigsten Geburtstag abschloß, fest überzeugt. Die jahrelange gänzliche Nichtbeachtung änderte daran nichts: »Was mir die Echtheit und daher die Unvergänglichkeit meiner Philosophie verbürgt, ist, daß ich sie gar nicht gemacht habe; sondern sie haben sich selbst gemacht. Sie sind in mir entstanden ganz ohne mein Zutun, in Momenten, wo alles Wollen in mir gleichsam tief eingeschlafen war, und der Intellekt nun völlig herrenlos und dadurch müßig tätig war, die Anschauung der wirklichen Welt auffaßte und sie mit dem Denken parallelisierte, beide gleichsam spielend aneinander haltend, ohne daß mein Wille irgendwie der Sache auch nur vorstand, sondern alles sich völlig ohne mein Zutun, ganz von selbst machte... Nur was in solchen Momenten ganz willensreiner Erkenntnis in mir sich darstellte, habe ich als bloßer Zuschauer und Zeuge aufgeschrieben und zu meinem Werke benutzt. Das verbürgt dessen Echtheit und läßt mich nicht irre werden beim Mangel alles Anteils und aller Anerkennung.« Wer Eugen Herrigels »ZEN in der Kunst des Bogenschießens« gelesen hat, wird hier vielleicht an Zen in der Kunst des Philosophierens denken.

Über sich selbst sagt Schopenhauer: »In meinem 17ten Jahre, ohne alle gelehrte Schulbildung, wurde ich vom *Jammer des Lebens* so ergriffen wie Buddha in seiner Jugend, als er Krankheit, Alter, Schmerz und Tod erblickte. Die Wahrheit, welche laut und deutlich aus der Welt sprach, überwand bald die auch mir eingeprägten jüdischen Dogmen, und mein Resultat war, daß diese Welt kein Werk eines allgütigen Wesen sein könnte, wohl aber das eines Teufels... An sich aber ist diese geheime Macht und Allmacht unser eigener Wille, auf einem Standpunkt, der nicht ins Bewußtsein fällt; wie ich ausführlich auseinandergesetzt habe: und das Leiden ist allerdings zunächst Zweck des Lebens, gleich als ob es das Werk eines Teufels wäre, dieser Zweck aber ist nicht der letzte, er ist selbst Mittel, ist Gnadenmittel, ist als solches von uns selbst, wie gesagt, angeordnet zu unserm wahren und letzten Besten.«

Eine persönliche Einschätzung zum Abschluß: Wenn der Philosophie Schopenhauers in den nächsten Jahren eine Phase vermehrten Interesses bevorstehen sollte, so wird dies nicht auf eine metaphysischen Wende der Universitätsphilosophie zurückzuführen sein, sondern mit der seit Jahren zu beobachtenden, und doch ganz unspektakulär sich vollziehenden Hinwendung vieler einzelner zum Buddhismus zusammenhängen. Vielleicht befördern die bevorstehende Jahrtausendwende und die schmerzliche Rückbesinnung auf das wahnhafte 20. Jahrhundert noch die Einsicht in die grundsätzliche Erlösungsbedürftigkeit der Welt, von der Schopenhauer überzeugt war und von der seine Philosophie ihren mitleidend sehenden Ausgang nahm.

Kurzer biographischer Überblick

Arthur Schopenhauer wurde am 22. Februar 1788 in Danzig geboren. Sein Vater ist Kaufmann, die Familie weltoffen und wohlhabend genug, dem Sohn eine gute Erziehung angedeihen zu lassen. Ab 1797, dem Geburtsjahr seiner Schwester Adele, verbringt Schopenhauer zwei Jahre in Le Havre, wo er im Haus eines Geschäftsfreundes des Vaters die französische Sprache erlernt. In Hamburg, wohin die Familie 1793 umgezogen ist, besucht Schopenhauer ab 1799 die Rungesche Privatschule, über deren Stoff er schnell hinauswächst. Statt eines anschließenden Gymnasiumbesuchs bietet ihm der Vater die Alternative einer mehrjährigen Bildungsreise durch Europa an. Schopenhauer willigt ein: 1800 Reise nach Karlsbad und Prag, 1803–04 Reise durch Holland, England, Frankreich, Schweiz, Österreich, Schlesien und Preußen. In England erlernt er die englische Sprache und liest fortan englische und französische Literatur im Original.

1805 Antritt der Kaufmannslehre, wie vom Vater gewünscht. Im April stirbt der Vater nach einem Unfall. Nach der Auflösung des väterlichen Geschäfts verlassen Mutter und Tochter Hamburg, Schopenhauer bleibt zunächst allein zurück. Die Mutter, Johanna Schopenhauer, spielt bald in Weimar eine glänzende gesellschaftliche Rolle. Schopenhauers kritische Einstellung zum Wesen und Verhalten der Mutter verstärkt sich. Großjährig geworden, bekommt er seinen Anteil am väterlichen Erbe ausgezahlt, die ökonomische Basis für sein ganzes Leben. 1807 verläßt auch er Hamburg, besucht in Gotha und Weimar für zwei Jahre das Gymnasium und ab Oktober 1809 die Universität in Göttingen. Umfassende wissenschaftliche Studien. Platon und Kant werden seine Leitsterne. 1811–13 Fortsetzung des Studiums in Berlin.

Schopenhauers Verehrung für Fichte und Schleiermacher, die er in Berlin hört, schlägt um in Widerspruch und Geringschätzung. 1814 Zerwürfnis mit seiner Mutter. In Rudolstadt, wohin er sich zurückgezogen hat, verfaßt er seine Dissertation »Über die vierfache Wurzel des Satzes vom zureichenden Grund«. Goethe gehört zu deren ersten Lesern. Häufigere Begegnungen mit Goethe, an dessen Farbenlehre Schopenhauer regen Anteil nimmt. Durch Friedrich Majer wird Schopenhauer mit der altindischen Philosophie bekannt, wodurch sein ganzes vernünftiges Denken entscheidend mitbestimmt wird: »Ich gestehe übrigens, daß ich nicht glaube, daß meine Lehre je hätte entstehen können, ehe die Upanischaden, Plato und Kant ihre Strahlen zugleich in eines Menschen Geist werfen konnten.« 1815 Abhandlung »Über das Sehen und die Farben« (erscheint 1816), März 1818 Fertigstellung der ersten Fassung seines Hauptwerkes »Die Welt als Wille und Vorstellung« (erscheint 1819 bei F.A. Brockhaus). Das Buch ist ein totaler geschäftlicher Mißerfolg.

1818–19 italienische Reise: Venedig, Rom, Neapel, Paestum, Mailand. In Venedig Liebesabenteuer mit einer unbekannt gebliebenen Dame. Man weiß von seiner früheren leidenschaftlichen Neigung zu Karoline Jagemann, 1820 beginnt sein Liebesverhältnis mit Caroline Richter, genannt Medon, Mitte der zwanziger Jahre erwägt er gar zu heiraten. Trotz seiner nachweislichen Neigung zu Frauen verfestigt sich später, nicht zuletzt durch sein Urteil über »das Weib, (das) seiner Natur nach zum Gehorchen bestimmt sei«, das Bild des misogynen Junggesellen.

März 1820 Probevorlesung an der Berliner Universität. Seine Veranstaltungen setzt Schopenhauer demonstrativ zu den Stunden des Hauptkollegs von Hegel an. So wird er ohne Studenten zum Privatgelehrten im buchstäblichen Sinne. Sein Verhältnis zur akademischen Philosophie ist fortan grundlegend gestört und von erbitterter Ablehnung geprägt. »Professorenphilosophie«, ein Leben *von*, nicht *für* die Philosophie, wird für ihn zum Inbegriff geistiger Unfreiheit: »Daß in kurzem die Würmer meinen Leib zernagen werden, ist ein Gedanke, den ich ertragen kann, aber die Philosophieprofessoren meine Philosophie! dabei schaudert's mich.«

1822 zweite Italienreise über die Schweiz, Mailand, Venedig und Florenz. 1823 wird er auf seiner Rückkehr nach Deutschland in München fast ein Jahr durch Krankheit festgehalten. Tiefe Depressionen, Ertaubung des rechten Ohrs. 1825 Fortsetzung seiner Dozententätigkeit in Berlin – wieder ohne Resonanz. Berühmte Besprechung der »Welt als Wille und Vorstellung« durch den Dichter Jean Paul. Übersetzung von Balthasar Graciáns »Hand-Orakel und Kunst der Weltklugheit« (erst nach dem Tod Schopenhauers veröffentlicht). 1831 Flucht aus Berlin wegen Choleraepidemie, durch die Hegel, der »Unsinnschmierer«, den Tod findet. Schopenhauer verbringt den Winter in Frankfurt, wo er sich im Sommer 1833, nach einem einjährigen Aufenthalt in Mannheim, endgültig niederläßt.

1835 »Über den Willen in der Natur« (erscheint 1836). Seine Preisschrift »Über die Freiheit des menschlichen Willens« wird 1839 von der K. Norwegischen Societät der Wissenschaften gekrönt. Zusammen mit der Preisschrift »Über das Fundament der Moral« (*nicht* gekrönt) erscheinen beide Schriften 1841 unter dem Titel »Die beiden Grundprobleme der Ethik«. 1843–44 Vollendung des zweiten Teils der »Welt als Wille und Vorstellung«, die ergänzte und erweiterte 2. Auflage des Hauptwerkes erscheint wieder bei Brockhaus ohne Honorar. 1851 »Parerga und Paralipomena« mit dem Hauptstück »Aphorismen zur Lebensweisheit«, Schopenhauers populärster Schrift, erscheint ohne Honorar.

Daß Altwerden Vereinsamen heißt, besonders bei einem, der sich seit jeher von den meisten Menschen als durch eine unüberbrückbare Kluft getrennt empfand, erfährt Schopenhauer nicht ohne Anwandlung von Wehmut. 1838 stirbt seine Mutter, nachdem sie ihn zuvor noch zugunsten seiner Schwester enterbt hat, 1849 stirbt Adele, kurz nach ihrem letzten Wiedersehen. Hinzu kommen Trennungen von alten Freunden: »Man divergiert immer mehr, je älter man wird, zuletzt steht man ganz allein.« Schopenhauers treue Lebensbegleiter der Frankfurter Zeit sind zwei Pudel, zuerst ein weißer, dann ein brauner. Er bekennt, daß er »wenn es keinen Hund gäbe, nicht mehr leben möchte«.

In seinem letzten Lebensjahrzehnt wird Schopenhauer einige Anerkennung seines Lebenswerkes zuteil: Wagner läßt dem Philosophen seine Dichtung »Der Ring des Nibelungen« überreichen, Friedrich Hebbel besucht ihn, Künstler porträtieren ihn. Dr. Wilhelm Gwinner, Schopenhauers erster Biograph, der nach dem Tod des Freundes Dr. Martin Emden an dessen Stelle auch sein Testamentsvollstrecker wird, tritt Schopenhauer näher.

Arthur Schopenhauer stirbt am 21. September 1860 an einer Lungenentzündung. Fünf Tage später wird er auf dem Städtischen Friedhof im Beisein eines »kleinen, wunderlich gemischten Häufleins« beerdigt.